홀로트로픽 숨 치료

Stanislav Grof · Christina Grof 공저

김명권 · 신인수 · 이난복 · 황성옥 공역

학지사

역자 서문

　자아초월상담학 전공 교수로 재직 중이던 2015년에 나는 미국 유니온 신학대학교 종신교수이며 국내에 많은 독자 팬을 갖고 있던 현경[1] 교수를 초빙하여 이틀간 워크숍을 가졌다. 그때 현경 교수는 오래전부터 자아초월심리치료 관련 책에서 보던 '트숨'[2]에 대해 소개하였다. 나는 그분의 강렬하고 신기한 체험만을 믿고 그분을 지도하셨던 잉고 박사Dr. Ingo Jahrsetz[3]가 진행하는 일주일간의 트숨을 체험하기 위해 곧 독일로 갔다. 물론 나의 첫 트숨 체험도 극적이었지만 당시에는 그것이 내 삶을 바꿔 놓으리라고는 전혀 예감할 수 없었다. 나는 첫 체험에서 숨을 가쁘게 쉬기 시작하고 잠시 후에 우주에 떠

---

1) 현경(玄鏡, 본명 정현경)은 대한민국의 대표적인 종교통합주의자이자 자유주의 신학자이다. 이화여대 기독교학과 교수를 역임했으며, 현재 진보 신학의 산실로 알려져 있는 미국 유니온 신학대학교 아시아계 최초 여성 종신 교수이다. 저서로는 『결국은 아름다움이 우리를 구원할 거야 1, 2』(열림원, 2002)가 있다.

2) '트숨'은 '트랜스퍼스널 숨치료'를 줄인 말이고 창시자 그로프(Grof) 박사의 '홀로트로픽 숨치료'나 '그로프 레거시(legacy) 트레이닝'과 동일한 것이다.

3) 국제 의식탐구 및 심리치료 연구소 소장(독일 프라이부르크), 심리치료자, 임상심리학 박사이다. 저서로는 『Holotropes Atmen-Psychotherapie und Spiritualität』(pfeiffer, 1999)가 있다.

있는 것 같았으며 그 상태가 주관적인 느낌으로 약 두 시간 정도 지속되었던 것 같았다. 나는 그 첫 체험의 결과를 '은하수 위에 떠 있는 연꽃'으로 묘사하였다. 그 후의 트슘 체험에서도 몸에 비교적 강한 에너지 흐름을 느끼는 체험은 있었지만 그만큼 인상적인 심리적 체험은 없었다. 첫 체험에서의 큰 의식확장, 그리고 다른 사람들이 쉽게 변성의식에 들어가거나 자신의 트라우마에 쉽게 접촉하고 트라우마가 치유되는 것을 자주 목격하면서 나는 3년간의 트슘 국제트레이닝 과정에 등록하여 2018년 가을에 마칠 수 있었다.

그러나 그 과정은 나에게 그렇게 쉽지만은 않았다. 왜냐하면 많은 한국인이 쉽게 신비체험을 하는 데 비해서, 왜 그런지 알 수 없으나 나는 원하는 신비체험을 거의 할 수 없었기 때문이다. 다행히 시작한 지 세 학기쯤 지난 후부터는 개인무의식이나 초월적 상태의 체험은 물론, 태내 체험이나 집단무의식 체험도 가능해졌다. 초기에 이렇다 할 심리적 체험이 없었던 것은 아마도 나의 만성적으로 누적된 신체적 피로와 허약함을 치료하는 물리적인 작업이 중심을 이루었기 때문으로 추정하고 있다. 왜냐하면 내 경우에는 먼저 트슘을 통하여 신체적인 건강이 눈에 띄게 좋아졌기 때문이다. 이로써 나는 최소한 트슘을 통한 우리의 자율적인 치유 기능은 우선 몸부터 회복시킨 후 정신적인 회복을 꾀하는 것일지 모른다는 생각을 하게 되었다.

이와 함께 제일 먼저 나타난 효과는 죽음불안이 사라진 것이었다. 나이가 들면서 수년 전부터 스물스물 죽음불안이 떠오르는 것을 느낄 수 있었는데, 기대도 하지 않았던 죽음불안의 현격한 완화는 놀라운 것이었다. 돌이켜 보면 나의 트슘에서 제일 먼저 일어난 체험들은 나 자신의 탄생과 그 즉시 일어난 전사戰士의 체험이었다. 나는 나의 부족이나 민족을 위해서 어느덧 전투를 하고 있었다. 전투 중 어느 순간 적군의 칼이 내 목을 내리치려 하고 있었고, 나는 놀라서 죽음과 그에 따르는 고통을 떠올리며 어쩔 수 없다고 생각하였다. 그러나 우려했던 죽음의 고통은 없었다. 이 비슷한 전투에서 앞장서서 싸웠던 체험들과 다양한 형태로 십자가에 매달려 있는 예수님을 여러 번 보았다. 이들은 비장하고 고통스러워했으며, 때론 너무나 장엄하고 성스러웠다. 그리고 탄생과 동시에 산모의 입장이 되는 출산경험을 여러 번 하였다. 어쨌든 트숨 작업 안에서 죽음을 여러 번 체험해서 그런지 나의 의식에서 죽음불안은 아주 흐릿해져 버렸다.

두 번째로 많이 체험한 것은 극도의 오한과 추위 그리고 외로움이었다. 나는 내가 태어나자마자 방치된 느낌을 버릴 수 없었다. 나의 어머니는 자식 넷 중에서 나만큼 쉽게 낳고 키운 자식이 없었다는 말씀을 여러 번 하셨지만 트숨 안에서의 나의 체험은 매우 달랐다. 물론 나의 탄생 직후에 따른 오한 체험이 이번 생에 국한된다고는 할 수 없다. 이와 같은 체험은 석기시대에 어느 동굴에서 얼어 죽어 가고 있는 30대쯤 되어 보이는 어떤 남성과 동일시한 것이 마지막이었다. 그런데 놀라운 것은 평생 동안 호흡기가 약해서 고생이었는데, 어느 트숨 회기에서 오랜 시간 거의 자동적으로 천천히 아주 깊은 숨을 몰아쉬는 특이한 신체적 반응이 있은 후로는 호흡기가 급격하게 좋아진 것이다. 트숨은 먼저 나의 몸부터 치료를 해 주었다. 실제로 나뿐만 아니라 많은 참가자가 자발적으로 자신이 기대도 하지 않았던 몸치료부터 하고 있었다.

이런 극적인 체험들을 통한 나 자신과 아내 황성옥, 그리고 내가 촉진했던 트숨 참가자들의 변화와 변용을 보면서 그 결과에 대해 놀라움을 금할 수 없었다. 특히 아내의 트숨을 통한 다양한 신비체험, 즉 인간 내면에서 솟아나는 지복감, 신비로운 이미지와 메시지는 우리 존재의 근원적인 특성이 본래 신성임을 체험적으로 확신시켜 주었다. 내가 보고 있는 이 특별하고 놀라운 현상이 과연 사실이란 말인가? 신비가 이렇게 쉽게 내 눈앞에서 펼쳐져도 되는 것인가? 어느덧 나는 샤르댕Chardin이 말했던 문구에 동의하는 자신을 발견할 수 있었다. "우리는 영적 체험을 하는 인간이 아니라, 인간이 된 체험을 하는 영적 존재이다."

트숨의 또 다른 심리치료적 강점은 이것이 여지없이 우리의 그림자(개인의 미해결된 신경증적 문제)를 건드리며, 초월적 체험으로만 치우친 접근법이 아니라는 것이다. 우리에게 영적 우회는 얼마나 쉽게 일어나는가? 자신의 내면의 미숙함과 고통을 마주하고 해결해 나가는 것은 얼마나 고되고 요원한 일인가? 수행이나 영성이란 미명하에 오히려 그림자를 회피하고 일시적인 위안처인 의식 상태의 변성으로 도피하거나 엄연한 현실로부터 눈을 돌리는 것은 얼마나 쉬운가? 그러나 트숨은 아주 정직하다. 또한 아주 영리하며 교묘하기까지 하다. 힘이 약한 사람에게 처음부터 그림자를 마주하게 하지 않는다. 오히려 많이 감싸고 위로해 주고, 때로는 부추겨서 힘을 키워 놓은 후에 그림자를 만나게 한다. 내 경우에도 그랬던 것 같다. 나는 언어상담으로는 해결을 보지 못했던 어린 시절의 트라우마를 트숨에서 비로소 작업해 낼 수 있었다. 그렇게 할 수 있었던 이유는 트숨의 방법이 옳고 정당하기 때문일 것이다. 어떤 문제해결을 위한 방법이 틀리다면 백날 시도해도 소용이 없다. 버스를 타고 강을 건널 수는 없지 않은가? 그리고 트숨에서의 해결이란 전혀 논리적이거나, 선형적이거나, 점진적이지 않다. 전혀 예측할 수 없는 방식으로 우리의 에고와 이성 중심의 마인드를 납작하게 만들어 버리며, 개인마다의 특별한 방식으로 그들의 고질적인 문제를, 거의 포기해서 기억도 할 수 없는 심혼 속에 뿌리 깊이 박힌 평생의 숙제를 심리치료적으로 해결해 놓는다.

지금까지 신이 인간을 그토록 복잡하게 창조하지 않았을 것이라는 생각을 종종 해 왔었는데 그 생각이 옳았다. 겉으로 드러난 트숨의 방법론은 매우 간단하고 그 해결의 과정도 단순해 보인다. 물론 머리로 그 원리와 의미를 아는 데는 오랜 시간이 걸릴 것이다. 그렇다고 하여 이것의 진행을 아무나 할 수 있다는 것은 결코 아니다. 오히려 이것은 그만큼 파격적인 방법이고 그 결과도 개인에 따라 예측하기 어렵기 때문에 어느 심리치료적 접근보다도 더 깊은 전문성을 요하는 작업이다. 그래서 역자인 나는 이 역서를 출간하는 데 있어서 많이 주저하게 되었다. 그것은 마치 마술의 원리와 그 사용법을 세상에 공개하는 것과 같은 두려움 때문이었다. 그런 의미에서 이 책은 우선적으로 트숨을 진행하는 전문가들이 읽어야 할 책이다. 이 책에는 트숨의 원리는 물론 진행 과정에 관한 상세한 안내와 주의사항이 나와 있다.

　다만 초보자들이 이 책만을 보고 어리석게도 누군가에게 실시해 보는 우를 범하지 않기를 바란다. 깊은 트라우마가 재경험되거나, 특히 태내 체험을 경험할 때는 자주 폭발적인 동작과 힘이 나오기 때문에 위험할 수 있다. 그리고 체험 자체도 중요하지만 그 체험을 통합해 나가는 과정은 더욱 중요하므로 문외한이나 초보자가 실시하는 일은 없어야 할 것이다. 이를 실시할 수 있는 자격자는 심리치료와 관련된 전문가들이어야 하고, 그것도 트숨에 대해 충분히 공식적인 훈련을 쌓고 장기적인 지도감독supervision을 받으면서 실시하는 것이 촉진자의 전문성이나 참가자의 안전성 측면에 있어서 절대적으로 필요하다. 나는 트숨을 만난 이후 지금은 그 이전의 삶과는 전혀 다른 인간의 심혼과 심리치료에 대한 관점을 갖고 살고 있다. 30대 초에 집단상담을 만나 첫 비일상적 의식 상태를 체험하고는 삶의 의미에 대한 회의懷疑가 자연스럽게 사라져 죽어도 여한이 없다고까지 생각했던 것처럼, 그로부터 30년이 지난 지금 트숨을 만나서 삶의 또 다른 신비를 맛보고 있다.

　나의 트숨 촉진자인 잉고 박사와 주디스Judith Miller 교수4)는 2016년에 처음

----

4) 미국 컬럼비아 대학교 심리학과 교수, 심리치료자, 임상심리학 박사이다. 저서로는 『Healing the Western Soul』(Paragon House, 2015)이 있다.

으로 한국에서 트숨을 개최하고 한국인들의 트숨 반응에 깜짝 놀랐다. 왜냐하면 그 어떤 민족보다도 한국인의 영적 반응이 강렬했기 때문이었다. 우리역시 자신들의 반응에 매우 놀랐다. 지금도 트숨에서의 우리나라 사람들의 신비스런 영적 반응을 보며 나의 눈과 귀를 의심하고는 한다. 이 뜨거운 감성과 신명神明을 가슴에 안고 사는 민족에게 그것을 풀어내면서 살 수 있는 기회가 너무나 적다는 것이 안타까울 뿐이다. 우리나라의 외형적인 발전에도 불구하고 우리들의 마음은 얼마나 메마른가. 단지 한 번의 해프닝으로 끝나는 그런 공연이 아니라, 깊은 치유의 장으로 연결되는 영감 어린 음악과 춤과 신명이 살아나는 트숨 장은 그야말로 막힌 숨이 트이고 피맺힌 가슴이 뚫리는 생명의 장이다.

많은 치유적 영성 프로그램이 존재하지만 이렇게 역동적인 방법은 보지 못하였다. 4시간 내내 뜨거운 에너지가 트숨의 장을 꽉 채우고 브리더[5]들은 자기 존재의 핵심과 극적으로 조우한다. 치유는 의식적으로 의지적으로 하는 것이 아니고 우리 본래의 치유적 지성이 자발적으로 작동하며 '일어난다'. 현재 그 사람에게 가장 적절하고 필요한 마음 혹은 몸 부분부터 작업이 일어난다. 무의식적 치유 지성은 영특하여 개인마다 자신만의 치유 과정의 스케줄이 있는 듯하다. 그러니 우리는 어느 정도의 용기를 내어 그 지성에게 자신을 맡기기만 하면 된다. 쉽게 조작하고 쉽게 억압에 속는 언어를 사용하지 않아도 되니 트숨에서 일어나는 체험은 고스란히 우리의 순수한 자율적 작업의 결과이다. 상담자나 진행자의 의도가 개입될 여지도 거의 없다. 나의 이성, 의지, 방어와 속임수가 개입될 여지도 없다. 자신을 신뢰하며 맡기고, 기다리고, 그 자연의 흐름을 따라가기만 하면 된다.

....

5) 브리더(breather)는 빠른 호흡을 하며 심혼을 뒤흔드는 음악에 노출되어 홀로트로픽 의식 상태로 진입하려는 역할을 말하며, 시터(sitter)는 브리더의 파트너로서 회기 내내 그를 보조하는 역할을 말한다. 다음 회기에는 서로 역할을 교대한다.

국내 심리치료 분야와 자아초월심리학 흐름에 비일상적 의식 상태를 활용하는 대표적인 치료법인 트숨이 도입되어 기쁘다. 이 책에서 자세히 소개되고 있듯이 트숨은 많은 점에서 다른 심리치료 접근과는 인간관 및 심혼에 관한 기본적인 전제가 다르다. 이 점에서 독자들이 새로운 것의 가능성에 겸허하게 마음을 열고 귀 기울이기를 바란다.

트숨 촉진자는 인간 심혼의 깊이와 그 정체를 알 수 없는 삶에 대해 겸허해야 하고, 언제나 모른다는 자세로 접근해야 하며, 치유적 능력을 쌓기 위해 끊임없이 매진해야 한다. 단지 음악을 틀고 비일상적 의식 상태만을 유도하는 데서 그친다면 그것은 오히려 위험한 작업결과를 초래할 것이다. 촉진자에게 더 어렵고 중요한 것은 말할 것도 없이 내담자 체험을 이해하고 통합하도록 돕는 것이다. 기존의 다양한 유파의 심층심리학과 영성과학을 학습하고, 체험적 심리치료 중심의 다양한 이론과 기술을 익히며, 무엇보다도 자기 자신에 대한 깊은 이해를 위한 수련과 트숨 체험 그리고 지속적인 슈퍼비전 없이 촉진한다면 오히려 사람을 해치는 결과를 가져올 것이다. 다시 한번 언급하건대, 이 책은 트숨의 매뉴얼과 같기 때문에 앞으로 현장에서 요긴하게 활용되길 바라지만, 잘못 쓰인다면 참가자에게 심각한 독이 될 수도 있는 점이 염려된다. 따라서 전문적으로 훈련받지 않은 독자가 단지 책만 보고 따라 하는 법이 없기를 바란다.

국내에서는 현재 잉고 박사와 주디스 교수에 의해 약 30명의 트숨 예비 촉진자가 한국과 독일에서 훈련을 받고 있다. 많은 비용과 3년이라는 긴 훈련 기간에도 불구하고 자발적으로 탈락한 사람이 아무도 없다는 것에 놀라고 있다. 여든 가까운 고령에도 불구하고 정열적으로 훈련을 위해 애써 주시는 두 선생님께 이 자리를 빌려 깊은 감사를 드린다. 아울러 역시 거의 아흔에 가까운 연세에도 불구하고 매슬로A. Maslow, 프랑클V. Frankl 등과 함께 자아초월심리학Transpersonal

Psychology의 설립자이며, 아내 고故 크리스티나 그로프Christina Grof와 함께 홀로트로픽 숨치료(트숨)를 창안한 스타니슬라프 그로프Stanislav Grof 박사에게 깊은 감사를 표한다. 그로프 박사는 2019년에 출간된 당신의 마지막 책 『심혼탐구자의 길The Way of the Psychonaut』도 번역해 보라고 추천하였다. 평생 비주류로서 산도産道와도 같은 좁은 문을 외롭고도 영웅적으로 뚫고 나아가며 개척하느라 그가 얼마나 고군분투하였을까…….

무엇보다도 다음 세 분께 깊은 감사의 마음을 올린다. 그날 현경 교수님의 트숨에 대한 소개가 없었다면 우리나라의 트숨은 결코 시작될 수 없었을 것이다. 현경 교수님은 우리 부부의 트숨 수련과 그 이상의 높은 삶을 돕기 위해서 어떤 지원도 아끼지 않았다. 남북한의 수많은 상처받은 여성을 위해 트숨이 쓰이기를 누구보다도 기도하는 분이다. 잉고 박사와 주디스 교수는 심리치료와 영성을 진정으로 통합해 낼 수 있는 보기 드문 스승이다. 이 생에서 이분들을 만난 것은 트숨을 수련하는 우리 모두에게 축복이 아닐 수 없다.

같은 열정으로 이 책의 번역에 기꺼이 동참해 주신 이난복 교수님, 신인수 선생님, 그리고 아내 황성옥 님에게 고마움을 전한다. 트숨에 대한 아내의 열정과 신뢰가 없었다면 나는 트숨 초기에 포기했을지 모른다. 아울러 2018년부터 트숨 트레이너 과정을 함께하고 있는 멤버들과 트숨 집중 과정 멤버들에게 깊은 감사와 사랑을 전한다. 그들은 정말 뜨거운 열정으로 내가 왜 트숨을 지속해야 하는지를 보여 주었고 트숨이 우리를 얼마나 또 어떻게 변용시키는지를 보여 주었다. 아울러 헌신적으로 트숨 어시스턴트로 함께했던 동료들께도 깊은 고마움을 전한다. 한편, 나에게 아낌없는 사랑으로 트숨 음악을 알려 주고 지도해 주신 독일의 심리치료자 부부 요하네스Johannes와 안드레아Andreas, 그리고 우리나라를 포함한 동북아시아를 마음 깊이 사랑하는 어시스턴트 볼프강Wolfgang에게도 사랑을 전한다. 소년의 가슴과 철학자의 지성을 가진 프랑켄슈타인을 연상시키는 그는 진정한 샤먼이다. 그리고 트숨을 함께 수련하고 연구하는 서울불교대학원대학교 자아초월상담학 전공의 박성현 교수님과 김미애 교수님에게도 깊은 우정과 감사의 마음을 보낸다. 또한 트숨의 지원자이신 임용자 교수님(한국표현예술치료학회 창립회장 겸 고문), 정성덕 교수님(영남대학교 정신건강의학과 명예교수)과 최훈동 원장님(한길정신병원 병원장, 서울대학교 정신건강의학과 초빙교수)에게도 깊은 감사의 마음을 보낸다. 이 역서의 출간이 국내에서 트숨에 대한 이해를 돕고, 나아가 고통받는 분들이 트숨으로 치유되는 계기가 되기를 바란다.

트숨에 관한 보다 더 깊은 이해를 위해 『자아초월심리학 핸드북』(Friedman 외 공저, 김명권 외 공역, 학지사, 2020)과 『심혼탐구자의 길』(Grof 저, 김명권 외 공역, 학지사, 근간)도 함께 참고하기를 추천한다.

끝으로 출판계의 어려운 여건에도 마다하지 않고 자아초월심리학 분야의 책을 출판해 주시는 학지사 김진환 사장님과 이영민 대리님을 비롯한 편집부 선생님들께 깊은 감사의 마음을 올린다.

역자 대표 김명권

추천사 1

유니온 신학대학교 현경 교수

스타니슬라프 그로프 박사와 크리스티나 그로프가 함께 쓴 『홀로트로픽 숨치료Holotropic Breathwork』의 한국어판 출판을 축하한다. 이 책은 홀로트로픽 숨치료(트숨)의 교과서적인 책이다. 역자인 김명권 박사와 동료분들의 노고에도 감사드린다. 현존하는 심리치유법 중에 가장 진보적이고 영성적인 방법 중 하나라 여겨지는 홀로트로픽 숨치료는 내가 경험한 모든 심리치유법 중 가장 깊고 강력하게 무의식을 찾아가 우리 안의 그림자를 영적인 빛으로 변형시키는 방법이다. 이 책이 한국의 많은 치료자에게 새로운 길을 열어 주는 안내서가 되기를 기원한다.

바닷물의 맛을 알려면 바닷물을 먹어 보아야 한다. 트숨 치유라는 큰 바다를 한국의 독자들에게 소개하고 추천하는 일은 내 역량을 훨씬 넘어서는 일이다. 그래서 내가 지난 10년간 경험한 트숨 치유 중 가장 개인적인 경험 하나를 나누면서 한국의 독자들에게 이 강력하고 신비로운 치유법을 소개하고 싶다. 쌀 한 톨에 온 우주가 들어 있듯이 내 치유 경험의 한 사건이 트숨의 생생한 단면으로 이 책을 공부할 독자 여러분에게 살아서 다가가기를 소망한다.

2010년 가을, 뉴욕 유니온 신학대학원 학생지도실 앞에 전시된 포스터가 내 눈길을 사로잡았다. 젊은 여성이 명상 자세로 가부좌를 틀고 앉아 깊은 숨을 쉬고 있다. 그녀의 숨은 애니메이션 영화의 연기처럼 그녀 머리 위로 올라갔고 거기서 빛이 가득한 우주가 펼쳐지는 그림이 보인다. 그림 아래에 홀로트로픽 숨치료 무료 워크숍이 있으니 자신의 심리적 그림자를 들여다보고 트라우마 치유를 하고 싶은 학생들은 참석하라는 안내문이 있다. 시간을 보니 토요일 오전 9시부터 오후 6시까지 하루 종일 진행되는 워크숍이었다. 준비물도 특이하였다. 누워서 하는 워크숍이니 자신이 3~4시간 정도 편하게 누워 작업할 수 있는 침구, 눈을 가릴 안대, 도시락, 음료 등을 가져오라 하였다. 그림을 그릴 스케치북과 크레용, 물감도 준비하란다. 하루 종일 진행하며 준비물도 너무 많은 이 워크숍에 바쁜 대학원생들이 갈까 하는 의문이 들었다.

그때 나는 미국의 신학대학원 학생들에게 어떻게 하면 진정성 있게 신에 대해 가르칠 수 있을지 고민하고 있었다. 미국 신학대학원 학생들의 50% 정도가 정신과 약을 복용하고 있거나 마음이 아파 심리상담을 받고 있다는 놀라운 통계가 발표되었기 때문이다. 충격적인 통계였지만 수긍이 가기도 하였다. 미국의 개신교 교회나 가톨릭 교회는 이제 교인 수가 현격히 줄어 줄줄이 문을 닫고 있다. 교회에 남아 있는 소수의 노인 교인의 헌금으로는 교회의 건물 유지비도 나오지 않기 때문이다. 교회의 상황이 이렇다 보니 신학대학원도 거의 1년에 하나씩 문을 닫거나 살아남기 위해 몇 개의 학교가 합병을 하고, 또는 캠퍼스를 팔아 시골로 이사 가서 학교를 유지하고 있었다. 급격히 세속화되어 가는 미국의 젊은이들에게 이미 신학은 멋진 미래를 약속하는 '가성비 높은' 학문이 아니었다. 심하게 말하자면 미국에서의 신학은 어떤 의미에서 '사양산업'이 되어 가고 있다고 할 수 있다. 이상한 것은 유니온 신학대학원 같은 경우 등록금이 거의 아이비리그의 학교 수준으로 비싼데도 불구하고 매년 젊은 학생들이 넘치도록 몰린다는 것이다. 그것도 일생을 두고 이자를 붙여 갚아야 하는 은행빚을 안고서 말이다.

신입생 오리엔테이션 시간에 학생들에게 왜 유니온 신학대학원에 왔냐고 물으면 목사가 되기 위해서 왔다는 사람은 50%도 안 된다. 나머지 학생들은 자신을 찾기 위해 인생의 의미를 찾기 위해 왔다고 한다. 나는 참 많은 학생의 눈에서 고통과 혼돈의 그림자를 본다. 하긴 고통이 없는 사람이 왜 미국 같은 나라에서 신학을 공부하겠나? 아우구스티누스의 『고백록』에서 보듯이 고통은 신을 찾아 들어가는 관문이다. 나는 학생들이 자신의 고통의 뿌리를 알고 고통을 통해 고통을 넘어 신을 만나기를 원하였다. 그것은 또 진정한 자신을 만나는 과정이기도 하다. 전통적인 이성 중심의 신학 교육 방법에 회의를 품고 있던 나는 학생들의 의미 추구를 안내할 수 있고 더 깊이 경험적으로 신성과 만날 수 있는 가르침의 방식을 찾고 있었다. 특히 그 즈음 내가 꼭 키우고 싶었던 총명하고 아름다운 여학생이 박사과정 도중 우울증 때문에 모든 것을 포기하고 학교를 떠난 사건까지 일어났다. 나는 학생들의 아픈 마음을 고쳐 줄 지름길을 여러 방법으로 모색하고 있었다. 이전에 전혀 들어 보지 못했기에 홀로트로픽 숨치료가 무엇인지 몰랐지만 '혹시나' 하는 마음에 토요일에 모든 준비물을 들고 워크숍 장소를 찾아갔다. 지금 생각해 보면 그 선택이야말로 우주가 보낸 동시성에 신의 은총이 더해져 내 삶을 바꾸는 큰 계기가 되어 준 것 같다.

워크숍 장소에는 컬럼비아 대학교 학생과 유니온 신학대학원 학생들이 25명가량 모여 있었다. 유니온 학생들은 교수인 내가 나타나니 놀란 얼굴로 반갑게 인사하였다. 워크숍 리더로 보이는 컬럼비아 대학교의 교수님께 가서 내가 유니온 신학대학원 교수라는 것을 알리고 인사하였다. 주디스 밀러Judith Miller 교수님은 음악을 틀 남자 조교와 둘이서 이 워크숍을 리드한다고 하였다. 그녀는 해리 포터에 나오는 원형적 마녀의 모습을 하고 있었다. 60대 후반으로 보이는데, 숱이 많은 곱슬곱슬한 흰머리를 날리며 1960년대 히피 스타일의 의상과 커다란 악세사리를 하고 있었다. 첫눈에 마음에 드는 지혜의 여성 원형Wise Women Archetype이었다. 그녀는 자신이 이 워크숍을 수없이 했지만 유니온 교수가 온 것은 처음이라며 무척 반갑게 맞아 주었다. 참가자에게 짧은 오리엔테이션을 하고 나서, 그녀는 가장 편한 자세로 침구 위에 누워 눈을 감고 자연스럽게 숨을 쉬며 앞으로 틀어 줄 음악 속으로 다이빙하듯이 마음속으로 들어가라고 하였다. 그리고 어떤 이미지가 나타나던 그 이미지를 따라가 보라고 하였다. 이곳은 안전하며 무슨 일이 일어나면 자신이 금방 달려가겠다고 참가자 모두를 안심시켰다. 나는 이 워크숍에 대한 아무 사전 지식이나 기대가 없었기에 그녀가 하라는 대로 따라갔다.

토요일 아침부터 누워서 쉰다는 것 자체가 좋았다. 학교에 여러 어려운 일이 있었고 스트레스 지수가 올라가던 차에 그냥 푹 쉬어 보자 하는 마음으로 단전호흡을 하며 음악에 귀를 기울였다. 음악은 가사가 없고 원주민 제례음악이나 아주 먼 나라에서 온 월드 뮤직(세계음악)처럼 낯선 것이었다. 타악기나 북소리가 많았고, 아름답고 신비하며 강한 진동이 느껴졌다. 나는 밀러 교수님의 명상 안내를 따라 음악의 바다 속으로 뛰어들었다. 내 몸은 음악 속으로 천천히 깊이 가라앉았다.

큰 수족관에 고래가 있다. 나는 고래와 눈이 마주친다. 고래가 자기 등에 타라고 한다. 나는 영화 〈웨일 라이더Whale Rider〉의 소녀처럼 고래 등을 타고 수족관을 빠져나가 크고 푸른 바다로 함께 탈출한다. 대서양으로 나가자 그 당시 나와 힘든 연애 끝에 헤어진 애인이 하얀 요트 위에서 바다낚시를 하고 있는 것이 보였다. 나는 그에게 바다로 뛰어들어 같이 고래타기를 하자고 초대한다. 그는 망설인다. 나는 계속 손을 흔들며 고래타기는 요트타기와 비교가 안 되게 재미있다고 하며 요트에서 뛰어내리라 한다. 그가 머뭇거리더니 뛰어내린다. 고래와 나는 그에게 다가가 그를 태운다. 그는 무서워한다. 나는 그에게 내 허리를 꼭 잡으라 하고 고래의 귀를 잡는다. 고래는 무서워하는 그가 재미있었는지 하늘을 향해 뛰면서 공중 곡예를 한다. 우리는 있는 대로 소리를 지르며 웃는다.

하늘로 뛰어오른 고래가 신화적인 가루다Garuda 새가 되어 눈 쌓인 히말라야 산 위를 나른다. 아, 자유의 바람…… 그는 내 뒤에서 내 허리를 더욱 꼭 잡는다. 가루다가 설산 속 수행자의 동굴 입구에 우리를 내려놓는다. 동굴은 깜깜하고 지하로 내려가는 계단이 있다. 위험하다고 내려가지 말자는 그에게 "내가 있잖아. 나를 믿어."라면서 그의 손을 잡고 앞장서서 내려간다. 99개의 계단 아래에는 검은 연못이 있고 그 옆에는 검은 관이 놓여 있다. 그는 빨리 도망가자고 한다. 나는 여기까지 와서 도망갈 순 없다고 하며 관뚜껑을 연다. 관 안에는 젊은 나이에 암으로 죽은 그의 옛 애인이 하얀 웨딩드레스를 입은 채 부케를 들고 누워 있다. 내 눈에서 눈물이 떨어진다. 그녀가 눈을 뜨고 나를 뚫어지게 바라본다. 나는 그에게 "당신이 마무리해야 할 일이 있네." 하고 혼자 동굴을 나온다.

동굴 밖은 들꽃이 가득 피어 있는 푸른 들판이다. 내 눈에서는 폭포처럼 눈물이 쏟아진다. 형형색색의 나비들이 나타나 내 주변을 나른다. "역시 나는 혼자다." 울면서 아무도 없는 들판을 걸어간다. 외로운가? 그런데 자유롭다. 들꽃 향기와 나비들의 춤이 황홀하다. 저 먼 곳에서 젊은 남자가 국방색 군복에 베레모를 쓰고 뛰어온다. "아, 체 게바라다!" 우리는 뜨거운 포옹을 한다. 그가 말한다. "승리의 그날까지 한결같이……." 손을 잡고 들꽃을 헤치며 함께 걷는다. 한참 걷다 보니 그가 사라졌다. 또 혼자 걷는다. 멀리서 흰 광목 옷을 입은 사람이 걸어온다. "아, 예수다!" 그의 품에 안긴다. "내가 너에게 자유를 주었으니 다시는 종의 멍에를 지지 마라." 그의 속삭임에 그의 품에 안겨 흐느낀다. 그가 빛이 되어 사라진다. 나는 들판에서 나비들과 함께 나비춤을 춘다. 한참 춤을 추다 보니 황금색 옷을 입은 누군가가 천천히 명상하듯이 나를 향해 걸어온다. "아, 붓다다!" 그에게 합장을 하고 고개를 숙여 깊이 인사한다. 그는 내게 너무도 평화로운 고요로 미소 짓는다. 나도 그에게 미소 짓는다. 우리는 함께 행선을 한다. 붓다는 가고 나만 남는다.

멀리서 축제의 음악이 들린다. 누군가가 신나게 춤을 추며 내게 다가온다. 커다란 가슴이 다 보이는 노란 프릴이 달린 화사한 드레스를 입고 풍성한 엉덩이를 흔들며 머리에는 잘 익은 과일과 갓 구운 빵 그리고 화려한 열대의 꽃을 가득히 채운 광주리를 이고 지신밟기를 하듯 맨발로 땅을 꾹꾹 누르면서 누가 온다. "아, 오충이다!" 쿠바 여행 때 쿠바의 샤먼 바발라오가 나의 수호신이라고 말해 주었던 사랑과 풍요의 여신 오충, 그녀가 왔다. 우리는 지칠 때까지 함께 춤을 춘다. 그녀가 내게 그녀의 광주리를 전해 준다. "Multiply and Share!(늘리고 나누렴!)"

내 몸의 모든 차크라가 다 열린 듯, 내 안에서 뜨거운 에너지가 밑에서부터 위로 상승한다. 내 팔과 다리, 온몸이 저절로 펄쩍펄쩍 뛰기 시작한다. 누군가 다가와 내 이마 가운데 제3의 눈 자리를 부드럽게 누른다. 나의 격렬한 몸의 떨림이 서서히 가라앉는다. 천천히 숨을 쉬라는 밀러 교수님의 목소리가 들린다. 조용한 찬팅 음악 속에 나는 잠이 든다. 이제 준비가 된 사람은 천천히 눈을 뜨고 일어나 앉아 오늘 본 핵심 이미지를 그려 보라는 밀러 교수님의 목소리가 멀리서 들린다.

그날 우리 25명은 본인이 본 것을 그림으로 그려 나누는 시간을 가졌다. 밀러 교수님은 내가 홀로트로픽 숨치료 촉진자가 되기 위해 훈련받는 많은 사람이 몇 년에 걸쳐 경험하는 것을 오늘 한꺼번에 경험한 것 같다고 하시며 이 전통의 치료자가 되어 보라고 권유하였다. 사실 나는 그날 내 인생의 핵심 문제와 감정 그리고 내가 앞으로 어떻게 살아야 하는가에 대한 비전을 세 시간 만에 다 경험한 것 같았다. 거의 10년 동안 여러 전통의 치료법을 받아 온 나는 이 방법의 치유 속도와 강도에 놀라지 않을 수 없었다. 특히 그 당시 내가 도와주고 싶었던 많은 탈북 여성을 치유하는 데는 이 방법이 최고일 것이라는 직감이 왔다.

그래서 나는 2012년부터 2015년까지 3년 동안 독일을 오가며 잉고 야제츠 박사와 주디스 밀러 교수가 지도하는 '트숨' 훈련 과정을 공부하게 되었다. 그후 시험을 보고 3년 이상 지도감독을 받아 이 분야의 치료자이자 영성 안내자가 되었다. 다사다난하고 파란만장한 과정이었으나 내 인생에서 '트숨'을 만난 것은 큰 축복이었다. 정의를 이루기 위해 싸웠던 여러 사회운동, 인간과 신을 이해하기 위해 오랫동안 해 왔던 신학 공부, 많은 치료법을 통해서도 해결하기 어려웠던 깊은 내면의 문제들에 대해 트숨은 내게 가장 깊은 대답과 치유의 동력을 선물해 주었다. 나는 이제 대부분의 시간을 안전한 우주가 내 편임을 믿고 우주가 안내하는 동시성을 따라가면서 매 순간을 경이와 감사로 살아간다. 나의 핵심감정이었던 '고아의 외로움'은 '여신의 기쁨 Joy'으로 바뀌었다. 아직도 가끔씩 고아의 외로움에 빠지지만 다시 여신의 기쁨으로 돌아오는 데는 사안에 따라 3초에서 3시간이면 충분하다. 이것이 트숨과 씨름했던 지난 10년의 결실이 아닐까?

『홀로트로픽 숨치료』는 트숨 분야의 필독서이다. 한국의 많은 분이 이 책을 읽을 수 있게 되어 기쁘다. 어느 나라보다도 역사적 트라우마로 힘들었던 한반도에서는 역사적 트라우마에서 파생된 몇 대에 걸친 개인적 트라우마로 오늘도 많은 한국인이 고통받고 있다. 이 책이 고통에서 벗어나 행복과 평화를 찾아가는 많은 분의 여정에 도움이 되기를 기원한다. 트숨에서 가장 강조되는 '에고의 죽음'과 '하나 됨-일원성'의 에너지가 분단과 분열, 차별과 혐오, 기후 위기, 전염병으로 고생하는 남북한의 모든 사람에게 참된 자유, 평화, 사랑의 생명 가득함을 가져올 그날을 기다리며 이 책의 탄생을 진심으로 축하한다.

추천사 2

서울불교대학원대학교 김미애 교수

    내가 트랜스퍼스널 숨치료transpersonal breathwork(이하 트숨)에 대해서 처음 알게 된 것은 자아초월상담학 박사과정 때였다. 당시 자아초월상담학 개론 수업에서 트숨에 관한 내용을 다루었는데, 나는 이것의 작업 과정과 체험 예화들이 무척 낯설었고 나와는 거리가 멀다고 느꼈다. 그리고 그 수업 이후 트숨은 마음 한편에 무관심한 분야로 잠들어 있었다.

    그로부터 10년 후 나는 3일간 열리는 트숨 일반 과정에서 첫 트숨을 하였다. 당시 나의 참여 목적은 자아초월상담학자로서 자아초월심리학의 대표적 실제인 트숨에 대해 더 미루기에는 불편한 마음과 진행 과정에 대한 궁금증을 해소하기 위해서였다. 즉, 나는 참여 직전까지 트숨에 대한 큰 기대가 없었고, 마친 후 지속할 생각도 전혀 하지 않았다. 그러나 3일 동안의 트숨 체험들은 나에게 매우 혁명적인 사건이 되었다. 내가 첫 브리더 체험을 마치고 안대를 벗자마자 체크 아웃을 하러 온 촉진자에게 "이게 뭔가요! 세상에, 아……! 말로 표현이 안 돼요!"라고 하였다. 트숨을 통한 의식 확장은 매우 놀라웠고, 무의식과 초월의식의 구현, 몸에 있던 정서와 에너지 발현의 깊이는 내가 그동안 해 왔던 작업에서의 체험을 능가하였다. 그리고 나는 트슘이 아직 어둠 속에 있는 나의 그림자를 발견하고 변용시킬 수 있도록 안내하리라고 보았다. 그래서 나는 첫 트슘을 마친 다음 달부터 트슘 집중 과정을 시작하였고 현재까지 매달 지속하고 있다.

나는 트슘을 하면서 주산기 기본 모형Basic Perinatal Matrices: BPM, 계통발생적 동일시, 에고의 죽음, 전생, 카르마와 정화, 트라우마 치유, 다양한 차원의 자아초월, 영적 합일 등의 체험을 하였다. 이러한 체험 중 나는, 특히 영적 변용 체험을 통해 트슘의 저력을 믿게 되었다. 왜냐하면 나의 다양한 영적 체험은 공통으로 에고의 죽음 체험, 즉 그림자 작업이 선행했기 때문이다. 그리고 놀랍게도 지금까지 이 규칙은 어긋난 적이 없었다. 나는 트슘에서 다양한 죽음 체험을 하였다. 마녀사냥으로 화형에 처해져 죽었고, BPM의 산도産道를 통과하는 과정에서 고통스러운 죽음의 공포를 겪었다. 또 스스로 큰 칼로 목을 베거나, 머리와 목덜미의 연결 부위에 끈으로 죽임을 당하였으며, 나의 잘린 머리가 얼음 바닥에 굴려지기도 했고, 죽은 나를 배에 띄워 보내며 상엿소리를 하기도 하였다. 죽음 체험을 거듭하면서 나는 점차 트슘에서의 죽음은 심리영적 차원의 에고의 죽음이며, 이 과정에서 일어나는 신체 현상은 이 과정의 통과의례이자 정화라고 이해하기 시작하였다. 그리고 나는 죽음에 내맡김을 하면서 점차 죽음을 두려움과 공포가 아닌 의연하고 당당하며 고요하게 맞이하는 태도를 배웠다. 그럼으로써 내면에 울린 '에고가 죽어야 생명이 사는 것'이라는 메시지를 받아들였다.

이러한 에고의 죽음ego death과 내맡김surrender의 체험 후 이어지는 자아초월 체험도 다채로웠다. 기독교인이 아닌 나에게 십자가가 여러 차례 등장하였는데, 체험 속에서 십자가의 상징은 내맡김, 죽음과 부활이었고 신과의 합일이기도 하였다. 그 밖에 잉태와 출생을 반복하는 윤회, 몸의 모든 세포와 우주가 함께 숨을 쉬며 열린 우주 의식, 우유 바다를 만든 힌두교 창조의 신, 춤추는 미륵반가사유상, 불교의 수인手印과 기독교의 '보시기에 참 좋았다.'의 합일, 머리 위에 핀 천 개의 연꽃잎을 날리며 세상에 보시하는 체험 등이었다. 그리고 나는 우리가 모두 신적 존재이며 에고를 거둘 때 그 존재가 스스로 발함을 나와 동료들에게서 목격하였다. 트숨은 인간의 전체성과 통합을 위한 그림자 작업의 중요성을 끊임없이 알리고 있으며, 그 과정을 철저히 다루어 진정한 치유와 변용을 일궈 낸다. 이와 같은 체험으로 일어난 의식 확장의 정도는 헤아릴 수가 없다. 의식 확장은 내가 삶에서 번뇌를 자각하고 큰 의식의 흐름에 내맡김을 하도록 키웠다. 또한 나를 사랑하게 되었고, 인류의 존귀함과 존재의 위대함을 더 깊이 이해하게 되었다.

나는 트숨의 놀라운 체험과 변용을 나뿐만 아니라 내가 참여하였던 트숨 일반 과정과 집중 과정의 집단 참가자들에게서 드물지 않게 볼 수 있었다. 감사하게도 그로프는 그동안 트숨 관련 책들을 꾸준히 발표해 왔고, 그의 책들은 내가 나와 트숨 집단 참가자들의 체험을 이해하는 데 큰 도움이 되었다. 그러나 나는 이 책 『홀로트로픽 숨치료』를 읽으면서 이 책이야말로 그로프의 여느 책에서는 보기 어려운 트숨의 명쾌한 지침서라고 직감하였다. 이 책은 트숨의 이론적 기초를 바탕으로 실제 작업 과정에 대하여 구체적으로 설명하고, 그 목적과 의도를 분명하게 밝히고 있다. 따라서 참가자의 체험과 작업 과정의 특성에 대한 이해뿐만 아니라 촉진자, 관련 전문가에게 작업을 위한 명료한 방향을 제시한다. 그리고 이러한 흐름은 트숨의 독특한 작업이 이미 고대로부터 전해 오는 치유 의식에 깊은 뿌리를 두고 있음을 드러내면서 진정한 전체성을 향하는 과정이 될 수 있도록 안내한다.

트숨의 특별함은 비일상적 의식 상태의 치유성에 있다. 비일상적 의식 상태는 고대로부터 통과의례나 치유를 위한 핵심 기제였고, 트숨은 이를 바탕으로 내담자 내면의 치유력을 활성화하며 진정한 영적 탐구로 안내한다. 따라서 이 책은 이를 위한 트숨의 핵심 기법들을 본격적으로 다룬다. 책의 초반부터 트숨의 구성 요소, 작업의 전기·중기·후기 과정의 특징과 통합 방법, 구체적인 진행 방법, 촉진자로서 겪는 다양한 어려움, 특별한 상황에서의 개입 방법, 치료적·생리적 기제 등을 사례와 그림을 제시하면서 친절하게 설명한다.

이 책은 트숨의 심도 있는 안내서이다. 우리는 이 책에 담긴 내용들이 그로프의 체화된 연구에서 나온 것임을 주목할 필요가 있다. 나는 이 책을 읽으면서 트숨 현장에 있는 듯한 생생함을 느꼈고, 그로프가 설명하는 호흡이나 움직임, 보디워크를 실행하는 모습이 상상되기도 하였다. 또한 기법에 담긴 예상치 못한 세심한 심층심리적 의도와 참가자의 대한 존중이 놀랍기도 하였다. 따라서 나는 이 책을 통해 트숨에 녹아든 기법들의 진가에 대한 깊은 이해를 할 수 있었는데, 그 기법들은 그로프의 오랜 임상 연구가 있었기에 가능하였다. 따라서 이 책은 참가자 또는 촉진자가 트숨 작업 과정에서 겪는 다양한 사건과 체험에 대한 신뢰롭고 안전한 안내자를 곁에 두는 것과 같다.

이 책의 번역은 자아초월심리학의 임상적 흐름의 정점인 트숨에 대하여 한국에서의 폭넓은 이해를 도모함에 공헌이 있다. 그리고 트숨이 한국에서 활발히 열리기 시작하면서 다양한 심리치료 분야의 전문가뿐만 아니라 일반인들도 이 작업에 관심을 보인다. 이와 때를 맞추어 트숨의 이론적 기초와 실제에 초점을 둔 『홀로트로픽 숨치료』 번역서가 발간되는 것은 이 분야의 한국 실무자, 촉진자, 학생들에게 귀한 공헌이라고 할 수 있다.

현재 나에게 트숨은 수행이 되었다. 트숨을 통한 수행은 누구나 가능하다. 왜냐하면 트숨은 다수의 사람이 할 수 있는 기법을 사용하고, 일별의 초월적 체험보다는 발달 과정에서의 자아초월과 연속성을 통해 진정한 변용으로 이끌기 때문이다. 이러한 트슘의 특성은 고무적이고 자비롭다. 그리고 그 과정의 매뉴얼이 되는 이 책을 쓴 그로프와 번역을 해 준 역자들에게 감사를 전한다.

이 책이 인간의 전체성을 추구하고 진정한 자기를 향해 가는 이들에게 도움이 되고, 인류의 진화와 성장에 보시가 되기를 서원한다.

추천사 3

스피릿 록 명상센터 잭 콘필드Jack Kornfield

당신은 변용을 가져오는 강력한 기술과 함께 치유, 정신건강 그리고 인간 잠재력에 대한 새로운 이해를 제공하는 미래를 내다보는 그러한 책을 지금 손에 들고 있습니다. 21세기에는 과학, 경험 그리고 영성을 결합한 통합된 이해를 개발하는 것이 중요합니다.

지배적인 물질주의 문화는 신성을 교회와 사원으로, 육체를 체육관으로, 정신건강을 약국의 알약으로 격하시킨 분단된 세상을 만들었습니다. 경제성장은 환경과는 아무 상관도 없는 것처럼 추구되고, 무지와 인종차별, 전쟁은 인간과 국가를 계속 분리시키고 있습니다. 그들이 초래하는 이러한 분열과 큰 고통은 제한되고 협소한 인간의 의식에서 비롯됩니다.

크리스티나Christina와 스탠Stan은 수십 년에 걸친 작업을 통해 세계의 분열된 의식을 재통합하는 심리학을 개발하였습니다. 그들은 인간의 가능성을 넓히고 우리들과 우주를 다시 연결시키는 미래의 심리학을 제공하고 있습니다. 이 새로운 패러다임을 개척하면서 이들은 개척자들의 용감하고 예언적인 정신을 예증하고, 심리학 분야를 혁명적인 새로운 방식으로 발전시키는 데 도움을 준 소수의 탁월한 인물과 합류하였습니다.

이 책은 홀로트로픽 숨치료holotropic breathwork의 체험과 실제에 대한 가장 중요한 안내서이면서도 그 이상입니다. 그것은 이 새로운 심리학의 급진적인 비전vision을 개관하여 보여 줍니다. 우선 이것은 내가 만난 인간 심혼心魂에 관한 가장 넓은 지도 중 하나를 포함합니다. 그 속에는 전폭적인 인간 경험의 가치가 평가되고 통합됩니다. 워크숍 초반부에 제시되는 스탠과 크리스티나의 지도에 대해 지식으로만 접했던 사람들에게 유익한 영향을 미칩니다. 그것은 단순히 이 지도에 대하여 듣는 사람들의 마음속에서 치유가 일어날 정도로 광범위한 경험을 포함하고 정당성을 부여하며 통합해 줍니다.

인간 경험의 홀로트로픽 숨치료는 이론적인 것이 아니라 광범위한 임상적 실험적 경험 속에서 태어났습니다. 홀로트로픽 숨치료를 수행하는 대규모 집단을 목격하는 것은 촉진자들이 참가자들 역사의 어떤 단계를 완화시켜 주고 그들이 원형, 동물, 출생 및 죽음의 영역으로 들어가는 놀라운 경험의 범위를 보는 것입니다. 숨치료 집단 회기에 참석하는 것은 단테의 『신곡』에 참여하는 것과 같으며, 브리더들이 숨 쉬고 치유하며 깨어나는 심오한 과정을 거치면서 천국, 연옥 및 지옥의 영역이 펼쳐지는 것과 같습니다.

이 연구에서 정신병리에 대한 새로운 이해가 발견되었으며, 그로프 부부는 심리적 범위를 주산기, 자아초월, 문화초월 및 신비한 차원으로 확장하는 정신건강 및 인간성장 잠재력에 대한 포괄적인 비전을 제시합니다.

홀로트로픽 숨치료에서는 정신건강 및 치료의 분야가 확장됩니다. 서양심리학의 의학적 방법은 대부분 병리학의 연구에 한정되어 있었습니다. 그러나 이 작업에서는 정신병리학에 대한 새로운 이해가 발견되면서, 그로프 부부는 정신건강과 인간의 성장 잠재력에 대한 포괄적인 비전을 제시하여 심리학의 범위를 주산기周産期, perinatal[5], 자아초월, 초문화transcultura 및 신비주의 차원으로 확장시킵니다. 그들의 작업은 샤머니즘과 자연 세계의 고유한 지혜, 의식의 문화적 및 역사적 기초, 현대 물리학 및 시스템 이론의 광범위한 범위를 유기적으로 통합합니다. 그 속에는 인격과 보편적 가치가 동등하게 가치가 있으며, 인간의 육체, 전기傳記, 문화, 진화, 및 영성 차원이 포함됩니다.

홀로트로픽 숨치료의 비전은 또한 자신에 대해 무지하다고 생각하는 환자치료에 있어서 가장 많이 안다고 생각하는 의사인 '전문가로서의 치유자'에서 '조산사로서의 치유자'로 변화하는 치료자의 역할을 근본적으로 다시 정의합니다. 이 역할에서 치유자가 환자 자신의 깊은 자연치유 과정을 안전하게 보호하고, 촉진하며, 지원합니다. 이 개정판에서 지혜로운 자는 치료자, 정신과 의사 또는 치유자가 아니라 지혜가 꽃 피어나려는 개인의 심혼입니다.

이 책에 제시된 사례들이 증명해 주듯이, 홀로트로픽 숨치료의 치료적 이점은 주목할 만합니다. 질병, 불안, 우울 및 갈등의 치유, 트라우마와 학대의 치유, 가족과 공동체와의 재통합, 연민, 용서, 용기와 사랑의 개방, 목적의 회복, 잃어버린 영혼과 영적 이해에 대한 가장 높은 통찰력의 발견은 모두 이 강력한 숨치료 과정의 전개로부터 자연스럽게 나옵니다.

이것은 미래의 모습을 제시하기도 하지만, 또한 홀로트로픽 숨치료를 경험하고 수련하는 사람들을 위한 지침이기도 합니다. 스탠과 크리스티나는 홀로트로픽 숨치료에 대한 간단한 지시, 이 작업의 실제를 소개하는 방법, 참가자를 양육하고 보호하는 방법, 예상치 못한 어려움에 대처하는 방법 그리고 이러한 경험을 일상생활에 접목시키는 방법을 체험적으로 제시합니다. 이들은 보디워크bodywork라는 보완적 실천을 통해 방출과 치유의 중요성

----

5) 분만 전후의 시기

을 분명히 밝히고, 숨치료에 필수적인 음악, 창조적 예술 및 스토리텔링의 역할을 상세히 기술합니다.

35년 동안 나는 스탠과 크리스티나로부터 배우고 협력할 수 있는 특권을 누렸습니다. 미얀마, 태국, 인도에서 불교 승려로서 처음에는 강력한 호흡 수련과 예지력 있는 의식의 영역을 수련하였습니다. 나는 서양에서 행하는 그들의 작업에서 나의 수련과의 강력한 일치성을 발견하고는 축복받은 듯한 기분이었습니다. 나는 시작부터 현재의 모습에 이르기까지 홀로트로픽 숨치료가 성장해 온 과정의 일부가 된 것에 대해 가치 있게 생각하고, 그것과 함께 성장하고 있는 촉진자들의 국제적 공동체를 깊이 존경하게 되었습니다.

홀로트로픽 숨치료에서 스탠과 크리스티나는 과학과 지성이라는 이해력, 남성성과 여성성 그리고 고대와 탈근대적 지혜를 혼합하여, 그들의 작업과 수련을 모든 대륙에서 활용할 수 있도록 하였습니다. 시간이 지나면 이들의 기여가 심리학 분야와 세상의 치유에 중요한 선물로 비춰질 것으로 믿습니다.

저자 서문

   이 책은 1970년대 중반에서 후반에 우리 두 사람이 개발한 자기탐구 및 심리치료에 대한 새로운 접근방식인 홀로트로픽 숨치료의 이론과 실습에 대해 설명합니다. 홀로트로픽 숨치료는 현대 심리 연구, 인류학, 동양 영적 관습, 신비로운 전통의 통찰력을 추가하여 프로이트 학파, 랑크 학파, 라이히 학파 및 융 학파의 이론과 실습인 심층심리학의 다양한 경로의 요소를 모으고 통합합니다(홀로트로픽holotropic이라는 단어에 대한 설명은 55쪽을 참조). 우리는 워크숍, 국제 회의 및 전 세계의 촉진자 교육의 맥락에서 35년 이상 홀로트로픽 숨치료를 연습해 왔지만 이번 책은 심리치료와 자기탐구 전략의 새로운 이론과 실천에 관한 가장 포괄적인 텍스트입니다.

   이 책은 홀로트로픽 숨치료의 역사적 뿌리에 대한 간략한 리뷰와 함께 시작됩니다. 제1장에서 우리는 심층심리학의 창시자인 지그문트 프로이트 Sigmund Freud의 획기적인 업적과 인간 심리에 대한 이해를 진전시킨 추종자들의 영향을 인정합니다. 또한 홀로트로픽 숨치료는 1960년대 현장에서 인본주의 심리학의 맥락에서 나타난 체험적 심리치료와 일정한 요소를 공유합니다. LSD-25의 강력한 정신활성 효과의 발견과 심현제_{心顯劑, psychedelic}[6] 치료에 대한 우리의 경험은 인간 심혼의 깊은 구석을 도표화하고 비일상적 의식 상태의 주목할 만한 치료적 잠재력을 인식할 수 있도록 하였습니다. 이 장은 홀로트로픽 호흡에 대한 이론적 근거를 제공하는 자아초월심리학의 기원에 대한 설명으로 끝납니다.

제2장은 비일상적 의식 상태와 관련된 작업이 건강과 질병에서 의식의 본성과 인간 심혼_{心魂, psyche}의 이해를 소개하는 변화에 대해 논의합니다. 홀로트로픽 숨치료의 연습에 필요한 이 '미래의 심리학'(Grof, 2000)은 학술적 심리학의 모델인 출생 후 전기와 프로이트 학파의 개인무의식에 국한되지 않는 아주 크게 확대된 심혼의 지도를 특징으로 합니다. 주산기(생물학적 출생의 기억과 관련이 있음)와 자아초월(역사적 및 원형적 집단무의식)의 두 가지 중요한 추가 영역을 포함합니다. '정신병리학의 구조'에 대한 새로운 이해에 따르면 정서적 및 정신신체적 장애의 뿌리는 유년기와 아동기뿐 아니라 이전에는 인식할 수 없었던 두 가지 무의식 영역에 깊이 닿아 있습니다.

외견상 실망스러워 보일 수 있는 이와 같은 발견은 비일상적 의식 상태에서 심혼의 주산기 및 자아초월 수준에의 접근을 가능하게 하는 새롭고 강력한 치료 기제의 발견에 의해 더 중요해졌습니다. 자기탐구와 치료 전략에 관한 새로운 통찰력은 아마도 새로운 심리학의 가장 혁신적인 혁신을 대표할 것

---

6) 이 용어는 오랫동안 너무나 널리 부정적인 의미의 '환각제(幻覺劑)'로 번역되어 오고 있다. 환각제에 해당하는 용어는 hallucinogen이며, psychedelic은 이 분야에서는 심리치료의 강력한 도구로 활용되고 있기 때문에 다르게 번역되어야 한다고 본다. 이 책에서는 원래의 의미를 살려서 심혼(心魂, psyche)의 (顯現 또는 顯在), 즉 '심현제(心顯劑)'라는 용어를 새롭게 만들어 사용한다. 이러한 결정에 대해서는 관련 전문가들과 상의하는 과정을 거쳤다. 심현제의 자아초월 및 심리치료적 의미에 대해서는 『자아초월심리학 핸드북』(Friedman & Hartelius, 학지사, 2020)의 '19장 심현제 유도 체험' '25장 심현제가 유도한 자아초월 경험과 치료 및 그 함의가 자아초월심리학에 주는 시사점' 그리고 『자아초월정신치료』(Boorstein, 중앙문화사, 1996)의 '26장 비일상적 의식 상태의 치유가능성'에서 상세하게 다룬다.

입니다. 심리치료 학파의 풍부한 스펙트럼 및 이론과 실제의 가장 근본적인 측면에 관한 그들 간의 동의가 심각하게 부족한 것은 그들이 모두 공유하는 잘못된 전략을 반영합니다(융 학파 분석은 제외). 그들은 심혼이 어떻게 작동하는지에 대한 지적인 이해를 얻고 그것으로부터 기능을 교정할 수 있는 기법을 개발하려고 합니다. 비일상적인 의식 상태의 작업은 치료 과정을 크게 단순화시키는 급진적인 대안을 제공합니다. 이러한 상태는 강한 감정적인 부하와 함께 자료들을 자동으로 발견하고 처리를 위해 그것을 의식으로 가져오는 '내부 레이더'를 동원합니다. 치료자는 이 과정에서 활동적인 요원이 아니라, 일어나는 일을 지능적으로 지원하는 '동반 탐험자'입니다. 제2장의 중요한 부분은 영성과 종교의 문제를 다룹니다.

전통적인 정신과 의사와 심리학자는 일원론적 · 유물론적 세계관에 동조하고 어떤 종류의 영성이나 종교에 대한 여지도 갖고 있지 않지만, 홀로트로픽 숨치료 조력자는 자신의 작업에서 직접적인 개인적 경험을 근거로 하여 영성을 인간 심혼과 삶에서 타당하고 중요한 차원으로 보는 자아초월심리학을 도입합니다. 홀로트로픽 숨치료와 비일상적 의식 상태를 이용한 다른 접근법이 너무 급진적이어서 주류 심리학과 정신의학의 개념적 틀뿐만 아니라 우주의 본질과 의식 그리고 물질 간의 관계에 관한 서양과학의 기본적인 형이상학적 가정과 배치됩니다.

제3장은 홀로트로픽 숨치료의 필수 구성 요소에 대해 논의하고 토착 문화의 의례 생활과 세계의 위대한 종교 및 다양한 전통의 영적 수련을 추적합니다. 우리는 호흡과 음악이 인간의 역사를 통해 수많은 '신성한 기술'과 치유 의식에서 중요한 요소로 수행하는 본질적인 역할을 탐구합니다. 비슷하게, 홀로트로픽 숨치료에 사용된 보디워크와 위로를 주는 신체적 접촉은 다양한 원주민 의례에서도 있었습니다. 홀로트로픽 숨치료 경험의 통합 과정을 돕기

위한 만다라 그리기 또한 토착 문화의 의례 생활, 고대 문명의 영적인 삶 그리고 동양의 종교 전통에서 오랜 역사를 가지고 있습니다.

제4장에서는 홀로트로픽 숨치료의 실제 사례, 즉 참가자를 위한 안전한 물리적 환경과 대인관계 지원 체제를 만드는 방법, 회기를 이론적·실제적으로 준비하는 방법, 정서적·신체적 금기 사항을 선별하는 방법에 대해 자세히 설명합니다. 그것은 호흡 회기를 수행하는 기본 원칙, 시터sitter(브리더를 위한 개인적 보조자) 및 촉진자의 역할, 홀로트로픽 숨치료 경험의 본질에 대해 설명합니다. 이 장의 또 다른 중요한 주제는 만다라 그리기 작업과 치료적 작업(프로세싱) 집단을 수행하는 전략입니다. 홀로트로픽 숨치료 회기의 결과는 경험의 훌륭한 통합에 결정적으로 달려 있습니다.

제5장에서는 성공적인 통합을 위한 최선의 조건을 만드는 방법, 일상생활로의 전환을 용이하게 하기 위한 방법, 문화와의 접속을 성공적으로 처리하는 방법 그리고 후속 면접을 수행하는 방법에 대해 설명합니다. 우리는 호흡을 보완하고 홀로트로픽 경험의 통합을 촉진할 수 있는 다음과 같은 다양한 치료 방법에 특별한 주의를 기울입니다. 게슈탈트Gestalt 치료, 훌륭한 보디워크, 예술과 춤, 제이콥 모레노Jacob Moreno의 심리극, 도라 카프Dora Kalff의 모래놀이, 프랑신 샤피로Francine Shapiro의 EMDR(안구운동 민감소실 재처리요법), 버트 헬링거Bert Hellinger의 가족 세우기 등이 여기에 포함됩니다.

홀로트로픽 숨치료는 심리치료의 급진적인 혁신으로 여러 면에서 기존의 접근 방식과 다릅니다. 의식의 비일상적 상태 유도, 높은 볼륨에서 연주되는 흔치 않은 음악 사용, 강한 감정 표현, 강렬한 신체 발현 및 그것에 친숙하지 않은 사람들에게는 강한 반작용을 유도하는 친밀한 신체 접촉의 특징이 있습니다. '홀로트로픽 숨치료 촉진자들의 고난과 시련'이라는 제목의 제6장은 우리가 경험한 모험을 묘사하고 세계의 다양한 지역과 문화 환경에서 홀로트로픽 숨치료 워크숍을 진행하면서 겪었던 어려움을 설명하는 이야기의 모음입니다.

제7장은 홀로트로픽 숨치료의 치료적 잠재력과 비일상 의식 상태에서 사용할 수 있는 치유 및 변용 기제를 다룹니다. 우리는 이 접근법이 다양한 정서적·정신신체적 장애 및 현재 의학 이론이 기질적器質的이라고 생각하는 질병조차도 가질 수 있는 긍정적인 효과에 대해 논의합니다.

홀로트로픽 숨치료의 또 다른 중요한 측면은 성격, 삶의 전략 및 가치관에 미치는 영향입니다. 미국 원주민과 호주 원주민 후손들의 경험을 예로 들면, 홀로트로픽 숨치료는 문화적 상처를 치유하고 역사적 갈등을 해결할 수 있는 가능성을 보여 줍니다.

제8장은 홀로트로픽 숨치료에서 작동하는 치료 기제를 탐구합니다. 이 접근법은 전통적인 언어치료로부터 비롯된 다음의 모든 기제를 크게 강화합니다. 여기에는 심리적 방어기제의 완화, 잊혀진 또는 억압된 외상성 사건의 기억, 꿈이나 신경증적 증상으로 과거를 재구성하는 것, 지적 및 정서적 통찰력을 얻는 것, 전이 분석 등이 포함됩니다. 또한 학계에서 아직 인식하지 못했던 다음과 같은 탁월한 치유와 변용적 힘의 수많은 과정을 사용하도록 해 줍니다. 완전한 연령 퇴행으로 인한 외상성 기억의 재현, 생물학적 출생과 태내 외상의 재현, 심리영적 죽음과 재탄생의 경험, 전생 기억, 원형적 인물과의 만남, 우주적 합일의 감정 등이 여기에 포함됩니다.

호흡기 생리학에 관한 의학 편람에 따르면, 더 빠른 호흡은 손과 발의 경추 경련carpopedal spasms, 불안 및 다양한 형태의 신체적 불편함을 특징으로 하는 '과호흡 증후군'을 초래하는 경향이 있습니다. 이러한 증상은 대체로 과호흡에 의해 유발된 화학적 변화에 대한 필수적인 생리 반응으로 간주됩니다.

홀로트로픽 숨치료 동안의 생리적 변화를 설명하는 제9장에서, 우리는 이것이 숨치료 회기의 관찰에 의해 부정된 신화임을 보여 줍니다. 이러한 관찰은 보다 빠른 호흡에 대한 반응이 브리더의 정신신체적인 병력을 반영하고 엄격한 고정 관념이라기보다는 가끔씩 신체 증상이 완전히 사라지는 것을 포함하여 매우 다양한 증상을 포함한다는 것을 보여 줍니다. 또한 빠른 호흡 리듬에 의해 유발되는 증상은 병리라기보다는 치료의 기회를 제공합니다. 특별히 관심을 끄는 것은, 다른 통찰력은 홀로트로픽 상태에 대한 연구가 현재 상충하는 이론 사이의 불일치로 오염된 정신신체장애에 관한 이해를 돕는다는 것입니다.

이 책의 마지막 부분인 제10장은 홀로트로픽 숨치료의 과거·현재·미래에 초점을 맞춥니다. 캘리포니아주 빅서Big Sur에 있는 에살렌 연구소의 기원과 세계 여러 곳의 워크숍에서 우리 두 사람이 시행했던 초기의 역사까지 거슬러 올라갑니다. 우리는 홀로트로픽 숨치료 촉진자를 초기 단계에서 현재 단계까지 교육하는 방법에 대해 설명합니다. 지금까지 훈련받은 실무자의 수는 1,000명 이상이며, 현재도 수백 명이 교육을 받고 있습니다. 유사전문가 단체와 일반 대중의 홀로트로픽 숨치료에 대한 관심의 증가가 학술기관 및 임상가로부터 따뜻한 환대를 받지 못했기 때문에 이 장에서는 이러한 저항에 대한 이유를 어느 정도 논의합니다.

우리는 홀로트로픽 관점이 가져온 사유와 치료적 실제에서의 급진적 변화를 받아들일 수 있는 실무자들에 대한 이점과 혜택을 개략적으로 설명합니다. 그중에는 정서 및 정신신체적 장애에 대한 깊은 이해, 더 빠르고 더 나은 치료 결과, 전통적인 치료법에 반응하지 않는 많은 내담자를 도울 수 있는 능력, 그리고 종교와 정치, 예술에 대한 통찰력을 줄 수 있습니다. 홀로트로픽 숨치료의 유익한 효과와 일반적으로 홀로트로픽 의식 상태에 대한 믿을 만한 작업은 증상의 완화 또는 해결 이상의 효과를 가져옵니다. 그것은 다음과 같은 영적 개방opening을 동반합니다. 즉, 연민, 관용 및 생태학적 감수성의 개발 그리고 가치관 위계에서의 급진적인 변화 등이 일어납니다. 이러한 변화는 관련된 개인뿐만 아니라 인류 사회 전체에 유익합니다. 이러한 변화들이 충분히 큰 규모로 일어날 수 있다면 급속히 커지고 있는 지구 위기에서 인류가 살아남을 확률을 높일 수 있습니다. 이 책에는 두 개의 부록이 있습니다. 첫째, '홀로트로픽 숨치료 회기에서의 특별한 상황과 개입법'은 촉진자가 브리더를 돕는 데 있어서 발생할 수 있는 어려움과 그 문제를 다루는 가장 효과적인 방법을 자세히 설명합니다. 둘째, '홀로트로픽 숨치료와 여타의 호흡기법'은, 예를 들어 다양한 신 라이히neo-Reichian 접근법, 레오나드 오르Leonard Orr의 재탄생Rebirthing 및 게이Gay와 캐슬린 헨드릭스Kathleen Hendricks의 광휘 숨치료Radiance Breathwork 간의 유사점과 차이점에 초점을 둡니다.

지금까지 보았듯이 이 책은 홀로트로픽 숨치료의 이론과 실제에 대한 포괄적이고 자세한 설명을 제공합니다. 그러나 이 책은 잠재적으로 큰 위험을 초래할 수 있습니다. 독자가 자기탐색에 착수하기에 충분한 정보를 제공하는 지침서로 오해하거나, 더 나쁜 경우 다른 사람들과 함께 호흡 회기를 진행하는 것입니다. 비일상적인 의식 상태를 유도하는 것은 매우 쉬운 일이지만, 발생할 수 있는 모든 상황을 다루고 회기를 성공적으로 완수하기 위해서는 자기 자신과 다른 사람들의 비일상적 의식 상태에 대한 광범위한 경험을 필요로 합니다.

그러므로 우리는 홀로트로픽 숨치료를 경험하고 싶은 사람들이 훈련된 촉진자가 제공하는 워크숍에서 이것을 수행할 것을 당부합니다. 다른 사람들과 회기를 진행하려는 사람들은 먼저 전문가 감독하에 적절한 훈련을 받아 '브리더' '시터sitter' 및 '플로터floater'(전체 집단을 도울 수 있는 촉진자)의 역할을 대신할 수 있는 충분한 기회를 가져야 합니다. 전문가의 감독하에 홀로트로픽 숨치료 훈련을 받은 사람이나 이미 수료한 사람은 숙련된 수석 촉진자의 워크숍을 도우면서 추가 실습을 도제식으로 받을 수 있습니다.

필요한 정보는 https://grof-legacy-training.com에서 찾을 수 있습니다.

차례

1

홀로트로픽
숨치료의
역사적 뿌리

2

홀로트로픽
숨치료의
이론적 기초

contents

홀 로 트 로 픽 숨 치 료

1. 지그문트 프로이트와 심층심리학의 여명

홀로트로픽 숨치료는 최근 심층심리학에 기여한 분야 중 하나로, 심층심리학은 20세기 초반에 오스트리아의 신경학자 지그문트 프로이트Sigmund Freud가 시작한 학문이다. 프로이트가 이 새로운 영역의 기초를 단독으로 세웠기 때문에 심층심리학은 복잡하고 험난한 역사를 가지고 있다. 프로이트는 심리학과 정신의학에 획기적인 기여를 하였다. 그는 무의식의 존재를 설명하고, 역동을 기술하였으며, 꿈 해석 기술을 개발하고, 정신 신경증 및 정신신체장애의 기원에 관련된 심리적 메커니즘을 확인하였다. 그리고 유아 성욕을 발견하고, 전이 현상을 인식하였으며, 자유연상의 방법을 발명했고, 심리치료의 기본 원리를 설명하였다(Freud, 1953, 1962; Freud & Breuer, 1936).

....

※ 일러두기: 이 책의 모든 각주는 독자의 이해를 돕기 위한 역자 주이다.

처음 프로이트의 관심은 주로 정신 신경증의 병인을 설명하고 치료 방법을 찾는 임상적인 것이었지만, 탐구 과정에서 그의 시야는 엄청나게 확장되었다. 그가 연구한 현상의 범위에는 신경증적 증상의 꿈과 정신역동의 내용 외에도 농담의 메커니즘, 말의 실수 등의 주제와 여러 가지 문화 및 사회 정치적 현상의 문제, 즉 인간 문명, 역사, 전쟁과 혁명, 종교 그리고 예술 등이 포함되었다(Freud, 1955a, 1955b, 1957a, 1957b, 1960a, 1960b, 1964a, 1964b).

프로이트는 대단히 재능 있고 상상력이 풍부한 사상가 집단('비엔나 서클')으로 자신을 둘러싸게 했고, 그중 몇 명은 자신만의 고유한 관점을 가지고 프로이트의 심리치료와 결별하여 새로운 학파를 발전시키기기도 했다.

프로이트 학파 정신분석학은 주류 심리학과 정신의학에서 중요한 부분이 되었지만, 소위 결별한 학파인 아들러 학파, 랑크 학파Rankian, 라이히 학파Reichian, 융 학파는 공식 학계에서는 받아들여지지 않았다. 그러나 지난 수십 년 동안 그들 중 일부는 심리치료에 관한 대안적인 접근법으로 점차 대중적인 영향력을 발휘해 왔으며, 창시자의 많은 아이디어가 홀로트로픽 숨치료의 이론과 실제에 통합되었다.

2. 인본주의 심리학과 체험적 치료

20세기 중반 미국의 심리학은 두 가지 주요 학파, 즉 행동주의와 프로이트 정신분석학에 의해 주도되었다. 인간 심혼[1]의 이해에 관한 적절한 접근으로

---

1) psyche에 대한 번역어는 일반적으로 번역되는 '정신'보다는 '심혼(心魂)'으로 하였다. '정신'은 너무 다의적으로 사용되는(마음이나 생각/의식/지성적 · 능동적 · 의식적 능력) 용어라서 피했다. 숨치료(트숨)의 실제에서 참가자들은 자신의

서 이러한 두 방향에 관한 불만이 커지면서 인본주의 심리학이 발전되었다.

이 새로운 분야의 주요 대변인이자 가장 잘 알려진 대표자는 미국의 심리학자인 에이브러햄 매슬로Abraham Maslow였다. 그는 행동주의와 정신분석(또는 그가 그들을 부른 대로 심리학의 첫 번째와 두 번째 세력)의 한계에 관한 예리한 비판을 제시했으며, 심리학에서 새로운 시각을 가진 원칙들을 수립했다(Maslow, 1962, 1964, 1969).

행동주의에 관한 매슬로의 주된 반론으로는 쥐와 비둘기를 대상으로 한 동물연구만으로는 우리가 이 동물과 공유하는 인간 기능의 측면만을 밝힐 뿐이라는 것이다. 따라서 사랑, 자의식, 자기결정, 개인의 자유, 도덕성, 예술, 철학, 종교 및 과학과 같은 인간의 삶에 고유한 더 높은, 특히 인간의 자질에 관한 이해와는 관련성이 없다. 또한 그 이론은 탐욕, 권력욕, 잔인함, '악의적인 공격성'과 같은 인간의 부정적 특성과 관련해서도 거의 쓸모가 없다. 그는 또한 행동주의자들의 의식과 내성內省, introspection에 관한 무시, 그들의 행동연구에 관한 배타적인 초점을 비판했다. 대조적으로 매슬로의 심리학의 제3세력인 인본주의 심리학의 주요 관심사는 인간이 대상이었고, 이 분야는 연구에 객관적으로 접근하는 중요한 보완책으로서의 의식과 내성에 관한 관심을 존중했다. 환경, 자극/반응 그리고 보상/처벌에 의한 결정에 관한 행동주의자의 배타적인 강조는 인간이 스스로 실현하고 내면의 잠재력을 성취하도록 내면에서 지시하고 동기를 부여하는 능력으로 대체되었다.

프로이트와 추종자들은 주로 정신병리학 연구에서 인간의 심혼에 관한 결론을 이끌어 냈고, 매슬로는 생물학적 환원주의와 모든 심리적 과정을 기본 본능의 관점에서 설명하는 경향에 대해 동의하지 않는다고 정신분석을 비판

삶에서 정신적으로나 심리적으로 가장 의미 있는 체험을 우선적으로 하는 것을 역자는 자주 목격하기 때문에 그 깊이와 소중함을 존중하는 의미에서 '심혼'으로 채택하였다. 심혼은 '마음과 혼', '마음과 정신'으로 풀이된다(엣센스 국어사전).

했다. 비교해 보면, 인본주의 심리학은 건강한 사람들, 또는 다양한 영역(매슬로의 '인구의 증가하는 팁')에서 비범한supernormal 기능을 하는 개인, 인간의 성장과 잠재력, 심혼의 더 높은 기능에 초점을 맞추고 있다. 또한 심리학자들이 실제 인간의 요구에 민감하고 인간 사회의 중요한 관심사와 목적에 봉사하는 것이 중요하다고 강조했다.

매슬로와 앤소니 수티치Anthony Sutich가 **인본주의 심리학(AHP) 협회**와 학술지를 창간한 지 몇 년 후, 이 새로운 운동은 미국 정신건강 전문가들과 일반 대중들에게 매우 큰 인기를 얻었다. 인본주의 심리학의 다차원적 관점과 전인whole person에 관한 강조는 정서적·정신신체적·대인관계적·심리사회적 문제를 해결할 때 가능성의 범위를 크게 확장한 새롭고 효과적인 치료 방법의 풍부한 스펙트럼의 개발을 위해 든든한 지지대를 제공했다.

이러한 새로운 접근법의 중요한 특징 중 하나는 전통적인 심리치료('말로 하는 치료법talking therapies')의 전적으로 언어에 의존하는 전략에서 정서를 직접적으로 표현하는 방식으로 확고하게 이동한 것이었다. 치료 전략은 개인 역사와 무의식의 동기 탐구에서 지금 여기의 내담자 감정과 사고 과정으로 옮겨졌다. 이 치료 혁명의 또 다른 중요한 측면은 심혼과 신체의 상호 연관성에 중점을 두고 이전에 심리치료 영역을 지배했던 신체 접촉touching에 대한 금기를 극복하는 것이었다. 따라서 신체와의 다양한 형태의 작업은 새로운 치료 전략의 통합적인 부분을 형성해 갔다. 프리츠 펄스Fritz Perls의 게슈탈트Gestalt 치료법, 알렉산더 로웬Alexander Lowen의 생물 에너지 및 기타 신 라이히neo-Reichian 접근법, 참만남 집단 및 마라톤 회기[2]는 인본주의 치료법의 두드러진 사례로 언급될 수 있다.

....

2) 집단상담 혹은 참만남 집단의 한 형태로서 잠을 자지 않고 밤을 새우며 집중적으로 소집단에 몰입함으로써 개인적인 방어들을 해제시키며 깊은 자기개방을 하도록 유도한다.

3. 심현제 치료의 출현

스위스 바젤에 있는 산도즈Sandoz 연구소에서 맥각[3] 알칼로이드에 관한 연구를 수행하던 스위스의 화학자 알버트 호프만Albert Hofmann[4]은 정신의학, 심리학 및 심리치료의 세계에 새로운 급진적 요소인 비일상적 의식 상태의 발견적·치유적 잠재력을 소개했다. 1943년 4월, 호프만은 LSD-25 또는 리세르그산 디에틸아미드diethylamide of lysergic acid의 심현제psychedelic 효과를 발견했는데, 그는 이 물질의 합성 과정에서 우연히 이 약물에 도취되었다. 1940년대 후반에 취리히의 정신의학자인 발터 스톨Walter A. Stoll에 의해 LSD에 관한 첫 번째 임상 논문이 발표된 후, 마이크로그램 또는 감마(수백만 분의 1그램) 수준의 믿을 수 없을 만큼 미세한 양에서도 유효한 이 새로운 반합성semisynthetic 맥각 알칼로이드는 과학의 세계에서 순식간에 돌풍을 일으켰다.

임상 연구와 LSD의 자체 실험에서 많은 전문가는 출생 후 전기와 프로이트의 개인무의식에 국한된 당대의 심혼에 관한 모델이 매우 피상적이고 부적절함을 발견했다. 이 연구(Grof, 1975)에서 나온 새로운 심혼 지도에는 당대의 심혼 모델에 두 개의 큰 초전기적transbiographical 영역이 추가되었다. 그것은 생물학적 출생의 기억과 밀접한 관계가 있는 주산기 수준과 칼 융(Jung, 1959a)에 의해 구상된 집단무의식의 역사적·원형적 영역인 자아초월 수준이다.

LSD에 관한 초기 실험에서도 정서 및 정신신체장애의 원인은 전통적 정신과 의사가 생각한 것처럼 어린 시절과 유아기의 외상성 기억에 국한되지 않

....

3) 맥각(麥角)은 호밀이나 그 외의 벼에 기생한 일종의 곰팡이 일종의 균핵 건조물이다.
4) 1906~2008년, LSD-25의 발견으로 인하여 심현제 역사의 선구자이자 대표적인 인물이 되었다.

고, 주산기와 자아초월 영역인 심혼의 깊은 뿌리까지 훨씬 더 깊게 퍼져 있음을 보여 주었다(Grof, 2000). 이 놀라운 발견은 심혼의 깊은 수준에서 작동하는 새롭고 강력한 치료적 기제의 발견과 함께 드러났다.

LSD를 촉매제로 사용하여 이전에는 알코올 중독자 및 마약 중독자와 같이 접근하기 어려웠던 환자의 범주에 대해서도 심리치료의 적용 범위를 확대할 수 있었고 성범죄자 및 재범자의 행동에도 긍정적인 영향을 미칠 수 있었다(Grof, 2006c). 특히 가치 있고 유망한 것은 말기암 환자의 작업에서 LSD 심리치료를 사용하려는 이것의 발견 초기의 노력이었다. 이 집단에 관한 연구에 따르면, 마약성 약물치료에 반응하지 않은 환자에게조차 LSD는 심한 통증을 완화시킬 수 있었다. 이 환자들의 상당 부분에서 우울증, 전반적인 긴장 및 불면증과 같은 어려운 정서 및 정신신체적 증상을 완화하거나 심지어 제거할 수 있었으며, 죽음불안을 완화하고 그들이 살아 있는 동안 삶의 질을 높이고, 죽어 감의 경험을 긍정적으로 변용[5]시킨다(Cohen, 1965; Grof, 2006b; Kast & Collins, 1966) .

4. 에이브러햄 매슬로, 앤소니 수티치 그리고 자아초월심리학의 탄생

1960년대에는 비일상적 의식 상태 연구에 관한 관찰, 즉 심현제 치료 회기에서 체험을 분석하고 매슬로의 자발적인 신비체험('절정 체험')에 관한 연구

---

5) 'transformation'은 '변형'보다는 '변용(變容)'으로 번역하였다. (사람이 사물의) 모습이나 형태를 다른 것으로 바꾸다로 풀이된다(고려대 한국어대사전).

는 인간 심혼의 이미지에 혁명을 불러 일으켰으며 심리학에 대해 근본적으로 새로운 방향을 제시했다. 인본주의 심리학의 인기에도 불구하고 그것의 개척자인 매슬로와 수티치는 그들 자신이 낳은 학문에 불만을 갖게 되었다. 그들은 인간 심혼의 영적 차원(Sutich, 1976)에서 매우 중요한 요소를 빠뜨렸다는 사실을 점점 더 알아차렸다.

1960년대 격동기에 매슬로 자신의 '절정 체험' 연구, 심현제의 치료적 사용, 젊은 세대의 심현제 실험의 확산과 동양의 영적 철학, 다양한 신비 전통, 명상, 고대와 원주민의 지혜에 관한 관심 등의 르네상스(폭발)는 심리학에서 당대의 개념적 틀을 유지할 수 없도록 만들었다. 포괄적이고 횡문화적으로 타당한 심리학이 신비주의 상태(우주 의식, 심현제 체험, 트랜스 현상, 창조성, 종교적·예술적·과학적 영감)와 같은 분야의 관찰을 심리학에 포함시켜야 한다는 것이 분명해졌다.

1967년, 매슬로, 수티치, 스탠 그로프, 제임스 패디먼James Fadiman, 마일 비치Miles Vich 및 소냐 마걸리스Sonya Margulies를 포함한 소규모 작업 집단은 의식의 다양한 비일상적인 상태를 포함하여 인간 경험의 전체 스펙트럼을 존중할 새로운 심리학을 창조할 목적으로 캘리포니아 멘로 파크에서 자주 모였다. 이 토론에서 매슬로와 수티치는 그로프의 제안을 받아들였고 새로운 분야를 '자아초월심리학'이라고 명명했다. 이 용어는 자신의 원래 이름인 '초인본주의transhumanistic' 또는 '인본주의적 관심 너머에 도달하기'로 대체되었다. 나중에 그들은 **자아초월심리학 협회**the Association of Transpersonal Psychology: ATP를 창립했고, 자아초월심리학 학술지를 창간했다. 몇 년 후, 1975년 로버트 프레저Robert Frager는 팔로 알토Palo Alto에 캘리포니아 자아초월심리학 연구소를 설립했고, 이 연구소는 30년 이상 자아초월 교육, 연구 및 치료의 최첨단에 남아 있다.

졸 로 트 로 픽 숨 치 료

홀로트로픽 숨치료는 겉으로 보기에는 단순히 빠른 호흡, 의미 있는 내용을 연상시키는 음악과 잔존하는 생물학적 에너지 및 정서적인 장애물들을 방출하는 데 도움이 되는 보디워크의 조합을 사용하지만, 자기탐구와 치료에 있어서도 강력한 방법이다. 회기는 대개 집단으로 진행된다. 참가자들은 한 쌍으로 작업하고 '브리더'와 '시터'의 역할을 번갈아 수행한다. 이 과정은 특별한 중재가 필요할 때마다 참가자를 돕는 훈련을 받은 촉진자가 감독한다. 호흡 회기가 끝난 후, 참가자들은 만다라를 그리는 것으로 그들의 체험을 표현하고 소집단으로 그들의 내면 여행을 공유한다. 필요한 경우 호흡 체험의 완결과 통합을 돕기 위해 후속 인터뷰와 다양한 보완 방법이 사용된다. 그 이론과 실습에서 홀로트로픽 숨치료는 심층심리학, 현대 의식 연구, 자아초월심리학, 동양의 영적 철학 및 원주민의 치유 실제의 다양한 요소를 결합하고 통합한다. 그것은 언어적 수단을 주로 사용하는 심리치료의 전통적인 형태인 정신분석과 심리학에서 파생된 다양한 다른 심층심리학 학파와는 상당히 다르다. 그것은 직접적인 감정 표현을 강조하고 신체와 함께 작업하는 게슈탈트 치료와 신 라이히neo-Reichian 접근법과 같은 인본주의 심리학의 체험적 치료법과 특징을 공유한다. 그러나 홀로트로픽 숨치료만의 특징은 비일상적 의식 상태의 본질적인 치유 가능성을 활용한다는 것이다.

1. 홀로트로픽 의식 상태

고대 문명과 원시 문화에서 알려져 사용되었던 비일상적 의식 상태의 뛰어난 치유력은 20세기 후반에 수행된 현대 의식 연구와 치료에 관한 실험에 의해 확인되었다. 이 연구는 또한 비일상적인 상태에서 발생하고 그와 관련된 현상들이 전통 정신의학 및 심리학에서 현재 사용되는 개념적 틀에 의해 설명될 수 없음을 보여 준다. 이 문제는 홀로트로픽 숨치료를 이해하는 데 필수적이기 때문에, 우리는 먼저 정신의학, 심리학, 심리치료뿐만 아니라 서양과학의 기본적인 형이상학적 가정에 대해 비일상적 의식 상태가 제기하는 이론적 도전에 대한 탐색과 함께 이 방법에 대하여 논의할 것이다.

언어적 의미에 관한 몇 가지 내용으로 시작하고자 한다. 이 책에서 우리의 주된 관심은 비일상적 의식 상태의 치유력, 변용적 · 진화적 잠재력과 의식, 인간 심혼 및 실재의 본질에 관한 새로운 혁명적 데이터의 원천으로서의 위대한 가치를 탐구하는 데 있다. 이러한 관점에서 주류 임상가와 이론가들은 일반적으로 '변

---

1) 『자아초월심리학 핸드북』(Friedman & Hartelius, 2020, 학지사)의 '제6장 변성의식 상태와 자아초월심리학'을 참조하시오.

성의식 상태altered states of consciousness'[1] (Targt, 1969)라는 용어를 부정확하게 사용하였는데, 이는 자신과 세계를 경험하는 '올바른 방법correct way'을 왜곡하거나 불공평하게 한 측면만을 강조하였기 때문이다(구어口語와 수의과 전문용어에서 '변성alter'은 개나 고양이의 거세를 의미하는 데 사용되었다). 심지어 조금 더 나은 용어인 비일상적인 의식 상태non-ordinary states of consciousness는 너무나 일반적인데 그것은 우리 논의의 초점과 관련이 없는 광범위한 조건을 포함하기 때문이다.

의식은 뇌의 외상, 유해 화학 물질의 중독, 감염, 또는 뇌의 퇴화 및 순환 과정에 의한 다양한 병리학적 과정을 거치며 심각하게 변화될 수 있다. 그러한 조건은 분명 비일상적 의식 상태의 범주에 포함될 심오한 심리적 변화를 가져올 수 있다. 그러나 그들은 또한 '섬망譫妄, trivial deliria' 또는 '기질적器質的, organic 정신증'이라고 불리는 것을 유발한다. 정신착란 상태로 고통받는 사람들은 전형적으로 혼란스럽다. 그들은 자신이 누구이며 어디 있는지, 그리고 오늘의 날짜가 언제인지 모른다. 또한 그들의 정신기능은 심각하게 손상된다. 그들은 전형적으로 지적 기능의 교란을 보이며 이러한 경험을 하는 동안 기억상실증을 겪는다. 이러한 조건을 고려하면, **변성의식 상태**라는 용어는 확실히 적절하다. 이러한 상태는 임상적으로 매우 중요하지만 치료적이고 체험을 통한 발견heuristic이란 관점에서는 흥미롭지 않다.

이 책에서 우리는 방금 설명한 것과는 근본적으로 다른 비일상적 의식 상태의 크고 중요한 하위 집단에 초점을 맞출 것이다. 그 상태는 초심初審 샤먼들이 그들의 입문 위기 시기와 이후에 그들의 내담자를 치유 목적으로 유도할 때 체험하는 것이다. 고대와 원주민의 문화에서는 천 년 동안 그들의 통과의례와 치유의례에 이 상태를 사용하였다. 이것은 시대를 막론하고 신비가와 죽음과 재탄생에 관한 신비로운 의례의 입문자에 의해 묘사되었다. 변성의식 상태로 유도하는 절차들이 개발되었고, 이것은 세계의 거대 종교, 즉 힌두교, 불교, 자이나교, 도교, 이슬람교, 유대교, 조로아스터교, 기독교에서도 사용되었다.

공동체 사람들이 의례와 영적인 목적을 위하여 그 상태를 이끌어 낼 수 있는 다양한 절차인 **신성을 위한 기술**technologies of the sacred을 개발하기 위해 바쳤던 시간과 에너지를 생각하면 고대와 원주민 문화에서 비일상적 의식 상태의 중요성을 짐작할 수 있다. 그 방법은 다양한 방식의 드럼, 타악기, 음악, 찬팅, 반복적인 운율과 함께하는 춤, 호흡의 변화 그리고 특별한 형태의 의식 촉진 같은 것들이 혼합된다. 동굴이나 사막, 북극의 빙하나 고산에서, 그리고 더 나아가서 사회적으로 또는 감각적으로 소외시키는 것 역시 비일상적 상태로 인도하는 중요한 방법이다. 그 목적을 위해 사용한 극도의 생리적 개입은 단식, 수면 박탈, 탈수증을 포함해 강력한 설사약, 정화, 심각한 고통을 가하기, 신체 절단 및 대량 방혈 등이 있었다. 심현제心顯劑, psychedelic 식물을 사용한 의례는 지금까지 치료적이고 변용적인 비일상적 의식 상태를 이끌어 내는 데 가장 효과적인 방법이었다.

주류 정신과 의사들은 처음에 원주민 의례 행사native ritual events를 무지와 마술적인 사고에 기초한 원시적인 미신의 산물이라고 일축하고 조롱했다. 그들은 어떤 종류의 비일상적인 의식 상태를 정신병리의 영역으로 내몰았다. 이 상황은 20세기 후반에 점진적으로 변화했는데, 서양의 과학자들이 신성에 관한 혁신적인 기술을 제공하는 중요한 헌신을 실제로 기여했던 때이다. 임상 및 실험 정신과 의사와 심리학자들은 화학적으로 순수한 심현제와 감각 박탈에서 바이오피드백에 이르기까지 다양한 실험으로 정신변화 방법을 직접 체험할 기회를 얻었다. 그들은 또한 신 라이히 접근법, 재탄생Rebirthing, 홀로트로픽 숨치료 및 보디워크를 사용하는 다양한 형태의 체험적 치료 기법에서 비일상적 의식 상태의 효과를 목격했다. 이러한 혁명적인 도구의 도전을 받아들일 만큼 열린 마음을 가진 사람들은 그들의 힘과 위대한 치료적 가능성을 발견할 기회를 가졌다.

우리가 이 의식 상태의 고유한 성질을 알았을 때, 현대 정신의학이 이론적으로나 실제적으로 그런 중요 체험에 관한 특별한 영역이나 용어를 갖고 있지 않다는 것은 믿기 어려운 일이었다. 왜냐하면 그것이 '변성의식 상태'로 구분될 만한 가치가 있고, 심각한 정신질환의 표현으로 보아서는 안 된다고 강하게 느꼈기 때문이다. 그래서 나는 이를 홀로트로픽holotropic으로 부르기 시작했다(Grof, 1992). 그야말로 복합적인 이 언어는 '전체wholeness를 지향하는' 혹은 '전체를 향해 움직이는'(그리스어 holos=전체와 trepo/repein=어떤 쪽으로 움직이거나 어떤 방향에서) 것을 의미한다. 홀로트로픽이라는 말은 신조어이지만 그것은 항상 태양 쪽으로 움직이는 식물의 본성을 통상 해굽성heliotropism이라는 용어로 사용하는 것과 관련이 있다.

홀로트로픽이라는 이름은, 자신이 정말 누구인지 존재적으로 완전히 확장된 체험을 하지 못하고 단지 단편적 일상 의식 상태에 있는 일반적인 서양인을 놀라게 할 무언가를 제안한다. 홀로트로픽 의식 상태란, 영국 철학가이며 저술가인 앨런 와츠Alan Watts가 상기하였던 것처럼 우리가 '피부-캡슐에 쌓인 자아'가 아니라는 것을 인식하도록 돕는 잠재력을 갖고 있지만, 최근의 분석에서는 인간이 우주의 창조적 원리와 동등하다고 본다. 또한 프랑스 고생물학자이며 철학자인 피에르 테야르 드 샤르뎅Pierre Teilhard de Chardin의 진술을 빌리자면, "우리는 영적 체험을 가진 인간이 아니라, 인간 체험을 가진 영적 존재이다"(Teilhard de Chardin, 1975).

이 놀라운 아이디어는 새로운 것이 아니다. 고대 인도의 우파니샤드Upanishads는 "나는 누구인가?"라는 질문에 "Tat tvam asi."라고 대답한다. 이 간결한 산스크리트 문장은 말 그대로 "당신은 그분이다Thou art That."이며, '그것That'은 신성

Godhead을 말한다. 이는 우리가 '명색名色namarupa'[2], 즉 이름과 형상(몸/자아)이 아니라, 가장 깊은 우리의 정체성은 가장 내밀한 존재(아트만Atman) 안에 신성한 불꽃과 함께하며, 궁극적으로 우주(브라만Brahman)를 창조한 숭고한 보편적 원리와 동일하다는 것이다. 신과 함께인 인간의 정체성은 모든 위대한 영적 전통에서 신비의 중심에 있는 궁극의 비밀이다. 그래서 그 원리의 명칭은 도道, 붓다, 시바(카시미르 시바파), 우주적 그리스도Cosmic Christ, 플레로마Pleroma(충만/완전함)[3], 알라와 다른 많은 것이다. 홀로트로픽 체험은 우리의 진정한 정체성과 우주적 위치를 발견하게 하는 잠재성을 갖고 있다(Grof, 1998).

심현제 연구와 심리치료의 강도 높은 체험적 기법의 개발은 홀로트로픽 상태를 문명사회 이전의 치유자들의 세계에서 현대의 정신의학과 심리치료로 이동시켰다. 이러한 접근방식에 개방되어 있고 자신들의 치료에 그것들을 사용한 치료자는 홀로트로픽 상태의 탁월한 치료 가능성을 확인하고, 그들의 가치가 의식, 인간 심혼 및 실재의 본질에 관한 혁신적인 새로운 정보의 금광임을 발견했다. 그러나 아주 초기부터 주류 학계는 이러한 급진적인 혁신에 대해 강한 저항을 보였고, 그것들을 치료 방법이나 중대한 개념적 도전의 원천으로 받아들이지 않았다.

어떤 점에서 홀로트로픽 상태의 연구에서 만나게 되는 '이례적인 현상'의 풍부한 나열을 설명하는 데 필요한 개념적 개정의 범위와 급진적 성격을 고려할 때 이 저항은 이해할 수 있다. 이러한 특별한 관찰은 현존하는 이론(기술적으로는 '임시 특별 가설')의 작은 조정으로는 해결할 수 없으며, 가장 근본

---

2) 십이연기의 하나로, 이름은 있으나 형상이 없는 마음과 형체가 있는 물질을 말하며, 정신적인 것을 '名', 물질적인 것을 '色'으로 나타낸다.
3) 영지주의는 기원전 1~2세기 유럽에 있었던 동서양의 다양한 철학과 종교 이론이 혼합되어 탄생한 신비주의적 제설혼합주의이다. 플로레마는 영지주의에서 신성의 충만함을 말한다.

적인 개념과 기본적인 형이상학적 가정을 근본적으로 개정하도록 요구할 것이다. 개념적 대변동의 결과는 뉴턴에서 양자-상대론적 물리학으로 옮겨 가는 20세기 초반의 30년 동안 물리학자가 직면해야 했던 혁명과 비교할 수 있다. 어떤 면에서 그것은 이미 물리학에서 일어난 실재를 이해하는 데 있어서의 급진적 변화에 대한 논리적 완성을 드러내는 것이다.

우리는 홀로트로픽 상태에서의 체험과 관찰에 의해 제기된 개념적 도전을 간략히 설명하고 의식과 인간의 심혼에 관한 사고의 수정을 개략적으로 설명할 것이다. 아마존 정글에서 일하는 동안 샤머니즘에 입문하여 샤머니즘을 수행하는 훌륭한 학문적 경력을 가진 인류학자 마이클 하너Michael Harner는 서양의 정신의학과 심리학이 적어도 두 가지의 심각하게 편향된 방식을 갖고 있다고 주장했다. 그것은 그가 인종중심주의와 인지중심적 편향이라 부르는 것이다(Harner, 1980).

주류 학자 및 임상가들은 서양의 유물론에 의해 발전된 실재와 인간의 심혼에 관한 이해가 유일하고 다른 모든 것보다 우월한 것으로 간주한다. 그들은 산업화 이전의 문화 의례와 영적인 삶을 원시적인 미신, 마술적 사고, 또는 철저한 정신병리(인종중심적 편향)로 보고 있다. 그들의 이론적 고찰에서 또한 의식의 일상적 상태에서 만들어진 경험과 관찰만을 고려하고, 홀로트로픽 상태 연구(인지중심 또는 실용중심적pragmacentric 편향)로부터 나온 데이터를 무시하거나 오해한다.

마이클 하너의 비판은 몇 가지 흥미로운 질문을 제기한다. 정신병리학 및 심리학이 인종중심적 편견을 극복하고, 즉 일원론-유물론적 패러다임의 좁은 맥락에서 이해할 수 없는 모든 경험과 행동을 병리화하는 것을 멈추고 다른 문화의 의례와 영적인 삶을 존중하면서 대우한다면 어떨까? 홀로트로픽 상태에 관한 연구에서 얻은 결과가 진지한 과학적 검증을 받고, 현재의 이론들이 설명할 수 없는 엄청난 양의 '이례적 현상anomalous phenomena'이 존재한다는 것을 인식한다면 정신의학 이론과 실제에 무슨 변화들이 일어날까?

홀로트로픽 숨치료나 심현제 치료를 시행하거나 혹은 영적 응급 상황을 겪고 있는 사람들을 지원할 때, 전통적인 정신의학과 심리학의 개념적 틀을 사용하면 부적절하고 비효율적이며 비생산적이 될 수 있다. 우리는 현대 의식 연구 또는 보다 구체적으로 홀로트로픽 의식 상태 연구에서 나타난 의식, 인간의 심리 그리고 본성에 관한 이해와 정서 및 정신신체 장애의 본질과 기능에 관한 이해를 활용해야만 한다.

홀로트로픽 상태에 관한 연구에 의해 도입된 우리 생각의 변화는 급진적이며 몇 가지 큰 범주로 나뉜다. 현대 의식 연구의 관찰을 설명하기 위해 현재 정신과 의사와 심리학자가 사용하는 심혼의 모델은 크게 확장되어야 하며, 이전에는 학계에서 인식할 수 없거나 잘못 해석한 영역을 새롭게 포함해야 한다. 이것은 정서 및 정신신체적 장애의 본질에 관한 새로운 이해와 그 뿌리의 깊이에 관한 인식과 관련이 있다. 이 진지한 발견은 치유의 새로운 메커니즘의 발견과 무의식의 깊은 수준에서 작동하는 긍정적인 성격 변화에 의해 균형을 이룬다.

아마도 홀로트로픽 상태에 관한 연구에서 나온 가장 흥미진진한 혁신은 자기탐구와 심리치료 분야에서 언어적 접근부터 체험적 접근으로의 이동, 치료자나 촉진자가 안내하는 역할에서 내담자 자신의 심혼의 고유한 치유적 지능의 사용으로의 이동에 있다. 존재의 보편적인 틀에서 우주적 의식cosmic consciousness(칼 융의 세계영혼anima mundi)[4]의 결정적인 역할에 관한 인식과 집단

----

4) 세계영혼(soul of the world, 世界靈魂, anima mundi)은 세계 전체를 살아 있는 것으로 생각하여 이것을 지배하고, 통제하고, 질서를 관리하는 근본적인 통일 원리를 말한다. 인간의 영혼과 비교하여, 종종 철학자들(피타고라스 학파, 플라톤 학파, 스토아 학파, 플로티노스, 셸링, 페흐너 등)에 의해 상정되었던 것이다(철학사전, 2009).

무의식의 존재에 관한 수용은 직접적인 경험에 기초한 영적 탐구가 정당하고, 인간의 삶에서 핵심적으로 중요한 측면이라는 결론을 논리적으로 이끌어 낸다.

2. 인간 심혼의 차원

전통적 학술적 정신의학과 심리학은 프로이트가 묘사한 것처럼 개인무의식과 산후 전기傳記, postnatal biography에 한정된 인간 심혼 모델을 사용한다. 프로이트에 따르면, 인간의 심리 역사는 태어난 후 시작하며 새로 태어난 아기는 깨끗한 백지 상태의 마음a tabula rasa을 갖고 있다. 우리의 심리적 기능은 생물학적 본능과 태어난 이후의 삶, 즉 양육의 질, 배변 훈련 성향, 다양한 심리성적 외상, 초자아의 발달, 오이디푸스 콤플렉스의 삼각관계, 후기 삶의 갈등과 외상에 의한 영향 사이의 상호작용에 의해 결정된다. 이 관점에 의하면, 우리가 어떤 사람이 되고 어떻게 심리적으로 기능하느냐 하는 것은 태어난 이후의 개인적인 대인관계와 관련한 역사에 의해 결정된다.

프로이트 학파에서 개인무의식은 본질적으로 출산 후의 역사, 우리가 잊어버리고 수용할 수 없는 것으로 거절하며 억압한 것들의 저장소에서 비롯한다. 정신의 지하세계(프로이트는 이드id라고 불렀음)는 원초적 본능의 힘에 의해 지배되는 영역이다. 의식과 무의식 사이의 관계를 묘사하기 위하여 프로이트는 물에 잠긴 빙산의 유명한 이미지를 사용하였는데, 그것은 전체 심혼으로 추정되는 것이 사실은 물의 표면 위로 보이는 빙산의 일부처럼 작은 부분이라는 의미이다. 정신분석은 빙산의 잠긴 부분과 비교할 수 있는 심혼의 더 많은 부분이 무의식임을 발견하였고, 그것이 우리가 모르는 사이에 우리의 사고 과정과 행동을 지배한다고 하였다. 이 모델은 수정·개정되어서 심리학과 정신의학의 주류로 채택되고 있다.

자발적으로 일어나는 것뿐 아니라 심현제와 약을 사용하지 않는 다양한 방법에 의해 유도되는 홀로트로픽 의식 상태 작업에서 이 모델은 철저하게 부적합한 것으로 판명되었다. 그 상태에서 일어나는 모든 현상을 설명하기 위하여 우리의 인간의 심혼 차원에 대한 이해는 극적으로 수정되어야 한다. 전통 심리학이 공유하는 출산 후 전기적 수준 이외에 새로 확장된 지도제작에 두 가지 커다란 추가 영역을 포함하고 있다.

첫 번째 영역은 생물학적 탄생의 트라우마와 밀접하게 연관되기 때문에 우리는 **주산기**perinatal에 주목할 수 있다. 이 무의식의 영역에는 태아가 일련의 탄생 과정 단계에서 일어난 모든 감정과 신체 감각을 포함한 경험이 기억되어 있다. 이 기억은 네 개의 단계로 구별되는 경험을 형성하고 그 각각은 분만의 단계들과 연관되어 있다. 저자는 그것들을 **주산기 기본 모형**Basic Perinatal Matrices(BPM I~IV)이라는 용어로 정하였다.

BPM I은 분만 시작 바로 이전인 후기 산전advanced prenatal 상태 기억으로 구성된다. BPM II는 자궁이 수축하는 출산 과정의 첫 단계 과정과 관련이 있는데 자궁경관子宮頸管은 아직 열리지 않은 상태이다. BPM III는 자궁경관이 확장한 후에 탄생을 위한 고통을 반영한다. 그리고 마지막으로 BPM IV는 탄생 자체로 세상에 출현하는 기억을 담고 있다. 이들 모형의 내용은 태아 상태의 기억에 제한되지 않는다. 각각의 모형은 역사적이고 원형적인 집단무의식의 영역에 선택적으로 개방되어 있으며 유사한 경험적 특징을 가진 주제를 포함하고 있다. 주산기 모형의 현상학적이고 역동적인 세세한 묘사는 저자의 다양한 출판물에서 찾아볼 수 있다(예: Grof, 1975, 1987, 2000).

새로운 지도의 두 번째 초전기超傳記, transbiographical 영역은 **자아초월**transpersonal

영역이라고 부르는 것이 가장 적절하다. 그것은 이 영역이 신체/자아의 경계와 보통의 선형적인 시간 제약, 그리고 3차원 공간을 초월한 다양하고 풍요로운 의식 경험을 포함하기 때문이다. 이와 같은 초월은 다른 사람, 다른 집단, 다른 삶의 형태, 심지어 무기물계의 존재하고도 경험적 동질화를 이끈다. 시간의 초월은 조상과의 인종적이고 집단적이며 계통발생적인 카르마적 기억에 접근하게 허용한다.

그러나 자아초월 경험의 또 다른 범주는 스위스의 정신과 의사 칼 융(1968)이 원형이라고 불렀던 집단무의식의 영역이다. 이 영역은 신화적 인물과 주제, 그리고 모든 문화와 시대, 심지어 우리가 지성으로 인식하지 못하는 것들이 잠복해 있는 곳이다(Jung, 1959a). 가장 높이 도달한다면 개인의 의식은 우주의 창조원리, 우주의식, 우주심Universal Mind과 하나가 될 수 있다. 어쩌면 홀로트로픽 상태에서 가능한 가장 심원한 경험은 초우주적Supracosmic이고 메타우주적Metacosmic인 공Void, 태고의 공Primordial Emptiness, 그리고 의식 그 자체인 무Nothingness와의 동일시일 수도 있다. 공은 역설적 본성을 지니는데, 어떤 구체적 형태가 없다는 의미에서 **비어 있지만**vacuum, 또한 모든 창조의 잠재적 형태를 담고 있다는 의미에서는 **충만한 공간**plenum이다.

이 심혼의 광대하게 확장된 모델에 비추어 볼 때, 우리는 이제 프로이트가 심혼을 빙산으로 비유한 것을 인용할 수 있다. 프로이트의 분석이 심혼에 관해 발견한 모든 것은 단지 물 위에 나타나는 빙산의 꼭대기를 나타낸다. 홀로트로픽 상태에 관한 연구로 인해, 오토 랑크와 칼 융을 제외한 프로이트와 그의 추종자들이 주의를 기울이지 않은, 물속에 가려진 거대한 빙산의 잔재를 탐색할 수 있었다. 예리한 아일랜드 유머로 유명한 신화학자 조지프 캠벨Joseph Campbell은 "프로이트는 정작 고래 등에 앉아서 낚시를 하고 있었던 것에 불과했다."라는 색다른 은유를 사용했다. 다양한 자아초월적 경험의 다양한 유형의 사례와 묘사를 포함한 자아초월적 영역에 관한 자세한 토론은 다른 간행물에서 찾아볼 수 있다(Grof, 1975, 1987, 2000).

3. 정서 및 정신신체 장애의 본질, 기능 및 구조

전통적인 정신과 의사는 기질적器質的 근거가 없는 다양한 정서 및 정신신체 장애('심인성 정신병리학')를 설명하기 위해, 앞에서 설명한 심혼에 관한 피상적인 모델을 사용한다. 그들은 이러한 상태들이 가족 내 다양한 심리성적에서 외상과 대인관계 역동의 결과로, 유년기와 어린 시절에서 기인한다고 믿는다. 역동적인 심리치료는 이러한 장애의 심각성의 깊이가 본래의 외상을 입은 시점에 달려 있다는 데 일반적으로 동의하는 것으로 보인다.

이와 같이 고전 정신분석에 따르면 알코올 중독, 마약 중독 및 조울병 장애의 기원은 리비도 발달의 구강기에 발견될 수 있다. 강박 신경증은 항문기에 뿌리를 둔다. 공포증과 전환 히스테리는 '남근기'와 오이디푸스와 엘렉트라 콤플렉스 시점에서 발생한 외상에서 기인하는 것으로 본다(Fenichel, 1945). 정신분석학의 후기 발달에서는 자폐 및 공생 유아 정신증, 자기애적 및 경계성 성격장애와 같은 매우 심각한 장애를 대상관계의 초기 발달 장애와 연계시켰다(Blanck & Blanck, 1974, 1979).

이러한 결론은 주로 언어적 수단을 사용하는 치료자의 관찰로부터 도출된 것이다. 홀로트로픽 상태를 포함하는 방법을 사용하면 심인성 장애에 관한 이해가 상당히 많이 변한다. 이러한 접근법은 대부분의 언어치료법이 닿지 못하는 무의식 수준이 작용하도록 한다. 이 연구의 초기 단계는 전형적으로 정서 및 정신신체 문제와 의미 있게 관련된 초기 유년기 및 아동기 관련 외상성 자료들을 밝혔으며, 그것이 원천인 것으로 보였다. 그러나 밝혀내는 과정이 계속됨에 따라 무의식의 더 깊은 층이 펼쳐졌고, 우리는 주산기 수준과 심지어 심혼의 자아초월적 차원에서 동일한 문제에 관한 추가적인 뿌리들을 발견했다.

홀로트로픽 상태에서 다양한 작업 방법, 즉 심현제 치유, 홀로트로픽 숨치료, 재탄생rebirthing, 그리고 원초 치료primal therapy[5]나 자발적 영적 위기를 경험하는 사람들의 심리치료는 정서 및 정신신체적 문제가 탄생 이후의 외부에 의한 심리적 외상 사건으로 그 원인을 설명하기에는 부적합하다는 것을 보여 준다. 이들과 관련된 무의식의 내용은 응축경험 체계 또는 COEX 체계 System of Condensed Experience라는 용어로 명명한 역동적이고 응축된 다양한 배열constellations을 전형적으로 형성한다(Grof, 1975, 2000).

전형적인 COEX 체계는 유사한 정서나 신체 감각을 공유하는 여러 겹의 무의식 자료로 구성되어 있다. COEX 체계의 구성 요소들은 심혼의 다양한 수준으로부터 온다. 더 피상적이고 접근 가능한 층들은 유아기, 아동기 그리고 이후 생활에서의 정서적·신체적 트라우마 기억을 담고 있다. 더 깊은 수준에서 각각의 COEX 체계는 대략 탄생의 특정 국면, 특정 BPM의 기억과 연결되는데, 이 모형은 관련된 정서와 신체적 느낌의 성격에 달려 있다. 예를 들면, 만일 COEX 체계의 주제가 희생이라면 이것은 BPM II일 것이며, 강력한 대항자나 성적 학대에 대항한 싸움이라면 BPM III과 연결될 것이다. 깊이 만족하고 충만한 상황의 기억으로 구성된 긍정적인 COEX 체계는 BPM I이나 BPM IV와 연결된다.

정서적이거나 정신신체적 장애의 기초가 되는 COEX 체계의 가장 깊은 뿌리는 심혼의 자아초월 영역이다. 그것은 조상, 인종, 집합적·계통발생적

---

5) 유년기의 근원적으로 억압된 감정을 상기/해방시켜 불만/분노 등을 발산(비명 등)시키는 심리치료를 의미한다.

기억, 평생 동안의 경험('과거 삶의 기억들')(Grof, 2000, p. 238)과 다양한 원형적 주제 형태이다. 예를 들면, 분노와 기질적인 공격성에 관한 치유 작업은 특정 지점에서 호랑이나 검은 표범과의 경험적 동일시 형태를 취할 수 있다. 또는 심각한 반사회적 행동의 근원은 악마적demonic 원형일 수 있고, 공포의 최종 해결책은 과거 삶의 경험을 재체험하고 통합하는 형태가 될 수 있다.

COEX 체계의 전반적 구조는 임상 사례를 통해 가장 잘 나타난다. 심인성 천식으로 고통받는 사람이 홀로트로픽 숨치료에서 그 장애의 근저에 놓인 강력한 COEX 체계를 발견할 수 있다. 이 체계의 전기적인 부분은 일곱 살 때 익사할 뻔했던 기억이나, 서너 살 무렵 오빠에 의해 반복적으로 목이 졸린 기억, 두 살 때 백일해나 디프테리아로 심각한 질식을 겪은 기억으로 구성되어 있을 것이다. COEX에 주산기가 기여한 예를 들면, 출생 시에 목이 탯줄에 감겨 죽을 뻔했었기 때문에 나타난 질식 경험일 수 있다. 이와 같은 호흡장애의 전형적인 자아초월의 근원은 이전에 목이 매달리거나 목이 졸린 경험일지도 모른다. 부가적인 본보기를 포함한 COEX 체계와 다양한 형태의 정신병리학 형태에 관한 자세한 논의는 초기 출판물 몇몇에서 찾아볼 수 있을 것이다(Grof, 1975, 1987, 2000).

4. 효과적인 치료 방법

전통적 심리치료는 심리적 방어기제의 약화, 꿈이나 신경증적 징후들로부터 과거를 재구성, 지적·정서적 통찰의 획득, 전이의 분석, 대인관계에서의 교정적 경험의 획득 등과 같이 전기傳記적 자료 수준에서 작업하는 치료적 기제만을 인정한다. 홀로트로픽 의식 상태와 관련된 심리치료는 주산기와 자아초월 수준으로의 퇴행을 통해 치유와 인격 변용을 위한 매우 효과적이고 다양한 기제를 제공한다. 이러한 기제들은 유아기, 아동기, 생물학적 탄생, 주산기, 전생 기억으로부터의 외상 기억의 재체험과 원형적 자료의 출현 및 우주적 합일 체험 등을 포함한다.

5. 심리치료의 전략과 자기탐구

현대 심리치료의 가장 놀라운 측면은 가장 근본적인 쟁점에 관해 동의가 되지 않아 의견 차이를 보이는 경쟁적인 치료 접근이 많다는 것이다. 인간 심혼의 차원들은 무엇이고 그것의 가장 중요한 원동력은 무엇인가? 증상들은 왜 일어나며 그 의미는 무엇인가? 내담자가 치료에 가져온 주제 중 어떤 것이 중요하고 어떤 것이 덜 관련되는가? 어떤 기법과 전략이 내담자의 정서, 정신신체 및 대인관계 기능을 교정하고 개선하기 위해 사용되어야 하는가? 여기에는 학파의 수만큼 많은 대답이 있다.

역동적 심리치료의 전통적인 목표는 일반적으로는 인간 심혼을, 구체적으로는 특정 내담자의 심혼을 지적으로 이해하는 것이고, 이러한 지식을 효과적인 치료 기법과 전략의 개발을 위해 사용한다. 많은 현대 심리치료의 주요 도구는 치료자가 내담자에게 그나 그녀의 생각, 감정, 행동의 '진정한' 또는 '실제의' 의미를 알려 주는 '해석'이다. 이 방법은 꿈, 신경증적 증상, 프로이트(1914/1960)가 '실수失手행위Fehlleistungen'라고 명명한 실언이나 작은 실수 같은 일상에서 사소하게 보이는 행동의 분석을 폭넓게 사용한다. 해석이 흔히 적용되는 다른 영역은 치료자를 향한 다양한 무의식의 느낌과 태도의 전이를 포함한 대인관계 역동이다.

치료자는 주어진 상황에 가장 적합한 해석이 무엇인지, 해석의 적합한 시간이 언제인지를 결정하는 데 많은 노력을 기울인다. 그 내용에서 아무리 '정확한' 해석이라도 내담자가 준비되기 전에 너무 빨리 제공한다면 소용없거나 해로울 수 있다. 이러한 심리치료의 접근에 심각한 결함은 다양한 학파에 속한 개인 치료자가 같은 심리적 내용이나 행동을 서로 아주 다른 기준으로 보기 때문에 다양하고 모순된 해석을 제공할 수 있다는 것이다.

정신분석 훈련에서 한 가지 재미있는 사례를 들려주겠다. 신출내기 정신과 의사로서 스탠Stan[6]은 약 7년 이상 한 주에 세 번 관련된 분석 수련을 받고 있었다. 그의 분석가는 테오도르 도스츠코프Theodor Dosužkov 박사로, 그는 체코슬로바키아 정신분석협회 회장이며 체코 정신분석가들의 현명한 영웅이었다. 분석 시기에 도스츠코프 박사는 60대였고, 그의 피분석자인 젊은 정신과 의사들 사이에는 그가 분석 시간에 가끔 존다는 것이 알려져 있었다. 도스츠코프 박사의 이 습관은 학생들에게 재미있는 농담거리였다. 개인 정신분석 수련 시간 이외에 도스츠코프 박사는 학생들이 책이나 기사에 대한 관점을 공유하고 사례의 역사를 토의하며 정신분석 이론과 실제에 관해 질문할 수 있는 세미나를 진행하였다. 이 시간 중에 한 참석자가 '순수하게 이론적인' 질문을 하였다. "분석 중에 분석가가 잠들면 무슨 일이 일어납니까? 만일 내담자가 자유연상을 계속하면 치료는 계속되는 겁니까? 치료 과정에 방해가 되나요? 프로이트 학파의 분석에서 비용은 중요한 수단이니까 내담자는 그 시간 동안의 상담비를 환급받아야 합니까?"

....
6) 스탠은 저자인 스타니슬라프 그로프의 애칭이며, 크리스티나는 부인 크리스티나 그로프를 말한다.

도스츠코프 박사는 그런 상황이 정신분석에서 일어날 수 있다는 것을 부정할 수 없었다. 그는 분석대상자들이 자신의 약점에 대해 알고 있다는 것을 인식하고 있었고 답변을 해야만 했다. "그런 일이 일어날 수 있습니다." 그가 말다. "때때로 당신은 피곤하고 잠이 들 것입니다. 전날 밤에 잠을 잘 못잤거나, 감기에서 회복 중이거나 신체적으로 너무 피곤하였을 겁니다. 그러나 만일 당신이 이런 일을 오랫동안 하였다면, 당신은 '육감sixth sense' 같은 것이 발달하였을 것이고, 이야기되는 내용이 관련 없을 때만 잠에 들 것입니다. 내담자가 아주 중요한 어떤 내용을 말할 때는 깨어나서 바로 거기에 있을 겁니다!"

도스츠코프 박사는 노벨상 수상자인 러시아 심리학자 파블로프Pavlov의 열렬한 숭배자였다. 개 실험을 통해 뇌 연구를 한 파블로프는 수면이나 최면 동안 일어나는 대뇌피질의 억제에 대한 많은 글을 썼다. 그는 억제된 뇌 피질 안에 간혹 '깨어 있는 지점waking point'이 있다는 것을 발견했다. 그의 흥미로운 사례는 소란스런 소음 속에서도 잠을 잘 수 있지만 아이의 신음소리가 들릴 때는 바로 깨어나는 어머니의 사례였다. 도스츠코프 박사는 "그것은 파블로프가 예를 들었던 그 어머니와 똑같은 상황입니다." "충분한 경험을 쌓는다면, 잠에 빠질 때도 내담자와 연결을 유지할 수 있습니다."라고 설명했다.

그러나 도스츠코프 박사의 설명에는 분명 결함이 있었다. 치료자가 내담자의 이야기에서 중요하다고 생각하는 것은 자신의 훈련과 개인적 편향을 반영한다. 만일 스탠이 프로이트 학파 대신 아들러Adler, 랑크Rank, 또는 융Jung 학파 치료자들과 작업하였다면, 그들은 그들의 수련과 판단에 따라 스탠의 이야기가 '중요한' 어떤 것을 담고 있는 순간에 깨어날 것이다. 그렇지만 깨어나는 시점은 학파에 따라 다를 것이다. 심층심리학 학파 사이에는 개념적 차이가 크기 때문에, 어떤 학파가 인간 심혼의 건강과 질병에 관하여 더 정확한 이해를 제공하는가에 대한 질문은 자연스럽게 발생한다.

심리치료에서 정확하고 적합한 때의 알맞은 해석이 중요한 요소라는 것이 사실이라면, 다양한 학파의 성공적인 치유에 커다란 차이가 있다고 생각해 볼 수 있다. 그들의 치료 결과는 정규 분포 곡선 위에 그릴 수 있을 것이다. 심혼을 가장 정확히 이해하고 알맞은 해석을 하는 학파의 치료자가 가장 우수한 결과를 낳는 반면, 덜 정확한 개념적 틀을 가진 학파에 속한 치료자는 정규 곡선의 하향 부분에 분포될 것이다.

우리는 어떤 특정 심리치료 학파가 다른 것보다 더 우수하다는 것을 보여 주는, 심리치료 결과에 의해 측정된(Frank & Frank, 1991) 과학적 연구를 알지 못한다. 만일 그런 것이 있다면 그 차이가 학파 간이라기보다는 오히려 학파 내에서 발견될 것이다. 그러한 차이는 개별 치료자의 다양한 기술 때문이다. 각각의 학파마다 더 나은 치료자와 서툰 치료자가 있다. 또한 치료 결과는 해석의 정확성과 적합한 시간, 전이에 대한 정확한 분석, 침묵의 효과적 사용, 그리고 다른 특정한 개입법과 같이, 치료자가 시행하고 있다고 생각하는 것과는 거의 관계가 없다. 아마도 성공적인 치료는 지적인 탁월함과는 관련이 없고 과학적 언어로 묘사하기 어려우며, 그것은 치료자와 내담자 사이의 '인간적인 만남의 질', 내담자가 처음으로 다른 사람에 의해 무조건 수용받은 느낌, 또는 내담자가 치료 과정에서 느끼는 희망 같은 것이다.

심리치료의 이론과 실제의 합의 부족으로 인한 혼란으로, 정서 및 정신신체 장애를 가진 내담자는 동전을 튕겨 올려 심리치료 학파를 선택해야 할지도 모르겠다. 그러나 그녀가 치료에 가져온 문제에 대해 각각의 학파는 다른 설명을 하며, 그것을 극복하기 위한 방법에 있어서도 다른 기법이 제공된다. 이와 비슷하게, 신출내기 치료자가 수련을 위해 특정 치료 학파를 선택할 때, 그 선택은 학파의 가치보다 지원자의 성격personality에 대해 더 많은 것을 말해 준다.

홀로트로픽 의식 상태를 이용하는 치료가 이러한 상황에 내재한 난관을 회피하도록 돕는 것을 보는 것은 흥미로운 일이다. 이 접근이 실제로 제공하는 대안적 방법은 칼 융C. G. Jung이 최초로 그 개요를 보여 주었던 치료 과정에서의 몇몇 아이디어를 확인시켜 준다. 융(Jung, 1966)에 따르면 심혼을 순전히 지적으로 이해하여 효과적인 심리치료 기법을 끌어내는 것은 불가능하다. 융은 심혼이 뇌의 산물이나 두개골에 담긴 것이 아니라는 것을 노후에 깨달았다. 그는 모든 존재에 스며든 우주의 창조적이고 생산적인 원리(세계영혼anima-mundi)로 심혼을 이해하기 시작하였다. 각 개인의 개별적인 심혼은 이 불가해한 우주적 매트릭스로부터 끊임없는 간섭을 받는다. 세계영혼과 개인심혼 사이의 경계는 절대적이지 않으며 서로 스며들 수 있고 홀로트로픽 상태에서 초월할 수 있다. 지성은 심혼의 일부 기능으로서 사람들이 일상의 상황에서 적응하는 데 도움을 줄 수 있지만, 그 자체로 심혼을 이해하고 조작할 수 없으며 존재의 가장 깊은 신비를 헤아리지도 못한다.

빅토르 위고Victor Hugo의 『레미제라블Les Misérables』(1863)에는 놀라운 문구가 있다. "바다보다 더 웅장한 광경은 하늘이며, 천국보다 더 숭고한 광경은 영혼의 내면이다." 융은 심혼이 심오한 신비라는 사실을 인식하고, 엄청난 존경심을 가지고 거기에 접근하였다. 그에게 심혼이란 분명히 무한하게 창조적인 것이었고, 내담자의 심리적 과정을 수정하는 데 사용하는 어떤 공식으로 묘사할 수 있는 것이 아니었다. 그는 치료를 위하여 지적인 구조와 외적인 개입을 사용하는 것과는 분명히 다른 대안적 전략을 제안하였다.

융에 의하면, 심리치료자가 할 수 있는 것은 지지적인 환경을 창조하여 심리영적 변용이 일어나도록 하는 것이다. 이것은 연금술의 과정을 가능하게 만드는 밀폐된 용기容器와 비교될 수 있다. 그다음 단계는 의식의 자아와 내담자의 더 높은 측면인 자기Self 사이에 접촉을 중재할 방법을 제공하는 것이다. 이 목표를 위한 융의 도구 중 하나는 적극적 명상active imagination이었는데,

이것은 분석가 사무실(Franz, 1997; Jung, 1961)에서 하는 꿈분석의 연장이었다. 자아와 자기Self 간의 소통은 상징적 언어라는 수단에 의해 주로 일어난다. 이런 종류의 작업에서 치유는 치료자의 탁월한 통찰과 해석에 의한 결과가 아니라 치료적 과정은 자기 내면에 의해 안내된다.

융의 이해에서 자기Self는 집단무의식 안의 중심 원형이며, 그것의 기능은 개인을 체제와 조직과 완전함으로 인도하는 것이다. 융은 이러한 움직임을 가장 높은 합일을 향한 **개성화 과정**individuation process이라고 말했다. 치료와 자기탐구를 위하여 홀로트로픽 상태를 사용하는 것은 근본적으로 융의 관점을 확인해 주면서 그와 유사한 전략을 따른다. 치료 촉진자는 보호적이고 지지적인 환경을 마련하고 내담자가 홀로트로픽 상태로 들어가도록 돕는다. 한번 변성의식 상태가 일어나면 치유 과정은 내담자의 고유하고 내적인 치유의 지혜에 의해 안내되고, 촉진자의 임무는 일어나는 모든 것을 지지하는 것이다.

이 과정은 그날의 회기에서 처리할 수 있는 정도의 강렬한 정서적 방출을 동반한 무의식적 자료를 자동적으로 활성화시킨다. 이것은 촉진자가 '중요한' 것과 언어치료를 오염시키는 그렇지 않은 것을 골라내야 하는 헛된 작업을 하지 않도록 돕는다. 그들은 단순히 매 순간 자발적으로 나타나고 드러나는 것이 무엇이든 그것을 지지하며, 그 과정이 지성에 의해 인도된다는 것을 신뢰한다. 그 지성은 어떤 심리치료 학파의 전문적 수련에서 얻은 지적 이해도 능가한다.

6. 인간의 삶에서 영성의 역할

서양에서 과학의 주요 철학은 일원론적 유물론이었다. 다양한 과학적 학문은 우주의 역사를 물질 발달의 역사로 묘사하였고, 측정할 수 있고 무게를 측량할 수 있는 것만을 실재로 받아들였다. 생명, 의식 그리고 지성은 물질 과정의 우연한 부산물처럼 여겨졌다. 물리학자와 생물학자, 화학자들은 감각으로 접근할 수 없는 실재 차원의 존재를 인정하지만, 본질상 물질적인 것들만 현미경이나 망원경, 특별히 고안된 기록 장치나 실험실 내의 실험과 같은 다양한 감각의 연장 도구를 사용하여 탐구되고 밝혀낼 수 있다.

이와 같은 우주에서는 영성 같은 것을 위한 자리는 없다. 신의 존재, 비물질적 존재가 거주하는 보이지 않는 실재의 차원, 사후 의식의 생존 가능성, 환생이나 카르마 개념은 동화책이나 정신병리학에나 실릴 내용으로 격하되어 버린다. 정신의학적 관점에서 볼 때 그런 현상을 심각하게 받아들이는 것은 물질주의적 과학, 미신 그리고 원초적 · 마술적 사고에 관한 발견에 대해 무지하다는 것을 의미한다. 만일 지성적인 사람이 신이나 여신을 믿는다면, 그들은 자신의 부모가 전능한 존재라는 단순하고 유치한 이미지로부터 벗어나지 못한 것이며, 자신을 천국이나 그 너머로 투사하고 있다고 생각한다. 이런 경우 신화적 존재와의 만남과 원형적 영역의 방문을 포함한 영적 실재와의 직접적인 경험은 심각한 정신질환인 정신증의 발현으로 간주되어 버린다.

홀로트로픽 상태의 연구는 종교와 영성의 문제에 새로운 빛을 던져 주고 있다. 새로운 이해의 열쇠는 홀로트로픽 상태에서 세계의 위대한 종교에 영감을 준 것들, 즉 신, 다양한 신성, 악마적 존재의 비전, 무형의 존재와의 조우, 심리영적 죽음과 재탄생의 에피소드, 천국과 지옥의 방문, 전생 체험 그리고 그 밖의 많은 것과 매우 유사한 풍부한 경험을 만날 수 있다는 데 있다. 현대의 연구는 이런 경험들이 공상이나 뇌를 괴롭히는 정신 과정의 산물이 아니며 집단무의식으로부터 원형적 자료의 발현으로서, 인간 심혼의 본질적이고 타당한 요소임을 의심의 여지없이 보여 주었다. 비록 이런 신화적 요소들이 경험적인 자기탐구와 내성을 통해 정신내적으로 접근할 수 있다 해도, 그들은 존재론적으로 실재이며 객관적인 존재를 갖고 있다. 개인적 공상이나 정신병리적인 상상의 산물로부터 자아초월 경험을 구별하기 위하여 융 학파는 이 영역을 **심상적**imaginal 영역으로 불렀다.

심상의 세계mundus imaginalis라는 용어를 최초로 사용했던 프랑스의 학자이자 철학자, 신비가인 앙리 코흐방Henri Corbin은 이슬람의 신비문헌 연구에서 이 개념에 대한 영감을 얻었다(Corbin, 2000). 이슬람교의 신지론자神智論者들은 심상의 세계(감각의 세상에 존재하는 모든 것은 심상의 세계의 유사체를 갖고 있다.)를 '**광대무변의 세계**alam a-mithal' 또는 '**제8기후대**氣候帶, the eight climate'[7]라고 불러 '제7기후대'나 전통적인 이슬람의 지리적 영역과 구별하였다. 심상의 세계는 영역과 차원, 형태와 색깔을 갖고 있지만, 물리적 물체와 같이 감각으로 지각할 수 있는 것은 아니다. 그러나 이 영역은 모든 면에서 물질적 세계가 감각 기관에 의해 지각되며 여러 사람의 합의적 검증에 의해 증명될 수 있는 경험인 것만큼 완전하게 존재론적으로 실재한다.

이러한 관찰의 관점에서, 종교와 과학이 지난 수 세기 동안 벌여 온 격전은 지금 터무니없고 완전히 불필요한 것으로 보인다. 진정한 과학과 진실한 종교는 같은 영역에서 경쟁하지 않는다. 과학과 종교는 경쟁이 아닌 상호보완적인 상대로서 실재에 대한 두 가지 접근방식이라고 할 수 있다. 과학은 측정하고 무게를 달 수 있는 영역인 물질적 세계의 현상을 연구하는 반면, 진실한 영성과 진정한 종교는 홀로트로픽 의식 상태에서 나타난 것과 같은 심상의 세계에 관한 경험적 지식으로부터 영감을 얻는다. 종교와 과학 사이에 존재하는 갈등은 양쪽의 근본적인 몰이해를 반영한다. 켄 윌버가 지적한 것

---

7) 제8기후대는 실재와 허구가 공존하는, 인간이 상상력을 통해 도달할 수 있는 세계를 의미한다.

처럼, 만일 과학과 종교 영역이 적절히 이해하고 훈련할 수 있다면 양쪽에는 갈등이 될 만한 어떤 것도 없다. 만일 갈등이 일어난다면 그 갈등은 '사이비 과학'과 '사이비 종교' 간에 벌어지고 있을 개연성이 크다. 그 둘의 명백한 불일치는 한쪽이 다른 쪽을 심각하게 이해하지 못하기 때문이며, 또한 그들 입장의 오류를 드러내는 것과 같다(Wilber, 1982).

영적 문제에 대하여 적절하고 타당한 판단을 할 수 있는 유일한 과학적 시도는 홀로트로픽 상태를 연구하는 의식 연구이다. 왜냐하면 이 문제에 대한 전문적인 견해는 심상의 영역에 대한 풍부한 지식을 필요로 하기 때문이다. 획기적인 에세이 『천국과 지옥』[8]에서 올더스 헉슬리Aldous Huxley(1959)는 천국과 지옥 같은 개념이 LSD나 메스칼린 같은 심현제 물질이나 다양한 강력한 비非약물 기법에 의해 유도된 비일상적 의식 상태 동안 경험된 정신내적 실재를 반영한다고 주장했다. 과학과 종교 사이에 보이는 갈등은 저 너머의 거처가 물리적 우주 안에 위치하고 있다는 잘못된 믿음(성간 우주에 있는 천국, 지구 표면 어딘가 감추어져 있는 이상향, 그리고 지구 안의 지옥)에 기초한다.

천문학자들은 전체 천공天空을 주의 깊게 탐구하고 지도화하기 위하여 허블 우주 망원경Hubble Space Telescope[9] 같은 엄청나게 정교한 기구를 만들어 사용하였다. 이러한 노력의 결과로도 하프를 연주하는 천사들과 성인들로 충만한 천국과 신을 발견하지는 못하였고, 오히려 그런 영적 실재가 존재하지 않는다는 것을 입증하였다. 이와 비슷하게 행성표면의 모든 영역을 지도화하고 목록을 만들면서 탐험가와 지리학자들은 범상치 않은 아름다운 자연 지역을 많이 찾아냈지만, 그중 어떤 것도 다양한 종교의 영적 경전에 나타난 이상

---

8) 국내에는 『올더스 헉슬리 지각의 문 · 천국과 지옥』(Huxley, 2017, 김영사)으로 번역 · 출간되었다.
9) 지구 궤도를 도는 미국 NASA의 천체 관측 망원경이다.

향과는 들어맞지 않았다. 지질학자들은 지구의 중심이 고체와 액상의 니켈과 철의 층으로 구성되어 있으며 태양의 표면 온도보다 뜨겁다는 것을 발견했지만, 그것이 악마가 거주하는 동굴이라고 보기에는 어려웠다.

홀로트로픽 상태에 대한 현대의 연구는 헉슬리의 통찰을 강력하게 지지하는 증거들을 보여 주었다. 그들은 천국, 이상향, 지옥이 존재론적 실재이며, 모든 인간이 특정한 환경하에서 경험할 수 있는 분명하고 중요한 의식 상태라는 것을 보여 준다. 천국, 이상향 그리고 지옥의 비전visions은 샤먼 입문 위기와 여러 형태의 영적 위기뿐 아니라 임사 상태, 신비체험, 심현제를 사용하는 내적 여정에서의 경험에 내재하는 측면이다. 내담자들은 종종 신, 천국, 지옥, 원형적 신, 악마적 존재, 심리영적 죽음과 재탄생 경험에 대하여 정신과 의사에게 이야기한다. 그러나 심혼에 대한 부정확하고 피상적인 모델 때문에, 정신과 의사들은 이러한 경험을 알려지지 않은 병인의 병리적 과정에 의한 정신질환의 발현으로 일축해 버린다. 정신과 의사들은 이러한 경험의 매트릭스가 무의식의 깊은 곳에 존재한다는 것을 깨닫지 못하고 있다.

다양한 종류의 홀로트로픽 상태에서 일어나는 이 놀라운 자아초월 경험 내용은 개인의 지적 지식이 아닌 것들을 포함하는데, 이는 세상 어딘가의 문화적 신화에서 나온 것일 수 있다. 칼 융(Jung, 1967, 1968)은 환자들의 꿈과 정신증에서 일어나는 신화적 주제들을 연구하면서 이 놀라운 사실을 발견하였다. 그는 관찰에 기초하여 인간 심혼이 프로이트 학파의 개인무의식뿐 아니라 인류 전체의 문화유산 저장소인 집단무의식에 접근한다는 것을 깨달았다. 그러므로 비교신화적 지식은 개인의 관심이나 학문적 활동보다 중요하다. 그것은 경험적 치료와 자기탐색을 하고 있는 사람들에게 아주 중요하고 유용한 지표이며 그들의 여정을 지지하고 동반하는 사람들에게 필수적인 도구이다(Grof, 2006).

더 깊은 심혼 수준인 집단무의식에서 나온 경험은 융이 **신성한 힘**numinosity 이라고 언급한 특성을 갖고 있다. 누미노제numinous라는 말은 비교적 새롭고 중립적이기 때문에, 불확실한 맥락에 사용되어 잘못 인도하기 쉬운 종교적, 신비적, 마법적, 신성한, 성스러운과 같은 표현보다 선호된다. 자아초월 경험과 관련하여 사용된 **신성한 힘**numinosity이라는 용어는 이 경험의 특별한 본질을 직접적으로 지각하는 것을 말한다. 이것은 이들이 실재의 높은 질서에 속한다는 매우 강한 확신을 안겨 준다. 이 질서는 신성하며 물질 세계와는 아주 다른 것이다.

심상의 영역이 존재론적인 실재라는 관점에서 보면, 영성은 인간 심혼의 아주 중요하고 본질적인 차원이며 영적인 탐구는 타당하고 완전히 정당화될 수 있는 인간의 노력이다. 이러한 노력은 개인적 체험에 기초한 진정한 영성을 위해 추구되어야 하며, 기성 종교의 이념과 교리를 지지하기 위한 것이 아니라는 점을 강조해야만 한다. 과거의 많은 유사한 논의에서 절충되어 왔던 몰이해와 혼란을 막기 위하여 영성과 종교 사이에 명확한 구분이 있어야 한다.

영성은 일상적으로는 보이지 않는 실재의 신성한 차원에 대한 직접적인 체험에 기초하고 있는데, 이것은 홀로트로픽 의식 상태에서 드러난다. 그것은 신성과 매개해 주는 특별한 장소나, 공식적으로 지정된 사람을 요구하지 않는다. 실재의 신성한 차원을 체험하는 맥락은 이들 자신의 신성을 포함하며, 이들의 몸과 본질에 의해 나타난다. 그리고 공식적인 성직자 대신에 이들은 같은 것을 추구하는 지지적인 집단이나 이들 자신보다 내면 여행에 있어서 앞서간 교사의 안내가 필요하다.

직접적인 영적 체험은 두 가지 형태로 나타난다. 이 중 첫 번째 형태의 영적 체험은 내재적 신성the immanent divine의 체험으로 일상의 현실 세계에 관한 미묘하지만 심오한 변용된 지각을 포함한다. 이러한 형태의 영적 경험을 가진 사람은 우리 환경에 있는 사람과 동물, 무생물을 우주의 창조적 에너지인 통일장이 빛을 발하는 것으로 바라보고, 그들 사이의 경계가 환영이고 비현실임을 깨닫는다. 이것은 신의 본성 혹은 본질로서의 신을 직접적으로 체험한 것이다. TV와의 유추를 활용하면, 이 체험은 마치 흑백의 그림이 생생한 '살아 있는 색'으로 갑자기 하나가 되는 변하는 상황과 연결될 수 있다. 내재적인 신의 체험에서처럼 TV 이미지의 많은 특징은 동일하게 유지되지만, 새로운 차원의 추가로 인해 이들은 근본적으로 향상된다.

두 번째 형태의 영적 체험, 즉 초월적 신the transcendental divine의 체험은 일상의 의식 상태에서는 지각할 수 없는 원형의 존재와 영역의 현현을 포함한다. 이런 유형의 영적 체험에서 완전히 다른 새로운 요소는 데이비드 봄David Bohm의 용어를 차용한다면 다른 수준이나 현실의 계층에서 '펼치거나' '드러내는' 것처럼 보인다. 우리가 이전에 언급한 텔레비전에 비유할 때, 이것은 우리가 이전에 보았던 채널과 다른 채널이 있다는 것을 발견하는 것과 같다.

영성은 개인과 우주 사이에 아주 특별한 종류의 관계를 의미하며, 본질적으로 개인적인 일이다. 그에 비하여 기성 종교는 절이나 교회의 지정된 장소에서 행해지는 제도화된 집단 활동으로, 영적 실재에 대한 개인적 경험이 있을 수도 없을 수도 있는 관료들의 시스템이다. 종교가 조직화되기 시작하면 대개 영적인 원천과의 연결성을 상실하고, 인간의 영적 욕구를 충족시키지 못하며 오히려 착취하는 세속적인 기관으로 전락하고 만다.

조직화된 종교는 권력, 통제, 정치, 돈, 소유, 다른 세속적인 일을 추구하는 데 초점을 두는 위계적인 체계를 만드는 경향이 있다. 이런 상황에서 종교적 위계는 그 구성원의 직접적인 영적 체험을 싫어하고 막는 경향이 있는데, 구성원들이 독립성을 키우면 효과적으로 통제할 수 없게 되기 때문이다. 그런 경우, 진정한 영적 생활은 오직 신비주의 분파, 수도회, 열광적인 종파 내에서만 지속된다. 영성에 마음을 열어 내재적이거나 초월적인 신을 경험한 사람들은 세계의 위대한 종교의 신비주의 분파 안에, 또는 그들의 주류 기관이 아닌 수도회 내에서 발견된다. 깊은 신비체험은 종교 사이의 경계를 허물고 깊은 연결성을 드러내는 경향이 있으나, 반대로 기성 종교의 독단주의는 다양한 신념의 차이를 강조하며 적대감과 적개심을 불러일으키는 경향이 있다.

기성 종교의 교리가 문자적으로 해석될 때, 과학이 기계론적이며 물질주의적인 모델을 사용하는가 아니면 새롭게 등장하는 패러다임에 기초해 있는가와는 무관하게, 과학과 근본적인 갈등 상태에 놓인다는 것은 일반적으로 의심의 여지가 없다. 그러나 영적 경험에 기초한 진정한 신비주의를 조사해 보면 상황은 상당히 다르다. 위대한 신비 전통은 물질 세계에 대한 지식을 얻기 위한 과학자들의 비판적 접근과 유사한 방법을 사용하여 인간 의식과 영적 영역에 대하여 광대한 지식을 축적하였다. 여기에는 자아초월 경험의 유도, 체계적인 자료 수집, 상호 주관적인 타당화와 같은 방법론을 포함한다.

실재의 다른 차원과 마찬가지로, 영적 경험도 주의 깊고 개방적인 태도를 가진 과학적 연구에 의해 검증받을 수 있다. 자아초월 현상과 이 현상이 보여 주는 세계에 대한 물질주의적 이해에 대한 도전을 편견 없고 엄격하게 연구할 때만 신비적 체험의 존재론적 지위에 대한 다음과 같은 비판적 질문에 답할 수 있다. 다양한 영원의 철학과 자아초월심리학에서 주장한 것처럼, 자아초월 현상은 존재의 기본적 측면에 대한 더 깊은 진실을 드러낼 수 있는가, 그렇지 않다면 그것은 서양의 물질주의적 과학이 본 것처럼 미신과 환상, 정신질환의 산물인가?

서양의 정신의학은 신비체험과 정신증적 경험을 구분하지 못하여 그 모두를 정신질환의 발현으로 본다. 종교를 전면적으로 거부하면서, 정신과 의사는 원시적인 민속적 믿음이나 종교 경전의 근본주의적 문헌 해석과 수 세기 동안 이루어진 심혼에 대한 체계적인 내적 탐구에 기초한 정교한 신비 전통이나 위대한 동양의 영적 철학을 구분하지 못한다. 현대 의식 연구는 심상 영역의 객관적 존재에 대한 명백한 증거를 제시함으로써 신비적 세계관과 동양의 영적 철학 그리고 토착 문화의 특정 신념과 같은 중요한 형이상학적 가정을 입증하였다.

7. 실재의 본질 : 심혼, 우주 그리고 의식

홀로트로픽 상태에 관한 연구에서 나온 몇몇 관찰은 정신의학, 심리학 및 심리치료의 이론과 실제에 도전이 될 뿐만 아니라 서양과학의 가장 기본적인 형이상학적 가정을 손상시킬 정도로 급진적이다. 이러한 개념적 도전은 의식의 본질과 물질과의 관계에 관한 새로운 통찰에서 보다 더 멀리 나아가 있다. 서양의 신경과학에 따르면 의식은 뇌의 복잡한 신경생리학적 과정의 부산물이며 신체의 본질적이며 분리할 수 없는 부분인 물질 현상이다. 이 가설은 지난 50년 동안 수행된 현대의 의식 연구로 인해 강한 의심을 받았다. 대부분의 과학자를 포함하여 극히 소수의 사람만이 의식이 실제로 뇌 안에서 그리고 뇌에 의해 생성된다는 증거가 전혀 없음을 알게 되었다.

한편으로 뇌의 해부학, 생리학 및 생화학과 의식 상태 사이의 중요한 상호 연결 및 상관관계를 보여 주는 임상 실험 및 실험 결과가 있다는 것은 의심의 여지가 없다. 그러나 이것은 뇌가 실제로 의식의 원천이라는 증거를 나타내는 상관관계 자료에서 추론된 중요한 논리적 비약임을 보여 준다. 이러한 추정은 TV 프로그램이 텔레비전에서 생성된다는 결론과 같다. 왜냐하면 구성 요소의 작동 또는 오작동과 사운드 및 그림의 품질 간에 밀접한 상관관계가 있기 때문이다. 이 예에서 대뇌 활동과 의식 사이의 밀접한 연관성은 뇌가 의식을 중재할 가능성을 배제하지 않지만, 실제로 그것을 생성하지는 않음은 분명하다. 홀로트로픽 상태의 연구는 이 대안에 관한 충분한 증거를 축적해 왔다.

물질적인 과정에 의해 의식이 어떻게 생성되는지를 설명하는 과학적 이론이 존재하지 않으며, 아무도 그와 같은 일이 일어날 가능성에 관한 생각조차 가지고 있지 않다. 의식과 물질 사이의 격차는 너무나 엄청나서 이 둘이 연결될 수 있다는 것은 상상조차 하기 어렵다. 의식이 물질의 부수적 현상이라는 설득력 있는 증거가 부족함에도 불구하고, 이 기본적인 형이상학적 가정은 서양 유물론의 주요한 믿음 중 하나이다. 뇌가 의식을 생성한다는 사실에 관한 과학적 증거는 없지만 어떤 특정 상황에서 의식이 두뇌나 물질 세계와 독립적으로 기능할 수 있음을 나타내는 수많은 관찰이 있다. 홀로트로픽 의식 상태에서 우리의 의식은 신체/자아의 경계를 훨씬 넘어서며, 우리가 감각 기관의 중재를 통해서는 이 생애에서 얻지 못할 물질 세계의 다양한 측면에 관한 정확한 정보를 얻을 수 있다. 이미 앞에서 출생, 출생 전 기억 및 임신에 대해서는 언급했으며, 자아초월 경험에서 우리의 의식은 영장류에서 단세포 생물이나 식물의 생명까지 동물 왕국의 다양한 종을 포함하고, 심지어 무기물질과 과정하고도 동일시할 수 있다. 또한 선형적 시간을 초월하여 조상, 인종, 계급 및 계통발생에 따른 연계와 집단무의식으로부터 비롯된 에피소드를 생생하게 경험할 수 있다.

자아초월적 경험은 우리에게 익숙하지 않은 것들을 포함하여 물질 세계의 다양한 측면에 관한 새로운 정확한 정보뿐만 아니라, 집단무의식의 원형 영역의 다양한 인물과 영역에 대해서도 정보를 제공할 수 있다. 우리는 세계의 모든 문화와 모든 세부적인 부분까지도 정확하게 묘사된 어떤 역사적 시기나 세계 문화의 신화적 연계들을 목격하거나 심지어는 참여할 수 있다. 물질 세계와 인물, 영역, 주제의 현재와 과거의 다양한 모습, 세계 신화에서 나오는 인물, 영역 및 주제 모두를 자세히 드러내어 보여 주는 이 풍부한 자료를 두뇌에 영향을 미치는 아직 알려지지 않은 병리에 귀인하는 것은 터무니없다.

의식이 뇌에 의해 생성되지 않고 그것과 독립적으로 기능할 수 있다는 가장 확실한 증거는 죽음과 죽어 감에 관한 연구인 죽음학이라는 신생 과학 분야로부터 나온다. 많은 독립적인 관찰에 의해 확인된 기정사실로서, 근사체험을 하는 도중에 몸을 떠난 의식은 가깝거나 멀리 떨어진 위치의 여러 사건을 정확하게 관찰할 수 있다. 임상적으로 사망한(심장사 및 심지어 뇌사 상태에 있는) 개인은 신체 및 구조 절차를 자신의 몸 위에서 관찰하고, 동일한 건물이나 여러 다른 장소로 자유롭게 '여행'할 수 있다. 독립적인 연구를 통해 몸을 떠난 의식에 의해 이루어진 관찰의 정확성을 반복적으로 확인했다 (Ring & Valarino, 1998; Sabom, 1982, 1998).

이러한 경험은 죽은 자에 대한 티베트의 도서 바르도 퇴돌Bardo Thödol에서 발견된 바르도 몸bardo body[9]의 묘사와 놀라울 만큼 유사하다. 이 유명한 영적 문헌은 저승 중간계Chönyid Bardo에서 두려움으로 실신한 후에 죽어 가는 사람이 탄생 중간계Sidpa Bardo에서 새로운 형태의 바르도 몸으로 깨어난다고 말한다.

이 몸은 일상생활의 조대체gross body와 다르다. 그것은 물질로 구성되어 있지 않고 외부에 방해받지 않는 동작의 힘, 단단한 물체를 통과하는 능력, 감각들의 중재 없이도 세계를 인식할 수 있는 능력과 같이 다양한 자질을 가지

---

9) 중유(中有), 중음(中陰) 혹은 중간계(中間界)로 불린다. 티베트 불교의 죽음과 환생 사이의 상태이다.
중간계는 다음의 여섯 가지로 분류한다.
이승 중간계(Kyenay bardo): 탄생과 죽음 사이의 중간계
꿈 중간계(Milam bardo): 잠과 깨어 있음 사이의 중간계
명상 중간계(Samten bardo): 깨어 있음과 초월 사이의 중간계
죽음 중간계(Chikhai bardo): 죽음 직후의 중간계
저승 중간계(Chönyi bardo): 죽음과 재탄생 사이의 중간계
탄생 중간계(Sidpa bardo): 태어나기 직전과 태어나는 순간 사이의 중간계

고 있다. 바르도 몸 형태로 존재하는 사람들은 지구상의 어떤 곳으로, 심지어는 성스러운 우주 산인 메루산Mount Meru까지 즉시 이동할 수 있다. 이 양식에서는 모성 자궁과 보드 가야Bodh Gaya, 이 두 장소에는 접근할 수 없다. 임신이나 깨달음의 시점에 바르도 상태를 떠나는 것에 관한 명확한 언급이 있다(Evans-Wentz, 1957). 켄 링Ken Ring과 그의 동료들이 수행한 광범위한 연구는 이러한 관측에 매혹적인 차원을 추가했다. 선천적으로 눈이 멀고 평생 동안 아무것도 볼 수 없었던 사람들은 생명이 위협받는 다양한 상황에서 그들의 몸에서 의식이 분리될 때 주변 환경을 인식할 수 있었다.

이러한 시지각 중 대부분은 합의적 검증으로 진실성이 확인되었다. 이러한 시지각을 링Ring은 진실된 유체이탈(몸 밖의 경험)이라고 지칭하였다(Ring & Cooper, 1999; Ring & Valarino, 1998). 시각장애인 대상의 몸을 떠난 의식에 의해 정확하게 인식되는 환경의 측면은 수술실의 천정에 있는 전기 장치의 세부 사항에서 병원의 주변까지 다양했으며, 이는 조감도의 시선으로 관찰되었다. 따라서 현대의 죽음학 연구는 영적 문헌과 철학적 텍스트에서 볼 수 있는 유체이탈의 고전적 서술에 관한 중요한 측면을 확인했다. 진실된 유체이탈은 근사체험 상황에 국한되지 않는다. 우리는 심리영적 위기를 겪고 있는 사람들('영적 응급')과 홀로트로픽 숨치료 워크숍에 참여한 사람들을 반복적으로 보았다. 이 중 일부는 위에서 집단을 관찰하였으며, 일부 회원은 눈을 가렸음에도 불구하고 특이한 행동을 묘사할 수 있었다. 어떤 사람들의 의식은 건물을 떠났고, 위에서 주변을 관찰하거나 먼 곳으로 이동하여 그곳의 사건들을 관찰했다. 경우에 따라 이 새의 눈이 그들이 그린 만다라에 나타났다.

이러한 관찰은 의식이 뇌의 산물이나 물질의 부수적 현상이 아니라는 것을 의심할 여지없이 증명한다. 적어도 물질과 동등한 파트너이거나 물질보다 상위에 있다고 할 것이다. 앞서 말한 많은 경험에 관한 매트릭스들은 분명히 뇌에 포함되지 않고, 어떤 종류의 비물질적인 영역이나 의식 영역 자체에 저장되어 있다고 본다. 자아초월 경험을 위한 엄격한 과학 모델을 제공하는 가장 유망한 발전은 데이비드 봄David Bohm의 내재된 질서implicate order에 관한 아이디어(Bohm, 1980), 루퍼트 쉘드레이크Rupert Sheldrake의 형태발생장 morphogenetic fields의 개념(Sheldrake, 1981, 1988)과 어빈 라즐로Ervin Laszlo의 싸이psi 장 또는 아카식Akashic 장에 대한 가설(Laszlo, 1993, 2004) 등이 있다.

홀로트로픽 숨치료의
필수 구성 요소

홀로트로픽 숨치료의 이론과 실습은 이전 장에서 논의한 현대 의식 연구의 관찰과 그들이 만들어 낸 건강과 질병에서의 인간 심혼에 관한 혁명적 통찰들이 기반이 되었다. 이 치료법과 자기탐구는 홀로트로픽 의식 상태를 유발하기 위해 빠른 호흡, 환기적evocative 음악, 그리고 억압을 풀어내는 보디워크 등과 같은 단순한 방법을 사용한다. 그 결과 치료에서 이런 의식 상태가 갖는 치유적이고 변용적인 힘을 사용한다.

홀로트로픽 숨치료는 무의식의 전기, 주산기 및 자아초월적 영역에 관한 접근을 제공하므로 정서 및 정신신체 장애의 깊은 심리영적 뿌리에 닿게 한다. 그것은 또한 심혼의 이러한 수준에서 작동하는 치유와 인격 변용의 강력한 기제를 활용할 수 있도록 한다. 홀로트로픽 숨치료의 자기탐구와 치료 과정은 자발적이고 자율적이다. 그것은 심리치료의 특정 학파의 원칙에 따라 치료자에 의해 인도되기보다는 오히려 브리더 내면의 치유적 지능에 의해 작동된다.

그러나 의식과 인간 심혼에 관한 최근의 혁명적 발견은 대부분 현대의 정신의학과 심리학에서는 새로운 것이다. 이 발견은 다양한 고대 토착 문화의 의례와 영적인 삶을 그들의 치유 실제에 통합하는 오랜 역사를 가지고 있다. 따라서 이들은 고대의 지혜와 치료 과정의 재발견, 타당화 그리고 현대적 재구성을 보여 준다. 이 중 어떤 것은 인류사의 시초부터 있었을 것이다. 앞으로 보겠지만 홀로트로픽 숨치료의 실제에서 사용되는 중추적인 요소에서도 이것은 마찬가지이다. 즉, 호흡법, 악기 음악, 찬팅, 보디워크, 만다라 그리기 또는 예술적 표현의 다른 형태들은 유사 이래로 고대와 원주민 문화의 신성한 의례에서 사용되어 온 것이다.

1. 호흡의 치유력

산업 사회 이전 고대에서는 호흡과 호흡하기는 의례, 영적 및 치유의 실제뿐 아니라, 우주론, 신화 및 철학에서 중요한 역할을 하였다. 종교 및 치유 목적을 위한 홀로트로픽 의식 상태를 유도하기 위해, 많은 역사적 시기와 세계 문화에서 다양한 호흡 기술이 사용되어 왔다. 실제로 초기 역사 이래로 인간 본성을 이해하려고 추구하는 거의 모든 주요한 심리영적 체계는 호흡을 물질 세계, 인체, 심혼 그리고 영 사이를 잇는 중요한 연결 고리로 보았다.

이것은 많은 언어에서 사용되는 호흡에 해당하는 단어에 분명히 반영되어 있다. 고대 인도 문학에서 프라나prana라는 단어는 육체적인 호흡과 공기뿐만 아니라 삶의 신성한 본질을 의미했다. 이와 유사하게, 중국의 전통 의학에서 단어 기氣는 우리의 폐에 숨을 불어넣는 자연의 공기일 뿐만 아니라, 우주적 본질과 생명의 에너지를 의미한다. 일본어에서 해당하는 단어는 기Ki이며 일본의 영적 수련과 무술에서도 매우 중요한 역할을 한다. 고대 그리스인 역시 호흡을 심혼과 밀접하게 연관되어 있는 것으로 보아 왔다. *phren*이란 용어는 호흡과 관련된 가장 큰 근육인 횡격막과 마음(정신분열증 schizophrenia은 문자 그대로 분열된 마음split mind이라는 것에서 보는 것과 같이) 이 둘 모두에 사용되어 왔다.

고대 히브리 전통에서는 같은 말인 루아ruach가 호흡과 창조적인 정신spirit 모두를 의미했는데, 이들은 동일한 것으로 간주된다. 창세기에서 인용한 다음 내용은 신, 호흡 그리고 생명 간의 밀접한 관계를 보여 준다. "그리고 주 하느님께서는 대지의 흙으로부터 인간(히브리어로는 아담adam)을 만드시고 그의 코에 생명의 숨을 불어넣으셨다. 그제야 비로소 그 사람은 살아 있는 존재가 되었다." 라틴어에서는 같은 이름spiritus이 호흡과 영 모두에 사용되었다. 마찬가지로, 슬라브족 언어에서도 영과 호흡은 같은 언어학적인 뿌리를 갖고 있다.

하와이 토착 전통과 의술kanaka maoli lapaʼau에서 ha라는 단어는 신성한 영, 바람, 공기, 그리고 숨을 의미한다. 이것은 하와이에서 잘 알려진 알로하aloha에도 내포되어 있는데, 이 표현은 많은 상황과 문맥에서 사용되는 표현이다. 이것은 보통 신성한 숨ha이 드러나는alo 것으로 번역된다. 이것의 반대 의미인 하올레haʼole는 문자 그대로 숨이나 생명이 없다는 것을 의미한다. 이것은 1778년에 악명 높은 제임스 쿡 선장이 하와이에 상륙한 이래로 하와이 원주민들이 백인을 지칭했던 말이기도 하다. 카후나스kahunas는 '비전秘典의 수호자'라는 의미로, 영적인 에너지를 생성하는 숨 쉬는 연습에 사용되어 왔다.

수 세기 동안 호흡과 관련된 기술은 의식에 영향을 줄 수 있다고 알려져 왔다. 다양한 고대 및 비서양 문화에 의해 목적을 위해 사용된 절차는 호흡에 관한 과격한 개입에서부터 다양한 영적 전통의 정묘하고 정교한 수련에 이르기까지 매우 광범위하다. 따라서 에세네파Essenes에 의해 행해진 침례의 원래 형태는 입문자가 숨을 쉴 수 없도록 한동안 물속에 몸을 담그는 것이었다. 이것은 강력한 죽음과 재탄생의 경험을 가져왔다. 일부 다른 집단에서는 초심자가 연기, 목졸림, 또는 경동맥의 압박 등에 의해 절반 정도 숨이 막혔다.

의식에서의 심오한 변화는 호흡률의 극단적인 변화, 과호흡 및 오랜 호흡정지(지식止息)에 의해 유도될 수 있을 뿐 아니라 이들을 교대로 사용함으로써 유도될 수도 있다. 이런 종류의 매우 정교하고 진보된 방법은 인도의 고대 호흡 과학 또는 요가에서의 호흡제어 방법인 프라나야마pranayama에서 찾을 수 있다.

한 세기가 바뀌던 때에(1890~1900년대) 영적/철학적 운동에 영향을 미쳤던 미국의 작가 윌리엄 워커 앳킨슨William Walker Atkinson은 요기 라마차라카Yogi Ramacharaka라는 가명으로 힌두교의 호흡 과학에 관한 포괄적인 논문을 썼다 (Ramacharaka, 1903). 강력한 호흡이나 숨을 멈추는 것과 관련된 특정 기술은 쿤달리니 요가, 싯디 요가Siddha Yoga, 티베트 불교, 수피Sufi 수행, 미얀마 불교 및 도교 명상 그리고 다른 많은 것에서 볼 수 있다. 간접적으로, 호흡의 깊이와 리듬은 발리 원숭이 찬팅인 케착Ketjak[1], 이누이트의 목구멍 음악, 키르탄kirtans, 바잔bhajans 또는 수피 디크르Sufi dhikrs의 노래와 같은 의례 예술 공연으로 인해 크게 영향을 받는다.

호흡 역학의 변화보다는 호흡과 관련한 특별한 자각을 강조하는 보다 정묘한 기술은 불교에서 두드러진 위치를 차지한다. 들숨날숨 마음챙김Anāpānasati은 붓다Buddha가 가르치는 명상의 기본적인 형식이다. 그것은 문자 그대로

----

1) 발리 전통 의례음악과 힌두교 서사시 「라마야나 이야기」가 결합되어 약 1930년경에 생겨난 발리 힌두 춤과 음악 드라마이다.

'숨 쉬기를 마음챙김'을 의미한다(팔리Pali어, 아나파나anāpāna=들숨과 날숨, 사티sati=마음챙김). 붓다의 들숨날숨 마음챙김에 관한 가르침은 그것을 자신의 깨달음을 얻는 수단으로 사용한 그 자신의 경험을 기반으로 한 것이다. 그는 자신의 숨을 알아차리는 것뿐만 아니라, 자신의 몸 전체와 자신의 경험 전체를 자각하기 위해 호흡을 사용하는 것의 중요성을 강조했다. 『들숨날숨의 경』[2]에 따르면, 이 명상을 실천함으로써 모든 번뇌kilesa를 제거할 수 있다. 붓다는 들숨날숨 마음챙김의 체계적인 실천이 최종적인 해탈(nirvana 혹은 nibbana)을 이루도록 할 것이라고 가르쳤다.

유물론적 과학에서 호흡은 신성한 의미를 잃어버렸고, 심혼과 영으로의 연결이 제거되었다. 서양의학은 그것을 중요한 생리 기능으로 축소시켰다. 다양한 브리더 운동에 수반되는 육체적·심리적 증상은 모두 병리적으로 나타난다. 더 빠른 호흡에 관한 심신의 반응, 소위 초호흡 증후군supraventilation syndrome은 그것이 실제로 갖고 있는 막대한 치료 잠재력보다 병적인 상태로 간주된다. 과호흡이 자발적으로 발생하면 일반적으로 진정제를 투여하거나, 정맥에 칼슘을 주사하거나, 종이봉투를 얼굴에 뒤집어 씌워 이산화탄소의 농도를 높임으로써 호흡을 억제시켜 빠른 호흡에 의한 알칼리증alkalosis에 대항한다.

지난 수십 년간 서양의 치료자들은 호흡의 치유 가능성을 재발견하고 그것을 활용하는 기술을 개발했다. 우리는 캘리포니아주 빅서에 있는 에살렌 연구소Esalen Institute에서 한 달 동안 호흡과 관련된 다양한 접근법을 사용한 세미나를 진행하면서 실험했다. 여기에는 인도인과 티베트인 교사의 인도하에 고대 영적 전통의 호흡 훈련과 서양의 치료자가 개발한 숨 쉬는 기술이 모두 포함되

....

2) 아나파나사티 경, 호흡새김의 경, 둘숨날숨의 경, 입출식념경, 안반수의경 등으로 불린다.

었다. 이러한 각각의 접근법에는 특정한 강조점이 있으며 서로 다른 방식으로 호흡을 사용하였다. 호흡의 치료 가능성을 효과적으로 사용하는 방법에 대한 우리 자신의 연구에서 가능한 한 이 과정을 단순화하려고 했다. 우리는 평소보다 빠르고 효과적으로 호흡하는 것으로 충분히 내부 과정에 전적으로 집중할 수 있다고 결론을 내렸다. 우리는 호흡의 특정 기술을 강조하는 대신, 홀로트로픽 작업의 일반적인 전략인 이 영역에서도 신체의 본질적인 지혜를 신뢰하고 내적 단서를 따른다. 홀로트로픽 숨치료에서 우리는 사람들이 더 빠르고 더 깊은 호흡과, 들숨과 날숨을 연속적으로 하면서 회기를 시작하도록 권장한다. 이런 과정을 거치면서 그들은 자신의 리듬과 호흡 방법을 찾아간다.

　우리는 심리적 저항과 방어가 제한된 호흡과 관련되어 있다는 빌헬름 라이히Wilhelm Reich의 관찰을 반복적으로 확인할 수 있었다(Reich, 1949, 1961). 호흡은 자율적 기능이지만 의도적으로 영향을 줄 수도 있다. 호흡 속도의 의도적인 증가는 일반적으로 심리적 방어를 완화시키고 무의식적(또는 초의식적 superconscious) 자료의 방출과 출현으로 이어진다. 이 과정을 목격하지 못했거나 개인적으로 경험하지 않았다면 단지 이론적 근거만으로 이 접근법의 힘과 효능을 믿기는 어렵다.

2. 음악의 치료 가능성

　홀로트로픽 숨치료에서 호흡에 의한 의식 확장 효과는 의미 있는 것을 불러일으키는 음악의 사용으로 더욱 강화된다. 호흡과 마찬가지로, 악기 음악과 다른 형태의 음향 기술(단조로운 드럼 연주, 음악용 래틀 소리, 찬양)은 수백

년 또는 심지어 수천 년 동안 샤먼 수행, 치유의례 및 많은 다른 통과의례에서 주요 도구로 사용되어 왔다. 이것과는 아주 독립적으로 다양한 산업화 이전의 문화에서는 드럼 리듬들을 개발했으며, 서양의 실험실 연구는 두뇌의 전기 활동에 대한 이들의 효과를 입증하였다(Jilek, 1974, 1982; Kamiya, 1969; Maxfield, 1990, 1994; Neher, 1961, 1962). 문화인류학자들의 기록에는 음악, 타악기, 인간의 목소리와 몸의 움직임을 결합한 놀라운 힘을 가진 수많은 트랜스 유도 기법이 수록되어 있다.

많은 문화권에서 음악은 복잡한 의례 맥락에서 치유 목적으로 특별하게 사용되었다. 나바호Navajo족의 훈련된 가수가 실시한 치유 의식은 엄청나게 복잡해서 바그너 오페라 악보와 비교되기도 한다. 아프리카 칼라하리 사막의 원주민인 쿵 부시멘!Kung Bushmen의 트랜스 댄스는 많은 인류학 연구와 기록물에서 보고되었듯이 치유력을 지니고 있다(Katz, 1976; Lee & DeVore, 1976). 쿠바의 산테리아Santeria 신앙 또는 브라질 움반다Umbanda 신앙과 같은 카리브해와 남미의 혼합주의 종교 의례의 치유력은 전통 서양의학 교육을 받은 국가의 전문가들에 의해 인정되고 있다. 음악, 노래와 춤을 활용하는 정서 및 정신신체적 치유의 놀라운 사례들이 뱀 취급자들Snake Handlers(성령Holy Ghost People)이나 성령의 힘을 강조하는 오순절 교회 부흥 운동가들의 기독교 집회에서 묘사되어 왔다.

일부 영적 전통은 일반적인 트랜스 상태를 유도할 뿐만 아니라 인간의 의식과 심혼 및 신체에 특별한 영향을 주는 소리 기술을 개발했다. 따라서 인도인의 가르침은 특정 음향 주파수와 개인의 차크라 간의 특정한 연관성을 설명해 준다. 이 지식을 체계적으로 사용하면 예측 가능하고 바람직한 방식으로 의식 상태에 영향을 줄 수 있다. 나다 요가nada yoga라고 불리는 고대 인도의 전통은 '소리를 통한 합일로 가는 방법'으로 정서적·정신신체적·신체적 건강과 평안을 유지하고, 향상시키며, 회복시킨다는 평가를 받고 있다. 고대 인도 문자 스와라Swara 경전에 따르면, 온전한 헌신과 적절한 발음으로 특정한 찬트를 찬양하는 것은 정묘체(나디와 차크라)의 에너지 통로에 영향을 주고, 생명 에너지의 흐름과 혈액 순환에 긍정적인 영향을 줄 수 있다. 라가 치키타Raga Chikitsa(라가 치유법)[3]의 대표자는 특정 라가가 특정 질병의 치유에 사용될 수 있다고 주장한다. 파하디Pahadi 라가는 호흡기질환, 찬드라카운스Chandrakauns 라가는 심장질환, 부팔리Bhubali 라가 및 토디Todi 라가는 고혈압에 긍정적인 영향을 준다. 반대로 아사와리Asawari 라가는 저혈압을 개선시켜 줄 수 있다. 의례, 영성 및 치유의 목적으로 사용되는 특별한 목소리 연주의 예는 티베트의 가쬬Gyotso 승려와 몽고와 투바의 샤먼, 힌두 바잔Bhajans[4]과 키르탄kirtans[5], 아야화스카Atyahuasca 의례에서 사용된 산토 다이메Santo Dime 찬트(이카로스Ikaros), 이누이트 사람들의 목구멍 음악, 또는 수피 족의 성스러운 노래가 있다. 이는 치유의례 및 영적인 목적을 위한 음악과 찬양의 광범위한 사용에 대한 몇 가지 예일 뿐이다. 신중하게 선택한 음악은 홀로트로픽 상태에서 몇 가지 중요한 기능을 한다. 그것은 억압된 기억과 관련된 감정을 불러일으키고, 그 감정을 표면으로 가져오거나 표현을 용이하게 한다. 그것은 무의식 속으로 들어갈 수 있는 문을 열어 주는 데 도움이 되며 치유 과정을 강화하고 심화시키며 체험에 대한 의미 있는 맥락을 제공한다. 음악의 연속적인 흐름은 개인이 험난한 체험과 난국을 헤쳐 나가도록 돕고 심리적 방어를 극복하고 승복하고 놓아 버리게 하는 반송파搬送波[6]를 만들

---

3) 라가(raga)는 인도 음악의 전통적인 선율 양식, 또는 이런 양식으로 된 곡이다. 파하디, 찬드라카운스 및 부팔리 라가 모두 힌두스탄 고전 음악의 라가들이다.
4) 힌두교의 신 크리슈나를 찬양하는 라가이다.
5) 힌두교의 영적 혹은 종교적 사상이나 줄거리를 찬양하거나 읊는 것이다.
6) 라디오나 텔레비전을 비롯하여 무선통신에서 정보를 실어 보내는 사인(sine)파 또는 펄스(pulse)파를 이르는 말이다.

어 낸다. 홀로트로픽 숨치료 회기는 대체로 집단 단위로 진행되는데, 음악은 참가자들로부터 나오는 소음들을 차단시키고, 그 소음과 음악의 결합은 미묘한 심미적인 양상을 낳는다.

깊은 자아 탐구와 체험적 활동을 위한 촉매제로서 음악을 사용하려면, 음악을 듣는 새로운 방법과 이질적인 문화와 관련된 것을 배워야 한다. 우리는 종종 정서적인 관련성이 거의 없는 음향을 배경음악으로 사용하기도 한다. 전형적인 예로는 칵테일 파티에서 사용하는 음악이나, 쇼핑 구역이나 작업 공간에서 들을 수 있는 배경 음악이 그것이다. 음악적 수준이 높은 청중은 극장이나 콘서트홀에서 집중해서 음악을 감상하는 방법을 쓴다. 록 콘서트에서 들을 수 있는 역동적이고 폭풍과 같은 방식이 오히려 홀로트로픽 숨치료에서 음악을 사용하는 방식에 더 가깝다. 그러나 그러한 이벤트에 참여한 사람들의 관심은 대개 외향적이며, 그 경험은 홀로트로픽holotropic 의식의 자체 탐구나 치료에 필요한 지속적이고 집중적인 자기성찰의 요소가 결여되어 있다.

홀로트로픽 의식 상태의 작업에서는 음악의 흐름에 완전히 맡기고, 몸 전체를 음악의 흐름과 공명하게 하며, 자발적이고 자연스러운 방식으로 반응하게 하는 것이 필수적이다. 여기에는 콘서트홀에서 생각할 수 없는 현상들이 포함되는데, 콘서트홀에서는 울음이나 기침조차도 방해물로 간주되어 당혹감을 유발한다. 그러나 홀로트로픽 숨치료에서는 음악이 유도한다면 시끄러운 소리를 내거나, 웃거나, 아기 옹알이, 동물의 소리, 주술적인 노래나 방언 등 그것이 무엇이건 간에 모두 표현해야 한다. 기괴한 찡그림, 골반의 관능적인 움직임, 격렬한 떨림, 온몸의 격렬한 뒤틀림 등 어떤 신체적 충동도 조절하지 않는 것도 중요하다. 당연히 이 규칙에는 예외가 있다. 자신과 타인 그리고 물리적 환경에 대한 어떠한 파괴적인 행동도 허용되지 않는다는 것이다.

또한 우리는 참가자들이 음악의 작곡자나 음악이 나오는 문화를 추측하려고 하는 등의 지적 활동을 중단하기를 권장한다. 음악이 주는 정서적인 영향을 피하는 다른 방법으로는 전문적 지식을 갖고 음악을 듣는 것, 즉 오케스트라의 연주를 판단하고, 어떤 악기를 연주하고 있는지 추측하는 것, 또는 녹음이나 숨치료실 음악 장비의 기술적 질에 관한 비판도 포함된다. 우리가 이러한 함정을 피할 수 있을 때, 음악은 홀로트로픽 의식 상태를 유도하고 지원하는 매우 강력한 도구가 될 수 있다. 이러한 목적을 위해 음악은 체험을 이끌어 내기 위한 뛰어난 기술적 품질과 충분한 음량을 가져야 한다. 음악과 빠른 호흡의 결합은 심혼의 활성화와 의식 확장에 놀랄 만한 영향을 미친다.

홀로트로픽 숨치료의 음악 사용의 기본 원칙과 회기의 다양한 단계를 위한 특정 곡목 선택 기준은 크리스티나Christina에 의해 공식화되었다. 그녀의 아버지는 음악가였기 때문에 음악은 어린 시절부터 그녀의 삶에 있어 중요한 부분이었다. 그녀는 이 보편적인 언어에 대한 아버지의 감수성과 깊은 관심을 물려받았다. 호흡이 음악 없이 사용된다면, 체험은 오르가즘 곡선과 흡사한 자연스러운 궤적을 따른다. 정서와 육체적 감정의 강도는 최고점까지 올라가고 사람이 더 빨리 호흡을 계속하더라도 점차 가라앉는다. 이것은 회기를 위한 음악 선택의 지침 원칙을 제공한다.

음악 선택에 대한 일반적인 규칙은 참가자의 경험 단계, 강도 및 내용에 민감하게 반응하는 것이지 음악을 어떤 방식으로든 프로그램하려고 시도하는 것이 아니다. 이것은 홀로트로픽 숨치료의 일반적인 철학, 특히 치유 과정에 관한 우리 안의 내적 치유자의 지혜, 집단무의식 그리고 자율성 및 자발성에 부합한다. 우리가 개인 호흡 회기를 실시한다면 이 원리를 적용하기는 어렵지 않다. 집단 회기 참가자들의 경험은 진행 단계와 타이밍의 성격의 맥락에서 다양한 개별적 패턴을 따른다.

몇 년 동안 크리스티나는 세계 각지에서 많은 양의 음악을 녹음하여 수집

했다. 그것들은 생소한 고전작품이나 종교음악, 영화음악 그리고 좋은 전자 음악에서부터 무아지경 유발과 민속 공연에 이르기까지 다양한 장르를 포괄한다. 그녀는 회기 동안 집단과 소통하며 방 안의 에너지에 민감하게 반응하는 것을 좋아한다. 비록 그것이 오디오 테이프나 음악 CD에서 한 번에 한 곡만 연주한다는 것을 의미하더라도 말이다. 우리의 훈련을 마친 많은 촉진자는 이 관행을 바꾸어 미리 녹음된 음악을 사용한다. 그러나 회기마다 역동이 다르기 때문에 이러한 관행은 이상적이지 않다. 전체 회기에 해당하는 음악을 미리 녹음해 사용하면 정서적인 실내 분위기의 순간적인 변화를 반영하는 작품을 선택하지 못한다. 그러나 이 관행은 매우 널리 받아들여졌는데, 그것은 조력자들이 그들 자신의 광범위한 음악 목록을 만드는 데 필요한 에너지와 돈을 절약하고 회기 동안 참가자들과의 작업에만 그들을 자유롭게 몰입하도록 해 주기 때문이다.

음악의 구체적인 선택에 관한 한, 우리는 일반적인 원칙만을 개략적으로 설명하고 경험에 바탕한 몇 가지 제안을 할 것이다. 우리는 의미 있는 정서를 불러일으키고, 일정한 리듬과 일관된 강렬함을 가지고 있으며, 음악 곡 사이에 끊김이 없는 스테레오 음악을 사용하는 것을 선호한다. 우리는 거슬리고 불협화음을 일으키거나 불안감을 유발하는 선택을 피하려고 한다. 우리는 또한 참가자들이 언어로 이해하고, 언어적 내용을 통해 특정한 메시지를 전달받거나, 특정한 주제를 제안하는 노래나 성악곡을 연주하는 것은 권장하지 않는다. 우리가 성악곡을 틀 때는 외국어로 부르는 성악곡을 선호하기 때문에 인간의 목소리 역시 언어라기보다 또 다른 악기로 인식된다. 같은 이유로 우리는 잘 알려진 작품이나, 특정한 지적 연상을 환기시키거나, 회기의 내용을 프로그래밍하는 곡목을 피하려고 노력한다. 예를 들어, 바그너나 멘델스존의 〈결혼행진곡〉, 비제의 〈카르멘 서곡〉이나 베르디의 오페라 〈아이다Aida〉가 그런 것들이다.

회기는 일반적으로 역동적이고, 흐르는 듯하며, 정서적으로 고양되고, 안심시켜 주는 음악을 활성화시키면서 시작된다. 회기가 계속되면서 점차 강렬해지고 강력한 리듬의 곡으로 옮겨 간다. 즉, 현대 음악가의 창작물, 덜 알려진 고전 작곡, 또는 세계 여러 문화권의 민속, 의례 및 영적 음악의 녹음이다. 홀로트로픽 숨치료 회기에서 약 1시간 30분 동안 그 경험이 전형적으로 절정에 달할 때, 우리는 우리가 '절정'이나 '돌파구breakthrough 음악'이라고 부르는 것을 도입한다. 이 시기에 사용되는 선곡은 성스러운 음악, 즉 미사, 오라토리오, 진혼곡, 수피 디크르Sufi dhikrs와 강렬한 관현악곡에서부터 극적인 영화의 사운드트랙에 이르기까지 다양하다. 후반부에는 음악의 강렬함이 점차 감소하고 우리는 고양되고 정서적으로 감동을 주는 곡들('하트heart 음악')을 불러온다. 마지막으로 회기의 종료기에는 마음을 진정시키고, 잔잔하며, 시간이 멈춘 듯한 명상적인 특성을 가진 음악을 사용한다.

회기의 음악을 선택할 때, 우리는 다양한 스타일, 악기, 장르를 제공하고 남성적인 음악의 선택과 여성적인 음악의 선택 사이에서 좋은 균형을 찾으려고 노력한다. 여성 음성이 있는 부드럽고 감미로운 음악은 회기의 마지막 단계에서 특히 중요하다. 그것은 통합과 체험의 긍정적인 완결에 도움이 된다. 홀로트로픽 의식 상태에서 사람들은 보통 음악에 극도로 민감하고 인간의 목소리나 인간이 연주하는 악기 같은 자연적인 소리를 선호하는 경향이 있다. 전자음악은 덜 기계적으로 들리도록 하는 더 높은 고조파高調波를 가지고 있지 않다면 차갑고 인공적으로 들릴 수 있다. 홀로트로픽 숨치료에서 특히 관심이 가는 음악은 빠른 리듬 박자와 특별히 끌어낸 멜로디를 결합한 구성이다. 이것은 개인 브리더들의 체험의 본질을 가장 잘 반영하는 음악에 초점을 맞추도록 해 준다. 즉, 이완과 개방을 향한 격한 활동과 투쟁이나 움직임이다.

음악의 선택만큼 중요한 것은 음악 장비의 품질이다.[7] 숨치료 워크숍을 계획할 때, 우리는 고품질의 앰프와 스피커 세트, CD 플레이어나 테이프 데크 2개, 그리고 믹서를 가지고 있는지 확인해야 한다는 것을 알게 되었다. 이것은 우리가 선택한 음악을 충분한 음량과 높은 음질로 연주하도록 하고, 한 음악에서 다른 음악으로 원활하게 전환하도록 한다. 이상적으로는 기술적인 실수에 대비하여 사용할 수 있는 백업 장비를 가지고 있는 것이 좋다. 음악은 홀로트로픽 숨치료 체험의 필수 요소이다. 올바른 음악을 선택하는 워크숍 리더의 능력은 대부분의 경우에서 회기가 매우 의미 있거나 심지어 삶을 변화시키는 경험이 될 것인지 아니면 좌절감을 주는 시간 낭비가 될지를 결정짓는다.

3. 억압을 풀어내는 보디워크의 사용

홀로트로픽 숨치료에 대한 신체적 반응은 사람마다 상당히 다르다. 가장 일반적으로, 빠른 호흡은 처음에는 다소 격렬한 정신신체적인 징후들을 유발한다. 호흡생리학의 교과서는 가속 호흡에 대한 이러한 반응을 '과호흡 hyperventilation 증후군'으로 언급하고 있다. 그들은 이것이 주로 손발의 긴장(수족경련)으로 구성된 생리적 반응의 전형적인 패턴이라고 묘사한다. 하지만

---

7) 트숨이 진행되는 매 순간의 에너지에 적합한 곡을 찾기 위해 백여 장의 음악CD를 늘어놓고 선정하는 일은 매우 번거로운 작업이다. 그러나 최근의 컴퓨터용 음악파일은 저장 및 재생이 간편하므로 노트북이나 기타 DJ 장비를 활용하여 음악파일을 사용하는 것을 권한다. 아울러 음악파일의 음질을 높이기 위해 디지털-아날로그 변환기(DAC)를 함께 사용할 것을 추천한다.

우리는 지금까지 3만 5천 시간 이상의 홀로트로픽 숨치료를 실시했고, 더 빠른 호흡의 효과에 대한 현재의 의학적 이해가 부정확하다는 것을 발견했다 (의학 문헌에서 과호흡 증후군의 문제를 둘러싼 논쟁에 대해 좀 더 자세히 논의하려면 279쪽 참조). 서너 시간 동안 빠른 호흡이 고전적인 과호흡 증후군으로는 이어지지 않았으며, 점진적인 이완, 강렬한 성적 감정, 심지어 신비체험으로 이어지는 경우가 많았다. 다른 징후로는 몸의 여러 부분에서 긴장을 일으키지만, 수족경련의 징후는 보이지 않는다. 더욱이 긴장을 일으키는 사람의 호흡이 빨라진다고 해서 그 긴장이 점진적으로 높아지는 것이 아니며 스스로 제한되는 경향이 있다. 그것은 일반적으로 깊은 휴식에 뒤이어 절정의 정점에 도달한다. 이 순서의 패턴은 성적인 오르가즘과 어느 정도 유사하다.

반복되는 홀로트로픽 회기에서 긴장의 강화와 뒤따르는 이완 과정은 사람마다 다른 방식으로 신체의 한 부분에서 다른 부분으로 이동하는 경향이 있다. 근육의 긴장과 그것과 관련된 격렬한 감정은 회기의 수에 따라 전반적으로 감소한다. 이 과정에서 긴 시간 동안의 빠른 호흡이 유기체의 화학적 상태를 변화시켜 다양한 외상성 기억과 관련된 신체적·정서적 에너지가 방출되고, 이를 말초적인 방출 및 치료적 작업processing에 이용할 수 있다. 이것은 이전에 억압되었던 기억의 내용이 의식 속으로 출현하여 통합되는 것을 가능하게 한다. 따라서 그것은 우리가 격려하고 지지하는 치유 과정이며, 주류 의학에서 흔히 행해지는 것처럼 억제할 필요가 있는 병적 과정이 아니다.

호흡 중에 신체의 여러 부위에 나타나는 징후는 과호흡에 대한 단순한 생리적 반응이 아니다. 이는 복잡한 심리학적 구조를 가지고 있으며 보통 관련된 개인에게 특정한 심리적 의미를 가진다. 때때로 그것들은 강화된 긴장감과 고통으로 나타나는데, 개인은 이를 일상생활에서 만성적인 문제나 피로, 수면 부족, 질병에 의해 몸이 약해지거나, 술이나 마리화나를 사용했을 때에 나타나는 증상으로만 알고 있다. 다른 경우에 개인이 유아기, 소아기, 사춘기, 또는 그 혹은 그녀의 삶의 다른 시기에 겪었던 오래된 잠복 증상의 재활성화로 인식될 수 있다.

우리가 우리 몸에 지니고 있는 긴장감은 두 가지 방법으로 해소할 수 있다. 그중 첫 번째는 떨림, 경련, 다양한 움직임, 기침, 구역질, 구토를 통한 억눌린 신체적 에너지의 정화 또는 정서적 방출abreaction이다. 정화와 방출 모두 일반적으로 울거나 비명을 지르거나 다른 종류의 목소리 표현을 통해 차단되었던 감정을 방출한다. 그리스 철학자 아리스토텔레스(Aristotle, 2006)는 청중들이 그리스 비극을 경험하고, 고대 신비의식에 참여함으로써 시작되는 정서적 해방을 묘사하기 위해 문자 그대로 '정화purification' 또는 '세척cleansing'이라는 뜻의 카타르시스katharsis라는 용어를 만들었다. 현대 정신의학에서는 정서적·육체적 해소가 어떤 특정한 무의식적 자료의 출현과 관련되지 않는 상황에 사용된다. **방출**이란 명칭은 그러한 특정한 연결이 이루어질 수 있는 상황을 위해 남아 있다.

방출은 지그문트 프로이트와 조지프 브로이어가 히스테리(Freud & Breuer, 1936)에 관한 논문을 발표했을 때부터 전통적인 정신의학에서 잘 알려진 메커니즘이다. 외상성 정서 신경증의 치료에는 여러 가지 방출과 관련된 기법이 성공적으로 사용되었으며, 방출도 신 라이히neo-Reichian 치료 작업, 게슈탈트 실제, 원초primal 치료 등 새로운 체험적 심리치료의 필수적인 부분을 나타낸다. 이 책의 후반부에서는 주류 정신의학과 심리치료의 방출의 치료적 가치를 둘러싼 논쟁을 어느 정도 길게 논의할 것이다(255쪽).

신체적·정서적 긴장을 해소할 수 있는 두 번째 메커니즘은 홀로트로픽 숨 치료와 호흡 기법을 이용한 다른 형태의 치료에 중요한 역할을 한다. 그것은 정신의학과 심리치료의 새로운 발전을 나타내며 방출의 효능과 동등하거나 심지어 능가한다. 여기서 깊은 긴장감은 다양한 지속시간으로 꾸준하게 근육 수축(칼슘경직tetany)의 형태를 띠며 표면화된다. 이러한 근육의 긴장을 장기간 지속시킴으로써 브리더는 이전에 억눌려 있던 다량의 에너지를 태워 버리고, 재배열함으로써 몸의 기능을 단순화시킨다. 일반적으로 오래된 긴장의 일시적 강화나 이전에 잠재된 긴장의 전면적인 표출에 뒤따르는 깊은 이완은 이 과정의 치유적 성격을 입증한다.

이 두 가지 메커니즘은 스포츠 생리학에서 유사점을 가지고 있다. 등력等力, isotonic 운동과 등척等尺, isometric 운동이라는 두 가지 다른 방법으로 근육을 단련하고 만드는 것이 가능하다는 것은 잘 알려져 있다. 이름에서 알 수 있듯이, 등척 운동을 하는 동안에 근육의 긴장은 일정하게 유지되고, 근육의 길이는 진동한다. 등력 근육 운동 중에는 근육의 긴장이 변하지만, 그 길이는 항상 똑같다. 등척 근육 활동의 좋은 예는 권투와 에어로빅 운동인 반면, 웨이트 리프팅이나 벤치 프레싱은 분명히 등력 활동이다. 이 두 가지 메커니즘은 모두 깊이 자리 잡은 만성 근육 긴장을 풀고 해결하는 데 매우 효과적이다. 표면적인 차이에도 불구하고, 그들은 같은 목적을 가지고 있으며, 홀로트로픽 숨치료에서 서로를 매우 효과적으로 보완한다.

대부분의 경우 홀로트로픽 회기 동안 무의식으로부터 올라오는 힘든 감정과 신체적인 징후들은 자동적으로 해결되고 브리더는 아주 깊이 이완된 명상 상태로 끝을 맺는다. 그 경우 외부적인 개입은 필요하지 않으며 브리더는 일상적인 의식 상태로 돌아올 때까지 이 상태에 머물러 있다. 촉진자에게 간단한 확인을 받은 뒤 브리더는 미술실로 이동하여 만다라를 그린다. 호흡 자체가 양호하게 완결로 이어지지 않고 잔류된 긴장이나 미해결 감정이 있는 경우, 촉진자는 참가자들에게 특정한 형태의 보디워크를 제공하여 회기가 더 잘 마무리되도록 돕는다.

이 작업의 일반적인 전략은 브리더에게 문제가 있는 부위에 주의를 집중하고 기존의 감각을 강화하기 위해 필요한 모든 것을 하도록 요구하는 것이다. 그러면 촉진자는 심지어 외부의 적절한 물리적 개입을 동원해서라도 이러한 감정을 더욱 강화시키며 돕는다. 브리더의 관심은 에너지적으로 충전된 문제 영역에 집중되어 있지만, 우리는 그들이 이 상황에 대한 자발적인 운동이나 발성 반응을 찾도록 권장한다. 이러한 반응은 브리더의 의식적 선택을 반영하지 않고, 완전히 무의식적 과정에 의해 결정되어야 한다. 그것은 종종 전혀 예상치 못한 놀라운 형태를 취하는데, 방언이나 미지의 외국어, 아기 옹알이, 무의미한 말들의 나열gibberish, 특정 동물의 목소리, 주술적인 찬트, 또는 브리더가 모르는 특정한 문화에서 나오는 또 다른 형태의 목소리 연주 등이다.

마찬가지로 심한 떨림, 흔들림, 기침, 목이 막힘, 구토와 같은 전혀 예기치 못한 신체적 반응뿐 아니라 오르기, 날아감, 파내기, 기어 다니기, 미끄럼 등 특징적인 동물 운동이 드러나기도 한다. 촉진자는 특정 치료 학파에서 제공하는 기술을 적용하기보다는 자발적으로 나타나는 것을 격려하고 지원하는 것이 필수적이다. 이 작업은 촉진자와 브리더가 적절하게 회기를 완료됐다는 합의에 도달할 때까지 계속된다.

비록 브리더가 그들과 함께 보디워크를 할 수 있도록 허락을 하였거나 심지어 그것을 요청했더라도, 그들은 서로 합의한 신호로 "그만stop."이라고 말함으로써 전체 시간 동안 그 과정을 완전히 통제하도록 한다. 이 말을 들으면 우리는 모든 보디워크를 중지하고 그들이 왜 이 단어를 외쳤는지 알게 된다. 때로는 개입이 올바르거나 효과적이라고 생각하지 않기 때문이다. 보디워크는 더 자주, 더 정확하게 적용되며, 그것은 브리더가 다룰 준비가 된 것보다 더 많은 무의식적 자료를 드러낸다. 두 경우 모두 작업이 중지되고 우리는 브리더로부터 피드백을 받는다. 그리고 왜 그 신호가 사용되었는지를 알아낸 후에 어떻게 진행할지 결정한다.

　모든 상황에서 개입이 적절하고 도움이 될 것이라는 확신이 들더라도 브리더가 멈추라고 한 후에는 우리는 보디워크를 계속하지 않는다. 이것은 매우 깊고 중대한 단계에서 심각한 침해로 이어질 수 있고 관련자와의 관계를 영구히 훼손시킬 수 있다. 그러나 우리는 참가자들에게 '그만'이라는 단어를 구체적으로 쓰지 않는 한 작업을 방해하지 않을 것임을 미리 알린다. "나를 내버려 두어라, 내게서 떨어져라, 네가 나를 죽이고 있다, 이 개자식아, 꺼져라." 와 같은 명령은 촉진자에게는 유효한 신호가 아닌, 내면 드라마의 주인공들과 나누는 숨 가쁜 대화의 일부로 여겨질 것이다.

4. 지지적이고 양육적인 신체 접촉

　홀로트로픽 숨치료에서 우리는 또한 다른 형태의 신체적 개입을 사용하는데, 그것은 깊은 언어 이전preverbal 수준에서 지원을 제공하도록 고안된 것이다. 이것은 정반대로 다른 접근법을 필요로 하는 근본적으로 다른 두 형태의 트라우마가 존재한다는 관찰에 기초한다. 이 중 첫 번째는 외부적 무력에 의한 외상이라고 할 수 있다. 개인의 미래 발전에 악영향을 미친 외부 영향의 결과이다. 여기에는 신체적 · 정서적 · 성적 학대, 무서운 상황, 파괴적인 비판 또는 조롱과 같은 모욕 등이 속한다. 이러한 정신적 충격은 의식 속으로 들어와 에너지적으로 방출되고 해결될 수 있는 무의식 속의 이질적인 요소들을 나타낸다. 이러한 구별은 기존의 심리치료에서는 인정되지 않지만, 두 번째 형태의 외상, 즉 결핍에 의한 외상은 근본적으로 다르다. 그것은 전자와는 반대되는 메커니즘을 포함하는데, 실제로 건강한 정서 발달에 필수적인 긍정적 경험의 부재를 의미한다. 나이가 많은 아이들뿐만 아니라 유아는 소아과 의사와 아동 정신과 의사들이 의존성anaclitic(그리스어 anaklinein=기댈 수 있는)이라고 부르는 본능적인 만족과 안전에 대한 강한 원시적 욕구를 가지고 있다. 여기에는 누군가의 품에 안겨서 피부 접촉을 경험하고, 어르고 달래 주고, 위로받고, 함께 놀고, 관심의 중심이 되어야 할 필요를 포함한다. 이러한 요구가 충족되지 않을 때, 그것은 개인의 미래에 심각한 결과를 가져온다.

많은 사람은 정서적 박탈, 유기 및 방치의 역사를 가지고 있으며, 이로 인해 의존 욕구가 심각하게 좌절되었다. 이러한 유형의 트라우마를 치유하는 유일한 방법은 홀로트로픽 의식 상태에서 지지적인 신체 접촉의 방식을 통해 교정적 경험을 제공하는 것이다. 이러한 접근방식이 효과적이 되려면 개인은 유아적 발달 단계로 깊이 퇴행해야 하며, 그렇지 않으면 교정적 조치가 트라우마가 발생한 발달 수준까지 도달하지 못할 것이다. 상황이나 합의에 따라 이러한 신체적 지지는 단순히 손을 잡거나 이마를 만지는 것에서부터 전신 접촉에 이르기까지 다양할 수 있다.

양육적인 신체 접촉을 활용하는 것은 초기 정서적 외상을 치유하는 매우 효과적인 방법이다. 그러나 엄격한 윤리적 규칙을 따를 것을 요구한다. 우리는 회기 전에 참가자들에게 이 기법의 근거를 설명하고 그들의 승인을 받아야 한다. 어떤 경우에도 사전 동의 없이 이 접근법을 실행할 수 없으며, 이 허가를 얻기 위해 어떤 압력도 사용할 수 없다. 성적 학대 전력이 있는 사람에게 신체 접촉은 매우 민감하고 부담스러운 문제이다. 어떤 것을 가장 필요로 하는 사람은 그에 대해 가장 강한 저항을 가지고 있는 경우가 많다. 때로 개인이 이러한 형태의 도움과 혜택을 받아들일 만큼 어떤 것을 촉진자와 집단에 대해 충분한 신뢰를 형성하기까지 오랜 시간이 걸릴 수 있다.

지지적인 신체적 접촉은 전적으로 시터나 촉진자의 요구가 아닌 브리더의 요구를 만족시키기 위해 사용되어야 한다. 이것은 성적 욕구나 친밀감에 대한 욕구만을 의미하는 것은 아니다. 물론 이것은 가장 명백한 쟁점이다. 똑같이 문제가 되는 것은 시터의 관심과 사랑을 받고, 또는 인정받으며 충족되지 못한 모성 욕구와 그 외의 다른 덜 극단적인 형태의 정서적 결핍과 욕망일 수 있다. 여기서 캘리포니아주 빅서에 위치한 에살렌 연구소에서 행한 워크숍 중 한 사례가 좋은 예가 될 것이다.

5일간의 워크숍이 시작될 때, 한 폐경 후 여성이 항상 얼마나 아이를 갖고 싶어 했는지, 그리고 갖지 못했기 때문에 얼마나 많은 고통을 겪었는지를 집단과 공유했다. 이후 그녀가 젊은 남자를 위해 시터를 맡은 홀로트로픽 숨치료 도중, 갑자기 파트너의 몸 윗부분을 자신의 무릎 위로 끌어당겨 그를 흔들며 위로하기 시작했다. 그러나 그녀의 타이밍은 이보다 더 나쁠 수는 없었다. 나중에 우리가 공유하면서 알게 된 사실이지만, 그는 군사적 모험에서 그가 강력한 바이킹 전사로 활약했었던 전생 체험의 한가운데에 있었던 것이다. 처음에 그는 유머감각을 사용하여 그가 어떻게 그녀의 손길을 바다 위 배의 요동침으로 경험하려 했는지 묘사했다. 그러나 그녀가 아기를 위로하는 이야기를 덧붙였을 때, 그것이 그를 현실로 돌아오게 했다.

브리더가 유아기로 퇴행할 때 보통은 꽤 쉽게 알아볼 수 있다. 정말 깊은 연령 퇴행에서는 얼굴의 모든 주름이 사라지는 경향이 있고 개인이 실제로 유아처럼 보이고 행동할 수 있다. 이것은 다양한 유아적인 자세와 몸짓뿐만 아니라 엄청난 침흘림과 엄지손가락을 빨기를 포함한다. 다른 경우에는 예를 들어, 브리더가 생물학적 탄생을 막 끝내고 길을 잃고 외로워 보이는 경우, 신체적 접촉을 제공하는 것은 맥락상 적절하며 명백하다. 에살렌 워크숍에 참가한 여성은 모성을 그리워하는 욕구가 너무 강해서 그녀의 욕구를 떠안았으나 그녀는 그 상황을 객관적으로 평가하고 적절하게 행동할 수 없었다.

유기, 거부 및 정서적 결핍으로 인한 외상을 치료하는 홀로트로픽 의식 상태에서의 양육적인 신체 접촉의 활용은 두 정신분석학자 폴린 맥크릭Pauline McCririck과 조이스 마틴Joyce Martin에 의해 개발되었다. 그들은 융합fusion치료라는 이름으로 그들의 LSD 심리치료 환자에게 이 방법을 사용했다(Martin, 1965; McCririck, 1966). 회기 동안, 내담자들은 깊은 연령 퇴행 속에서 담요로 덮인 소파에 누워 있었고, 조이스와 폴린은 아이를 위로하기 위해 좋은 엄마가 하듯이 그들을 꼭 껴안고 옆으로 누워 있었다.

그들의 혁명적인 방법은 LSD 치료사들의 공동체를 제대로 분열시키고 양극화시켰다. 일부 치료자는 이것이 정서적 박탈과 나쁜 모성애로 인한 정서적 문제인 '결핍에 의한 외상'을 치유할 수 있는 매우 강력하고 논리적인 방법이라는 것을 깨달았다. 또 다른 이들은 이 급진적인 '비일상적인 의식 상태의 치료와 내담자들 사이의 신체적 접촉이 전이/역전이 관계에서 돌이킬 수 없는 손상을 야기할 것'이라고 경고했다.

1964년, 스탠은 런던에서 열린 제1차 국제사회정신의학대회에서 조이스와 폴린의 융합치료 강의를 들을 기회를 가졌고, 그것에 매료되었다. 그에게는 '결핍에 의한 외상'은 대화요법으로 치유될 수 없다는 것이 분명했다. 그는 조이스와 폴린에게 그들의 전통적이지 않은 접근에 대해 많은 질문을 했다. 그들이 그의 진정한 관심을 알아보았을 때, 런던 웰벡 스트리트에 있는 자신들의 클리닉 환자를 만나고 그들의 접근으로 개인적인 경험을 갖게 하기 위해 스탠을 초대했다. 스탠은 그들의 내담자들이 심현제 회기에서 풍부하고 양육적인 신체 접촉으로 얼마나 많은 혜택을 받았는지 알게 되었고 감명을 받았다. 환자들과 대화하면서 치료에 대한 거리를 둔 '무표정한 중립적' 접근방식을 선호하는 일반적인 프로이트 분석가에 비해, 조이스와 폴린은 상당히 적은 전이 문제에 직면했다는 것도 스탠에게 분명했다.

조이스와 폴린의 LSD 환자로부터 열광적인 이야기를 들은 스탠은 융합치료를 직접 경험하는 것에 깊은 관심을 갖게 되었다. 이 회기에 대한 그의 설명은 다음과 같다.

폴린과 함께한 나 자신의 회기는 정말 특별했다. 비록 우리 둘 다 옷을 모두 입고 담요로 인해 분리되어 있었지만, 나는 나의 초기 유아기에 대한 심오한 연령 퇴행을 경험했고, 좋은 어머니의 젖가슴 안에서 양육을 받고 그녀의 알몸과 접촉하는 것을 느끼는 유아와 동일시했다. 그러자 그 경험은 깊어졌고, 나는 양수 속에 유유히 떠 있는 '좋은 자궁' 속의 태아가 되었다.

주관적으로 영원처럼 느껴졌던 3시간 이상 동안 나는 '좋은 가슴'과 '좋은 자궁'이라는 두 가지 상황을 동시에 혹은 번갈아 경험했다. 나는 젖과 피라는 두 가지 영양분이 풍부한 액체의 덕택에 어머니와 연관이 있는 것을 느꼈다. 나는 절정에 달했는데, 인간의 어머니라기보다는 태모太母여신Great Mother Goddess과 신성한 결합의 경험에서 그랬다. 말할 필요도 없이, 나는 그 회기가 심대하게 치유적이었음을 발견했다.

1965년 5월 미국 뉴욕 아미티빌에서 열린 국제 LSD 심리치료 회의에서 조이스와 폴린은 심현제 치료(Martin, 1965)의 융합 기술 사용에 관한 매혹적인 영화를 선보였다. 이어지는 열띤 토론에서 대부분의 질문은 전이/역전이 문제를 중심으로 이루어졌다. 폴린은 이 접근법이 정통 프로이트 접근법보다 더 적은 문제를 야기한 이유를 매우 흥미롭고 설득력 있는 설명으로 제시했다. 그녀는 치료를 받으러 온 대부분의 환자가 유아기와 어린 시절 부모로부터 애정 결핍을 경험했다고 지적했다. 프로이트 분석가의 냉정한 태도는 결과적으로 정서적 상처를 다시 활성화시키는 경향이 있으며, 환자 측에서는 거부되었던 관심과 만족을 얻기 위한 필사적인 시도가 촉발된다.

이와는 대조적으로, 폴린에 따르면 융합치료는 오래된 의존 욕구를 충족시킴으로써 교정 체험을 제공했다. 그들의 정서적인 상처가 치유된 후, 환자들은 치료자가 적절한 성적 대상이 아니라는 것을 인식하고 치료 관계 밖에서 적절한 파트너를 찾을 수 있었다. 폴린은 이것이 대상관계의 초기 발달 상황과 유사하다고 설명했다. 유아기와 유년기에 적절한 모성애를 받는 개인은 정서적으로 어머니와 분리되어 성숙한 관계를 찾을 수 있다. 반면, 정서적 박탈감을 경험한 사람들은 병적으로 고착되어 있고 원시적인 유아적 욕구 충족을 추구하는 삶을 살아간다.

런던에서의 체험 결과로, 스탠은 메릴랜드 연구 센터의 말기 암 환자들을 대상으로 한 작업에서 가끔 융합치료를 심현제 연구 프로그램에 활용했다. 1970년대 중반에 우리는 홀로트로픽 숨치료를 개발했는데, 우리의 워크숍과 훈련에서 의존성anaclitic 지원은 필수적인 부분이 되었다.

5. 만다라 그림: 예술의 표현력

만다라는 문자 그대로 '원' 또는 '완성'을 의미하는 산스크리트어이다. 가장 일반적인 의미에서 이 용어는 거미줄, 꽃이나 꽃잎 배열, 조개 껍데기(예: 별 모양의 성게sand dollar), 만화경의 이미지, 고딕 성당의 스테인드글라스 창문 또는 바닥에 있는 미로 디자인과 같은 복잡한 기하학적 대칭을 보여 주는 디자인에 사용된다. 만다라는 시각적 구조로 시각적 지각 기관의 구조에 해당하기 때문에 눈으로 쉽게 파악할 수 있다. 눈의 홍채는 그 자체가 단순한 만다라 형상이다.

의례이자 영적 수행인 만다라는 그림으로 그리고 칠하거나, 모델링하거나, 춤으로 표현할 수 있다. 힌두교, 불교, 자이나교의 밀교 분파에서 이 단어는 기본적인 기하학적 형태(점, 선, 삼각형, 정사각형, 원)와 연꽃, 그리고 복잡한 원형적 형상과 풍경으로 구성된 정교한 기하학적 우주형상cosmograms을 가리킨다. 그것들은 중요한 명상 보조 도구로 사용되는데, 이것은 수행자들이 내면에 주의를 집중시키고 특정한 의식 상태로 그들을 인도하는 데 도움을 준다.

힌두교, 불교, 자이나교의 밀교 분파에서의 만다라 사용은 특히 정교하고 복잡했지만, 영적 수행의 일부로서 만다라 그림의 기술은 다른 다양한 문화권에서도 찾아볼 수 있다. 아름다운 만다라의 예로는 페요테peyote[8]의 의례를 위한 섭취로 유도된 환영을 묘사하는 멕시코 중부에서 온 후이촐Huichol 원주민들의 직물화織物畵인 니에리카와nierikas가 있다. 나바호족이 치유와 다른 의례에 사용하는 정교한 모래 그림과 호주 원주민들의 나무껍질 그림 또한 복잡한 만다라 무늬를 특징으로 한다.

다양한 문화의 영적·종교적 수행과 연금술에서 만다라의 사용은 스위스 정신과 의사였던 칼 융의 관심을 끌었는데, 그는 그들의 심리영성 발달의 일정 단계에서 환자들의 그림에서 비슷한 패턴이 나타난다는 것을 알아차렸다. 그에 따르면, 만다라는 '자아의 전체성을 나타내는 심리적인 표현'이다. "이런 종류의 원형circular 이미지에 의해 부과되는 혹독한 패턴은, 말하자면 모든 것이 연결되는 중심점 구축을 통해 심령적 상태의 혼란과 장애를 보상

---

8) 심현제로 사용되는 대표적인 남미 선인장이다.

한다."(Jung, 1959b)

우리가 직접 만다라 그림을 사용한 것은 볼티모어에 있는 메릴랜드 정신건강의학 연구소의 심현제 연구팀의 일원이었던 조앤 켈로그Joan Kellogg의 작품에서 영감을 얻었다. 뉴저지주 와이코프와 패터슨에 있는 정신병원에서 미술치료자로 일했을 때 조앤은 수백 명의 환자에게 원의 윤곽이 그려진 종이 한 장과 그림 도구를 주면서 떠오르는 대로 그려 달라고 부탁했었다. 그녀는 그들의 심리적인 문제와 임상적 진단, 그리고 그림의 특정한 측면, 예를 들어 색의 선택, 날카롭거나 둥근 모양에 대한 선호, 동심원 사용, 만다라를 구획으로 나누기, 원의 경계를 존중하거나 존중하지 않는 것과 같은 중요한 상관관계들을 발견할 수 있었다.

메릴랜드 정신의학 연구 센터에서 조앤은 프로그램의 참가자들이 그들의 심현제 회기 전후에 그린 만다라를 비교하면서, 만다라의 기본 특징, 심현제 체험의 내용 및 치료 결과 사이의 의미 있는 상관관계를 찾았다. 우리는 그녀의 방법이 우리의 홀로트로픽 숨치료에 매우 유용하다는 것을 발견했다. 조앤 자신도 만다라 그림을 심리 테스트로 보고 여러 논문에서 그들의 다양한 측면에 대한 해석 기준을 기술했다(Kellogg, 1977a, 1977b, 1978). 우리의 작업에서는 만다라를 해석하지 않고, 그것으로부터 진단적인 결론을 이끌어 내지 않는다. 우리는 단순히 브리더의 체험에 대한 정보의 출처로서 치료적 작업 집단에서 그것들을 사용한다. 우리는 만다라와의 작업을 이 책의 뒷부분(177쪽)에 기술할 것이다.

홀 로 트 로 픽 숨 치 료

1. 개별 및 집단 회기에서 홀로트로픽 숨치료의 사용

홀로트로픽 숨치료는 개별 회기의 형태와 소규모 또는 대규모 집단에서 수
행할 수 있다. 대부분의 인증받은 홀로트로픽 숨치료 촉진자는 숨치료 경험
에 관심이 있는 사람들과 가벼운 정서 및 정신신체적 문제가 있는 내담자 개
인의 성장을 위해 집단 장면에서 자신의 내적 작업을 수행할 수 있는 개별
회기를 제공한다. 그런데 집단 장면에서 회기를 진행할 때에는 이것이 갖는
뚜렷한 이점이 있기 때문에 홀로트로픽 숨치료의 잠재력을 최대한 활용하지
는 않는다. 가장 확실한 것은 실제적이고 경제적이며 재정적인 특성을 지닌
다는 것이다. 개별 회기에는 1~2명이 지속적으로 참석해야 하지만, 적어도
이 둘 중 한 명은 경험 많은 치료자이어야 한다. 하지만 집단 단위에서는 그
비율이 참가자 8~10명당 완전히 훈련된 촉진자 한 명이면 된다. 홀로트로
픽 숨치료의 집단에서는 참가자가 외부 도움 없이 자기 작업의 대부분을 수

행하며, 지원이 필요한 대부분의 상황은 시터가 처리할 수 있는데 여기에는 이전에 홀로트로픽 숨치료를 경험한 적이 전혀 없는 사람도 포함할 수 있다. 숙련된 촉진자의 도움과 안내로 시터는 브리더에게 감정적이고 물리적인 측면에서 안전하도록 환경을 조성해 주고 참가자들 간에 서로 방해받지 않도록 돕는다. 또한 필요하다면 그들은 파트너들에게 빠른 호흡 속도를 유지하도록 상기시키고, 이들에게 마실 물을 가져다주거나 필요한 휴지를 제공하고 담요를 덮어 주거나 기타 기본적인 돌봄을 제공한다.

집단으로 진행할 경우 홀로트로픽 숨치료 시간이 개인마다 크게 다를 수도 있기 때문에 어떤 참가자가 보통보다 오래 지속하더라도 별로 문제될 것은 없지만, 촉진자가 자신의 정해진 일정을 경직되게 고수한다면 이것은 매우 어려운 일이 될 수 있다. 개별 회기에 걸리는 시간을 예측하는 방법은 없다. 한 회기의 길이가 다양하기 때문에 참가자가 그날의 작업을 완료할 때까지 촉진자는 계속 그와 함께 있어야 한다. 따라서 보통의 작업은 치료하는 날 마지막에 개별 숨치료 회기를 계획하는 것이다. 그러나 이것은 당연히 촉진자가 특정한 시점에서 제공할 수 있는 회기 수를 제한하게 된다.

홀로트로픽 숨치료 회기를 집단으로 할 때에는 심리적인 이점이 있기 때문에 개별 회기가 제공할 수 있는 것보다 더 깊고 효과적이다. 다른 참가자에게서 나오는 소리들과 결합된 강력한 음악을 들으면서, 큰 방에서 많은 타인과 홀로트로픽 의식 상태를 공유하는 것은 매우 강력한 체험적 장을 낳는다. 결과적으로 분위기가 좋아지기 때문에 브리더가 일상적인 심리적 방어를 쉽게 내려놓고, 무의식적 자료들이 쉽게 의식 표면으로 떠올라 정서적으로나 신체적으로 표현하게 된다.

다른 사람들과 난처하거나 사적인 경험을 공유할 수 있는 기회는 집단 단위로 작업하는 또 하나의 중요한 이점이다. 홀로트로픽 의식 상태에서 사람들은 종종 폭력적이거나 성적인 또는 불경스런 이미지와 같이 윤리적 또는 심미적으로 불쾌한 것으로 간주되는 민감한 자료에 부딪힐 수 있다. 그 대표적인 예로는 근친상간의 기억들이나 반사회적인 경향이 있다. 브리더는 다른 사람에게 그러한 경험을 확신시키는 데 어려움을 겪을 수 있으며, 일반적으로 도덕적 판단, 역겨움 또는 거부와 같은 부정적인 반응을 예상하게 된다.

그러한 자기공개가 개인 회기에서 일어나고 치료자가 비판적 판단으로 응답하지 않는다면, 내담자는 이것을 특별한 수련의 결과로 귀인한다. 즉, 이들은 이것을 치료자가 정말로 느끼는 것을 그대로 드러내지 않도록 인내하거나, 혹은 인간 본성의 비정상적인 측면에 대해 면역이 되도록 비정상적인 개인들을 접한 수년간의 임상수련 때문이라고 생각한다.

이러한 상황에서 치료자의 명백하게 비판단적이고 수용적인 행동은 쉽게 부자연스러운 직업적 자세일 뿐이라고 인식되며, 인간 공동체의 평범한 구성원이 이것을 제공했을 때 줄 수 있는 교정적·치료적 경험을 가져오지는 못한다. 이러한 이유로 일반적인 인구의 대표적 표본을 특징으로 하는 공유집단에 참여하는 것은 그 결점을 획기적으로 보완할 수 있다. 다른 사람들의 이야기를 들으면서, 사람들은 스스로 비난받을 만하다고 여기는 정서, 환상 그리고 경향들을 지나치게 숨기며, 자신만의 판단으로 특별히 비도덕적이며 비열하다고 여기는 행동들을 드러낸다는 것을 발견하게 된다. 이것은 큰 안도감과 함께 '인간의 육체는 상속받아 오고 있는' 것이며, 우리 모두가 '같은 배를 탔다'는 인식을 갖게 한다.

사실상 깊은 무의식으로부터 나온 자료를 솔직하게 개방했을 때 집단의 반응은 개인이 기대하는 것과는 정반대의 경향이 있다. 대체로 다른 사람들은 이해심, 연민, 따뜻한 정서적 지원을 보여 준다. 집단 참가자들에게 진심으로 고백하면, 종종 그들도 자신의 내적인 삶의 어두운 측면에 대해 더 신뢰하고 개방하도록 격려를 받는다. 전형적으로 홀로트로픽 의식 상태를 활용하는 집단 작업은 참가자들 간에 의미 있는 유대관계를 형성하고 소속감을 빠르게 생성한다. 스코틀랜드계 미국인 문화인류학자인 빅터 터너Victor Turner는 토착 문화의 통과의례를 연구하는 데 그의 전문적인 경력을 보냈다. 그에 의하면, 의례 과정에서 비일상적 의식 상태를 공유하는 것은 공동체 의식communitas의 발달을 가져온다(Turner, 1969, 1974).

올바르게 사용한다면 홀로트로픽 숨치료는 심각한 정서적 및 정신신체적인 문제가 있는 정신과 환자에게 사용할 수 있다. 그러나 대부분의 환자는 브리더와 시터의 역할을 번갈아 하거나, 다른 사람들의 경험을 처리하는 데 있어서 건설적으로 참여하는 것이 어렵거나 불가능하다. 이러한 환자들은 회기 내내 숙련된 치료자 또는 이상적으로는 남성/여성 한 팀의 끊임없는 관심과 24시간 지도감독이 가능한 특별한 환경이 필요하다.

다음에서는 소규모나 대규모의 초보적 집단이라는 맥락에서 홀로트로픽 숨치료의 안전하고 효과적인 실제에 필요한 단계와 조건에 중점을 둘 것이다. 우리는 이 작업에 관한 물리적 세팅 및 대인 지원 시스템을 만드는 방법과 참가자들을 이론적이고 실제적으로 회기에 준비시키는 방법을 설명한다. 이 장의 네 번째 절에서는 신체적 · 정서적 금기 사항에 대하여 할애하고, 참가자 선별을 위한 기본 기준을 개관할 것이다. 홀로트로픽 숨치료 회기를 시작하여 진행하고, 홀로트로픽 경험의 범위를 설명하며, 촉진자와 시터의 역할을 설명하는 방법에 대해 설명할 것이다. 끝으로 이 장의 마지막에서는 만다라와 관련된 작업에 대해 설명하고 처리 회기를 이끌기 위한 기본 원칙들을 제시할 것이다.

2. 세팅 및 대인 지원 시스템

홀로트로픽 숨치료 워크숍 및 교육을 위한 적절한 장소를 찾는 것은 어려울 수 있다. 효과적으로 마음을 환기시키기 위해서는, 특히 숨 쉬는 시간에 사용되는 음악의 첫 번째 부분과 회기 중의 절정기에서 충분한 음량을 필요로 한다. 또한 많은 촉진자는 자신들의 음악목록에 무속, 민속, 의례, 및 영적 음악을 포함시키는데, 여기에는 아프리카, 인도, 티베트, 발리, 호주 원주민 음반들이 있으며, 이들에 익숙하지 않은 사람들에게는 이상하고 기괴하거나 무섭게 들릴 수도 있다.

예를 들어, 유럽에서 3년 수련 기간 동안 우리는 스위스 농민 집단에게서 민원을 받았는데, 그들은 우리의 작업이 '악마로부터 온' 것으로 확신했다. 우리는 나중에 그들이 우리가 하는 작업 중, 특히 케착ketjak(발리 원숭이 찬트)과 티베트 갸쵸Gyoto 승려와 투바Tuva[1] 샤먼의 다성적多聲的 찬팅 소리를 듣고 그렇게 생각하게 되었다는 것을 알았다. 1992년 프라하에서 개최된 국제 자아초월협회 대회는 근본주의 기독교인들에 의해 감시를 받았는데, 그 프로그램에 중부 멕시코의 후이촐Huichol 원주민의 무속적인 사슴 춤Deer Dance이 포함되어 있었기 때문이다. 다른 경우에는 수피Sufi의 디크르dhikrs[2] 투아레그Tuareg[3]족 찬트, 모로코의 트랜스 음악, 이누이트 에스키모 인의 목구멍 음악, 또는 아프리카 부룬디Burundi[4]의 드럼 연주에서도 비슷한 반응을 보였다.

---

1) 러시아 공화국에 속한 자치 공화국으로, 몽골 북서부에 위치한다. 이들은 전통음악으로 유명하며, 특히 목구멍 소리를 잘 낸다.
2) 코란 낭송을 말한다.
3) 알제리의 투아트 및 리비아의 구다미스에서 나이지리아 북부까지와 리비아의 페잔에서 말리의 동북부에 이르는 지역에 거주하는 종족이다.
4) 아프리카 중부에 있는 공화국이다.

홀로트로픽 숨치료 회기의 참가자는 회기에서 나타나는 모든 것을 완벽하게 표현할 수 있는 자유가 있어야 한다. 우리는 정기적으로 울음소리와 비명소리, 아기 옹알이, 횡설수설gibberish, 방언과 외국어로 말하는 것, 광범위한 영역의 동물 소리, 저주하기와 찬팅을 들었다. 이것은 조화로운 음악이 다양한 불협화음과 동시에 일어나서 매우 독특한 음향 분위기를 창출할 수 있다. 경우에 따라 스피커에서 나오는 내용과 참가자들로부터 발생한 내용을 쉽게 구분할 수가 없다.

숨치료에 있어서 문외한에게는 이러한 소리들이 터무니없는 환상과 강한 부정적인 반응을 낳는 추가적인 원인이 될 수 있다. 역설적으로 브리더로서 홀로트로픽 숨치료에 참여하는 사람의 대부분은 회기의 일부인 넓은 영역의 다양한 음향에 쉽게 적응할 수 있지만, 외부 세계의 침입에 대해서는 적대적인 반응을 하는 경향이 있다. 수년에 걸쳐 우리는 다른 행사로 인한 음악소리들 간의 경쟁, 기대한 것보다 음악소리가 크다면서 음악을 멈춰 달라며 우리 장소에 침입한 호텔 직원의 요구, 근처의 소방서의 사이렌 소리, 기타 그 외의 다른 방해와 마주했다. 한번은 우리가 작업하고 있는 건물에 번개가 강타했는데, 소방 검열관이 숨치료에 열중하여 한창 취약해진 사람들을 그 방에서 대피시키라고 주장했다. 특히 명상적인 회기가 끝나는 시점에는 전체적인 분위기와 음악이 조용해지기 때문에 일상적인 대화조차도 방해가 될 수 있다.

홀로트로픽 숨치료를 수행하기에 적합한 장소를 찾을 때, 우리는 충분히 격리되어 다른 활동으로 인해 방해받지 않는 큰 방이 있는 피정 센터 또는 호텔을 찾으려고 한다. 우리는 음악을 최대 음량으로 재생하고, 상당한 양의 요란한 소리[5]를 발생시키며, 동시에 외부로부터 방해받지 않는 것이 필수적이다.

---

5) 숨치료 중에 브리더들로부터 나오는 각종의 시끄러운 소리들(비명, 울음, 보디워크 등)을 이른다.

필요한 방 또는 홀의 크기는 참가자 수에 따라 다르며, 참가자당 대략 25제곱피트(약 2.32 평방미터)가 필요하다.

이상적으로는 창문을 가리고 방의 빛을 상당히 줄여야 한다. 이것은 참가자들에게 눈가리개가 없는 경우 특히 중요하다. 촉진자와 시터가 브리더들이 무엇을 하는지 보기 위해서는 충분한 빛이 있어야 한다. 그러나 밝은 빛이 브리더의 내면에서 나오는 것이 아니라면 브리더의 경험을 방해하는 경향이 있다. 강력한 홀로트로픽 경험, 특히 무아경의 홀로트로픽 경험은 심지어 완전한 어둠 속에서도 방의 조명과는 별도로 찬란한 빛에 관한 비전을 낳을 수 있다.

홀로트로픽 숨치료 동안 좋은 세팅에 관한 또 다른 중요한 요구 사항은 화장실의 근접성이다. 화장실이 너무 멀거나, 계단이나 엘리베이터가 있을 경우 브리더가 홀로트로픽 상태에서 벗어나는 경향이 있다. 최선의 환경은 숙달된 파트너가 있고 화장실이 가까워서 브리더가 화장실로 가는 도중에 눈을 뜨지 않아도 되는 경우이다. 그들은 지속적으로 빠른 호흡을 하며 그 작업 과정에 머물러 있을 수 있다. 브리더는 시터의 어깨에 자신의 손을 걸치고 걸어 다닐 수 있으며, 혹은 시터가 브리더 옆으로 나란히 걸으면서 브리더를 안내할 수 있다.

브리더들이 경험하는 동안 이들은 부드러운 바닥 위에 누워 편안하고 안전한 상태여야 한다. 방에 두꺼운 깔개, 특히 탄력이 있는 깔개가 있고 참가자가 집에서 가져온 침낭이 있다면 완벽하다고 할 수 있다. 바닥이 단단한 경우 충분한 크기의 매트 또는 매트리스를 제공하여 브리더들이 자유롭게 움직일 수 있도록 한다. 이 매트 외에도 베개, 쿠션, 담요, 동그랗거나 사각 형태의 명상방석과 같은 부드럽고 따뜻한 보조물이 많이 포함되면 좋다. 세미나 주최측에서 이것들을 제공할 수 없는 경우에는 참가자에게 가져오도록 하거나 다른 자원들을 사용한다.

　홀로트로픽 숨치료는 이상적으로는 거주 시설에서 실시한다. 이것은 특히 오후 시간에 호흡이 이루어지는 참가자들에게 안전하고 친숙한 환경을 제공한다. 이 사람들은 워크숍이 끝난 후 밖에서 안전하게 기능할 수 있도록, 자신이 경험을 통합할 수 있는 충분한 시간이 필요하다. 특히 자동차를 운전하거나, 대중교통을 이용해야 하거나, 또는 악천후의 날씨를 만나야 하는 경우, 그들이 사는 거주지로의 여행이 어려울 수 있다. 또한 그들 중 일부는 매우 깊은 감정적인 경험을 한 후에 집에 갔을 때, 미처 준비하지 못한 복잡한 대인관계 상황을 경험할 수도 있다.

　때때로 우리는 운이 좋게도 오롯이 우리들만 있거나 아주 외딴 지역에 있는 아름다운 시설을 발견한다. 그래서 참가자들은 우리가 하는 일을 불편해하는 사람들과 섞일 필요가 없다. 그러나 우리 집단은 다른 집단이나 개인 손님들과 시설을 공유해야 하는 경우가 더 빈번하다. 이 상황은 두 종류의 문제를 일으킬 수 있다. 홀로트로픽 의식 상태에 있는 사람들의 외모와 태도는 특이한 경우가 많기 때문에 그것을 목격한 외부인을 당황시키거나 심지어 불쾌하게 할 수 있다. 이와 반대로, 깊은 경험으로 인해 민감해진 집단의 참가자들에게는 회기가 끝난 후 조용하고 명상적인 환경이 필요한데, 번잡하고 시끄러운 호텔 환경에 직면하기가 어렵고 방해받을 수 있다.

　우리의 세미나 장소가 우리에게 완벽한 프라이버시를 보장하는지, 또는 다른 손님들과 공유해야 하는지 그리고 우리가 하고 있는 작업과 기대하는 것에 대하여 워크숍 이전에 경영진과 직원에게 설명해야 한다. 즉, 우리가 큰 소리의 음악을 틀 것이고, 브리더들 또한 특이한 소리를 낼 수 있다는 것이다. 장소를 빌려준 경영진은 또한 우리가 작업하는 비일상적인 의식 상태가 자연적 수단에 의해 유도되고 참가자가 정신활성 물질을 섭취하지는 않는다는 확신을 필요로 한다. 설명과 명료화가 필요한 추가적 이슈는 긴밀한 신체적 접촉에 관한 것이다.

호텔이나 회의장 측 직원이 개인적으로 회기에 참여하여 그 과정을 경험할 기회가 있다면 홀로트로픽 숨치료와 관련된 많은 문제를 피할 수 있다. 우리는 워크숍이나 수련을 위해 반복적으로 사용했던 장소에서 항상 시설의 운영진을 숨치료 회기에 초대했다.

과거 경험을 돌아볼 때 우리는 우리의 작업을 목격한 모든 사람과 철저하게 친숙해져야 할 필요성을 느꼈다. 외부 세계와의 경계면에서 발생할 수 있는 문제의 예는 제6장 '홀로트로픽 숨치료 촉진자들의 고난과 시련'(203쪽)에서 찾을 수 있다.

과거에 일한 최고의 장소 중 일부는 강력한 내면 작업에 이상적인 특징을 갖추고 있었다. 그들은 아름다운 자연환경, 즉 바다나 호수, 강, 산, 초원, 숲 근처에 위치하고 있었다. 유명한 온천과 태평양 및 산타루치아산에 근접한 캘리포니아주 빅서Big Sur에 위치한 에살렌 연구소와 브리티시 콜롬비아British Columbia 코르테스Cortes섬의 밴쿠버만Vancouver Bay의 멋진 해안에 위치한 홀리호크 농장Hollyhock Farm 등이 그런 장소이다.

강력한 호흡 회기를 따라가다 보면 참가자의 감각 채널이 활짝 열리게 된다. 윌리엄 블레이크William Blake의 표현을 빌린다면, 그들의 '지각의 문이 깨끗해졌다'. 색, 소리, 냄새, 맛에 관한 그들의 경험이 크게 향상되고 풍성해지며, 자연을 가깝게 느끼게 된다. 바다, 강 또는 호수에서 한가롭게 수영을 하면 자궁의 양수에서 또는 심지어 태고의 바다에서 삶의 시작에 이르기까지 우리 존재의 시작에 관한 기억의 반향을 가져올 수 있다. 이를 통해 성공적으로 경험을 통합할 수 있다. 좀 더 적절한 환경에서는 뜨거운 욕조나 따뜻한 목욕도 비슷한 효과를 낳을 수 있다.

자연과 가깝게 느끼고 세련되어진 감각의 예민함은 음식에 대한 태도에도 반영된다. 홀로트로픽 숨치료 회기를 마친 후, 사람들은 흥미로운 맛, 색상 그리고 질감으로 건강하고 신중하게 준비된 자연 식품에 매료되어 감사하게 된다. 일상의 삶에서는 거부하지 않았겠지만, 사람들은 여기서 대충 조리된 인공적인 '패스트푸드'나 무겁고 기름진 식사를 꺼린다. 우리는 이 점에 대해 워크숍을 돕는 기관과 협상해야 한다.

3. 참가자의 이론적 준비

홀로트로픽 숨치료를 효과적으로 운영하려면 이론적인 준비가 필수적이다. 이것에 관한 중요한 이유가 있다. 자기탐구와 치료에 이 접근법을 사용하는 것은 홀로트로픽 의식 상태와 관련이 있기 때문이다. 산업혁명과 과학혁명 이후, 서양 문명은 이성을 포용하고 찬양하였으며 홀로트로픽 경험과 이과 관련된 모든 것을 비합리적이라고 거부했다. 유물론 과학은 영적 수련과 의례 활동에서 나타난 삶과 세계관에 관한 관점을 동화童話와 정신병리의 영역으로 격하시켜 버렸다. 결과적으로, 산업 사회의 사람들은 홀로트로픽 상태에 익숙하지 않아 이에 대해 많은 오해를 품었는데, 이는 수정되어야 할 필요가 있다.

우리는 대개 참가자들에게 다음과 같은 질문을 하면서 준비를 시작한다. "영적 수련 중 강렬한 경험, 심현제psychedelic를 사용한 자기실험, 무속 의례, 체험적 심리치료 회기, 죽음에 다다른near-death 상황, 또는 자발적 심리영적 위기들('영적 응급spiritual emergencies') 중에 일어난 경험과 같이 일상생활에서 비일상적 의식 상태를 경험한 사람이 몇 명이나 됩니까?" 그다음에 우리는 전통적인 정신과 의사가 어떤 종류의 비일상적인 상태도 '변성 상태altered states'라고 부르고, 이것을 정신질환의 증상으로 간주한다는 사실에 이들의 주의를 모은다. 이는 정신과 의사들로부터 전달된 정보가 신뢰하기 어려우며, 자신과 세계를 올바르게 경험하는 방법에 왜곡이나 손상이 있음을 보여 준다.

우리는 이것이 뇌염, 수막염, 장티푸스 및 기타 감염성 질환, 요독증 및 뇌의 심혈관 및 퇴행성 장애와 관련된 섬망deliria과 같은 일부 병리학적 조건들과 관련해서는 적절할 수 있다고 설명한다. 그러나 홀로트로픽 숨치료에 의해 유도된 의식 상태는 비일상적인 의식 상태(홀로트로픽 상태)의 크고 중요한 하위 집단에 속하는데, 이러한 분류는 잘못 분류되고 안내된 것이다. 여기서 의식은 질적으로 바뀌지만 손상되거나 위태롭게 되지는 않는다. 올바른 상황에서 이 모드의 경험은 치유, 변용 및 진화적 잠재력을 가지며 새롭고 유용한 정보를 전달할 수 있다.

여기에는 샤먼이 내담자와의 작업에서 자신들의 입문 위기와 사용 중에 겪는 경험들도 포함된다. 토착 문화에서 이 트랜스 상태는 사람들이 통과의례에 유도하는 것이고, 죽음과 재탄생의 고대 신비체험에서 입문자가 겪는 체험적 모험들이다. 추가적인 예는 요가, 소승불교, 대승불교, 선, 티베트 불교, 도교, 수피Sufism, 신비주의 기독교 등 다양한 종교 집단에 의해 개발된 홀로트로픽 상태를 유도하는 다양한 '신성한 기술'에 의해 유도된 경험이다. 서양 문명은 1960년대의 심현제 혁명 동안 홀로트로픽 상태를 대규모로 경험했다. 불행하게도 이 운동의 무책임하고 혼란스러운 성격은 이 의식 상태의 엄청난 긍정적 가치를 흐리고 말았다.

올바르게 이해되고 적절하게 지지된다면, 홀로트로픽 상태는 병리적이지도 이상하지도 않다. 그들은 치유적이고 변용적이며 나아가 진화적 잠재력조차 가지고 있다. 또한 그들은 헤아릴 수 없을 만큼 귀중한 발견적heuristic 가치를 가지고 있다. 그들과의 작업은 의식의 본성, 건강과 질병에서 인간의 심혼 그리고 가장 깊은 철학적 및 형이상학적 질문들에 관한 새롭고 혁명적인 통찰력을 제공한다(Grof, 1998, 2000). 20세기 후반에 실시된 현대의 의식연구는 홀로트로픽 상태에 관한 산업혁명과 과학혁명 과정에서 발생한 오류들을 보여 주었다.

이성의 힘과 그 엄청난 잠재력에 대한 열정에서 태어난 유물론적 과학자들은 합리적이지 않은 모든 것을 인류의 유년기와 암흑기에서 비롯된 황당한 시대착오적 구습이라고 거부했다. 그들의 미숙했던 시절의 오만함으로 인해 그들은 비합리적non-rational인 모든 것이 불합리irrational한 것만은 아니라는 사실을 깨닫지 못했다. 홀로트로픽 상태와 신비로운 경험의 영역은 비이성적이고 비정상적이지 않으며, 초이성적transrational이고 여러 면에서 비범한supernormal 것이다. 그것은 합리적인 것을 포함하고 초월한다. 지난 수십 년 동안 다양한 분야에서 자아초월적 경향의 연구자들은 깨달음과 과학혁명 시대에서 비본질적인 것을 제거하느라 정작 중요한 본질적인 것을 놓쳐 버렸음을 깨달았다.

우리는 비일상적인 의식 상태와 관련하여 우리 문화에 존재하는 오해들을 분명히 한 후에, 이 책의 앞부분에서 좀 더 자세하게 논의한 것 중 일부를 참가자와 공유한다. 우리는 우리의 호흡방식에 홀로트로픽('전체로 이동')이라는 이름을 부여했는데, 그 의미를 설명하고 홀로트로픽 경험의 기본적인 특징들에 대해 기술하였다. 그리고는 우리 의식의 이해에 관해 이루어진 급진적인 변화와 홀로트로픽 숨치료로 효율적이고 성공적으로 작업하는 인간의 심혼 및 홀로트로픽 상태를 활용하는 다른 접근법들에 대하여 개관해 준다.

우리는 주산기 및 자아초월 영역을 포함하여 확장된 심혼의 지도제작cartography을 간략하게 설명하고, 정서적 및 정신신체적 증상의 다층적 성격과 심혼의 다양한 수준에서 작용하는 치유 기제를 설명한다. 우리는 사물의 보편적인 설계와 심혼의 중요하고 타당한 차원으로 영성을 논의하는 데 약간의 시간을 보낸다. 여기에는 보편적이고 비종파적이며 모든 것을 포함하는 개인적 경험에 기초한 진정한 영성과 종파주의적 우월주의, 극단주의 및 근본주의에 오염된 도그마를 가진 조직화된 종교 사이의 명확한 구별이 포함된다.

아마도 준비의 가장 중요한 작업은 내면의 치유적 지능healing intelligence과 그 과정에 관한 신뢰, 즉 특정 심리학 이론에 기초한 기술을 사용하는 언어적 치료법과 홀로트로픽 상태를 구별하는 것이다. 중요한 기본 원칙은 회기에 관한 모든 프로그램을 마음에서 내려놓는 것이다. 즉, 우리가 경험하고 싶은 것이 무엇인지, 어떤 문제를 해결해야 하는지 그리고 우리가 피하고자 하는 영역이 무엇인지에 관한 프로그램을 내려놓아야 한다. 우리는 정서와 신체적 감정에 초점을 맞추고 지적 분석을 삼가면서 현재의 순간에 머무르는 것의 중요성을 강조한다. 참가자들에게 홀로트로픽 상태를 사용하는 체험 작업에서 "마음mind은 최악의 적이다."라고 상기시키는 것이 유용하다. 우리가 그 과정에 순순히 따르면 홀로트로픽 상태는 치료적 과정processing의 준비가 된 강한 감정적인 흥분과 관련된 무의식적인 내용을 의식 표면에 자동으로 가져오고 그들이 출현하는 순서도 결정할 것이다.

4. 신체적 및 정서적 금기 사항을 위한 선별 작업

숨치료 회기 준비의 필수적인 부분은 홀로트로픽 상태의 작업에 관한 신체적 · 정서적 금기 사항에 관한 논의이다. 이상적으로는 금기 사항에 관한 참가자의 선별 작업은 워크숍에 오기 전에 서신으로 처리된다. 우리는 회기 직전에 참가자에게서 심각한 건강상의 문제가 발견되었을 때 이들을 집에 보내는 것은 매우 어렵다는 것을 알게 되었다. 그 자리에 오기까지 그들은 참여하기로 결정과 결심을 했으며, 시간과 돈을 투자하여 워크숍에 찾아온 것이기 때문이다. 우리는 이들이 다음과 같이 의견을 남기고 견해를 제시하면서, 여기에 참여하는 것이 왜 합당한지에 관한 그들만의 다양한 설명과 타당한 이유를 듣게 될 것이다. "걱정하지 마라, 나는 어떤 일이 일어나도 내 스스로 전적인 책임을 질 것이다." 그리고 "나는 퇴출release에도 서명할 것이다." 물론 이것이 주최자와 촉진자의 도덕적 또는 법적 책임을 면해 주지는 않는다.

현장 선별 작업이 어렵다는 것을 겪은 후에, 우리는 모든 신청자에게 의료 설문지를 보내어 워크숍 참여를 위한 여행 일정을 잡기 전에 설문지를 작성하여 답신하도록 요청했다. 설문지에는 신청자가 워크숍에 수락되기 전에 논의해야 할 조건과 상황에 관한 질문들이 포함되어 있다. 의료 설문지에 나타난 문제들이 모두 해결될 때까지 신청자는 워크숍에 참여할 수 없다고 이들에게 알려 준다.

우리의 주요 관심사는 심각한 혈관질환들, 즉 고혈압, 동맥류, 심장마비 병력, 뇌출혈, 심근염, 심방 세동 또는 기타 유사한 문제에 관한 것이다. 그 이유는 숨치료 회기 도중에 강력한 감정과 관련된 외상성 기억을 가져올 수 있는데, 이는 그러한 조건과 맞물려 관련된 참가자에게 위험을 야기할 수 있기 때문이다. 이러한 기억이 억압되어 기억상실로 나타나는 것은 대표적인 예로 이것의 출현을 사전에 예측하는 것은 불가능하다. 이러한 기억 중 일부는 상당한 신체적 긴장과 압박을 수반할 수도 있다. 출산은 일반적으로 육체적 스트레스와 관련이 있을 뿐 아니라, 감정적으로도 강렬한 경험이므로 심각한 심장 문제를 가진 사람들에게 위험을 줄 수 있다.

고혈압 문제가 있을 때, 우리는 의료적인 치료를 받도록 요구한다. 참가자가 참여할 수 있을지를 결정할 수 있는 또 다른 요소는 의료적으로 혈압이 조절되기 전에 도달했던 가장 높은 혈압 수치이다. 우리가 스스로 상황을 평가할 수 없다면, 지원자의 주치의 또는 심장 전문의에게 이들의 신체 상태를 평가해 줄 것을 요청할 수 있다. 이 의사들이 홀로트로픽 숨치료에 대해 잘 모를 가능성이 있기 때문에, 환자가 홀로트로픽 숨치료와 비슷한 스트레스를 받는 역도와 같은 육체 활동을 포함하여 더 심한 스포츠를 할 수 있는지 질문하여 간접적으로 필요한 정보를 얻을 수도 있다.

심혈관 문제에 관한 상황은 역설적이다. 한편으로 주산기, 유아기, 어린 시절, 그리고 후기의 삶에서의 외상성 기억과 같은 심리적 요인은 심혈관질환의 기원에 중요한 역할을 한다. 홀로트로픽 숨치료는 이러한 외상성 흔적을 제거하는 데 매우 중요한 도구이다. 따라서 심혈관 문제 예방이나 초기 단계의 치료에도 사용할 수 있다. 그러나 일단 이러한 질병이 진행되면 이전의 기능적 (에너지) 변화가 기질적器質的(구조적)이 되어 깊은 정서적 작업에는 금기 사항이 된다.

또 다른 중요한 고려 사항은 임신이다. 그러나 결코 금기 사항을 나타내는 것은 아니다. 임산부가 참여할 수 있는지 그리고 어떤 방식으로 임산부가 참여할 것인지의 여부는 개별적으로 결정된다. 한 가지 중요한 요소는 임신 단계이다. 홀로트로픽 의식 상태에서 다시 태어나려는 여성들은 동시에 자신이 출산하는 것을 경험하거나 이것을 교대로 경험하는 경향이 있다. 이것은 단지 심리적인 문제가 아니다. 그것은 매우 다른 생리적인 부작용을 가지고 있다. 종종 임신 초기에 조기 분만을 유발하는 심각한 자궁의 수축이 일어날 수 있다. 때때로 우리는 강력한 탄생 경험을 한 후, 생리주기 중간에 생리를 시작한 임신하지 않은non-pregnant 여성을 보아 왔다. 이것은 이 과정에 자궁이 생리적으로 관여할 수 있음을 명확하게 보여 주는 것이다.

탄생과 출산의 결합된 경험은 홀로트로픽 숨치료 회기에서 임신이 가질 수 있는 유일한 위험 상황이기 때문에, 임산부는 안전하게 그 외의 다양한 경험을 할 수 있다. 이러한 이유로 우리는 임신한 여성들과 특별한 계약을 맺어 임신한 여성을 종종 워크숍에 받아들였다. 그들은 탄생/출산 경험을 시작하게 된다면 빠른 호흡은 계속하지 않겠다는 약속을 해야 했다. 우리는 수년에 걸쳐 많은 임신부(주로 임신 초기 단계)와 이 약정을 하였지만, 호흡이 태아와 임신의 지속에 위험을 초래한다는 어떠한 징후도 보지 못했다. 당연히 임산부와의 작업은 조심하고 신중해야 한다. 시터 및 촉진자는 임산부의 취약한 상태를 인지하고 기계적으로 임신을 위험에 빠뜨릴 수 있는 외부의 상처로부터 보호해야 한다. 이것은 임산부의 일상생활에 똑같이 적용되며 홀로트로픽 호흡에만 국한되지 않는 고려 사항이다.

주의가 필요한 또 다른 증상은 경련장애, 특히 뇌전증epilepsy 전신발작의 병력이다. 과호흡은 뇌전증의 뇌파(스파이크, 날카로운 파장, 스파이크 및 파장 방전)를 가속시키는 경향이 있는 것으로 알려져 있다. 이 현상은 실제로 신경학자들이 뇌전증 진단 테스트로의 지표로 사용한다. 우리는 더 빠른 호흡이 뇌전증 발병의 병력을 가진 참가자들에게 전신발작을 일으킬 수 있다는 타당한 우려를 하였다. 그러나 우리는 이 병력을 가진 사람들의 워크숍 참여를 거부한 적이 없다. 우리는 일어날 수 있는 일에 관하여 촉진자와 시터에게 준비를 시키고, 무엇을 해야 하는지에 관한 지침을 주었다. 전신발작은 매우 극적이며 일반인은 그것을 매우 무서워할 수 있다. 그러나 우리의 우려는 부당하다고 판명되었다. 우리가 수년에 걸쳐 실시한 3만 5천 회의 회기에서, 우리는 단지 한 번의 뇌전증 전신발작을 보았을 뿐이었다. 그것도 이미 이 유형의 발작 병력이 있는 참가자에게 발생한 경우였다. 발작 에피소드 후에 그는 혼란스러워 잠에 빠져들었다. 대략 2시간의 수면 후 그의 상태는 아주 좋았고 실제로 회기 전보다도 더 좋아졌다.

신체적 상해나 수술과 관련된 금기 사항은 상식을 사용하여 쉽게 해결할 수 있다. 최근의 신체적 외상이나 수술을 받은 참가자는 호흡에 참여해서는 안 되며, 상처받은 부위에 보디워크를 받아서도 안 된다. 회복이 거의 끝나 가는 개인의 경우, 환자에게 시행되는 신체적 작업은 상해나 수술의 심각성과 시기를 고려하여 매우 신중하게 해야 한다. 이것은 뼈 골절, 탈골 디스크, 어깨나 무릎 탈골, 불완전하게 치유된 수술 상처, 그리고 유사한 재해를 포함한다. 몸이 쇠약해지는 질병을 가진 사람들은 오랜 시간 동안 호흡을 유지하기 위한 충분한 에너지와 체력을 갖고 있지 못할 수도 있다. 과거에 망막박리가 있었거나 안압 상승과 관련된 녹내장으로 고통받는 사람은 눈의 압력을 증가시킬 수 있는 보디워크를 받아서는 안 된다. 더 빠른 호흡은 그 자체로 이 상태에 해로운 영향을 미치지는 않는다.

워크숍 신청자가 전염성 질병에 걸린 경우 다른 사람이 집단에 참여하는 것이 안전한지 여부를 결정하기 위해 올바른 판단을 내려야 한다. 기침이나 재채기와 관련된 호흡기질환인 경우, 우리는 일상적인 상황에서와 동일한 기준을 적용한다. 즉, 이런 개인은 가까운 개인적 접촉이 가능한 사회 환경에 접하도록 허용해서는 안 되며 집에 머물러 있어야 한다. HIV 양성이거나 AIDS에 걸린 사람들에게 다른 기준이 적용된다. 연구는 체액, 특히 혈액이 직접적으로 전달되는 경우를 제외하면 이들로 인한 전염의 위험이 극히 적다는 것을 보여 주었다. 몇 년 동안 우리는 호흡이 코피를 유발했었던 몇 가지 상황을 관찰할 수 있었다. 이는 드문 경우이지만, 질병의 위험한 성격을 고려하여 촉진자나 시터에게 혈액을 다루어야 하는 경우가 발생했을 때 고무장갑을 사용할 수 있도록 결정했다.

AIDS는 많은 사람에게 격렬한 두려움을 촉발시키는 질병이다. 비합리적인 일이긴 하지만 이러한 생각은 존중을 받아야 한다. 집단에서 AIDS에 걸린 사람이 있는 경우(의료 설문지에서 이 사실을 알게 되기를 바란다.) 우리는 시터가 이 사실을 반드시 알아야 한다는 입장을 분명히 하고 있다. 그런 다음 그들은 이러한 상황에서 시터 역할을 하는 것이 편한지 여부를 결정할 수 있다. 홀로트로픽 숨치료는 긴밀한 접촉이 많으며, 브리더가 수용받는다고 느끼도록 분명하게 해 주는 것이 중요하다. 어린 시절로 퇴행한 사람의 경우, 이는 깊은 교정적 체험과 강한 거절감으로 고통스러운 강화를 받는 것 사이에는 차이가 있다. 우리의 경험은 집단에는 항상 이 질병으로 고생하는 사람들 곁에서 시터를 하는 데 아무런 거리낌이 없는 사람들이 있다는 것이다. 집단에 두 명의 HIV/AIDS 양성 반응자가 있는 경우, 그들이 서로 시터를 해 주기로 결정할 수 있다.

심인성 천식은 홀로트로픽 숨치료와 보디워크를 함께할 때 효과가 좋아지는 경향이 있는 질환이다. 우리는 트레이너 훈련 및 워크숍 참가자들에게서 천식 발작의 심각한 감소 또는 심지어 지속적인 완치 사례를 많이 보아 왔다. 천식과 관련된 일반적인 전략은 억눌린 감정과 기관지의 팽창, 염증 및 기관지 수축에 관련이 있는 신체적 차단을 풀어내는 것인데, 그 방법에는 소리를 내며 이것을 방출하기, 몸을 떨기, 찡그리기, 구역질 및 기타 표현할 수 있는 방법이 있다. 그러나 만성 천식으로 수년간 고통을 겪은 개인은 심각한 심혈관 문제를 일으킬 수 있다. 일단 그것이 발생하면 호흡 경로를 청소하는 데 높은 수준의 정서적·신체적 스트레스가 발생하면서 환자가 위험해진다. 천식으로 고통받는 개인을 숨치료 집단에 받아들일지 여부를 결정할 때는 신체 상태를 주의 깊게 평가해야 한다. 우리는 천식 환자와 함께 작업할 때마다 환자에게 흡입기를 항상 가져오도록 요청한다. 호흡이 너무 힘들어지면 이 장치를 사용하여 증상을 완화시킬 수 있기 때문이다.

홀로트로픽 숨치료에서 고려해야 할 매우 중요한 감정적인 금기 사항이 있다. 신체적 금기 사항은 상황에 독립적이며 이 방법을 사용할 때마다 적용되지만, 감정적인 금기 사항은 세트와 세팅set and setting[6]에 따라 다르다. 단기 워크숍을 진행하는 경우, 선별 기준은 숙박을 위한 시설을 갖춘 주거 시설과 홀로트로픽 상태를 작업할 수 있는 숙련된 스태프를 두고 하는 작업에 비해 훨씬 더 엄격하다. 이러한 조건이 충족되지 않으면 정신과적 입원이 필요한 정서적 병력이 있는 개인과의 숨치료 회기를 진행하는 것은 현명한 선택이 아닐 것이다.

앞서 논의한 바와 같이, 홀로트로픽 상태를 동반한 그 어떤 작업이든 일반적으로 치유 과정에 일시적인 증상의 활성화가 수반된다. 정서나 사회적인 측면에서 합리적으로 잘 지내는 사람들의 경우, 몇 시간 안에 무의식적인 자료들이 표면 위로 올라오면서 성공적인 해결을 볼 수 있다. 하지만 어떤 사람들은 과거에 자발적으로 오랜 기간 동안 정서적 혼란을 일으켰으며, 그들은 이런 증상들을 견딜 수 없어 입원을 필요로 했다. 홀로트로픽 숨치료는 그들에게 훈습을 위해 며칠이 걸릴지도 모르는 많은 양의 무의식적 자료를 의식 표면으로 가져올 수도 있다. 이것이 특정 시간(예: 금요일 저녁부터 일요일 정오까지) 동안에만 임대한 시설에서 일어난다면 심각한 기술적인 문제를 일으킬 수 있다.

전통적인 정신과 의사 입장에서 본다면, 숨치료 회기가 워크숍의 맥락에서 성공적인 해결을 가져올 수 없는 많은 양의 무의식적인 자료를 방출한다는 것은 '정신증적 발병'을 초래한 것으로 이해한다. 그러면 홀로트로픽 숨치료가 위험하고 위험한 절차라는 오명을 듣게 될 것이다. 그러나 홀로트로픽 치료의 철학적 틀 안에서 보면, 이 상황은 환경 때문에 실행 계획상의 문제를 드러낸 것이지만 그 자체로 주요한 치료적 기회를 구성하고 있다. 그것은 깊은

----

6) 세트와 세팅: 세트는 마음의 준비이며, 세팅은 물리적·사회적 환경을 의미한다.

무의식에서 나온 매우 중요한 외상성 자료가 의식적인 치료적 과정processing 에 이용될 수 있다는 것을 의미한다. 올바른 이해, 지도, 관리로, 이것은 매우 유익하고 급진적인 치유와 긍정적인 인격 변용을 가져올 수 있다. 무의식의 개방이 자발적이었거나, 심현제 회기에 의해 촉발되었거나, 엄격한 명상 수련 중에 시작되었거나, 또는 다른 강력한 체험적 심리치료 맥락에서 일어난 경우에도 동일한 원리가 적용된다.

같은 상황에 관한 해석의 차이는 증상의 본질과 기능에 관한 이해와 관련 하여 우리가 현재 정신과 및 심리학에서 경험하고 있는 패러다임의 충돌을 반영한다. 이전에 논의했듯이, 주류 임상가들은 그것들을 문제로 보고 그 증 상의 강도를 장애의 측정치로 사용하는 경향이 있다. 결과적으로 그들은 억 압의 방법을 찾는 데 많은 노력을 기울이고, 증상의 경감을 임상적 호전이라 고 생각한다. 반면, 홀로트로픽 숨치료 촉진자에게 증상은 유기체의 치유 충 동의 표현이며 외상성 과거에서 자유로워지기 위한 시도를 의미한다. 그들 의 강도는 치유 과정의 깊이, 범위 및 속도를 나타낸다.

그러나 작업이 치료적이고 변용적이기 위해서 이 과정은 그 자체로 인정받 아야 하고 성공적인 완성을 위한 특별한 조건이 필요하다. 그것은 24시간의 주거 시설과 홀로트로픽 상태와 작업하도록 훈련받은 치료진을 필요로 할 수 도 있다. 이런 종류의 센터가 없다는 것은 자발적 인지('영적 응급'), 심현제에 의한 촉발, 체험적 심리치료의 회기, 영적 수행, 또는 근사체험에 의해 촉발 되는지에 관계없이 오랜 기간의 홀로트로픽 상태와 작업할 때 발생하는 주된 문제이다. 샌프란시스코의 존 페리John Perry, 다이어베이시스Diabasis[7]와 샌디

---

7) 다이어베이시스: 융 분석가이며 정신과 의사인 존 페리는 젊은 날 혼란스러웠던 자신의 영적 응급 경험을 바탕으로 약 물처치 없이 전인적 치료를 할 수 있는 급성 정신증 환자 대상의 거주형 치료기관을 운영했다.

에이고 근처의 크리설리스Chrysalis, 캘리포니아주 가이저빌Geyserville에 위치한 바바라 파인데이슨Barbara Findeisen의 포켓 목장Pocket Ranch과 같이, 과거에 존재했던 영적 응급을 돕기 위한 센터들은 모두 재정적 문제에 부딪혀 얼마 되지 않아 폐쇄되었다.

이 센터의 치료는 천문학적 액수의 경비가 들어가는 주류 정신과 치료보다 상당히 저렴했다. 그러나 이러한 대체 치유 센터에서 제공되는 치료법이 의료 및 법적 당국에 의해 합법적인 것으로 인정되지 않았기 때문에 내담자는 보험 회사로부터 치료 보상을 받을 수가 없었다. 이 센터들에 대한 보조금과 기부금은 때때로 이러한 상황을 다소 개선시켰지만, 내담자들은 자신의 주머니에서 상당한 액수의 비용을 지불해야 했기 때문에 일반적으로 대체 시설은 오랜 기간 동안 버틸 수가 없었다.

홀로트로픽 숨치료(또는 다른 체험적 치료)에 대한 지연된 반응을 다룰 때의 주요 문제점은 이처럼 24시간 거주 센터가 없다는 것이다. 이것이 충족될 때 치료 과정은 특별히 훈련된 촉진자에 의해 성공적으로 해결되고 완료될 수 있다. 이러한 조건이 충족되지 않으면 감정적인 과정을 완료하기 위해 24시간 보호가 필요한 사람들은 기존의 정신과 치료 시설에서 도움을 받아야 할 수 있다. 현재 상황에서 이것은 '급성 정신증 반응'의 진단과 일반적인 억제성 정신약물 투여를 의미할 것이다. 그런데 이것은 그런 삽화를 위한 긍정적인 해결과 성공적인 종료를 방해할 것이다.

실제로 우리가 적절한 시설과 지원 시스템을 가지고 있다면, 홀로트로픽 숨치료는 영적 응급사태를 포함하여 다양한 정서 및 정신신체 장애의 치료에 사용될 수 있다. 그러나 정신의학의 이론과 실천이 혁명을 일으키고 새로운 패러다임에 기반한 센터를 쉽게 이용할 수 있을 때까지 정신과 치료의 역사가 짧은 홀로트로픽 숨치료 워크숍에 참여하는 것을 금기 사항으로 볼 것이다. 다만, 지원자가 입원한 에피소드의 성격이 편집성 정신분열증 또는 심한 양극성 장애와 같은 심각한 상황이 아니라 영적 응급사태에 관한 우리의 기준을 충족시키는 경우라면 예외가 될 수 있다.

5. 숨치료 회기를 위한 실제 지침

홀로트로픽 숨치료가 촉진자와의 개인적인 회기 또는 치료자의 지도하에 1대1로 수행되지 않는 한, 쌍으로 작업하게 된다. 각 회기에서 참가자의 절반은 브리더 역할로 강력한 숨을 쉬며 나머지 절반은 시터 역할을 한다. 파트너를 선택하는 것은 준비 과정에서 중요한 부분이다. 이 과정에 고정된 규칙은 없지만 우리는 몇 가지 제안을 하고 있다. 참가자, 특히 아직 숨치료를 경험하지 않은 사람들에게는 그들이 잘 아는 사람을 자동으로 파트너로 선택하는 것이 최선의 선택이 아닐 수도 있다고 경고한다. 우리가 감정적인 관계를 갖고 있는 사람과 작업하는 것은 이점뿐만 아니라 단점도 있다.

우리가 서로 깊은 관계에 있을 때, 상대방에게 자신을 개방하고 어떤 모습들을 보여 주기가 더 어려울 수 있다. 친한 사람이 정서적으로 어렵고 아픈 경험을 겪는 것을 보기 힘들 수도 있다. 또 다른 잠재적인 문제는 회기가 일상생활로 이어져 문제를 야기하는 전이/역전이 문제를 초래할 수 있다는 데 있다.

다음은 캐나다 워크숍 중의 한 사례이다. 친한 사람을 파트너로 선택하는 것의 단점을 설명하고 한 후, 홀로트로픽 숨치료에 관한 이전 경험이 없는 어느 한 부부가 서로 쌍으로 작업하기로 결정했다. "우리는 관계가 아주 좋다. 아무런 문제가 없을 것이다."라고 주장했다. 첫 번째 회기에서 아내는 브리더였고 남편은 그녀의 시터였다. 회기 시작 후 약 1시간쯤에 남편은 강렬한 음악, 아내의 감정적인 폭발, 그리고 다른 브리더들의 커다란 비명소리 등으로 인한 방 안의 감정적인 상황을 겪으면서 강렬한 반응을 경험하기 시작했다. 짧은 시간에, 그는 시터로 기능하지 못하고 '과정으로 빠져들었다'. 그는 시터가 되는 대신 누워서 경험자가 되었다. 우리는 그와 그의 아내 둘 다 보살펴야 했다. 이것은 거주형 워크숍이었고 그들의 방은 우리와 가까웠다. 우리 둘은 그날 밤 잠들기가 어려웠다. 그 부부는 싸우고 있었고 우리는 그들의 대화를 들을 수 있었다. 많은 말 중에서도, 우리는 아내가 분노하며 비난하는 말을 들었다. "당신은 한 번도 나와 함께해 주지 않았어. 이번 경우로 단지 그 많은 것 중의 하나일 뿐이야!"

지난 수년 동안 우리는 아내/남편, 여자 친구/남자 친구, 부모/자녀, 상사/직원 그리고 치료자/내담자조차도 숙련된 숨치료 전문가가 작업할 때는 잘 해결되었다. 그러나 앞에서 언급한 이유로 이 유형의 짝은 일반적으로 초심자에게는 권장되지 않는다. 브리더와 시터 사이에 문제가 발생할 경우 치료적 작업 집단에서 해결을 위해 많은 것을 할 수 있으며, 참가자는 이 상황에서 중요한 교훈을 배울 수 있다. 그렇더라도 파트너의 다른 짝과 이런 일이 일어나면, 남아 있는 대인관계 긴장이 파트너의 일상생활에 전염되지 않도록 하는 것이 좋다. 우리는 일반적으로 참가자들이 '올바른 파트너'를 찾기 위해 많은 시간을 소비하지 말 것을 권장한다. 우리는 서로를 무작위로 선택했거나 전혀 선택하지 않고 파트너가 된 사람들이 서로에게 완벽하다는 것을 발견했을 때 특별한 동시성을 반복해서 보아 왔다. 왜냐하면 이들은 서로에게 중요한 문제를 공유했거나, 서로 정확하게 대립했거나, 또는 자신들의 문제가 서로 보완적이었기 때문에 서로를 위해 완벽했던 것이다. 이로 인해 파트너십은 매우 가치 있는 학습과 치유 경험이 되었다. 낯선 문화적 규범을 지닌 국가에서 일할 때 파트너를 선택하는 과정에서 예기치 않은 어려움이 발생할 수 있다. 이 책의 제6장에서 홀로트로픽 숨치료 촉진자에게 인도, 일본 및 아일랜드 워크숍에서 문화적 제약이 갖는 도전에 대한 몇 가지 구체적인 사례를 볼 것이다.

집단에 홀수의 참가자가 발생할 때, 우리는 한 사람이 두 명의 브리더를 위해 앉거나 더 나아가 세 명의 브리더를 위해 두 명의 시터를 두는 상황을 만든다. 후자의 상황에서 시터는 브리더들 사이에 앉는다. 가운데 있는 브리더는 도움이 필요할 때 두 명의 시터가 동시에 바쁜 경우 외에는 거의 일어나지 않는다. 가능하다면 우리는 특별한 숨치료 인원 구성을 위해 이전에 숨치료를 경험한 사람들을 선택한다. 촉진자는 충분히 준비되지 않은 브리더에게 더 주의를 기울여야 하며, 도움이 필요한 상황이 발생하면 즉시 개입할 준비가 되어 있어야 한다.

모든 참가자가 자신들의 파트너를 찾으면 우리는 회기에 필요한 지침을 제시한다. 우리는 회기가 전체적으로 어떤지 그리고 브리더와 시터의 역할에 대하여 자세히 설명한다. 우리는 이 장의 일곱 번째 절 홀로트로픽 숨치료 회기 실시에서 이들의 각각의 기능에 대해 설명할 것이다. 대규모 집단에서는 한 걸음 더 나아가 참가자들을 더 작은 집단으로 나눈다.

이 집단의 참가자 수는 상황에 따라 다르다. 같은 날에 숨치료 회기와 전체 집단에 대한 체험나눔이 모두 수행된다면 집단의 크기는 더 작아진다(약 12명의 참가자). 닷새 동안 워크숍과 촉진자를 위한 훈련에서처럼 숨치료 시간과 그다음의 체험나눔 시간을 다른 날에 절반으로 나눠서 한다면 소집단 참가자 수를 두 배로 늘릴 수 있다.

참가자들이 소집단으로 나뉜 후에 인증된 촉진자와 견습생이 소개된다. 이들은 숨치료에 도움을 주고 치료적 과정 회기를 이끌 것이다. 소집단에서는 약 1시간 동안 촉진자와 서로를 소개하고 회기 시작하기 전에 질문할 기회를 갖는다.

6. 회기 준비 및 이완 연습

회기를 시작하기 전에 촉진자는 실내에 매트리스가 균형 있게 분배되고 바닥의 공간이 효율적으로 사용될 수 있도록 적절하게 나눈다. 이러한 지도가 없다면 참가자들은 종종 방의 특정 구역에 몰려 다른 구역은 비워 두기 때문이다. 또 다른 일반적인 문제는 매트리스가 여러 방향으로 향한다는 것이다. 특히 참가자 수가 많은데 방의 크기가 작은 경우에 이것은 공간을 잘 사용하는 방법이 아니다.

공간 문제의 가장 좋은 해결책은 매트리스를 긴 줄로 나란히 놓고, 참가자들이 필요할 때 공간을 걸어 다니고 촉진자가 작업을 수행할 수 있도록 충분한 간격을 두는 것이다. 비일상적인 의식 상태에 있는 브리더가 화장실에 갈 때 다른 브리더의 몸이나 베개 또는 담요 등을 밟아서 다른 사람들의 과정을 방해할 수 있다. 우리는 이러한 상황을 농담 삼아 '홀로트로픽 장애물 코스'라고 부른다.

브리더들이 작업하길 원하는 장소를 선택하기 전에 홀로트로픽 숨치료 회기의 음악이 절정기에 오르면 상당히 높은 음량이 나올 수 있음을 경고하는 것이 중요하다. 따라서 소리에 민감한 사람들은 스피커에서 멀리 떨어진 장소를 선택할 수 있다. 경우에 따라 청각 자극에 극도로 민감한 참가자는 귀마개 또는 솜을 사용하여 예민한 귀를 보호한다. 음량이 고르지 않게 분산되는 문제는 방의 크기가 충분히 크다면 스피커를 벽 근처에 놓고 가장 가까운 브리더와 거리를 둔다면 완화할 수 있다. 또한 스피커를 높은 받침대 위에 놓는 것도 도움이 된다.

회기를 시작하기 전에 마지막으로 해야 할 일은 모든 브리더와 시터가 방에 있는지 확인하는 것이다. 일부 사람들이 일시적으로 방을 나가면 모든 사람이 돌아올 때까지 기다려야 한다. 회기에 참석할 것으로 예상되었던 일부 브리더 또는 시터가 나타나지 않았을 때는 대체 시터를 준비해야 한다. 이전에 언급했듯이 홀로트로픽 숨치료의 경험이 있는 사람이 두 명의 브리더 옆에 앉거나, 두 명의 시터가 세 명의 브리더 옆에 앉을 수 있다. 이런 배치에는 촉진자의 특별한 주의가 필요하다. 왜냐하면 옆에 시터가 없는 브리더는 방치된 느낌을 받을 수 있으며, 혹은 갑자기 격렬한 동작을 일으킬 경우 브리더에 대한 관리 문제가 발생할 수 있기 때문이다. 물리적 환경이 적절하게 준비되고 모든 사람이 작업할 방에 있다면 회기를 시작할 수 있다. 회기를 시작하는 이완 연습은 에살렌 연구소에서 진행된 수년간의 하타 요가 연습과 다양한 형태의 명상을 바탕으로 크리스티나Christina가 개발하였다. 이 소개의 주요 기능은 참가자들이 최대한 긴장을 풀고 개방할 수 있도록 도와주며 선禪불교에서 말하는 초심初心의 상태를 목표로 한다. 이것은 그들이 회기에 대해 가질 수 있는 모든 계획을 내려놓고, 홀로트로픽 숨치료에 대해 읽고 들은 것들에 관한 생각을 멈추며, 현재 순간에 전념하는 것을 의미한다. 홀로트로픽 숨치료의 이상적인 마음자세는 위파사나Vipassana 불교 통찰명상에서 수련하는 내적 경험에 대한 태도와 동일하다. 기본 원리는 우리 몸, 감정, 의식의 내용 그리고 행동에 충분히 주의를 기울이고 마음챙김mindfulness, 사티sati[8]를 유지한 후, 일어나는 경험을 허용하며 항상 다음 순간을 맞이할 수 있도록 한다. 브리더가 눈을 감거나 안대를 착용한 상태에서 매트리스에 누운 자세를 취하고 시터가 옆에 자리를 잡으면, 우리는 천천히 부드러운 목소리로 충분히 간격을 두면서 다양한 제안을 말하기 시작한다.

....

8) 사티는 내용적으로 마음이 지금 여기에 현존하는 것이며, 분별적 사유나 숙고에 휩싸이지 않고 대상을 알아채고 관찰하는 것을 말한다. 마음챙김, 마음새김, 마음지킴 등으로 번역된다.

당신의 등을 편안하게 기대고 … 두 발은 떨어뜨리고 … 손바닥이 위를 향하도록 … 팔을 편안하게 벌립니다. … 이것은 매우 개방적이고 수용적인 자세입니다. … 이제, 조정할 필요가 있는 것은 조정하며 당신의 등을 편안하게 기대고 … 매트와 몸의 접촉을 느끼고 … 가능한 한 많이 바닥에 가라앉아서 이회기로 가져온 어떤 프로그램, 또는 뭔가를 성취하려는 생각이나 기대치 등을 내려놓으십시오. … 용납할 수 없거나, 너무 무섭거나 또는 너무 힘들어서 피하려는 마음도 내려놓으십시오. … 마음을 열어 어떤 것이 나타나든지 허용하고, 당신에게 있는 내적 치유자인 치유력을 신뢰하십시오. …

우리는 점차적으로 당신의 발가락에서부터 몸의 머리끝까지 … 이완합니다. … 이제 발가락을 … 발바닥을 … 발등을 … 발을 … 무릎을 … 편안하게 풀어 줍니다. 종아리 근육을 이완하고 … 또한 정강이를 … 무릎을 이완하고 … 허벅지로 올라갑니다. … 허벅지 뒤쪽을 이완합니다. … 엉덩이를 이완합니다. … 엉덩이를 매트에 더 깊숙히 가라앉히십시오. … 성기 주변을 편안하게 하고, 고관절 부위도 … 고관절 … 지금 전체 골반을 당신이 오늘 할 수 있는 만큼 최대한 이완합니다. … 위장에 주의를 기울이십시오. … 당신의 일상생활에서 긴장하고 있는, 복부 근육을 편안하게 하십시오. … 배 밑의 모든 내장 기관을 이완하십시오. … 이완하세요. … 몸을 쭈욱 늘린 후 척추를 이완하세요. … 척추 밑부분부터 이동하여 … 척추의 중간까지 천천히, 천천히, 목구멍 밑까지 … 척추와 등쪽을 편안하게 하세요. … 이완하세요. … 어깨를 이완하세요. … 팔과 이두박근을 … 팔꿈치를 … 아래쪽 팔, 주먹, 손을 이완하세요. … 손과 손가락을 이완하세요. … 손가락 끝까지 내려오면서 …

목 뒤쪽으로 이동하고, 목을 편안하게 하고, 두개골 바닥까지, 목구멍을 열고 이완하고 … 입을 … 혀를 … 풀어 줍니다. … 많은 사람이 턱 주위로 긴장을 하는 그 턱에 주의를 돌려 긴장을 풉니다. … 턱과 뺨을 약간 편안하게 이완합니다. … 눈과 눈꺼풀을 이완하고 … 눈썹을 풀고 … 코를 이완합니다. … 당신의 얼굴과 이마를 이완하세요. … 당신의 이마는 아마 얼굴을 만들고, 얼굴 근육을 긴장시키며, 1~2초간 긴장을 유지하고는 내려놓으세요. … 얼굴에 어떤 표정도 어떤 공적인 이미지도 짓지 마시고, 그래서 얼굴이 완전히 비어 있도록 하십시오. … 귀, 머리, 머리 뒤, 그리고 정수리까지 이완합니다. …

이제, 몸 전체가 편안해집니다. … 느슨하고 … 열려 있고 … 발가락에서 머리 꼭대기까지 몸을 훑으면서 몸은 가능한 한 편안하게 하고 … 이완되었다고 느낄 때, 더욱 깊이 이완하세요. …

이제 몸이 더 편안하고 개방되어, 당신은 당신의 숨에 주의를 기울입니다. … 일상적인 매일 쉬는 숨의 리듬을 느껴 봅니다. … 숨을 의식하기를 계속하면서, 숨의 리듬을 증가시키기 시작하며 … 숨이 평소보다 더 빨라집니다. … 평소보다 숨이 훨씬 더 깊고 빠르며 … 숨이 몸 전체를 채우면서 숨이 손가락 끝까지, 발가락까지 줄곧 이동하도록 허용합니다. … 이제 숨의 리듬을 늘려 평소보다 더 깊고 더 빠르게 만듭니다. … 더 깊고 더 빠르게 …

이 시점에서 당신의 삶에서 영감의 원천이 있다면, 당신은 그것과 연결하면서 그에게 안내를 구할 수 있습니다. …

이제 숨은 평소보다 훨씬 더 깊고 빠릅니다. … 음악이 시작되면, 음악이 숨을 지원할 수 있도록 허락하세요. … 당신의 리듬을 찾으세요. … 숨과 음악, 그리고 드러나는 그 어떤 것이라도 그것에 당신을 맡기세요. …

크리스티나의 이러한 소개 방법은 홀로트로픽 숨치료의 실무자에 따라 몇 가지 변형이나 수정은 있지만 대부분 계속 사용되고 있다. 약 30년 전 우리는 아끼는 친구이자 심리학자이며 저명한 불교 교사인 잭 콘필드Jack Kornfield와 협력하여 홀로트로픽 숨치료와 위파사나 명상을 결합한 피정의 전통을 시작했다. 잭은 크리스티나의 소개 방법에 호흡법을 추가했다. 이 연습은 서로 수련하는 사람들 간의 깊은 관계를 형성하는 데 도움이 된다. 브리더가 이완을 끝내고 자신의 숨에 집중하기 시작하면, 우리는 시터를 초대한다.

그리고 지금 시터들은 들으세요. 당신의 호흡과 당신이 작업하는 사람의 호흡을 일치시키고 모든 날숨에 "아아아" 소리를 충분히 크게 같이 내십시오. … 소리가 커서 다른 사람들이 … 아아아 … 소리를 듣기에 충분할 정도로 크게 소리를 내십시오. 이제 브리더들은 들으세요. 브리더는 당신의 시터가 내고 있는 그 소리를 들으며 호흡을 통하여 그것들과 연결되도록 합니다. … 아아아 … 그리고 당신이 원할 경우 당신의 호흡을 이 방의 다른 짝과 일치시켜, 전체 집단이 하나의 유기체로서 호흡하도록 하십시오. … 아아아 … (수분 동안 둘이 짝이 되어 호흡을 계속한다.) … 그리고 이제는 침묵 속에서 호흡을 계속하십시오. … 그리고 시터들은 회기 전반에 걸쳐 이러한 상태의 주의를 계속 유지하십시오. 그래서 당신이 당신의 파트너를 위해 정말로 존재할 수 있도록 말입니다. … 브리더들은 당신의 호흡 속도를 높이기 시작하십시오. …

이 시점에서 우리는 브리더들에게 호흡을 가속화하기를 촉구하고 음악에 순순히 따라가도록_{surrender} 앞에서 설명한 소개를 다시 한다

7. 홀로트로픽 숨치료 회기 실시

일단 회기가 시작되면 브리더의 과제는 감고 편안한 자세로 있으면서, 자

신에게 맞는 빠른 호흡 리듬을 유지하는 것이다. 경험에 대한 주의와 태도의 성격은 호흡의 속도와 강도보다도 더 중요한 것으로 보인다. 사실상 이 작업의 목적은 궁극적으로 통제를 포기하고 놓아주는 것이기 때문에, 너무 강한 열의와 결단력으로 회기에 접근하여 너무 많은 노력을 기울이는 것은 오히려 큰 장애가 될 수 있다. 그리고 내려놓으려고 열심히 노력하는 것은 의미상 모순이다.

경험에 대한 브리더의 이상적인 태도는 어떤 특정한 목표나 결과보다도 한 순간에서 다른 순간으로 진행되는 과정에 대해 충분히 주의를 집중시키는 것이다. 브리더는 육체적 긴장감, 강렬한 감정의 떠오름, 특정 기억의 출현 또는 점진적인 이완 등 작업 경험이 만들어 내는 형태와 관계없이 빠른 호흡 리듬을 유지하는 것이 이상적이다. 가능한 한 호흡은 지적인 판단을 멈추고 정서적으로 자발적으로 나타나는 정서적·신체적 반응을 충분히 표현해 낸다.

브리더가 독립적으로 내면 작업을 하는 한 시터는 브리더를 살펴보고 그들의 호흡이 점차 느려지는 것 같을 때 미리 동의한 신호를 때때로 보낸다. 그들이 울거나 코를 흘리거나 목이 마르면 화장지를 건네주거나, 목이 마르다고 하면 물 한 컵을 가져다주거나, 몸이 차가워지면 담요를 제공하거나, 또는 화장실에서 데려다줄 수도 있다. 촉진자는 주변을 걸어 다니며, 방의 상황을 점검하여 특별한 도움이 필요한지 찾아다닌다. 시터가 화장실에 가 있는 사이에 브리더의 요청으로 곁을 지켜 주어야 할 수도 있다. 때로는 강렬한 감정으로 상황에 반응하는 시터에게 정서적 지원을 제공할 수도 있다.

어떤 브리더의 동작이 활발해져서 다른 브리더의 자리로 이동할 위험이 있을 때, 혹은 자신이나 타인에게 위험해 보이는 행동을 할 때, 시터와 촉진자는 참여한 모든 사람이 안전할 수 있도록 서로 협력한다. 개입의 또 다른 이유는, 어떤 브리더들은 너무 많은 두려움이나 불쾌한 육체적 증상을 경험하기 때문에 작업을 지속하길 계속 거부할 수 있기 때문이다. 그러면 촉진자는 안심시키고, 편안함을 줄 수 있도록 안정시키는 보디워크를 해 준다. 일단 이렇게 마지못해 했던 브리더들이 자신의 '내적 치료 과정in process'에 들어가면, 회기에 성공적으로 도달할 때까지 방에 남아 있도록 돌보며 지원하는 것이 중요하다.

훈련받은 촉진자와 함께하는 적극적인 활동의 상당 부분은 브리더가 적절한 종결에 이르지 못했거나 약간의 잔류 증상을 경험하고 있는 회기 종료 시간에 수행된다. 이때는 보디워크로 풀어 주고 진정시키는 마사지 또는 안심시키는 신체적 접촉을 위한 시간이다. 경험이 평소보다 현저히 길어지고 다음 회기를 위해 그 방이 필요할 경우, 촉진자는 보디워크를 계속할 수 있는 휴게실을 사용하고 이제는 시터 없는 브리더를 위해 작업한다double-sitting.

많은 브리더는 떠오르는 자료를 독자적으로 처리하고 시터 또는 촉진자의 도움을 필요로 하지 않는다. 그들은 경험을 자발적으로 해결하고 깊이 이완된 명상 상태로 끝낼 수 있다. 그들이 일상의 현실로 돌아와 촉진자 중 한 사람에게 간단하고 조용히 말하면, 그들은 만다라 그리기 작업을 위해 특별한 방으로 이동한다. 상황과 자신의 성향에 따라 시터는 브리더와 함께 있을지 또는 그들을 혼자 있도록 놔둘지를 결정한다.

8. 홀로트로픽 경험의 스펙트럼

홀로트로픽 숨치료 회기의 경험은 매우 개별적이며 매우 광범위하다. 그들은 호흡 생리학 핸드북을 읽을 때 볼 수 있는 빠른 호흡(과호흡 증후군)에 대한 전형적인 반응을 보이지는 않지만, 브리더의 정신신체적인 역사를 반영한다. 모두 똑같은 이론적 준비가 되어 있고, 동일한 지침을 받으며, 동일한 음악을 들었던 사람들의 집단에서 각자 자신만의 매우 독특하고 개인적인 관련이 있는 경험을 하게 된다. 그리고 같은 사람이 일련의 전체 회기를 갖더라도 경험의 내용은 회기마다 바뀌며 그들은 자기발견과 자기치유의 지속적인 여행을 경험한다.

때로는 경험에 특별한 내용이 없으며 육체적 발현과 감정 표현으로 제한된다. 예를 들어, 전체 회기는 강렬한 긴장감과 브리더가 자신의 몸(빌헬름 라이히의 '성격 갑옷')에서 겪는 차단 그리고 잇따르는 깊은 해방감으로 이루어질 수 있다. 분노가 브리더의 주요 이슈라면, 분노의 강화와 그다음에 나오는 중요한 카타르시스가 회기의 주요 내용이 될 수 있다. 이러한 육체적 감정과 감정의 원천은 즉시 확인되지 않을 수도 있으며, 브리더는 그것이 이후의 어느 회기에서 드러날 때까지 관련된 통찰들을 기다려야 할 것이다.

때때로 홀로트로픽 호흡 회기도 역시 특정 내용이 없지만, 이 장에서 설명된 내용과 뚜렷한 대조를 이루는 형식을 취한다. 빠른 호흡은 점진적인 이완, 경계의 해체, 다른 사람들과 우주 그리고 신과 하나 됨의 경험을 이끌어 낸다. 브리더는 정서적으로나 육체적으로 어려운 자료에 직면할 필요 없이 점진적으로 신비한 상태에 들어간다.

이것은 흰색 또는 황금빛 비전vision과 관련될 수 있다. 이 일이 발생할 수 있음을 브리더에게 미리 알려 주는 것이 중요하다. '아무것도 일어나지 않는다'고 하며 이런 유형의 발달 경험을 저버리고 자신의 회기를 실패로 간주하는 것은 흔히 있는 일이다. 경험에 특정 내용이 있는 경우 앞에서 논의한 심혼(58쪽)의 확장된 지도에 표시된 무의식의 다른 수준으로 유추할 수 있다. 브리더는 심리적이거나 육체적인 외상 또는 반대로 큰 행복과 만족의 순간을 포함하는 유아기, 어린 시절, 또는 후기의 정서적으로 힘들었던 다양한 사건을 재체험할 수 있다. 때로는 퇴행은 이러한 기억에 직접적으로 데려가는 것이 아니라 같은 주제에 대한 변용을 나타내는 상징적인 연속이나 환상의 중간 영역으로 브리더를 먼저 데려간다.

출생 외상·기본 주산기 기질 또는 BPM의 다양한 단계의 기억은 홀로트로픽 숨치료 회기에서 가장 일반적인 경험에 속한다. 그들은 탄생의 과정에 대한 지적인 지식이 없는 개인들조차도 종종 출생 과정의 여러 측면을 사진을 보듯이 세부적으로 정확하게 묘사한다(Grof, 2006a). 이것은 출생의 기억이 세포 수준에 도달했다는 것을 나타내는 다양한 신체적 증상을 동반할 수 있다. 우리는 출생 시 영아에게 겸자forceps가 닿은 부분에 타박상이 생기는 것을 보았는데, 이것이 출생 초기에 일어난 사실임을 모르고 있는 것이다. 이것의 정확성은 나중에 부모나 출생 기록에 의해 확인된 바 있다. 우리는 또한 탯줄을 목 주위에 감은 채 태어난 사람들에게서 나타나는 피부색과 점상點狀 출혈(소량의 모세 혈관이 피부에 스며들기 때문에 생긴 작은 자줏빛 붉은 반점)의 변화를 목격해 왔다.

연령 퇴행age regression은 종종 브리더가 출생하기도 전 태아 상태의 여러 단계에서 발생한 일을 기억할 정도로 더 심층적으로 진행되기도 한다. 이런 일은 간혹 브리더가 확인할 수 있는 상당히 구체적인 상황과 관련이 있다. 즉, 방해받지 않는 자궁 속 삶intrauterine life의 더없이 행복한 순간이나, 그 반대로 다양한 유해한 영향, 뇌진탕 또는 시끄러운 소음으로 인한 혼란, 모성질환이나 스트레스, 화학물질이나 기계를 이용한 낙태 시도와 관련된 구체적 상황이다. 그리고 이보다 훨씬 더 놀랍게도, 브리더는 세포 수준의 무의식 상태에서 자신이 수정受精되는 순간을 경험할 수도 있다. 홀로트로픽 숨치료 회기에서 발생하는 초월 현상은 그 내용이 풍부하고 종류가 매우 다양하다. 이러한 초월 현상으로 다른 사람과 집단에 속한 모든 사람 그리고 여러 종류의 기타 생명체와의 동일시 경험이 나타날 수도 있다. 선형적인 시간linear time을 초월하여 조상, 인종, 집단, 계통발생phylogenetic 및 기타 업보(카르마)karmic와 관련된 기억을 경험할 수도 있다. 세계 각 민족의 원형적인 인물과의 대면과 동일시 그리고 홀로트로픽 숨치료 회기에서 나오는 이야기에 주로 등장하는 우주적 합일의 인물cosmic unity figure이 다양한 신화적 왕국과 국가를 방문하는 것도 이러한 초월 현상이다. 이 모든 경험은 브리더가 나중에 적절한 자료를 찾아보면 확인할 수 있지만 그 경험 이전까지는 알지 못했던 새로운 정보를 제공한다.

홀로트로픽 회기가 진행되는 동안 외부로 드러나는 징후manifestations와 행동도 또한 다양하게 변화한다. 어떤 사람들은 매우 강력한 내면 경험을 하는 순간에도 마치 잠든 것처럼 아주 조용하고 평화로워 보인다. 또 어떤 사람들은 엄청난 정신운동성 흥분 상태psychomotor excitement를 보여 준다. 이들은 팔다리를 마구 휘젓고 흔들며, 앞뒤로 움직이고, 무릎을 꿇고, 거칠면서 맹렬하게 몸을 흔들거나, 엉덩이를 움직이며 앉았다 일어서기를 반복한다. 종종 여러 종류의 동물의 행동을 하기도 한다. 파충류처럼 스르르 기어가기, 헤엄치기, 땅파기, 할퀴기 또는 날기 동작과 같은 행동을 한다. 회기가 끝날 때까지 어떤 소리도 내지 않는 브리더도 있다. 일부 브리더는 크게 울거나, 소리를 지르거나, 실제 동물 울음소리를 내거나, 방언을 하거나, 자신이 알지도 못한 외국어를 말하거나, 이해할 수 없는 말을 횡설수설하기도 한다.

하지만 외부의 관찰자에게는 기괴한 소리를 지르고 기괴한 행동을 하는 것처럼 보일 수 있다. 이런 소리와 행동은 브리더의 내면 경험과 관련된 의미 있는 표현이다. 이런 소리와 행동이 억눌린 감정과 차단된 육체적 에너지를 방출하는 것을 돕는다. 따라서 이런 소리지르기와 행동하기의 과정이 결과적으로 치유로 이어지게 된다. 문명화된 시대에 사는 사람들은 이 회기에서 설명하는 홀로트로픽 경험이 어떻게 치유를 촉발할 수 있는지 이해하기 어려워한다. 그 이유는 이들이 모든 치료 방법은 이성적으로 이루어져야 한다고 믿기 때문이다. 하지만 우리 시대의 문화적 기대와는 달리, 샤먼과 기타 원주민 치유자들이 사용하는 방법을 비롯하여 이와 관련된 심현제 치료와 홀로트로픽 숨치료는 이성을 초월하여 혼란스럽게 만듦으로써 치료의 성공에 이를 수 있다.

다음은 다른 수준의 심혼에 집중하는 홀로트로픽 숨치료를 통한 몇 가지 경험적 사례이다. 출생 후 전기postnatal biography 동안 일어난 사건과 관련된 두 가지 경험 사례부터 시작한다.

이 두 가지 사례는 중증의 육체적 외상이 강력한 정신적 외상을 남기며, 그러한 육체적 외상을 입은 개인의 미래 생활에도 심대한 영향을 줄 수 있다는 사실을 보여 준다. 첫 번째 사례는 37세의 프리랜서 작가이자 편집자인 엘리자베스Elizabeth의 초기 숨치료에서 그녀가 경험한 내용을 담고 있다. 추후 그녀는 우리가 진행한 훈련의 공식 촉진자가 되었다. 이 회기에서 그녀는 잊고 있던 유년기의 사고를 다시 찾아가서 그 당시의 느낌을 다시 경험하였다.

저는 주말 워크숍에 등록하여 버몬트의 산악지대에 있는 집에서 차로 8시간 걸리는 케이프 코드의 모래 언덕으로 갔습니다. 모래가 고속도로 위에 눈처럼 날렸고, 사방이 바다였습니다. 8월의 시골 마을은 사람이 살지 않는 황량하고 버려진 유령 마을 같았습니다. 낡고 삐걱거리는 그 호텔은 영국의 이민자들이 배에서 처음 도착한 곳인 만을 바라보고 서 있었습니다. 이 장소가 텅 빈 듯한 공허감을 풍기는 가운데, 바람과 바다 그리고 케이프 코드의 민속 문화가 어우러져 으스스한 느낌을 만들어 냈습니다. 그날은 핼러윈이 열리는 주말이었습니다. 그날 밤 우리는 정신과 의사 스타니슬라프 그로프의 강의를 들었습니다. 우리는 비일상적 의식 상태non-ordinary state of consciousness, 출산 과정 그리고 자아초월적 영역에 대해 들었습니다. 그리고 앞으로 며칠간 해야 할 것을 먼저 경험한 이들이 그린 환상적이고 아름다운 그림 슬라이드를 보았습니다. 휴식 시간에는 숨치료 회기를 위해 파트너들과 짝을 맺었습니다.

그다음 날에는 100명 이상의 다른 사람들과 함께 바닥에 누웠습니다. 내 삶을 바꿀 여행을 떠나려 할 때, 파트너가 제 바로 옆에 앉아 있었습니다. 더 빠르고 더 신속하게 호흡하면서 느낌이 좋은 음악을 듣고 있을 때, 내 안으로 들어오기 시작하는 갑작스러운 느낌에 저는 무너져 내릴 수밖에 없었습니다. 몸이 저절로 움직이기 시작했습니다. 팔이 춤을 추듯 커다랗게 원을 너무도 강한 힘으로 그려 나가서 마치 어떤 초인적인 힘에 사로잡힌 것 같았습니다. 이런 춤 동작이 한동안 계속되었습니다. 그러다가 에너지가 제 왼쪽 손목에 강렬하게 모이기 시작했습니다. 그리고 손목이 부러졌던 11세 당시 느꼈던 통증과 똑같은 통증이 느껴졌습니다. 그 순간 제 스스로에게 이렇게 말하는 것을 들었습니다.

"열한 살 때 아버지가 내 팔목을 부러뜨렸어." 그리고 아주 오랜 기간 잊고 있었던 이 사건과 관련된 영상과 느낌이 홍수처럼 다시 밀려왔습니다. 이 사건을 단순히 기억하는 수준에 그치는 것이 아니고, 마치 내가 자란 옛날 집 앞마당으로 돌아가서 당시의 아이가 된 것처럼 느껴졌습니다. 초가을 날씨는 따뜻했습니다. 우리는 모두 집에 있었습니다. 직업이 의사여서 집에서 보내는 시간이 많지 않던 아버지도 집에 있었습니다. 그날은 주말이었습니다. 흰색 사브Saab였던 아버지의 차는 우리 집 현관 옆의 진입로에 주차되어 있었습니다. 아버지가 차에 타서 언덕 아래에 있는 차고에 차를 넣으려고 하고 있었습니다. 그때 제가 아버지에게 빠르게 뛰어가서, "차 위에 앉아도 되나요?"라고 물었습니다. 아버지는 망설이지 않고 그렇게 하라고 했습니다. 저는 이렇게 비정상적인 방법으로 차에 탔을 때 느낄 전율을 기대하면서 후드 위에 걸터앉았습니다. 차가 출발하여 진입로를 벗어나기 시작을 때는 이렇게 특이하게 차를 타는 것에 아주 신이 났습니다. 메인 강에서 배를 타고 항해를 즐기고 있는 것 같았습니다. 보도가 바로 내 밑을 지나갔고, 바다에서 배를 탔을때처럼 여러 바위가 휙휙 지나갔습니다. 하지만 언덕 맨 아래에 도착하여 아버지가 차를 앞쪽으로 움직이기 시작했을 때, 그때까지의 좋은 느낌이 사라지고 상황이 갑자기 바뀌기 시작했습니다. 몸이 균형을 잃은 것입니다. 보도 쪽으로 떨어질 것 같아서 차량의 부드러운 금속판 위에 조금이라도 잡을 만한 것이 없는지 미친 듯이 더듬을 수밖에 없었습니다. 이렇게 더듬는다고 해도 차에서 떨어지는 것은 너무 분명해 보였습니다. 이대로는 딱딱한 보도 위로 떨어질 것도 너무 분명했습니다. 떨어져 차에 깔리게 될 상황이 분명해지는 그 순간, 저는 떨어졌을 때 그 아래에서 빠져나오기 위해 뭔가를 해야 한다는 것을 직감했습니다.

보도에 부딪히자마자 저는 몸을 비틀어 둥글게 말았고 그로 인해 진입로의 측면으로 굴러갈 수 있었습니다. 어떻게 그리로 가게 되었는지 잘 몰랐지만, 정신을 차리고 보니 부드러운 녹색 잔디 위에서 몸을 떨면서 앉아 있었습니다. 옆에서 아버지가 아픈 데가 없는지 물어보았습니다. 왼쪽 팔목에 모든 관심이 집중되었습니다. 차에서 떨어질 때 몸을 말아서 차에서 벗어나야만 한다는 사실을 알았던 것처럼 팔목이 부러진 것도 바로 알아차렸습니다. 마치 꽃의 줄기가 부러진 것처럼 손이 이상한 각도로 매달려 있었습니다. "손목이 잘못된 것 같아요."라고 말했을 때, 아버지는 잠시 살펴보면서 "아니야."라면서 "괜찮아, 큰 문제없어."라고 권위 있는 의사의 목소리로 말했습니다.

저는 아버지를 믿었고, 아니 적어도 믿어 보려고 했습니다. 하지만 아버지에 대한 믿음과 제 몸에서 보내는 신호 간의 차이가 너무도 커서 아버지의 말과의 절충점을 찾기가 불가능했습니다. 저는 어디로 가야 할지 알지 못한 채 침대에 몸을 던질 수밖에 없었습니다. 침대에 누워 있으면서, 골절 증상이 주는 저의 확신과 아버지의 단호하고 확실한 부인 사이에서 이러지도 저러지도 못하고 있었습니다. 제 왼쪽 팔이 이제 쓸모없게 되어 베개 위에 축 늘어졌습니다. 약간만 움직여도 찌르는 듯한 통증이 느껴졌습니다. 그때를 빼면 이 왼쪽 팔과 분리된 것처럼 느낌이 이상했습니다. 방은 아주 어두웠습니다. 가느다란 햇살이 희미하게 어두운 곳의 가장자리를 비추고 있었습니다.

골절 증상에 대한 제 확신이 굳어 갈 때 어머니가 저를 병원에 데려갔습니다. 엑스레이를 찍고 6주 동안 깁스를 했습니다. 친구들이 깁스에다 자기들 이름을 쓰기도 했습니다. 이 사건은 더 중요한 많은 사건에 가려져 기억 속에서 사라졌습니다. 하지만 숨치료 회기를 진행하는 도중 돌봄과 관심이 필요했던 어린 시절 제가 살았던 바로 그 장소로 돌아가게 된 것입니다. 육체적으로는 벌써 오래전에 치료가 되었음에도 내면에 남은 상처는 여전히 부러져 있었던 것입니다.

이제 제 몸, 특히 팔의 움직임이 점차 나아졌습니다. 오른쪽 손에서 믿을 수 없는 치유의 힘이 뿜어 나온 다음, 그 치유력이 다시 내 왼쪽 손목으로 향하고 있는 것이 느껴졌습니다. 다시 저 스스로에게 얘기하는 말이 들렸습니다. 이번에는 좀 더 놀란 억양으로 "오른쪽 팔이 부러진 왼쪽 손목을 치료하고 싶어 해."라고 말하는 것이 들렸습니다. 이때 뭔가 보이지 않는 힘에 의해 자리에서 일어날 수밖에 없었습니다. 그리고 그때까지 추고 있었던 믿을 수 없는 그 춤이 아름답고 신비롭게 바뀌고 나서야, 계속하라고 격려하면서 방 안에서 저를 응원하는 이들에 제가 둘러싸여 있다는 것을 의식하게 되었습니다.

회기가 끝난 후에 저의 내면에서 자가 치유 능력을 찾을 수 있었던 것에 대해 한없이 감사한 마음이 솟아올랐습니다. 그 후 몇 년간 부모님을 포함한 가족들과 이 사건에 대해 마무리할 수 있었습니다. 그 결과, 가족들과 더 솔직한 관계를 만들어 갈 수 있었습니다. 얼마 지나지 않아 이 사건과 관련된 주제가 내 유년기의 여러 다른 사건으로 확장되어 갔다는 사실을 알아차렸습니다. 그리고 결국 여러 세대에 걸친 가족 패턴을 알게 되었습니다. 지속적인 숨치료와 저를 지지해 주는 삶의 동반자인 남편의 도움을 받아, 저는 제 인생에서 겪었던 몇 가지 아픔을 직면하고 과거의 주요한 순간을 다시 경험하면서 상처 치유를 시작하게 되었습니다.

두 번째 사례로 우리 훈련에 참여 중인 49세의 정신과 간호사 카티아Katia의 회기에서 그녀가 경험을 내용을 소개한다. 이번 사례는 그 상처를 해소하는 과정에서 강력한 초월적 특징을 보였음에도, 주로 초기 유년기에 상처받은 경험을 중심으로 전개되었다. 이 회기에서 카티아는 무거운 짐을 벗어 버리고 아름다운 자연환경에서 마음껏 흐르는 자유를 만끽하는 것 같이, 유년기의 오랜 내재화immobilization에 의해 만들어진 생체 에너지적 갑옷bioenergetic armoring이 소멸되는 경험을 하였다.

회기가 시작되면서 진행된 집중 호흡의 결과, 제 몸이 (움직이지 못하게 만드는 무엇인가에 의해) 차단되어 등을 바닥에 대고 반듯이 누운 그 상태로 얼어 버린 것 같았습니다. 필사적으로 배를 뒤집어 보려고 했으나 그렇게 할 수가 없었습니다.

마치 등이 뒤집어져 배가 하늘을 보고 있어 위험한 곤경에서 탈출할 수 없는 무력한 거북이가 된 것 같은 경험이었습니다. 저는 자세를 바꿀 수 없어 울기 시작했습니다. 마치 자세를 변경할 수 있는지 여부에 따라 인생이 달라질 것 같았기 때문이었습니다. 그리고 이 배를 드러낸 거북이의 배 위에 양육과 돌봄이 필요한 한 아이의 이미지(그림 10.b 참조)가 떠오르는 것을 알아차렸습니다. 그리고 나는 이 경험과 자신의 내면아이가 서로 연결되어 있다고 느꼈습니다. 저는 위로받지 않은 상태로 오랜 시간 동안 계속 울었습니다.

그런 다음 무언가가 변하는 느낌이 들었고, 이 거북의 껍질 위에 아름다운 풍경 이미지(그림 10.c 참조)가 나타나는 것을 느꼈습니다(나중에 어머니에게 물어봐서 알게 된 사실인데, 어머니는 제가 태어났을 때 담당 소아과 의사가 제 고관절 구조가 불완전하기 때문에 다리를 벌린 상태에서 깁스를 해서 고정시켜야 한다고 말해, 저는 40일 동안이나 움직일 수 없는 상태로 지내야 했다고 합니다).

온 힘을 다해 애를 쓰면서 얼마간 시간이 흐른 다음, 저는 제 배를 뒤집을 수 있었습니다. 그리고 아름다운 풍경 속에 들어가 있는 저를 보게 되었습니다. 해변을 달리면서 수정같이 맑은 물에 잠수를 하고 수영을 하고 있었습니다. 제가 찾은 그 풍경은 거북이의 껍질에 묘사된 것과 똑같은 이미지였습니다. 저는 자유로움을 느꼈고 꽃향기를 맡으며 세차게 떨어져 내리는 폭포와 솔향이 가득한 주변 공기를 만끽하였습니다. 지구처럼 나이 든 것 같기도 하고, 영원한 청년Eternal Puppy(융 학파의 영원한 소녀Puella Eterna 원형에 대한 장난스러운 언급)처럼 젊은 것 같기도 하였습니다. 작은 연못을 보았고 가서 물을 마셨습니다. 그렇게 하자 건강하고 아주 행복한 느낌이 내 몸과 마음을 가득 채우는 것 같았습니다.

숨치료가 있었던 그날 밤에 저는 로마에 있는 한 교회 앞에 서 있다가 한 불교의 비구니를 만나는 꿈을 꾸었습니다. 그 비구니는 자신의 승려 입문 여정 initiatory journey 이야기를 저에게 했으며, 저는 에베레스트산(꿈속에서는 북유럽으로 나옴)에서 사하라 사막에 이르기까지 그리고 중간에 이탈리아 중부의 소도시 아시시에 잠시 들르는 순례여행을 포함한 제 얘기를 그녀에게 말했습니다. 꿈속에서 제가 그 비구니에게 설명했던 풍경은 거북이 껍질에 대한 숨치료 회기 그 이전에 제가 마음속에 그려 보았던 풍경과 똑같은 것이었습니다(그림 10.d 참조).

다음 사례는 53세의 정신과 의사이자 전문 등반가인 로이Roy가 홀로트로픽 숨치료 회기에서 경험한 내용이다. 숨치료 회기를 통해 로이는 자신의 출생 당시 그리고 초기 산후 기간의 삶 동안 상처를 받은 경험이 있었다는 것을 발견하고 감정적 박탈감을 느꼈던 때로 돌아갈 수 있었다. 이러한 사건에 대해 전혀 기억이 없었던 로이는 당시의 사건들이 그의 삶에 얼마나 깊게 영향을 주었는지 깨닫게 되었다.

또한 로이는 자신이 가장 좋아하는 스포츠인 등반과 자신의 생물학적 출생이 어떻게 연결되어 있는지에 대해서도 놀라운 통찰을 해냈다. 그는 회기 내내 주로 그의 전기와 주산기 이야기에 집중했지만 치유의 힘은 주로 자아초월적 차원에서 비롯되었다.

7월 15일 화요일의 날씨는 화창했고 햇살은 따뜻했습니다. 여름철의 요세미티 계곡Yosemite Valley을 연상시키는 시원한 산들바람이 불었고 하늘은 청명했습니다. 거대한 요세미티 등반을 앞두고 불길한 도전에 직면했을 때와 똑같은 불안감과 머뭇거리는 듯 자신감 없어 하는 무력감을 연상시키는 느낌이 들었습니다. 등반할 때와 마찬가지로 초조함에 잦은 소변(비정상적인 다량의 소변 배출)을 보는 증상이 나타나기도 했습니다.

이 도전에 맞설 것인가? 아니면 뒤로 물러날 것인가? 온전한 모습으로 성공할 수 있을 것인가? 아니면 부상을 입을 것인가? 저는 알지 못했습니다. 저는 깊게, 더 빠르게 호흡하면서 더 깊은 고요 속으로 빠져들기 시작했습니다. 손이 얼얼해졌고 발도 마찬가지였습니다. 음악이 진동하면서 울리고 있었습니다. 그때 갑자기 저는 요세미티의 엘카피탄 표면 위를 기어 올라가고 있었습니다. 편안하고 우아하게 수직벽의 바위 틈 사이를 기계적으로 움직이고 있었습니다. 햇살이 등 뒤에서 비쳐 등이 따스했습니다. 시원한 산들바람이 불었고, 계곡 아래의 모습은 장관이었습니다. 완전히 살아 있음을 느꼈습니다. 저의 몸짓과 태양 그리고 바위가 주는 그 느낌에 정말로 기뻤습니다. 보호장치를 설치하기 위해 멈추고 싶지 않다는 마음이 너무도 강렬하여 저는 맨 선두로 올라가고 있었습니다. 로프가 없었으면 하는 강한 열망이 들면서 로프를 풀고 날고 싶었습니다.

이런 열망을 품고 있는 중에 무엇인가가 저를 억누르고 구속하는 느낌이 들었습니다. 그때 제 내면으로부터 아버지가 "자유는 매우 위험할 수 있다."라면서 불안해하고 걱정하는 소리가 들렸습니다. 누가 저의 등반 파트너인지 분간할 수 없었지만, 제 행동을 저지하고 있는 무엇인가가 바로 제 아버지라는 것을 알아차렸습니다. 옛날에 가졌던 믿음과 낡은 사고방식에 사로잡혀 이러지도 저러지도 못하고 있는 느낌이 들었습니다. 저의 정체성identity을 확인하기 위해 저는 아버지의 승인을 받아야 했습니다. 지금까지 저의 정체성과 중요성 그리고 저의 가치가 내 자신의 외부에서 온다고 믿었고 그렇게 행동했습니다. 도망쳐서 하늘 높이 날고 싶은 욕구가 더욱더 강해졌습니다. 울음이 터져 나오면서 화가 나기 시작했습니다.

얼마나 오래 더 아버지의 (아니면 제 자신의) 불안감과 옳고 그름에 대한 관념 그리고 죄책감과 부족한 열정 때문에 아무것도 하지 못하면서 억눌린 채로 살아갈 것인가? 언제 스스로를 자유롭게 놓아주고 로프를 풀고 하늘로 비상할 수 있을 것인가? 저를 억누르는 모든 것에 대해 화가 났습니다. 마치 제가 아주 마초적인 남성의 얼굴을 하고 있는 것 같았습니다. 눈물을 흘리고 화를 주체할 수 없는 가운데 저는 로프를 풀기 시작했습니다. 저항감과 강력한 반항감이 올라왔습니다. 그러한 저항감과 반항감이 제 등반 파트너에게서 또는 제 내면의 소리에서 비롯되었는지는 알 수 없었습니다. 이런 저항감은 두려움과 도덕적 판단이 원인이 되어 올라오는 것 같았습니다.

매듭을 다 풀지 못한 상태에서 이미지가 희미해지면서 매트에 뒤로 쓰러졌습니다. 하지만 화가 점점 더 강렬하게 커지면서 눈물이 더 격렬하게 쏟아졌습니다. 왜 이렇게 화가 나는지 정말로 알지 못했습니다. 하지만 저에게 필요했던 교육과 지도를 받지 못했다는 사실을 느낌으로 알아차릴 수 있었습니다. 그리고 저는 중년의 남성이 된다는 것이 무엇을 의미하는지도 배우지 못했으며 우아하게 나이 들어 가는 방법에 대해서도 배우지 못했다는 것을 알아차렸습니다. 이제 아버지에게 분노를 표출하기에는 아버지가 너무 늙어 버렸습니다. 아버지에 대한 적절한 감정은 연민만 남았을 정도로 아버지는 노쇠하셨습니다. 이 말은 아버지가 제가 화를 낼 수 있는 권리까지 박탈해 갔다는 의미입니다. 저는 어떤 커다란 욕구가 충족되지 않은 상태로, 중요한 무언가가 누락된 상태로 지나가는 것에 너무도 화가 났습니다. 아마도 아버지로부터 이해와 승인을 받고자 하는 욕구가 충족되지 않아 생긴 분노 같았습니다. 아마도 삶에 더 적극적으로 참여하는 아버지를 향한 바람 그리고 더 온전한 인간이 될 수 있도록 저를 도와줄 수 있었던 아버지를 향한 바람이 충족되지 않아 생긴 분노 같았습니다. 이처럼 저의 분노는 어렴풋하게 떠오르는 충족되지 않은 욕구에 의해 촉발된 것이었습니다.

음악이 더 강렬해지면서 제 인생에서 있었던 아주 커다란 또 다른 결핍감에 접근했습니다. 그것은 생후 며칠간 어머니와 분리된 느낌이었습니다. 저는 음식물이 통과할 수 없을 정도로 소장이 꼬이는 장꼬임증intestinal volvulus을 안고 태어났습니다. 태어나고 5일째 되는 날 저는 수술을 받았습니다. 살 가망성이 높지 않았습니다. 저는 2주 동안 인큐베이터에 있다가 어머니 품으로 돌아갈 수 있었습니다. 저는 다시 그 갓난아이가 되었고, 밀려드는 비탄과 슬픔 그리고 고립감에 휩싸이게 되었습니다.

남들과 다른 출산 과정을 겪은 후 위로를 받아야 했음에도 저는 커다란 고통을 겪었고, 수술을 위해 절개를 해야 했으며, 결국 홀로 남겨져야 했습니다. 어머니는 저를 품에 안을 수 없었습니다. 제가 원했던 것은 어머니 품에 안기는 것이었습니다. 보살핌을 받지도 안기지도 못한 채 홀로 된 상태가 주는 엄청난 고립감을 느끼면서 격하게 울었습니다. '살아나기 위한 희생이 너무나 크고도 무겁다'고 느꼈습니다. 신에게 화가 났습니다. 내가 왜 이런 고통을 겪어야 하는가? 왜 신은 이 상황을 미리 알고 막을 수 없었는가?

저는 비통하게 울었습니다. 의사들에게도 화가 났고 갓 태어난 아기를 고립된 상태로 홀로 내버려 둔 의료 제도에도 화가 났습니다. 그리고 한 걸음 뒤로 물러나 거기에 누워 있는 저의 모습인 신생아를 볼 수 있었습니다. 홀로 남겨진 상태를 감당하면서 고통을 겪고 있는 저의 모습인 이 아기의 상황에 대해 엄청나게 공감되었습니다. 이 소년이 성장해 나가면서 더 큰 공감을 받게 할 수는 없을까? 저는 이 아이를 일으켜 세운 다음 끌어당겨 안고서 아이를 위로했습니다. 그런 다음 제 어머니의 의식으로 빠져들어 갔습니다. 당시 어머니가 느꼈던 적막감, 상실감, 신에 대한 분노에 빠져 버렸습니다. 어머니가 얼마나 고통스러웠겠는가! 그렇게 저와 똑같은 방식으로 홀로 되었기에 그때 아직도 어리기만 했던 어머니도 얼마나 무서웠겠는가! 얼마나 커다란 상실감을 경험했겠는가! 그녀는 처음 낳은 자식을 빼앗겨 아들을 안아 볼 수도 없었다. 저는 더 크고 비통하게 울면서, 어머니가 위로를 받지 못한 채 저와 마찬가지로 홀로된 고립감을 느끼고 있는 것을 보았습니다.

어머니에 대한 공감과 연민으로 굵은 눈물을 흘렸습니다. 촉진자인 애슐리

Ashley와 린다Linda가 제 옆에 나란히 누워 울고 있는 저를 안아 준 것은 바로 이때였던 것 같습니다. 그들의 손을 잡고, 제가 완전히 혼자가 아니었음을 알게 되었습니다. 그러면서 제 분노가 녹아내리기 시작했습니다. 나나Nana가 저를 위해 기도했습니다. 그녀뿐만 아니라 모든 교회 사람이 저를 위해 기도했습니다. 의사와 간호사들과 마찬가지로 아버지도 자신이 할 수 있는 모든 것을 다했습니다. 신부님이 와서 제 몸에 성유를 발랐습니다. 그때의 상황은 그 누구의 잘못도 아니라는 것을 깨닫게 되었습니다. 이런 깨달음이 화를 가라앉혀 주었습니다. 하지만 인간으로서 갖는 비극적 느낌은 고조되었습니다. 이 얼마나 비극적인가! 신도 역시 고통을 받았는가? 신도 피해자였는가?

상당히 긴 시간 후에 저는 어머니 품에 안길 수 있었습니다. 제 피부가 어머니 피부에 닿는 것을 느꼈고, 마침내 편안해지면서 힘이 쭉 빠지기는 했지만 안도하게 되었습니다. 드디어 안전해진 것입니다. 자궁 속으로 다시 들어가서 떠다니고 있는 희미한 기억이 스쳐갔습니다. 어느 순간에 전체성 또는 완전함에 대한 저의 갈망을 채워 줄 수 있는 것은 단지 신뿐이지 않을까 궁금해졌고, 그렇게 할 수 있는 것은 신뿐이라고 느껴졌습니다. 단지 신만이 저를 안전하게 안을 수 있고 더 높은 차원의 자기Self로 데려갈 수 있습니다. 눈으로 보거나 느낄 수 없다 해도, 왜 그런지 신이 줄곧 저를 안고 있었다는 느낌이 들었습니다. 바로 지금 어머니 품에 안긴 순간처럼 신의 팔에 언제까지나 안기어 쉬기를 얼마나 바랐는지요!

바로 이때, 활기찬 아프리카 음악이 북소리와 합창단의 성가와 뒤섞여 신나게 퍼져 나가기 시작했습니다. 남자 신생아인 저는 먼지가 날리는 말리Mali의 한 마을로 이동했습니다. 포대기에 쌓인 채 작은 탁자 위에 올려져 있는 저를 여러 사람이 둘러싸고 있었습니다. 마을 주민들이 제 주위에서 원을 그리면서 춤을 추고 노래하고 북을 쳤습니다. 그들은 저의 탄생을 축하하면서 이 마을에 온 것을 환영해 주었습니다. 행복했습니다. 웃고 있는 것 같았습니다. 베개를 베고 있던 제 머리가 음악 리듬을 타고 좌우로 움직이고 있는 것을 알아차렸습니다. 우분투ubuntu(더 커다란 전체에 자신이 소속되었음을 알았을 때 발생하는 자기확신을 설명하는 반투족의 말)라는 말이 생각났습니다. 이 마을 주민들의 따뜻한 환영 분위기 속에 안겨 있으면서 저는 인간으로 만들어지고 건강하고 온전한 상태를 회복하게 되었습니다.

다시 음악이 바뀌면서 자유를 향한 투쟁을 계속하고 있는 느낌이 드는 상태로 돌아왔습니다. 갑자기 공식 저녁 만찬 자리로 옮겨 갔습니다. 그 자리는 뒤가 구린 권위적인 인물들과 맞섰던 자리였습니다. 그 자리에서 저는 예의에 어긋난 상황에서 대담하게 제가 할 말을 해 버렸습니다. 그리고 저의 이러한 예의 없는 대담함에 느닷없이 두들겨 맞은 그런 인물들이 받은 느낌 때문에, 그리고 그럼에도 제가 절대로 물러서지 않았기 때문에, 그들의 분노를 욕받이가 되어 온몸으로 받아 내야 했던 적이 있었습니다. 그 사건은 저를 크게 흔들어 놓았습니다. 몇 주간 이런 역할에 개입하는 것이 가져오는 감정적 비용이 너무나도 크다고 느낄 정도였습니다. 그 경험은 어머니가 자신의 신체적 안전을 위협받는 상태로 부부싸움을 하는 중에 제가 아버지와 어머니 사이에 놓여 있던 기억을 생생하게 떠올리게 해 주었습니다.

다시 한번 저는 제 행동에 대해 허락을 구했던 아버지, 크게 화가 나 있던 아버지에게 맞서거나 도전하는 것을 경험하였던 것입니다. 그날 저녁에는 에너지가 극도로 강렬해졌습니다. 이 장면으로 되돌아왔을 때 저는 제 삶을 위해 싸우고 있었습니다. 제가 알고 있는 매우 힘센 어떤 남자가 오른쪽에서 공격하고 있었습니다. 저는 그와의 싸움을 시작하면서 그의 주먹을 막아 내고 공수도로 맞서 싸우고 있었습니다. 마치 저의 자유, 즉 저의 본질이 위협받고 있는 것 같았습니다. 이 남자는 남성적인 권위인 허락해 주지 않는 아버지를 상징하고 있었습니다. 그 남자가 저를 파괴하려고 했고 저는 자유와 생존을 위해 싸우고 있었습니다.

손으로 그 남자의 목 주위를 잡고 목을 조르기 시작했습니다. 점점 더 세게 졸랐습니다. 그의 얼굴이 빨갛게 변하다가 파랗게 되었고 눈알이 튀어나왔습니다. 그 남자를 향해 "내가 뭘 알아야 하는지 말해 줘! 비밀을 말해 줘! 이유를 말해 줘!"라고 소리를 질렀습니다. 더 세게 목을 조르는 순간 그 남자는 침묵을 유지한 상태로 머리를 흔들면서 "안 돼."라고 말했습니다. 온 힘을 다해 목을 조르면서 "알아야만 해! 왜? 내가 어떻게 살라고? 목적이 뭐야?"라고 요구하면서 소리쳤습니다. 그는 답을 하지 않았거나 답을 할 수 없었습니다.

갑자기 제가 그를 죽이고 싶어 하지 않는다는 것을 깨달았습니다. 그를 죽이기 위해 목을 조르고 있지 않았거나, 그를 파괴하거나, 저의 우월한 힘을 행사하기 위해 또는 그를 타도하기 위해 목을 조르고 있지 않았던 것입니다. 오히려 그에게서 승인blessing이나 답을 구하고 있었던 것입니다. 천사와 싸우는 야곱의 이야기가 떠올랐습니다. "상황이 왜 이렇게 엉망이 되었는가? 당신네들 같은 늙은 남자인 아버지 그리고 신은 이 상황을 더 좋게 만들 수는 없었는가? 이 무능한 늙은 남자들이여, 답이 뭐란 말인가? 왜 로프를 풀어 진정한 자유를 만끽하려는 나를 방해하는 것인가?"라고 소리쳤습니다. 저는 더 세게 목을 압박하면서 "태어난 후에 왜 그렇게 철저히 홀로 버려져야만 했는가?"라고 소리쳤습니다.

이 싸움이 절정으로 치달아 갈 때 그들은 어떤 답도 가지고 있지 않다는 것을 깨닫게 되었습니다. 그들은 저에게 답하지 않았습니다. 왜냐하면 답을 할 수 없기 때문입니다. 그들은 그저 답이 없는 노쇠한 남성 노인에 불과할 뿐, 실제 아무 힘도 없습니다. 두려움과 복종의 대상이 아니라 연민과 동정을 받아야 할 만한 이들인 것입니다. 그들은 답을 해 준 적이 단 한 번도 없었습니다. 그리고 지금도 답을 줄 수 없습니다. 이제 저의 가치, 저의 정체성 그리고 저의 구원救援을 정의하기 위해 더 이상 그들에게 의지하지 않습니다. 그들의 허락이 없어도 스스로 나의 자유를 구할 수 있습니다.

더 크게 소리를 질렀습니다. 마침내 기진맥진해져 목을 잡고 있는 손을 풀었고 그들은 뒤로 흔들리면서 넘어졌습니다. 그 사이에 저는 매트에 다시 쓰러졌습니다. 그리고 짧게 잠이 들었던 것 같습니다. 음악이 다시 바뀌고, (린다와 애슐리가 계속해서 제 옆에 있는 상태에서) 다시 안겨 있는 신생아가 되었고, 다시 자궁 속으로 들어간 느낌도 들었습니다. 그리고 신, 특히 여신과의 완전한 합일oneness을 경험하였습니다. 제 어머니가 "이제 괜찮아. 모든 게 좋아질 거야."라고 말하고 있었고, 저는 격하게 울기 시작했습니다.

이게 정말 가능할까요? 너무 좋아서 믿을 수 없지 않은가요? 이런 믿음을 중요하게 여길 수 있을까요? 그동안 너무도 커다란 절망과 우울, 체념과 어두움 그리고 비극을 겪어 왔습니다. 그런데 감히 용기를 내서 좋아질 것이라고 제가 믿을 수 있을까요? 제 시야에 들어와 움직이는 파란색 빛을 반복적으로 보았습니다. 청바지 안쪽 질감과 색깔을 가진 거친 직조 패턴이 배경이었습니다. 편안하고 행복한 느낌이 들었습니다. 지금은 신생아로 안겨 있는 상태에 있지만, 한 번도 완전하게 안긴 느낌이 들지 않았던 지난 20년간의 결혼 생활이 출생 후 겪은 최초 20년의 삶을 되풀이한 것임을 깨닫게 되었습니다. 안겨 있는 지금 그 사이에 마치 겟세마네 동산의 예수님처럼 앞으로 펼쳐질 제 인생의 시련을 보았습니다.

저는 죽고 싶지 않았습니다. 지금 위로 받고 있는 이 늙은 자기self가 죽기를 원하지 않았습니다. 고난을 겪기를 원하지도 않았습니다. 새로운 탄생으로 이어지는 최종 관문을 통과하려면 자아 소멸ego annihilation을 받아들여야 한다는 스타니슬라프의 말이 기억났습니다. "그 빛을 향해 계속해서 싸워 나갈 것입니다. 제 삶, 더 정확히는 이 늙은 자기self의 삶을 위해 싸울 것입니다. 이 등반을 포기하지 않고 계속해서 싸워 나갈 겁니다. 하지만 신께서 내 목숨을 원하시면, 그리고 이 늙은 자기가 죽기를 바라시면 제 영혼을 당신의 손에 맡기겠어요. 당분간 저에게 포기를 기대하지 마세요. 계속해서 그 빛을 찾고 그 빛을 향해 싸워 나갈 겁니다."라고 신에게 말했습니다.

음악이 부드러워지면서, 새가 노래하는 소리와 마음을 진정시켜 주는 폭포 소리가 들려왔습니다. 제가 햇빛 속에서 모습을 나타냈고, 고마움을 느꼈습니다. 살아남는 것에 대한 대가가 싸워야만 하는 것이고 항상 홀로 있어야 하는 것이라면, 그런 대가를 받아들이겠습니다. 저는 여전히 '이유'를 모르고, 답을 가지고 있지 않지만, (나의 어머니와 여신을 상징하는) 이들 두 여인을 통해 경험하는 무조건적인 사랑인 삶의 축복은 제 삶에 활력을 주는 자양분이 되기에 충분하였습니다.

희미하게 요세미티로 돌아온 것 같이 느껴졌습니다. 저는 엘카피탄 정상에 올랐습니다. 강해진 느낌이 들었습니다. 눈을 뜨고 나니 스타니슬라프가 그 특유의 연민, 관심, 돌봄, 호기심과 함께 저를 바라보고 있었습니다. 천천히 깨어나면서 이 놀라운 여정에서 벗어나기 시작했습니다. 스타니슬라프는 '핵심 통나무key log'의 개념에 대해 언급했습니다. 강 위에 뭉쳐 있는 통나무 더미에서 하나의 통나무만 빼내도 다른 모든 통나무가 자유롭게 움직이면서 강 아래로 떠내려가게 됩니다. 그 하나의 통나무가 바로 핵심 통나무입니다. 스타니슬라프는 이 경험이 저에게 '핵심 통나무' 경험으로 입증될 것이라고 말했습니다.

최초이자 현재 기준으로 유일했던 홀로트로픽 숨치료 회기가 끝난 지 두 달 후에, 로이는 그 경험으로 인해 그가 확인한 몇 가지 변화를 소개하는 편지를 우리에게 보내왔다. 그 편지 내용 일부를 다음에 발췌하였다.

숨치료가 끝나고 며칠이 지난 후, 제가 경험했던 회기를 구성한 두 가지 주요 구성 요소가 무엇이었는지 알게 되었습니다. 태어난 이후 철저하게 버려졌던 느낌을 가진 어린 아기(나 자신)를 위로하고 돌보고 안아 줄 수 있도록 허용한 여성성의 경험이 그 하나이고, 제 삶에 존재하는 권위적인 남성 인물(제 아버지와 직장 상사 등)과 힘, 진리 그리고 생존을 두고 강렬하게 싸우게 만든 남성적 요소가 다른 하나였습니다. 처음에 저는 전자인 여성성과는 마무리된 느낌과 치유된 느낌이 들었지만, 후자인 남성성과는 그런 느낌이 들지 않았습니다.

숨치료의 여성성 관련 측면은 태어나자마자 떨어져서 실제 2주 동안이나 처음 낳은 자식을 안아 볼 수 없었던 50년 전 어머니의 기억 속에 남은 유기된 느낌과 두려움에 대해 어머니와 과거에 나눴던 대화를 한층 심도 깊게 해 주었습니다. 완전하게 이해했던 것은 아니지만, 숨치료를 통해 나는 내 무의식에 남아 있는 그 경험의 부정적 기운을 날려 버릴 수 있었습니다. 그리고 그 아기가 안겨 있었던 그 공간에서 치유가 일어나고 있음을 알아차렸다는 것을 제외하곤 이 상황에 대해 표현할 방법이 없었습니다.

처음에는 그 회기의 남성성 관련 요소가 여전히 그대로 남아 있고 처리되지 않은 것처럼 느꼈습니다. 그리고 몇 가지 새로운 통찰을 받아들였음에도 치유가 불완전하게 이루어진 것 같았습니다. 지금은 상당한 정도로 더 치유되었고 내면이 열린 것을 알게 되었습니다. 이런 변화는 최근 몇 달 사이에 건강이 악화된 아버지와의 관계와 관련이 있었으며, 계속해서 떠오르는 '심오한 것the esoteric'과의 새로운 관계와도 관련이 있었습니다.

첫째로 아버지의 병환은 인간이라는 존재의 더 깊은 핵심 문제에 대한 대화를 나눌 새로운 기회를 만들어 주었습니다. 성인이 되면서 다소 권위적 형태의 종교와 같은 아버지의 삶에 대한 신념과 독재적인 발언들에 대응해 나가는 저의 방식은 아버지와 제가 가진 생각과 느낌을 점점 덜 나누는 것이었습니다. 이 방식은 부분적으로 두려움에 근거하고 있었습니다. 숨치료 회기를 통해, 아버지와 생각과 느낌을 나누지 않는 것이 아버지와 저 모두를 소외시키는 결과를 낳고 있음을 깨달을 수 있었습니다. 그래서 사랑하는 마음으로 아버지와 더 자주 연락하고 아버지에게 제 자신의 더 솔직한 진정한 모습을 보여 주는 일에 열중하게 되었습니다.

둘째는 설명하기가 더 어려운데, 그 심오한 것과 저의 관계를 둘러싸고 발생하고 있는 치유였습니다. 저는 이러한 치유의 느낌을 어느 정도 경계심을 가지고 경험하였습니다. 왜냐하면 저는 항상 심오한 것과 같은 것은 제가 받은 과학 교육과 양립할 수 없는 것으로 치부하면서 멀리해 왔고, 그런 신비적인 가르침에 익숙하지 않았을 뿐만 아니라, 제가 받은 침례교도식 양육방식은 그러한 신비한 것들을 생각해 볼 여지조차 주지 않았으며('악마의 신비'는 제외), 숨어 있는 의제가 있으면 조작을 초래할 수 있다고 보았기 때문이었습니다.

(주류 종교의 가르침과 마찬가지로) 심오한 가르침이 빛과 사랑 또는 힘과 자아의 남용을 통해 조작될 경우 어둠의 매개체가 될 수 있다는 것을 여러분 모두에게서 배웠습니다. 이 영역에서의 저의 직관을 신뢰하게 되었으며, 그렇게 하면서 새로운 탐색에 스스로의 마음의 문을 열 수 있게 되었습니다. 따라서 저에게 있어 숨치료의 효과는 감정적·지적·영적으로 제 마음을 열게 만들었습니다. 숨치료는 치유를 가능하게 했습니다. 제가 계속해서 신비한 그 경험을 수용하면서 그 경험을 되돌아보면 더 커다란 치유력이 생겨날 것입니다. 이 글을 쓰고 있는 지금 이 순간에도 제 생활의 여러 다른 영역도 모두 홀로트로픽 숨치료에서 얻은 통찰에 문을 열고 있는 것이 느껴집니다. 그 경험이 저를 위한 '핵심 통나무'라는 선생님의 그 말은 정확히 맞았습니다.

다음은 45세의 심리학자 재닛Janet이 홀로트로픽 숨치료 훈련 회기 도중 경험한 것에서 발췌한 내용이다. 재닛의 회기에서 그녀는 힘들었던 어린 시절 그녀가 겪은 고통스러운 신체적·성적 학대를 포함한 다양한 충격적인 에피소드를 다시 체험하였다. 이들 회기에서는 재닛의 학대자이자, 어머니가 가정에서 재닛을 분만할 때 어머니를 위한 산파라는 매우 비일상적 역할을 수행하기도 했던 재닛의 아버지에 집중되었다. 아버지는 의사의 전화 지시에 따라 분만 과정을 진행했다고 한다.

회기들에서 재닛이 경험한 것은 우리가 수년간 진행한 홀로트로픽 숨치료 중에 목격한 가장 강력하고 다채로운 내용이었다. 그녀는 초월적 영역에 이상하리만큼 쉽게 접근했을 뿐만 아니라, 전기 및 주산기 회기에는 간혹 풍부한 원형적 상징이 중간중간에 들어가 있었다. 그러한 회기 동안에 주술적이고 밀교적인 신화와 그리스로마 신화의 인물이나 주제가 자주 나왔다. 즉, 그녀는 다양한 신, 힘든 시련, 사지절단dismemberment 및 심리영성적 죽음과 재탄생을 만났다. 훈련 진행 도중에 재닛은 점성술에 깊이 몰입하였으며, 회기에서 경험한 내용과 재닛의 행성 통과planetary transits와 관련된 원형들 간의 상관관계에 완전히 매료되었다.

이 회기에서는 첫 번째로 지금의 성인인 제가 아니라 아이가 되어 마치 누군가에게 달려가고 있는 것처럼, 제가 여름철을 보냈던 시골과 비슷한 초원을 달려가는 것을 경험하였습니다. 디오니소스와 함께 춤을 추고 있는 여러 명의 여인이 어렴풋이 떠올랐으며, 매우 관능적인 느낌이 들었다가 빠르게 난폭하게 변해 갔습니다. 그러던 중에 그 춤이 사지절단으로 변해 간다는 인상을 받았습니다. 제 의식이 주요 사건이 있었던 일련의 시대를 볼 수 있는 것처럼 외부로 확장되었습니다. 첫 번째 시대는 여성이 남성을 사지절단하는 시대였고,

그런 다음 남성이 여성을 사지절단하는 시대였습니다.

마치 똑같은 신화가 여성과 남성 간의 역할 전환을 통해 신화 역사적 현실에서 재현되는 것 같았습니다. 검은 종마를 보았습니다. 그 말이 달리면서 땀을 흘리고 있었습니다. 저는 그 말에게 달려가서 말 등에 올라탔습니다. 원시적 본능의 남성적 에너지 위에 올라탄 느낌이 들었습니다. 나의 자기의식sense of self이 그 종마와 합쳐졌다가 여성 인간으로 분리되는 느낌이 들었습니다. 그 말은 동굴을 향해 달려가다가 저를 떨어뜨렸습니다. 저는 동굴 안으로 내려갔고, 하데스의 문턱(죽은 자들의 나라의 경계)이라는 느낌이 들었습니다. 제가 이것을 알아차리는 그 순간, 거대하고 어둡고 남성적인 인물이 등장하여 저를 쫓아오고 있었습니다. 그는 뭐라고 규정하기 힘든 인물이었는데 인간의 모습을 닮았을 뿐 인간은 아니었으며, 그에게서 어둡고 강렬한 신성한 힘numinosity이 풍겨 나왔습니다. 그의 등장으로 제 생명이 위협받는 느낌이 들었습니다. 이런 상황을 인식하는 순간, 그가 바로 그리스의 죽음의 신 하데스라는 것을 알았습니다. 그리고 그에게서 도망쳐 땅속으로 들어가려고 하면서 동굴 안쪽으로 죽을힘을 다해 달아났습니다.

그로부터 달아나는 순간, 동시에 페르세포네Persephone인 대지의 어머니에게 달려가고 있는 느낌이 들었습니다. 저는 계속해서 달렸습니다. 제가 달아나고 있다고 생각할 때마다 하데스가 갑자기 예상치 못하게 내 앞에 나타났습니다. 그러고는 그를 피하려는 제 시도를 잔혹하고 가학적으로 비웃었습니다. 그에게서 달아나는 순간 그가 갑자기 나타나는 이런 패턴이 연속적으로 계속된 후, 하데스가 "죽음을 피할 수 없어."라고 불길하게 말했습니다. 바로 그런 순간에는 죽음의 신 하데스에게 잡혀서 지하세계로 납치될 것 같은 느낌이 들었습니다.

장면이 바뀌면서 제가 성장했던 두 개의 집으로 동시에 달려가는 어린아이가 되었습니다. 친숙한 느낌이었지만 그 느낌이 주는 감정적 경험은 더 강렬했습니다. 저는 계속해서 호흡했으며, 스스로 일곱 살이나 여덟 살의 어린이 정도로 작아지는 것을 느꼈습니다. 앞으로 넘어졌고 얼굴을 바닥에 대고 울면서 제 발목을 잡고서 "그를 피할 방법이 없어."라고 말하는 아버지에게서 도망가기 위해 계속해서 기어갔습니다. 저는 크게 울었습니다. 집에는 아무도 없었습니다. 어린 시절 처음 살았던 전형적인 미국 중산층의 집이었습니다. 제 몸이 나무로 만든 바닥을 따라 그의 커다랗고 무섭고 어렴풋이 보이는 어두운 존재를 향해 끌려가고 있는 것 같았습니다. 그는 발기된 상태였고 저를 강간하려는 느낌이 들기 시작했습니다. 이 상황은 한 번의 에피소드가 아니라 여러 번의 에피소드가 하나의 경험으로 압축된 것처럼 느껴졌습니다.

수간獸姦부터 묶인 상태의 강간, 질 강간 그리고 구강 성기 삽입까지 제 몸이 여러 방식으로 강간당하고 있는 것을 느꼈습니다. 극도로 메스꺼워져서 매트 위에서 구역질을 시작했습니다. 도망치려고 했지만 감각이 없어진 것처럼 느껴졌습니다. 시터에게 제가 다시 그 느낌을 느낄 수 있는지 알아보기 위해 제 발목을 잡아 달라고 요청하였습니다.

전체 장면이 텅 비고 이제 제 몸의 모든 감각이 완전히 상실된 것처럼 느껴졌습니다. 호흡이 되돌아왔지만 아무것도 느껴지지 않았습니다. 화장실에 갔다가 다시 돌아와서 촉진자인 타브Tav에게 도와달라고 부탁했습니다. 혼자서는 거기에 다시 갈 수 없으며, 느낄 수 있는 능력을 잃어버렸다는 사실을 알았습니다.

타브가 이 과정에서 저를 안내해 주었습니다. 매트에 다시 누웠습니다. 그러자 가슴과 목에서 고통스러운 느낌이 일어났습니다. 그 느낌은 검은 그림자로 변한 다음 제 마음의 내면이 보이지 않도록 가렸습니다.

저는 다시 감각을 잃어버렸습니다. 타브가 계속해서 호흡하라고 저에게 용기를 북돋워 주었습니다. 그러자 조금 더 나이가 든 열한 살쯤 되었을 때 아버지가 저지른 가장 고통스러운 성폭력과 학대 에피소드가 있었던 이후에 느낀 강렬한 고통의 기억이 떠올랐습니다. 야만스러운 강간으로 인해 생식기 주변에 극심한 통증이 느껴졌습니다. 그리고 홀로 남는 것의 대한 너무나 강렬한 정서적 아픔도 느껴졌습니다. 그 고통이 저를 죽일 것 같았고, 이 강렬한 고통과 아버지에게서 벗어나기 위해 죽고 싶다는 욕망이 강렬하게 느껴졌습니다.

저는 강력한 고통에서 벗어나기 위해 죽고 싶은 이 욕망의 느낌이 제게 친숙한 응축경험COEX 체계라는 것을 알아차렸습니다. 이런 느낌은 과거에 여러 번의 자살 시도를 유발한 제 자기파괴적 경향과 관련이 있었습니다. 타브가 저와 함께 있었고, 저는 고통을 느끼면서 계속해서 호흡했습니다. 고통이 목으로 이동할 때 장면이 바뀌면서 다시 어린아이가 되어 있었습니다. 첫 번째 장면은 아버지가 내 발목을 잡고 저를 끌고 가서 발기된 성기를 제 목 안으로 거칠게 밀어 넣어 제가 숨을 쉴 수 없었던 장면이었습니다. 아버지는 일부러 제 목에 성기를 넣은 다음 잔혹하고 가학적으로 웃었습니다.

타브에게 질식할 것 같아 숨을 쉴 수 없다고 말했습니다. 타브는 그 상태로 계속 머무르라고 계속해서 저에게 용기를 북돋워 주었습니다. 제 손이 저의 목으로 향했고, 타브는 내 목 대신 자신의 손을 조르라고 말했습니다. 그의 손을 감싸 쥐고 나의 목을 향해 누를 때, 순간 질식할 것 같은 느낌이 더욱 강해졌습니다. 그 느낌은 거의 죽은 상태처럼 느껴질 때까지 커졌습니다. 저는 그 상황을 경험할 수 있는 능력을 유지할 수 없었습니다. 저의 정신적 집중mental focus이 저를 죽이고 싶어 하는 아버지의 강력한 욕구를 경험하는 것으로 전환되었기 때문이었습니다. 저는 그런 느낌 속에서 계속해서 호흡하였고, 나중에 저의 자살 응축경험 체계가 된 저를 대상으로 하는 아버지의 죽음에 대한 동경death wish을 경험했습니다. 저는 육체적 의식 상태를 완전히 벗어나면서 그 경험에 압도되어, 타브의 어깨에 기대어 계속해서 울었습니다. 처음에 타브를 잡을 수 있었지만 곧 힘이 빠져 완전히 축 처지게 되었습니다. 그는 제가 엄청난 일을 하고 있으니 계속해서 호흡하면서 다시 그 경험과 함께하라고 말했습니다. 저는 다시 누웠고 저에 대한 아버지의 강력한 증오를 느꼈습니다. 동시에 저는 구체적 에피소드에서 그리고 전 인생을 통해서 그 증오를 경험했습니다.

아버지는 어머니가 저를 낙태하기를 원했습니다. 그래서인지 태어난 후 18세가 되어 탈출을 시도하던 그때까지 그리고 제가 아버지를 알고 있던 그 모든 시간 동안 아버지는 저를 증오했습니다. 제 자신이 다시 어린아이가 되어 '왜 나를 증오하는지 그 이유를 이해할 수 없다'는 강력한 느낌을 가지고 그를 바라보고 있었습니다. 다시 저에게 이런 느낌이 들어오기 시작하자, 그와 동시에 저는 제가 사랑했던 남자들과 애정 관계를 가질 수 없는지 이해할 수 없었던 그 응축경험 체계를 알아차렸습니다. 저는 이것이 남자들과 겪었던 제 문제를 유발한 근원적 경험이었음을 알고, "왜, 왜, 왜." 하고 울면서 "이해할 수 없어."라고 반복적으로 말했습니다.

타브에게 제가 질식할 것 같은 이 과정을 끝낼 수 없다고 말했습니다. 타브는 호흡하라고 계속해서 저에게 용기를 북돋워 주었습니다. 그리고 제가 잘하고 있다고 안심시켜 주었습니다. 몇 번의 호흡을 한 다음 자리에 앉았습니다. 머리가 어지럽게 돌아가기 시작했습니다. 그리고 극단적인 어지러움을 느끼면서, 결국 완전히 방향감각을 상실하게 되었습니다. 저는 타브가 그 자리에 있다는 것을 알고는 있었지만, 어디가 땅인지 분간할 수 없었습니다. 매트 위에서 어느 쪽이 위쪽인지도 알지 못하고 어지럽게 빙글빙글 돌았습니다(나중에 시터에게 다시 이야기를 할 때, 아버지가 저의 목을 졸라 죽이려 할 때 제가 기절을 했음을 알게 되었습니다. 그리고 이 졸림과 방향감각을 상실한 느낌은 기절했다가 다시 처음 호흡하게 되었을 때의 느낌이라는 것을 알 수 있었습니다).

매트에 쓰러지면서 믿기 어려운 대양의 파도 소리를 느꼈습니다. 저는 바다에 취해 버린 대양감Neptunian intoxicated oceanic state에 완전히 빠져 버렸습니다. 그런 다음 그 느낌이 마약에 취한 것처럼 사랑이 되었고, 섹스와 마약으로 살아온 제 인생에서 제가 사귄 모든 남자 친구와 동시에 섹스를 하는 경험을 했습니다. 마약을 사용하고 섹스를 하는 것에서, 성학대로 인한 PTSD 치료 후에 마약 없이도 섹스를 할 수 있는 상태까지, 그리고 다시 마약을 사용하여 섹스를 하는 것까지의 일들이 연속적인 진행되는 것을 다시 경험했습니다. 마지막으로 존John과 섹스를 하였던, 그리고 약을 사용하는 것을 좋아하지 않았던 최근 경험으로 연결되었습니다. 약을 사용하지 않았을 때 사랑의 감정과 성적 에너지가 더 강렬하고 더 아름답고 신성하게 느껴졌습니다.

휴식을 취하면서 여전히 제 옆에 앉아 있는 타브에게 고맙다고 말했습니다. 제가 경험한 모든 친밀한 관계의 성적 병력을 통해 약물에 취한 해왕성-금성Neptunian-Venusian 상태로 떠돌아다닌 후에, 그날 하루의 힘든 일을 마쳤습니다. 약간의 물을 마시고, 다시 누운 다음 호흡 상태로 돌아갔습니다. 나무로 둘러싸인 들판에서 플루토Pluto(하데스에 해당하는 로마의 신)와 춤을 추는 것을 경험하였습니다. 플루토는 어둡고 의인화되지 않은 인물이었습니다. 그가 디오니소스적이었고 디오니소스보다 더 크고 동시에 또한 신이라는 것도 알아차렸습니다. 우리의 춤은 격렬하고 강렬한 관능적이고 성적이었습니다. 플루토는 저를 땅에 눕혔고 저와 사랑을 나눴습니다. 우리는 땅과 하나가 되었고 그 땅속으로 들어갔습니다. 저는 충분하게 성적으로 결합된 상태의 디오니소스Dionysus와 성녀Divine Feminine의 둘 모두가 된 것으로 대지를 인식하였습니다. 저는 스스로를 인간으로 느끼지 않았고 플루토도 신으로 느끼지 않았습니다. 우리는 이제 대지가 되었습니다. 대지의 토양으로 침투해 들어오는 햇살을 느낄 수 있었고, 창조적 힘이 제공하는 이 강렬한 기분을 느낄 수 있었습니다.

갑자기 그리고 예상치 못하게 제 자신이 꽃들이 핀 들판을 출산하는 대지로 느껴졌으며, 이 꽃들이 핀 들판이 봄의 페르세포네Persephone라고 말하는 한 여성의 목소리도 들렸습니다. 일련의 탄생이 계속되었습니다. 거대한 세쿼이아 나무가 제 몸의 한 가운데에서 빠르게 자라났고, 그런 다음 사슴 한 마리가 태어났으며, 산속에 있는 생물이 땅 속에서 쏟아져 나와 산비탈 아래로 흘러갔습니다. 그 샘물은 바다 쪽으로 흘러갔고, 제 자신이 돌고래를 출산하고 있는 햇살이 스며든 어머니 바다the mother ocean가 된 것처럼 느껴졌습니다. 이번에는 동시에 돌고래가 출산하는 것을 느꼈고, 매트에 누워 있는 제 몸을 따라 돌고래들이 돌진해 오는 것도 느꼈습니다. 그 해왕성-금성 대양이 돌고래를 출산하고, 돌고래들이 제 몸속에 들어와 있는 것을 느꼈습니다.

마지막 사례는 49세의 정신과 간호사인 카티아Katia의 회기이다. 카티아의 상처받은 유년기 경험이 해소되는 과정은 앞에서 소개하였다(147쪽). 그녀는 과거에 쿤달리니 각성Kundalini awakening과 관련된 영적 위기를 경험하였으며, 초월적 영역에 쉽게 접근하였다. 카티아 사례는 풍부하고 다양한 영적 경험을 특징으로 하며, 출산 후 전기나 주산기와 관련된 어떤 재료도 들어 있지 않았다.

이 홀로트로픽 숨치료 회기를 진행한 그날은 바람이 많이 불었습니다. 창문이 완전히 닫히지 않아 가끔씩 강한 바람이 방 안으로 들어왔습니다. 저를 담당하는 아름다운 아르헨티나인 여성인 시터가 제가 감기에 걸릴 수 있다고 염려하면서 계속해서 제게 담요를 덮어 주려고 애썼습니다. 숨치료 회기가 시작되기 전에 이틀간 저에게는 매우 친숙하면서 소중한 죽음과 재탄생에 대한 주제를 중심으로 집단 내에서 토론이 진행되었습니다. 과거에 저는 심리영적 죽음과 재탄생의 모습으로 나타났던 영적 위기를 경험한 적이 있었습니다. 그 완전한 완성completion과 통합integration은 몇 년간 지속되었습니다.

저는 다른 자연 현상과 마찬가지로 바람을 사랑합니다. 하지만 그날은 바람이 좀 더 평온해졌으면 하고 바랐습니다. 그날의 모든 바람이 만들어 내는 소용돌이가 다소 저를 괴롭히고 짜증 나게 했습니다. 저는 그런 느낌 앞에 무너져 내렸고, 그 바람이 밖뿐만 아니라 저의 내면에서도 불어오고 있다는 사실을 받아들였습니다. 하지만 회기가 시작될 때에는 매우 깊이 호흡해야 할 필요를 느끼지 않았습니다. 바깥에서 부는 그 모든 바람이 저를 위해 호흡하고 있는 것 같았기 때문이었습니다. 음악에 저를 맡기고, 제 마음이 음악의 순서를 따르도록 내버려 두었습니다.

그러자 제 몸이 마치 노련한 조각가의 손으로 빚은 부드러운 찰흙 조각이라도 된 듯이 다른 모양으로 빚어지고 있는 것처럼 느껴지기 시작했습니다.

저는 꽃, 나무, 바위, 빛나는 폭포 그리고 여러 동물의 모습을 띠었습니다. 마치 물밀듯이 밀려오는 변화무쌍한 무상함과 결합되어 반죽된 것처럼 다람쥐로, 숲속을 달리는 사슴으로, 깊은 바다를 헤엄치는 커다란 거북이로 변화하기 시작했습니다. 덤불 속에서 궁수가 나타났는데, 저는 이 궁수가 저와 똑같이 생겼다는 사실에 놀라서 그를 보고 있었습니다. 그 궁수는 저를 바라보는 순간 지체하지 않고 활시위를 당겨 화살을 제 심장에 쏘아 맞추고 사라졌습니다. 화살은 저에게 해를 입히지 않았습니다. 대신 제 심장의 공간이 제 의식이 초음속의 속도로 이동하는 영원의 터널처럼 느껴졌습니다.

이 변덕스러운 게임은 계속되어 저는 빛나는 산속의 사자가 되었고, 꽃 위에 앉아 전혀 움직이지 않는 메뚜기가 되었다가, 아주 자그마한 벌새가 되었다가, 전속력으로 질주하는 말이 되었다가, 빽빽한 수풀로 가득 찬 산이 되었습니다. 이렇게 모습이 바뀌어 나가는 것이 제 몸을 정말로 즐겁게 만들었습니다. 그리고 나서는 그런 변화 순서가 더욱 빨라지기 시작했고 그러한 경험들이 점점 더 영구적으로 파도가 치는 것처럼 되어 갔습니다. 영원한 가변성 mutability의 느낌과 수반된 음악(그 음악이 외부에서 들려오는 것인지 내 내면에서 들려오는 것인지 알지 못했습니다.)에 의해 저는 충만해졌고, 이러한 지속적으로 변용되는 영원의 춤을 계속하였습니다.

물고기와 수상 생물들이 가득한 바다, 별이 빛나는 하늘, 하늘에서 세상에 가장 빠른 속도로 서로를 쫓아다니는 해와 달, 빠른 속도로 바뀌는 낮과 밤이 되었다가, 바람에 실려 공기 중에서 비행하는 구름이 되었습니다. 저의 모든 존재가 떨렸으며, 제 몸의 부피가 확장되었고, 저를 만든 빛의 입자들이 빛나는 창공 속에 내려앉았습니다. 그런 입자들 사이의 공간이 크게 확대되었지만, 중력 중심과 구심력 그리고 원심력이 완벽하게 동시적으로 결합 상태를 유지하고 있었습니다.

그 경험의 목격자인 저의 자기Self가 계속해서 이렇게 속삭였습니다. "집착하지 말고, 발생하도록 내버려 둬. 자신감을 갖고, 그냥 내버려 둬!" 제 변화가 너무도 빠르게 진행되어 저를 어지럽게 만들었습니다. 저는 어떤 소용돌이에 빠지다가 갑자기 아주 조용하고 편안한 상태가 된 제 모습을 보았습니다. 이전에 제가 경험한 것들과 반대되는 완전한 무중력 상태였습니다. 저는 다양한 색깔의 꽃들로 가득한 커다랗고 밝은 초록색 풀밭을 보았고, 풀밭에 나란히 누워서 사랑이 가득한 포옹을 통해 연결된 한 남성과 한 여성, 즉 두 명의 나체를 보았습니다. 이 차원에서는 몸에서 그리고 여러 물체에서 빛이 뿜어져 나왔습니다. 그 빛은 바깥에서 뿜어져 나오는 것이 아니었습니다.

그 맑고 빛나는 몸에서 기분 좋은 아주 부드러운 빛이 뿜어져 나왔습니다. 부드러우면서 사랑스럽고 친밀한 춤을 보면서, 저는 벅찬 감동에 압도당하였습니다. 이 장면을 보고 있을 때 제 등 뒤에서 어떤 위대한 실재Great Being가 구체화되어 나타나는 것을 느꼈습니다. 저는 사랑을 나누는 이들 두 실재에 초점을 맞추어 보았기 때문에 "나는 느꼈어."라고 말했습니다. 하지만 실제 공간의 모든 방향을 보고 느꼈습니다. 저는 상반신부터 나타나기 시작한 그 위대한 실재가 은총을 내리는 그리스도임을 알아차렸습니다.

그리스도는 아주 강력한 매력과 위대한 사랑의 빛을 내뿜었고 저는 그 모든 것을 완전히 흡수해 버렸습니다. 저는 그리스도의 몸을 구성하는 하나의 세포가 되었습니다. 하지만 저의 정체성을 잃지는 않았습니다. 저는 그저 그의 몸에 있는 하나의 세포가 되었다는 것을 알아차렸으며, 동시에 제가 집중하는 것이면 무엇이든지 될 수 있다는 것도 알아차렸습니다. 사랑이 물밀듯이 밀려오는 가운데 아주 커다란 평화와 완전함을 느꼈고, 제가 마침내 집에 있다는 것을 알아차렸습니다(그림 10.a 참조). 이 회기가 끝날 때까지 이 합일unity의 경험은 저에게 그대로 유지되었으며, 제 영혼의 깊은 곳에서 지극한 감사의 마음과 감동이 넘쳐흘렀습니다.

우리는 카티아에게 홀로트로픽 숨치료 훈련에서의 경험이 자신의 감정 상태와 개인 생활 그리고 직업 생활에 어떻게 영향을 주었는지를 물어보았다. 다음은 그런 요청에 대해 그녀가 보내온 짧은 글이다.

1997년 봄에 저는 선생님의 책 『자아 발견을 위한 맹렬한 탐구The Stormy Search for the Self』를 읽고 홀로트로픽 숨치료 훈련을 시작하겠다고 결심했습니다. 당시는 장기간의 금식과 샤먼 수련shamanic practices에 의해 영적 위기가 찾아온 이후 저의 내면 세계를 다시 정리하고 있던 중이었습니다. 이러한 내면 재정리는 1992년 이후 지속해 오던 작업이었습니다. 제가 경험한 것을 주류 정신의학계에서는 환청과 환영을 동반한 정신증적 위기, 환각 및 정신신체질환 등의 병리학적인 것으로 간주하였습니다. 다행히 저는 직업적 배경 때문에 미치지 않고서도 이러한 변화의 위기에 직면할 수 있는 충분한 경험과 지식을 갖추고 있었습니다.

영적 위기가 진행되는 동안 저는 기이하고 놀라우며 종말론적 수준에 달하는 내면의 변화를 경험하였습니다. 하지만 그러한 변화는 저를 현실 세상에서 겁을 먹고 홀로 고립되어 버린 이상한 사람으로 만들어 버렸습니다. 저는 크게 동요하여 다른 사람들과 그 경험에 대해 의견을 나누는 것을 두려워했습니다. 하지만 제 숨치료 회기를 통해 당시까지 완전하게 끝이 나거나 해소되지 않고 있던 저의 영적 위기 당시에 발생한 많은 기이한 경험을 완료하고 수용하여 통합함으로써 자기확신self-assurance과 자기신뢰self-reliance를 얻을 수 있었습니다. 홀로트로픽 숨치료 훈련에 참여하여 저의 경험을 이해할 수 있는 사람들과 공유할 기회를 가질 수 있었던 상황이 저를 안심시켜 주었고, 제가 망설임 없이 감사의 마음으로 그런 현상들을 수용할 수 있는 힘이 되어 주었습니다.

저에게 닥쳐온 종말의 대재앙은 계시Revelation로 변했습니다. 저는 이제 평화롭고 만족하고 있으며, 감정적으로도 안정적이고 온전하여 완전한 상태가 되었습니다. 제 직업인 상담일과 관련하여 더 커다란 직업적 자신감을 갖게 되었습니다. 조지프 캠벨Joseph Campbell이 그의 책 『천의 얼굴을 지닌 영웅Hero with a Thousand Faces』에서 말한 것처럼, 훈련을 받기 전에 저는 저의 내면 여행에서 돌아오기를 원하지 않았습니다. 그러나 훈련을 받은 후에 저는 완전하게 이 세상으로 돌아왔습니다. 즉, 사랑과 인내 그리고 관용을 다른 사람과의 관계 속에서 접목할 수 있게 된 것입니다.

카티아Katia

9. 촉진자의 역할

홀로트로픽 숨치료가 시작된 후 최초 2시간 동안 필요한 외부 개입의 횟수는 상황에 따라 달라진다. 촉진자가 수행해야 하는 대부분의 작업은 회기의 마지막 시간에 집중된다. 회기의 두 번째와 세 번째 시간 사이에, 우리는 방안에 계속해서 남아 있는 브리더들을 간단하게 확인한다. 그들 중 일부는 자신의 과정을 끝내고 단순히 쉬고 있거나 명상 중일 수 있다. 다른 이들은 잔존증상이나 불편한 감정적 또는 육체적 상태에 고착되어 있는 교착 상태 impasse를 경험하고 있을 수 있다. 그러한 경우, 우리는 보디워크 등 필요한 모든 것을 제공하여 그들의 경험을 잘 마무리할 수 있도록 지원해야 한다.

이렇게 필요한 것들을 적절한 시점에 제공하는 것이 중요하다. 회기에서 보낸 시간이 늘어날수록 브리더들은 덜 협조적인 자세를 취하는 경향이 있다. 브리더들은 많은 사람이 이미 떠났다는 것을 알아차리거나, 너무 오랜 시간이 흘렀다고 느끼거나, 지금이 점심시간이나 저녁시간인지를 알아차릴 수 있다.

더 빠른 호흡이 중단되고 나면 해소되지 않은 무의식적 소재가 줄어들어 처리할 수 없게 되기도 한다. 브리더들이 이렇게 제공되는 것들을 받아들이면, 촉진자의 작업은 숨치료를 통해 억눌려 있던 감정과 차단된 육체적 에너지 의식의 표면으로 더 가깝게 끌어올려 표출하고 해소하는 방법을 찾는 것이다.

홀로트로픽 호흡 작업에 익숙하지 않은 외부 관찰자들에게는 촉진자들이 다양한 종류의 개입을 수행하는 것처럼 보인다. 그래서 관찰자들은 촉진자들이 자신들이 훈련을 받을 때 학습한 다양한 종류의 구체적인 기법을 사용할 것이라고 추측한다. 하지만 이는 사실과 무관하다. 촉진자들의 작업은 모두 하나의 공통점을 가지고 있으며, 하나의 기본 원칙을 따르고 있다. 그 공통점과 원칙이란 촉진자들이 브리더로부터 단서를 취하고 브리더들의 내면 치유적 지능과 협력한다는 것이다.

촉진자들은 그저 이미 일어나고 있는 상황을 더 집중해서 강화할 수 있는 최고의 방법을 찾을 뿐이다. 이는 촉진자들이 감정적이고, 정신신체적 증상의 본질과 홀로트로픽 의식 상태에 대한 연구를 통해 드러난 치료 방법에 대해 이해하고 있음을 의미한다.

주류 정신과 의사들은 증상을 개입의 주요 대상으로 삼고 자신들의 관심을 집중하는 경향이 있다. 이런 경향은 지금까지 계속 유지되고 있으며, 대부분의 경우 증상의 존재가 그 자체로 질환으로 간주되는 것이 현실이다. 증상의 강도는 해당 질환의 심각성의 척도로 사용되고, 그런 증상을 약화하거나 억제하기 위한 효과적인 방법을 찾기 위해 많은 노력을 기울이고 있다. 하지만 이러한 접근법이 근본적 원인을 해소하지 못하고 있다는 사실이 명백함에도 불구하고, 이 '대증요법對症療法, allopathic'은 대부분 '치료therapy'로 불리고 있다.

정신의학계에서는 증상을 치료하기 위해 신체적 질환과 마찬가지로 약물을 사용한다. 하지만 신체적 질환을 치료할 때는 증상이 나타나지 못하도록 억누르는 접근방식을 나쁜 사례로 간주한다. 대증요법은 환자를 주로 더 편안하게 해 주기 위해 사용되며, 다음 두 가지 상황에서 허용된다. ① 질환의 원인을 다루는 치료 보조 수단으로 사용하는 경우, ② 원인 치료가 가능하지 않은 불치병 치료의 경우에 허용된다. 이런 관점에서 보면, 정신과적 치료를 증상이 나타나지 못하도록 억제하는 방식으로 제한하면 증상을 치료할 수 없다는 결론에 도달하게 된다.

증상 치료와 원인 치료 간의 차이는 다음의 사고思考 실험에 의해 실제 증명될 수 있다. 우리가 차를 운전한다고 상상해 보자. 우리는 차의 기계적 구조에 대해서는 많이 알지 못한다. 하지만 계기판에 빨간색 불이 켜지면 뭔가 고장이 났다는 것은 알 수 있다. 갑자기 우리 앞에 빨간불이 켜진 것이다. 그것도 우리가 모르는 사이에 말이다. 이 상황은 연료가 떨어져 가고 있음을 나타낸다. 정비소로 차를 끌고 가서 정비사와 이 문제를 상담한다. 정비사는 계기판을 살펴보고 "빨간불이 켜졌네요? 별 문제 아니에요."라고 말한다. 그러고는 전구로 이어진 전선을 떼어 낸다. 빨간불이 사라지고, 정비사는 다시 도로 주행을 해도 된다고 말한다.

이런 방식으로 문제를 '해결'하는 사람은 우리가 도움을 구하고자 하는 전문가가 아니다. 우리는 나타나는 경고 신호에 대한 원인을 해결하는 방식으로 개입하는 누군가를 필요로 한다. 근본 문제를 처리하지 않고 단지 그 문제를 눈에 보이지 않도록 만드는 사람은 필요하지 않다. 이 상황은 감정적 및 정신신체적 질환의 치료를 증상의 병리학적 억제로 국한하는 것과 아주 유사한 경우이다. 하지만 많은 일상적인 정신치료가 정확히 이런 방식으로 진행되고 있다.

홀로트로픽 의식 상태에 대한 연구를 통해 중요한 대체적인 치료 방법이 드러났다. 연구 결과, 증상은 환자의 삶에서 단지 커다란 불편감을 주는 것이상의 문제로 증명되었다. 증상은 생애전기, 주산기 및 초월적 무의식 영역에서 발생한 충격적인 상처를 남긴 기억을 비롯한 기타 혼란스러운 내용에서 벗어나고자 하는 유기체의 자기치유 욕구의 징후를 상징적으로 보여 주는 것이었다.

이런 사실을 알아차리면서 증상이 나타나지 못하도록 억제하는 것이 아니라, 증상이 드러날 수 있도록 용기를 북돋워 충분히 발현시키는 것이 치료라는 사실이 분명해졌다. 증상의 기능과 관련 치료 방법을 이렇게 이해하게 되면서 동종요법同種療法, homeopathy이라 불리는 대체 의료 체계를 부각시켰다. 이 동종요법은 19세기 전반기에 독일인 의사 사무엘 하네만Samuel Hah-nemann

이 개발하였다(Vithoulkas, 1980).

동종요법에서는 광물, 식물 및 동물에서 추출한 다양한 의약품을 이용하며, 그 효과는 건강한 개인을 대상으로 '보강proofing'이라고 불리는 과정에서 검증되었다. 동종요법 치료자들은 환자를 진찰할 때, 그 효능이 환자의 증상과 가장 일치하는 치료약을 선택한다. 그런 다음 증상을 일시적으로 강화함으로써 치유를 유도한다. 홀로트로픽 의식 상태는 동종요법의 일반 치료제의 역할을 한다고 보면 된다. 이 홀로트로픽 방식은 기존 동종요법과 같이 특정 증상들만 강화하는 것이 아니라 이전에 가지고 있던 모든 증상(기능적이거나 심인성이거나 유기체에서 기원한 것이 아닌 증상)까지 강화하는 경향이 있다. 또한 이전에 잠복하고 있던 증상들도 드러나게 만들어, 이러한 증상들을 치료 과정에서 이용할 수 있도록 해 준다.

기존 의사들의 눈으로 볼 때, 특히 문제가 된다고 의심되는 동종요법의 한 측면이 있다. 그것은 동종요법 의사homeopaths가 자신이 만든 치료약을 자신의 환자에게 투여하기 전에 격렬하게 뒤흔드는 것과 관련된 일련의 희석화 과정을 거친다는 것이다. 이 과정은 최종 약물에 활성 물질의 분자가 하나도 남아 있지 않을 때까지 계속된다.

동종요법 의사들은 그 약 성분은 물질의 에너지적 각인energetic imprint이지, 치료 효과를 갖는 약물이 아니라고 주장한다. 홀로트로픽 상태를 이용한 작업은 증상에 대한 동종요법적 이해에 기반하지만, 어떤 화학 물질과도 관련이 없기에 어떤 위대한 과학적 도전을 시도하는 것은 아니다.

심인성 증상은 심리적 방어기제가 일부 약화되면서 중요한 무의식적 내용이 의식적으로 경험될 수는 있는 수준이지만 그렇게 강력하게 방출되거나 해소될 만큼 충분하지는 않은 정도로 드러나는 상태를 나타낸다. 홀로트로픽 숨치료 촉진자들이 사용하는 전반적인 개입은 하나의 공통점을 가지고 있다.

즉, 브리더의 기존 증상을 강화하기 위해 노력하면서 브리더의 내부에 잠재된 내용을 완전하게 표출하도록 만드는 것이다.

촉진자는 브리더에게 자신이 생각하기에 문제가 있는 영역에 의식을 집중하라고 요청한다. 그리고 그 문제에 대한 경험을 강화하기 위해 할 수 있는 것이면 무엇이든지 해 보라고 한다. 그런 다음 촉진자는 관련된 육체적 감각과 정서적 느낌을 더욱 강화하는 외부적 개입을 이용한다.

다음 단계는 문제가 되는 영역에서 강화된 감각과 느낌의 어떤 단일한 지점에 집중하라고 브리더의 용기를 북돋우는 것이다. 지금 상황에 대해 자신의 몸에서 나오는 자연스러운 반응이 무엇인지 찾아보도록 브리더를 격려한다. 자발적인 성질의 반응이 분명하게 나타나기 시작하면, 이런 반응을 구성하는 모든 육체적 움직임, 소리와 감정을 모두 다 완전하게 표출하도록 격려하는 것이 중요하다. 이렇게 할 때는 그 무엇도 감시하지 말고, 판단하지 말고, 자발적인 반응을 억제하거나 변경하려는 어떤 노력도 하지 말아야 한다. 그런 다음에는 촉진자와 브리더는 문제가 적절히 해소되었다는 합의에 도달할 때까지 이 과정을 계속한다.

촉진자와 브리더의 공동 노력으로 회기가 성공적으로 마무리되면, 좀 더 영리한 방법으로 브리더가 그 경험을 통합하도록 도울 수 있다. 그 경험이 초기 유아기와 주산기로의 깊은 연령 퇴행과 관련이 있으면, 돌봄과 위로의 육체적 접촉이 매우 중요하고 의미가 있다. 강력한 물리적 보디워크 이후에 적절한 마사지는 남아 있는 긴장을 덜거나 전체적으로 위로하는 효과를 주는 유용한 도움이 될 수 있다. 이 마사지 작업을 시터가 맡을 수도 있다. 대부분의 시터는 마사지와 관련된 특정한 훈련을 받은 적이 없고, 과거에 이런 종류의 일을 한 번도 경험한 적이 없더라도 이 일을 매우 잘할 수 있다. 브리더와 시터는 브리더가 언제 방을 나갈 것인지에 대해, 그리고 회기가 얼마나 오랜 시간 지속되었는지에 따라 만다라를 그리는 방으로 이동할지에 대해, 또는 점심이나 저녁을 먹기 위해 식당으로 갈지에 대해 서로 합의한다. 브리더의 강렬한 감정적 표현과 행동을 목격하고 강력하게 무엇인가를 연상시키는 음악에 노출되면 시터가 깊은 영향을 받을 수 있다. 촉진자의 역할 중 일부는 브리더에게 무슨 일이 발생하는지 지켜볼 뿐만 아니라 시터의 반응도 지켜보면서 필요한 경우 도움을 주어야 하는 것이다. 방 안의 분위기가 만들어 내는 영향이 너무나 강력하기 때문에, 일부 시터의 경우 스스로 홀로트로픽 흐름에 들어가기도 하며, 시터가 브리더를 돕는 자신의 역할을 하지 못할 정도의 상황으로 빠져드는 경우가 자주 목격된다. 이런 경우가 발생하면 촉진자들은 상황을 적절하게 정리하여 브리더와 이전의 시터를 모두 지원할 수 있어야 한다. 또한, 이를 명심하고 그러한 예상치 못한 상황에 대비할 수 있도록 충분한 촉진자와 연수생 인력을 확보해 두어야 한다.

앞서도 말했듯이 촉진자들의 모든 개입은 하나의 원칙에 그 뿌리를 둘 수 있다. 그 원칙이란 브리더가 이미 가지고 있는 느낌을 더 강화하도록 지원하고, 내면에 가라앉아 막힌 감정과 육체적 에너지를 표출하도록 촉진하는 것이다. 회기에서 정기적으로 발생하는 일단의 상황과 문제의 경우, 증상을 강화하기 위해 특정 방법을 사용하는 것이 특히 유용한 경우가 있다고 입증되고 있다. 이러한 상황을 처리하려면 특별한 훈련을 받아야 한다. 하지만 여기서 홀로트로픽 숨치료의 경험이 없는 독자들에게 그 방법을 논의하기에는 방법들이 너무 구체적이고 세부적이므로 생략하기로 한다.

이 방법에 대한 논의는 이 책의 부록 1편을 참고한다.

10. 만다라 그리기 및 치료적 과정 집단

브리더가 자신의 회기를 마치고 정상 의식 상태로 회복하면 담당 시터가 브리더를 만다라 방으로 안내한다. 이 방에는 파스텔, 매직펜, 물감 및 커다란 도화지 등 다양한 미술 용품이 준비되어 있다. 종이 위에는 커다란 식사용 접시만 한 원이 심이 가는 연필로 그려져 있다. 거기에 있는 원들은 거의 눈에 보이지 않을 정도로 가늘어서 브리더들이 자신들의 경험에 집중하여 그들의 경험을 간결하게 표현하도록 도와준다. 그렇지만 브리더들은 원을 완전히 무시할 수 있으며, 원하는 경우 자신의 그림을 그 페이지의 가장 끝 가장자리까지 늘릴 수 있다고 강조해서 알려 준다.

브리더들에게 앉아서 자신의 경험에 대해 묵상하고 회기가 진행되는 동안 일어났던 일에 대하여 표현하는 방법을 찾으라는 지침을 전달한다. 만다라는 나중에 숨치료 회기에서 경험한 내용을 기술하는 참가자의 구두 이야기에 대한 시각적('우뇌') 보조재로 치료적 작업 집단에서 사용된다. 만다라 그리기에 대한 구체적인 안내 지침은 없다. 어떤 사람들은 회기의 전체적인 분위기나 감정적인 분위기를 포착한 형태가 없는 색상의 조합을 선호할 수 있고, 또 어떤 사람들은 기하학적 만다라를 구성하거나 비유적인 밑그림이나 그림을 선호할 수 있다. 후자(비유적 그림)의 경우 회기가 진행되는 동안 떠오른 구체적인 이미지를 묘사하거나, 내면 여행의 여러 순서와 단계를 묘사하는 복잡한 여행기를 구성할 수도 있다. 어떤 브리더들은 한 번의 회기를 서로 다른 부분이나 측면을 나타내는 몇 개의 만다라로 기록한다. 드문 경우지만 무엇을 그려야 할지 아이디어가 전혀 없거나, 무의식적 자동화automatic drawing를 그리는 브리더들도 있다.

때때로 몇 년 만에 처음으로 빈 종이를 접해 본 일부 참가자는 크게 두려워할 수도 있다. 어렸을 때 미술 교사에게 상처를 받은 경험이 있을 수도 있고,

여러 다른 이유로 그림을 그리기에 자신이 적합하지 않다고 느낄 수도 있다. 우리는 회기를 준비하는 동안 이런 공통된 문제를 다루었고, 만다라 그리기에 정답이 없을 뿐만 아니라 그리기 대회나 미술 시간도 아니라고 참여한 집단을 안심시킨다. 이 작업은 중요한 심리학적 내용일 뿐이지 예술적인 그리기 능력을 선보이는 것이 아니다. 종종 만다라의 작품의 수준이 너무 높아 집단 구성원뿐만 아니라 그 만다라를 그린 당사자를 놀라게 만들기도 한다. 마치 무의식적 요소가 갖는 감정적 힘이 예술적 과정을 유도하고, 브리더를 하나의 수단으로 이용하여 자기만의 표현을 찾은 것과 같다.

때때로 숨치료에서 경험한 내용이 무의식에 잠복해 있거나 어린 시절의 외상 경험에 의해 억제되었던 천재적인 예술 능력을 실제로 자유롭게 드러내는 계기가 된 사례를 목격하기도 하였다.

그러한 놀라운 예술적 재능의 각성과 관련된 극단적 사례를 20년 전에 앨리스Alice를 통해 확인할 수 있었다. 앨리스는 오스트레일리아의 브리즈번 근처의 센터에서 열렸던 주민 대상의 워크숍에 참여했었다. 홀로트로픽 숨치료 회기에서 앨리스는 어른들이 그녀가 그린 초보자로서의 예술 창작품을 비웃었던 어린 시절 겪었던 일련의 에피소드를 재현했다. 당시 어른들은 모두 앨리스의 그림을 재미있어 했다. 하지만 그녀는 그런 반응을 조롱으로 받아들였으며, 매우 수치스러운 마음의 상처로 남게 되었다. 시간이 흐르면서 그녀는 학교에서 진행하는 미술 수업에서 매우 수줍고 내성적이었으며 실력도 보잘것없었다. 숨치료 회기가 진행되면서 어린 시절의 기억을 재현하는 동안 그녀는 수치심부터 상처받은 느낌과 강력한 분노까지 다양한 감정을 경험하였고, 그러한 감정을 완전하게 표출할 수 있게 되었다. 오랜 싸움 끝에 앨리스는 외상 기억이 어느 정도 해소된 것을 느끼는 단계에 도달했다. 그리고 놀랍게도 두 점의 강력하고 예술적으로 아름다운 만다라를 그려 냈다. 다음날

아침 숨치료가 진행된 방으로 들어갔을 때, 그녀는 방의 모든 곳에 깔려 있는 놀라운 만다라들에 둘러싸인 채 방 한가운데 앉아 있었다. 그날 밤 그녀는 잠을 자지 않은 채 몹시 흥분된 상태로 열정적으로, 그리고 정신이 없을 정도로 빠른 속도로 새벽까지 만다라를 그린 것이다. 그런 일을 겪은 후 몇 년간 그림은 앨리스에게 중요한 삶의 일부가 되었다.

프로이트 분석으로 훈련받은 치료자는 정신분석가들이 꿈의 상징이나 신경증을 해독하기 위하여 이용하는 것과 동일한 접근법을 사용하여 만다라를 파악할 것으로 기대한다. 치료자는 만다라의 내용을 브리더의 삶에서 있었던 사건과 결부시키려고 한다. 즉, 브리더의 영아기, 유년기 그리고 이후의 삶에서 겪은 사건에 집중한다. 이러한 접근법은 심혼의 프로세스가 엄격한 선형적 결정론linear determinism과 개인의 출산 후 역사의 산물임을 보여 준다는 프로이트의 믿음을 반영한다. 이는 종종 어느 정도 확실한 사실이긴 하다. 하지만 우리는 만다라를 개인 역사의 산물로 완전히 파악할 수 없는 사례를 자주 목격하였다. 만다라가 회기에서 발생한 내용을 묘사하는 것이 아니라 다음 회기에서 진행할 실제 예상 주제를 표상하고 있는 경우가 자주 발생했다.

이는 심혼의 산물이 반드시 앞선 역사적 사건을 통해서만 완전하게 설명할 수 있는 것은 아니라는 칼 융의 생각과 일치한다. 많은 사례에서 이러한 심혼의 산물이 회고적일 뿐만 아니라 미래적이거나 예측적인 양상으로 나타나고 있다. 융이 집단무의식과 연결된 인간 심혼의 더 높은 자율적 양상이라고 부른 자기Self는 관련된 개인에 대해 일정한 계획을 가지고 있으며 그 계획이 달성될 때까지 드러나지 않는 특정 목표에 대해 안내한다. 융은 심혼의 이러한 움직임을 개성화 과정individuation process이라고 불렀다. 결과적으로 만다라의 특정 양상에 대한 설명은 미래와 관련이 있다. 만다라는 역사적으로 결정될 뿐만 아니라 목적론적 또는 원인론적일 수 있는 프로세스의 산물이기도 하다. 이 원칙은 혼돈 이론에서 이상한 끌개라고 부르는 것과 유사해 보인다.

그래서 우리는 참가자들에게 자신이 그린 만다라가 만족스럽지 않거나 이 해할 수 없어도 모아서 보관하라고 요청한다. 바로 전날의 꿈에 대한 분석, 추가적인 홀로트로픽 숨치료 회기, 융의 모래놀이, 명상 또는 게슈탈트 치 료와 같은 다양한 형태의 미래에 대한 자기성찰적 접근법을 사용하여 만다 라가 그려질 때는 이용할 수 없었던 중요한 통찰을 만다라에서 끄집어 내는 일이 매우 자주 발생하였기 때문이다. 한 달간 지속된 에살렌 연구소Esalen Institute에서의 워크숍과 홀로트로픽 숨치료 훈련이 끝날 때, 각 참가자들에 게 자신의 만다라를 보여 주면서 워크숍과 숨치료 중에 함께 겪었던 과정들 을 집단의 참가자와 공유하는 자리가 마련되었다. 날짜별로 표시된 연속적 인 숨치료 회기를 통해 얻은 일련의 만다라는 대부분 그 만다라를 그린 당사 자의 내면 변화 과정에 대한 분명하고 즉각적인 기억과 일치하고 있어 커다 란 놀라움을 자아냈다. 대부분의 시터는 자신이 함께 작업한 브리더가 정상 의식 상태로 복귀한 후에도 그들과 함께하기로 마음먹는다. 일부 시터는 만 다라를 그리는 브리더를 지켜보는 것에 그치는 것이 아니라 함께 참여하여 파트너를 돕고 시터 자신이 경험한 것과 관련된 자신만의 만다라를 그리기 도 하였다. 이렇게 그린 만다라들은 브리더의 경험과 매우 유사한 경우가 대 부분이었을 뿐만 아니라 브리더의 프로세스에 대한 놀라운 통찰을 제공하였 다. 이러한 광경을 목격하는 일은 정말로 놀라운 경험이었다.

지금까지 이야기한 만다라 그리기에 대한 흥미로운 대체 방법으로 프랑스 의 화가 미셸 카수Michelle Cassoux가 개발하고 실천하여 널리 알린 프로세스가 있다. 미셸은 파리에서 자신의 자녀들과 작업하면서 이 방법을 개발하였으 며, 나중에 그녀 자신의 어렵고 격정적이었던 쿤달리니 각성 경험에 대처하 는 방법으로 사용하였다. 캘리포니아로 이민을 간 후 미셸은 이 프로세스를 그리기 경험이라 부르고 당시 남편이었던 스튜어트 커블리Stewart Cubley와 함께 수업과 워크숍에서 이것을 가르쳤다. 그들은 이 작업을 공저 『삶과 그림 그리고 열정: 자발적 표현의 마법 연구Life, Paint, & Passion: Reclaiming the Magic of Spontaneous Expression』(Cassoux & Cubley, 1995)에서 설명하였다.

미셸은 세로 판넬 위에 여러 장의 커다란 종이를 올려놓고 학생들에게 붓과 손으로 그림을 그려 보라고 말했다. 그녀는 학생들에게 더 깊은 창조의 에너지를 건드리는 방법에 대해 가르쳤으며, 자기발견과 창조적 과정의 영적 차원을 탐색하기 위한 도구로 그림을 이용하였다. 이때 가장 이상적인 상황은 형식이나 내용에 대한 어떤 선입견도 들어가지 않은 채 그림을 완전히 자발적으로 그리는 것이다. 이런 이유로 미셸의 그리기 경험은 '초심자의 자세'가 되어, 어떤 것도 검열하거나 변경하지 않은 채 무의식적 요소를 드러나게 만드는 자기탐색이라는 똑같은 원칙을 사용하는 홀로트로픽 숨치료의 완벽한 보조재가 되었다. 몇 가지 사례에서 우리는 홀로트로픽 숨치료 훈련 모듈을 미셸과 함께하는 후속 주말 워크숍에 결합하여 이러한 두 접근법의 양립 가능성을 경험적으로 확인할 수 있었다.

만다라 그리기를 대체할 수 있는 또 다른 흥미로운 방법은 시나 B. 프로스트Seena B. Frost가 개발한 **영혼의 콜라주**Soul Collage 방법이다(Frost, 2001). 홀로트로픽 워크숍, 훈련 및 치료에 참석한 이들은 대부분 스케치를 하거나 그림을 그리라는 작업에 직면했을 때 심리적 차단(심리적인 원인으로 사고의 흐름이 두절되는 현상)을 경험한다. 앞서 언급했듯이 이러한 현상은 보통 어린 시절에 부모나 미술 시간의 교사나 친구들에게서 상처를 받은 몇 가지 경험에 그 뿌리를 두고 있다. 때때로 자신의 능력에 대해 의구심을 갖는 낮은 자존감이 원인이 될 때도 있다. **영혼의 콜라주**는 이러한 사람들이 자신의 심리적 차단막을 걷어 저항감을 극복할 수 있도록 돕는다. 또한 이미 존재하는 그림이나 사진을 이용하기 때문에 누구나 참여할 수 있는 창의적인 과정이 될 수 있다.

　스케치 및 그림 도구들 대신에 참가자들은 다양한 종류의 사진이 가득한 잡지, 카탈로그, 달력, 카드 및 엽서를 받는다. 또한 참가자들은 자신이 찍은 가족 앨범의 개인 사진이나 인물이나 동물 사진, 풍경 사진을 가지고 올 수도 있다. 참가자들은 자신의 경험을 묘사하기에 적절한 것처럼 보이는 사진의 일부를 가위로 오린다. 그렇게 오린 사진들을 함께 모아서 미리 잘라 놓은 두꺼운 종이 위에 풀로 붙인다. 참가자들이 지속적으로 진행되는 집단에 참여하고 있는 경우, 이들은 마지막에 자신에게 깊은 개인적 의미가 담긴 몇 개의 카드와 마주하게 된다. 참가자들은 이런 카드를 친구의 집에 가져가거나 개별 치료 회기나 지원 단체에 가져갈 수도 있다. 또는 자기 집을 꾸미는 장식용으로 사용할 수도 있다.

　만다라 그리기에 대한 또 다른 흥미로운 대체 방법이나 보완 방법은 진흙으로 조각을 하거나 다양한 플라스틱 모형의 제작용 재료를 이용하여 형상을 만들게 하는 것이다. 우리는 시각장애인이나 만다라를 그릴 수 없는 집단 참가자를 위해 이 방법을 도입하였다. 흥미롭게도 실제 일부 참가자는 이것이 제공될 경우 이 소재들을 선호했으며, 만다라 그리기를 조각이나 중요한 오브제(천 조각, 깃털, 털, 나무 조각, 나뭇잎, 조개껍질 등)와 창조적으로 결합하였다.

　브리더들은 만다라 그리기를 진행한 날 늦게, 보통 차를 한잔 마실 때나 저녁 식사 후에 자신의 경험을 이야기하는 치료적 과정 회기에서 자신이 그리거나 만든 만다라, 콜라주 및 조각을 가지고 온다. 집단을 이끌어 가는 촉진자는 경험을 공유할 때 최대한 개방적이고 솔직할 수 있도록 용기를 북돋워 준다. 이에 앞서 공개되는 모든 개인적 내용은 엄격하게 비밀로 유지된다. 또한 동그랗게 원을 그리면서 모여 있는 상태를 유지해야 한다는 것에 집단의 모든 참가자가 합의해야 한다. 저마다 다양한 종류의 은밀하고 세부적인 내용을 포함한 회기의 내용을 드러내고자 하는 참가자들의 의도 자체가 집단 내 참가자 간 유대와 신뢰감을 높이는 데 기여한다. 그러한 자발적 의도는 치료적 과정을 더욱 깊게 만들고 강화하여 치료적 과정이 신속하게 진행되도록 돕는다.

대부분 치료 이론의 실천 방식과는 대조적으로 촉진자들은 참가자의 경험에 대한 해석을 삼간다. 이렇게 하는 이유는 기존 접근법 간에 심혼의 역동성에 대한 합의가 부족하고 서로 다르기 때문이다. 이러한 환경하에서 이루어지는 모든 해석은 의심해 볼 소지가 있고 독단적으로 흐를 가능성이 있다고 앞서 논의했었다. 해석을 멀리하는 또 다른 이유는 심리적 내용이 자주 과잉 규정되고 심혼의 여러 수준과 의미적으로 관련될 수 있다는 사실 때문이다. 추정에 기반하여 확정적인 설명이나 해석을 제공하면 이 프로세스를 얼어붙게 만들어 아무도 이야기를 하지 못하게 만들거나 치료적 진행이 중단될 위험까지 초래할 수도 있다.

더 생산적인 대체 방법은 참가자들의 경험과 관련해서 이미 최고의 전문가로 등극한 집단원의 관점에서 추가적인 정보를 그릴 수 있도록 도와주는 질문을 던지는 것이다. 우리가 인내심을 갖고 느낌과 통찰을 공유하고 싶은 욕심을 억제하고 있으면, 참가자들은 자신이 하고 있는 설명이 대부분 자신의 경험을 가장 잘 반영하고 있다는 사실을 알아차린다. 때때로 유사한 경험에 대해 과거에 관찰한 내용을 공유하는 것이나 집단의 다른 참가자의 경험과 연결지어 언급하는 것도 매우 유용하다. 그러한 경험이 원형적 요소를 포함하고 있는 경우에는 칼 융의 확충법擴充法(특정 경험과 여러 문화에서 나오는 유사한 신화적 모티프 간의 유사점을 언급함)이나 좋은 상징 사전을 찾아보면 매우 유용할 수 있다. 하지만 촉진자들은 자신들이 제공하는 모든 의견이나 확충법이 확실성이 없는 잠정적인 의견일 뿐이라는 점을 강조해야 하며, 참가자들에게 자신에게 유용한 것은 취하고 나머지는 버리라고 요청한다.

집단 내에서 경험을 처리하는 방식을 반드시 입으로 전달되는 경험 사례와 만다라에 대한 묘사로 제한할 필요는 없다. 그 방식은 다양한 실험적 방법으로 효과적으로 보완할 수가 있다. 경우에 따라 브리더들은 사이코드라마를 이용한 방법으로 회기나 만다라에 대한 여러 요소를 표현하도록 용기를 북돋워 줄 수도 있다. 참가자의 상태가 가능해 보이면, 참가자에게 자신의 인생에서 만난 다양한 이야기의 주인공이 되어 보라고도 제안할 수 있다. 이런 주인공으로는 과거 기억 속의 인물, 실제 동물이나 신령스러운 영적 동물 및 원형적 인물을 들 수 있다. 그리고 주인공이 되어 표정이 풍부한 춤, 팬터마임 또는 의인화를 통해 그 주인공을 구체적으로 표현해 보라고 제안한다.

참가자들이 각자의 방식으로 표현을 할 때, 집단은 북을 치고 딸랑이를 울리고 즉흥적으로 소리를 내면서 표현하려고 하는 참가자를 지원해 줄 수 있다. 다른 경우, 집단을 통해 회기에서 소외감, 배척감, 외로움 및 비소속감을 아주 강하게 느끼게 하는 기억을 재현한 브리더들에게는 심오한 교정적 치유 경험을 제공할 수도 있다. 이런 브리더들은 자주 부모, 학교 친구와 크게는 사회에 의한 거부와 정서적 학대의 에피소드들을 경험한다. 또한 타 인종 간의 결혼 환경에서 성장한 사람이나, 각자의 종교적 신념에 엄격한 서로 다른 교회 종파를 가진 부모에 의해 양육된 사람의 경우에 소외감 또는 비소속감을 강력하게 느끼는 경향이 있다. 사회적 고립감이나 유기감의 깊은 뿌리는 출생 후 초기에 인간적 접촉의 부재가 원인인 경우가 많다.

말과 접촉 그리고 포옹으로 표현되는 동료들의 애정 어리고, 지지적이면서, 따뜻하게 돌보아 주는 자세는 숨치료 회기가 끝나고 나서 마음이 활짝 열려 있는 브리더들을 위한 교정적 치유 경험을 제공할 때 큰 효과를 거둘 수 있다. 드물지만 우리는 과거와 현재의 그러한 감정적 상처를 치유하는 색다르지만 매우 효과적인 방법을 사용하기도 하였다. 우리는 브리더에게 얼굴을 위로 향하게 하고 방 가운데 바닥에 누우라고 요청하였다. 나머지 집단원들이 누워 있는 그 브리더를 둘러싼 다음 팔뚝과 손바닥으로 들어 올렸다. 그런 다음 집단원들은 위로하는 따뜻한 소리를 내면서 이 브리더를 앞뒤로 부드럽게 흔들었다. 오랜 시간 동안 집단적으로 만들어 내던 이 옴OM 사운드는 수년간 최고의 효과를 보았던 것으로 기억한다. 그 상황은 어떤 설정을 하거나 자극을 주지 않은 상태에서 집단원들에 의해 자발적으로 진행되었다. 이러한 활동이 제공하는 치유력을 목격하거나 개인적으로 경험해 보면 그 효과에 대한 믿음은 더욱 굳건해질 것이다.

일부 사례의 경우, 집단 공유 시간이 시작되었을 때도 일부 브리더는 여전히 프로세스를 진행하고 있을 수 있다. 그들이 프로세스를 완료할 때까지 함께 머물러 줄 수 있도록 충분한 수의 촉진자를 반드시 확보해 두어야 한다. 또한 프로세스를 완료했지만 아직 집단 공유에는 참여할 준비가 되지 않은 브리더가 있을 수도 있다. 이러한 브리더의 경우 집단으로 데리고 와서 집단원들이 만든 공유 원 밖에 매트리스를 펴 주고 편히 쉬게 해 주는 것이 유용하다. 이렇게 하면 이들 참가자는 집단에 포함될 수 있고, 동시에 경험을 공유하는 자리에 자신이 참석할 수 있는 능력이나 의지의 정도를 스스로 판단하고 선택할 수 있다. 일부 참가자의 경우 집단에서 이야기하지 않기로 결정할 수 있다. 이 경우에는 촉진자는 치료적 작업 회기가 끝난 후에 잠시나마 말을 걸어 현재 상태가 어떻고 도움이 필요한지 여부를 반드시 알아보아야 한다.

여기서 설명한 지침 목록은 입문 워크숍에서 홀로트로픽 숨치료를 수행할 때 모두 적용된다. 특정 주기로 정기적인 만남이 이루어지는 지속적인 집단, 또는 홀로트로픽 숨치료 촉진자를 위한 훈련, 또는 한 달간 지속되는 세미나와 같이 그 형식이 반복적인 회기를 포함할 경우, 참가자들을 선별하고 이론적으로 교육하고 실무적 지침을 내리는 일은 처음부터 자연스럽게 이루어진다. 개방 집단의 경우 필요한 정보를 비밀 개별 회기에 참가한 신참자에게 제공한다.

또 다른 방법은 필요한 이론적 정보와 실무적 지침을 담은 영상자료를 제공하고, 이 영상자료를 보면서 생긴 질문에 답을 하는 후속 회기를 마련하는 것이다. 홀로트로픽 숨치료에 대한 이론적 준비는 〈비일상적 의식 상태의 치유 잠재력: 스타니슬라프 그로프와의 대화Healing Potential of Non-Ordinary States of Consciousness: A Conversation with Stanislav Grof〉라는 제목의 DVD를 참조하길 바란다. 홀로트로픽 숨치료 회기의 수행과 관련된 실무적 내용은 『홀로트로픽 숨치료: 크리스티나와 스타니슬라프 그로프와의 대화Holotropic Breathwork: A Conversation with Christina and Stanislav Grof』를 참조하길 바란다.

이 시점에서 다시 한번 몇 마디 주의의 말을 전달하고 싶다. 이 영상자료는 훈련받은 촉진자가 감독하는 회기에 참여할 예정인 신참자에게 홀로트로픽 호흡 작업에 대한 기본 정보를 제공할 목적으로 제작되었다. 따라서 이 자료는 다른 사람들과 회기를 진행할 때는 물론이고 숨치료를 통한 자기실험을 진행하기 위한 적절한 준비라고는 할 수 없다. 홀로트로픽 상태로 작업을 하는 것은 매우 강력하며, 매우 깊은 수준의 무의식적 심혼을 완전히 열도록 만들 수 있다. 이런 상태 속에서 발생하는 경험을 관리하려면 적절한 경험과 치료 기술이 필요하다. 이 작업에서 위험을 최소화하고 최대의 효과를 보는 방식으로 수행하려면 전문가의 지도하에 이론적 연구와 반복된 개인 회기를 병행하는 집중 훈련을 반드시 거쳐야 한다.

홀로트로픽 숨치료 회기를 개인을 대상으로 수행할 경우에는, 이 장에 포함된 일부 정보를 적용하지 않거나 수정하여 적용해야 한다. 이 경우에는 이론적 및 실무적 준비뿐만 아니라 경험의 치료적 작업도 비공개 회기에서 진행된다. 따라서 숨치료의 진행 환경도 사무실이나 개인실이 될 수 있고, 회기를 진행하는 사람도 훈련받은 촉진자의 역할뿐만 아니라 시터와 기본적인 돌보는 사람의 역할을 병행해야 한다. 이상적인 상황은 동료나 수습 교육생과 같은 보조자가 치료적 작업을 도와주는 것이다. 비공개 회기에서 지지적인 신체적 접촉을 사용할 때는 반드시 보조자가 있어야 한다. 이러한 신체 접촉 방법은 외부의 다른 집단원들이 중요한 보호자로 기능하는 집단 상황에서는 문제가 되지 않지만, 문을 닫고 1대1로 진행하는 상황에서는 권장하기 어렵다.

독자들에게 이 책을 한층 더 풍부하게 만들어 준 카일리 테일러Kylea Taylor의 저서를 소개하며 이 장을 끝내고자 한다. 첫 번째 책은 『숨치료 경험: 비일상적 의식 상태에서의 탐색과 치유The Breathwork Experience: Exploration and Healing in Non-Ordinary States of Consciousness』(Taylor, 1994)로, 홀로트로픽 숨치료에 대한 유용한 정보를 매우 간결하게 설명하고 있다.

두 번째 책은 『돌봄의 윤리학: 직업적 치유 관계에서 생명체에 대한 존중Ethics of Caring: Honoring the Web of Life in Our Professional Healing Relation-ships』으로 잭 콘필드Jack Kornfield가 서문을 썼다(Taylor, 1995). 이 책은 치료자들이 내담자와 작업을 할 때 맞닥뜨리게 되는 성, 권력, 돈 그리고 영성에 관한 윤리적 문제에 관해 다루고 있다.

세 번째 책은 『홀로트로픽 숨치료 워크숍: 훈련받은 촉진자를 위한 설명서The Holotropic Breathwork Workshop: A Manual for Trained Facilitators』(Taylor, 1991)이다. 이 책은 홀로트로픽 숨치료 훈련을 끝내고 자체적으로 워크숍을 진행하려는 촉진자들을 위한 귀중한 실무 정보를 담고 있다.

마지막 네 번째 책은 『홀로트로픽 숨치료 탐색: 10년간 내면의 문에 실린 기사 모음집Exploring Holotropic Breathwork: Selected Articles from a Decade of the Inner Door』(Taylor, 2004)이다. 이 책은 숨치료 커뮤니티를 위한 뉴스레터인 『내면의 문The Inner Door』에 실린 글을 모아서 엮은 책으로 홀로트로픽 숨치료 과정에서 드러나는 다양한 종류의 개인적 및 직업적 주제를 다루고 있다.

홀 로 트 로 픽 숨 치 료

홀로트로픽 숨치료에서는 매우 깊은 수준에서 심혼의 문을 열 수 있고 의식과 무의식의 역동 관계를 근본적으로 매우 빠르게 변화시킬 수 있다. 회기의 최종결과는 정신적 충격을 준 트라우마 소재가 얼마나 많이 의식 안으로 들어와 처리되었는가가 아니라, 그 체험이 얼마나 잘 완결되고 통합되었는가에 달려 있다. 그러므로 촉진자들은 브리더breather들이 성공적인 완결에 도달할 수 있도록 최대한 함께 머물러 도와주어야 한다. 이 장에서 우리는 홀로트로픽 숨치료를 안전하고 생산적이며 효율적으로 만들기 위해 회기 전에, 회기 중에 그리고 회기 후에 무엇을 해야 되는지에 초점을 맞출 것이다. 우리는 최적의 통합을 위한 조건을 창출하는 방법과 참가자들이 워크숍에서 일상생활로 잘 돌아가도록 도와주는 방법에 대해 논의할 것이다. 그다음 부분에서는 홀로트로픽 숨치료와 호환되며 일부 치료자들이 보완 방법으로 사용해 온 자기탐색에 대한 다양한 접근법을 간략하게 검토할 것이다.

1. 최적의 통합을 위한 환경 만들기

성공적인 통합을 향한 첫 단계들은 체험 작업이 시작되기 전에 미리 준비한다. 성공적인 회기가 되기 위해 브리더들에게 내적 과정에 집중하고, 체험에 완전히 자신을 내맡기며, 회기에서 생기는 감정과 신체 에너지를 편견이나 판단 없이 표현해야 한다고 알려 주는 것이 중요하다. 우리는 또한 참가자들에게 최대한 이성적이고 지식적으로 분석하거나 해석하기보다는 내적인 치유 지성과 안내를 신뢰해야 성공적인 회기가 될 수 있다고 강조한다.

회기 중에 브리더가 계속하기를 주저하며 회기를 종결하고 싶어 한다면, 촉진자는 브리더를 안심시키고 이완 자세 속에서 눈을 감거나 안대로 눈을 가린 채 좀 더 빠른 속도로 호흡하게 하여 도와줄 수 있다. 필요한 경우에 촉진자는 주저하는 브리더와 잠시 함께하면서 손을 잡아 주는 등 여러 형태로 도와줄 수도 있다. 촉진자는 어떻게든 브리더가 힘들고 어려운 경험 속에 있는 상태에서 회기가 종료되지 않도록 힘써야 한다. 이러한 상태에서 회기가 종료되면 무의식 소재가 해결이 잘 되지 않거나 회기를 마친 후에 불쾌해질 수 있기 때문이다.

브리더의 감정적·신체적 상태는 대개 회기 완료 시 어떤 느낌인가에 의해 결정된다. 촉진자는 모든 브리더가 작업실을 나가기 전에 간단한 대화를 통해 그들의 느낌이 어떤 것인지 알아내야 한다.[1] 회기 후 이상적인 브리더의 상태는 고통이 없고 어떤 형태의 신체적 스트레스도 없으며 이완되고 감정적으로 편안한 상태이다. 만일 그렇지 않다면 촉진자는 브리더에게 보디워크bodywork를 제공하고 그들의 체험이 만족스러운 상태에서 마무리되도록 끝까지 함께 있어 주어야 한다.

....
1) 우리는 이것을 체크 아웃(check out)이라고 부른다.

2. 일상생활로의 복귀를 쉽게 해 주기

홀로트로픽 숨치료 집단에 참여하는 것은 비록 입문 주말 워크숍에 잠깐 참가하는 것일지라도, 원주민 문화의 통과의례와는 달리 전반적으로 그 문화에서 참가자들을 분리시키는 감정적이면서 동시에 지적인 특이한 분위기가 만들어지는 경향이 있다. 그러나 통과의례에서 이러한 분리는 일시적이며, 결국 입문자들의 비일상적인 체험은 그들의 문화에 대해 영적으로 알려진 세계관을 확인하고 입문자들과 부족 구성원 사이에 더 긴밀한 유대감을 형성하게 된다.

그렇지만 과학기술 사회에서 행해지는 홀로트로픽 숨치료 워크숍의 경우는 다르다. 사실, 상황은 정반대이다. 여기서 참가자들은 산업 문명을 지배하는 물질주의적 과학에 의해 창조된 세계관과는 근본적으로 다른, 심혼과 우주에 대한 이해를 하게 된다. 홀로트로픽적인 의식 상태를 가진 작업에서 나타나는 새로운 관점은 무신론적인 서양인들에게도, 조직화된 여러 종교의 추종자들에게도 모두 이질적이다. 홀로트로픽 숨치료 집단에서는 이 새로운 현실의 비전이 지적으로 전달될 뿐만 아니라 참가자들의 심오한 개인적 체험에 의해서도 검증된다.

창조계 바깥에 있으면서 교회 계급의 중재를 통해서만 접촉할 수 있다는 신에 대한 개념은, 우주를 창조했고 우주의 모든 부분에 스며들어 있는 우주적 지성이라는 개념으로 바뀐다. 우리는 궁극적으로 신과 동일하기 때문에 신성은 내면을 넘어서Beyond Within, 즉 우리 각자 안에서 찾을 수 있다. 물체와 존재들이 분리되어 있는 세계는 환상이며, 그 아래에는 존재하는 모든 것을 연결하는 통일된 장field, 우주적 매트릭스가 깔려 있다. 각각의 인간은 대우주에 대한 정보가 들어 있는 소우주이며 어떤 면에서는 대우주와 상응하며 동일하다

(심오한 영적 체계에서 말하는, 안과 같이 바깥에as without so within, 위와 같이 아래에as above so below[2])[3].

우리의 감각 및 확장된 감각이 도달 가능한 물질 세계만이 현실은 아니다. 우리가 평범한 일상적 의식 상태에 있는 한, 우리에게 감추어져 있는 존재의 영역이 존재한다. 원형적 존재들과 왕국들이 은신하는 이 영역에서 물질 세계가 형성되고 소멸된다. 환생이나 업보, 사후 의식의 존속 등의 가능성, 또는 그럴듯한 타당성은 믿음의 문제가 아니다. 그것은 홀로트로픽 상태에서 직면하는 전생 기억에 대한 개인적 체험들이 매우 강렬하고 설득력 있기 때문에 타당하다고 결론을 내리는 것이다.

그러므로 홀로트로픽 상태를 사용한 자기탐색에서는 일반 문화라면 이상하다거나 심지어 미쳤다고 할 만한 현실들을 받아들이거나 당연하게 여기는 기이한 하위 문화가 생겨나는 경향이 있다. 한 달간의 워크숍이나, 촉진자 훈련이나, 수개월간 정기모임을 갖는 집단처럼 오랫동안 홀로트로픽 체험들을 공유해 온 경우에는 특히 그렇다.

새롭게 발견되는 이러한 세계관은 개인 브리더에게는 비이성적이거나 기이하거나 특이하지 않다. 그것은 이성을 포함하고 초월한다는 의미에서 초이성적인 세계관이다. 그 본질적 원리는 이런 형태의 자기탐색에 동참하는 대부분의 개인이 독자적으로 발견하게 된다. 전체적으로, 존재에 대한 이러한 시각은 위대한 동양의 영적 철학과 세계의 신비적 전통들은 올더스 헉슬리Aldous Huxley의 『영원의 철학Perennial Philosophy』(Huxley, 1945)[4]에 나오는 개념

....
2) 하늘에 있는 것처럼 땅에서.
3) 오컬티즘, 신성기하학, 신비주의, 타로와 관련된 격언이다. 우리 내면에서 생각하는 것 없이 우리가 사는 세상에 표현되거나 반영되고, 한 수준의 현실에서 일어나는 일은 다른 모든 수준에서도 발생한다. 소우주와 대우주가 똑같이 움직인다는 의미이다(wikipedia).
4) 조옥경 역, 김영사(2014).

들과 매우 비슷하다. 홀로트로픽 체험은 샤머니즘 전통이나 원주민 문화가 가지고 있는 특정한 믿음을 밝히고 입증해 주는 경우도 많다.

여기에 설명된 심혼과 우주에 대한 이해를 발견한 많은 사람은 이러한 관점이 17세기의 유물론적이고 물질주의적인 과학의 뉴턴-데카르트적 사고와 양립하지는 못하지만, 양자론-상대론적 물리학, 광학 홀로그래피[5]와 홀로노믹[6] 사고, 신생물학, 시스템 이론 분야 등 새롭게 출현하는 다양한 패러다임의 통로로 유지되고 입증된다는 점에 매우 흥미를 느끼고 격려를 보낸다(Bohm, 1980; Capra, 1975; Laszlo, 1993, 2004; Pribram, 1971; Sheldrake, 1981).

홀로트로픽 워크숍에서 체험하고 본 것에 열광한 나머지 이것을 다른 사람들과 무차별적으로 공유해야겠다고 느끼는 사람들도 있을 것이다. 그들은 출생을 다시 경험했다, 전생의 기억을 체험했다, 위인을 만났다, 또는 죽은 친척과 대화를 했다고 이야기한다. 일반인의 숨치료 회기에서 이 모든 체험이 일상적으로 일어나지만, 외부인에게는 불가능하거나 미친 것처럼 보일 가능성이 매우 크다.

그러므로 참가자들이 워크숍을 떠나기 전에 이 문제를 함께 논의하는 것이 중요하다. 촉진자들은 참가자들에게 누군가와 자신의 체험을 나누게 될 경우에 자기체험이 자신에게 정착되고 안정될 때까지 충분한 시간을 가지는 것이 필요하다고 알려 주고, 자신의 경험과 은유를 공유할 사람을 신중하게 주의해서 선택해 달라고 부탁한다. 강력한 회기 뒤에는 바쁜 사회적 상황들로 즉시 뛰어들지 말고 자제하며, 며칠간 참았다가 체험을 공유하라고 권한다.

---

5) holography. 빛의 간섭을 이용한 사진법이다.
6) holonomic. 어떤 고전 역학계의 구속 조건이 좌표와 시간에만 의존하고 속도 따위에 의존하지 않는 경우를 이르는 말이다(우리말샘).

그들의 상황이 허락된다면 오랜 시간 목욕을 하거나, 자연 속을 걷거나, 좋은 메시지를 얻거나, 명상하거나, 그림을 그리거나, 음악을 듣는 것이 좋다.

일반적으로 사람들은 자기체험 때문이 아니라 그 체험을 갖고 하는 행동 때문에 곤란해진다. 이러한 체험들이 심리치료나 심현제에 의해 유발된 것이든 일상생활 중에 갑자기 일어난 것이든 상관없다. 영적 응급 네트워크Spiritual Emergency Network: SEN는 영적 개방의 위기를 겪는 사람들을 지원하기 위해 1980년 크리스티나가 시작한 기구이다. 초기 단계에서 SEN 소식지는 이 사실을 생생히 묘사하는 만화를 출판했다.

이 만화를 그린 스탠Stan은 인도에 있을 때 발을 나무에 걸고 매달린 채 명상하는 요기yogi들을 보고 아이디어를 얻었다. 만화에는 삽바를 걸친 수염난 요기가 나무에 거꾸로 달려 있다. 나무 아래에는 구속복straitjacket[7]을 입은 남자가 앉아서 요기에게 물어본다. "왜 사람들은 당신을 신비주의자라고 부르고, 나를 보고는 정신병자라고 부르죠?" 요기가 말한다. "신비주의자는 누구와 이야기하지 않아야 하는지 알거든요."

3. 후속 면접하기

홀로트로픽 숨치료 회기에는 1대1 후속 면담이 있는 것이 이상적이다. 특히 이것은 정서적 및 정신신체적 장애의 치료에서 필수적이다. 내담자의 정

---

7) 정신과 입원 병동에서 타인에게 폭력적인 행동하거나 자신을 해할 우려가 있는 사람들을 제어하기 위해 입히는 옷을 말한다.

서적 상태가 괜찮다면 홀로트로픽 숨치료 회기와 후속 면담을 외래 환자의 통원 개념으로 실시해도 된다. 중증 장애 내담자와 일할 경우에는 치료 전체 과정, 즉 숨치료 회기와 과정 면담은 입원시설, 24시간 거주하는 치료 센터에서 해야 한다.

홀로트로픽 숨치료 촉진자 훈련은 두 명씩 짝지어 하는 6일 과정으로 구성되어 있고, 개별 면담을 같이 하는 집단과 함께해도 된다. 우리가 에살렌 연구소Esalen Institute에서 생활할 때 했던 1개월 과정 세미나와 비슷하다. 그러나 지난 수년간은 주말 및 5일 과정 워크숍이 많았고 체험 토론도 그 과정 집단으로만 제한되었다. 멀리서 온 사람들은 워크숍이 끝나자마자 떠나야 하는 경우도 많았다.

이런 상황에서는 정서장애 병력이 있는 참가자들을 세심히 선별해야 한다. 우리는 참가자가 질문이 있거나 도움이 필요할 때 연락할 수 있도록 그들의 거주 지역에 최대한 가까이 있는 훈련된 촉진자들의 주소를 제공해 준다. 훈련된 촉진자들의 숫자가 늘어나면서 이 일은 더욱 쉬워지고 있다. 현재 세계 각지에 우리 훈련을 이수한 사람은 천 명이 넘는다. 그래서 우리는 이제 훈련된 촉진자들이 이러한 지원을 제공할 수 있는 장소에서 대중 워크숍을 수행할 수 있다.

개인 회기 후 휴식시간에는 몇 가지 기능이 있다. 이 시간에는 숨치료 회기 이후 꿈속이나 명상 중에 나타났던 소재를 사용하여 만다라를 더 그리거나 회기 보고서를 쓰거나 일기를 쓰면서 회기에서의 체험을 더욱 깊이 정제하고 소양 있게 이해할 수 있다. 숨치료 회기에는 샤머니즘, 탄트라, 연금술, 그 외 밀교와 관련된 특정한 원형 이미지나 소재들이 정기적으로 나타난다. 브리더들이 이후의 탐색에서 그런 체험들을 명확히 하는 데 도움과 안내를 받을 수 있도록 구체적인 문헌을 소개해 주는 것도 매우 유용한데, 소개받은 문헌들을 사용해 추가적인 탐구에 사용할 수도 있다.

집단에서 회기를 진행하는 중에 문제가 발생했다면, 동일한 문제가 다음 회기에서 발생하지 않도록 회기 후 면담 시간을 이용해서 다음 회기를 위한 전략을 계획할 수 있다. 예를 들어, 브리더가 통제력을 잃을까 봐 두려워한다면, 그런 두려움이 근거 없는 부당한 것이라고 안심시켜 주고 그 이유를 설명해 주어야 한다. 출생 시작의 재체험과 연관된 절망을 체험하는 것(BPM II) 또한 흔한 난관이다. 여기에서는 브리더에게 그 상황에서 가장 빨리 벗어나려면 실제 출생 과정의 강도에 도달할 때까지 절망의 체험 속으로 더 깊이 들어가야 한다고 납득시켜야 한다. 그래야 절망감이 사라지고 자동적으로 다음 단계로 옮겨 갈 수 있다. 그렇게 하다 죽거나 미치거나 돌아오지 못할 것 같은 두려움 또한 토의하고 이야기를 나누어야 할 중요한 문제이다.

모성의존성이 박탈된anaclitic deprivation 병력이 있는 브리더들은 여러 가지 이유로 지지적인 신체 접촉을 받아들이기 어려워하는 경우가 많다. 이러한 저항이 지속된다면 그 원인을 이야기해 보고 브리더의 신뢰를 향상시키려고 노력하며 문제를 해결해야 한다. 또 아이들은 가만히 있어야 돼, 남자애는 우는 게 아냐, 울면 계집애지, 착한 여자애는 화내는 게 아니야 등 어린 시절에 주입된 생각 때문에 브리더가 감정을 완전히 표현하지 못하는 경우가 있다. 이때 촉진자는 브리더들에게 어린 시절 부모의 권위에 의해 받은 명령과 금지를 반영하는 행동은 더 이상 적절치 않을 뿐더러 실제로는 치유 과정에 방해된다는 것을 납득시켜 주어야 한다.

후속 면담의 가장 중요한 기능은 브리더의 상황을 평가하고 구체적인 보완적 접근법을 제안하는 것이다. 다음 절에서 이에 대해 자세히 논의한다.

4. 홀로트로픽 숨치료를 보완하는 다양한 방법 사용하기

중대한 감정적 돌파구나 발산을 수반한 강렬한 회기 후에는 다양한 보완적 접근법을 사용하여 통합을 용이하게 촉진할 수 있다. 여기에는 회기에 대해 숙련된 촉진자와 논의하기, 명상하기, 경험을 자세히 기록하기, 만다라 더 그리기, 영혼 콜라주 작업하기 등이 있다. 홀로트로픽 체험으로 예전에 억눌려 있던 과도한 신체 에너지가 배출된 후라면 조깅, 수영, 표현 무용과 같은 다양한 형태의 유산소 운동이 매우 유용하다. 이와 반대로, 막힌 에너지가 남아있다면 감정표현이나 침술치료 회기가 추가된 좋은 보디워크가 도움이 될 수 있다. 홀로트로픽 숨치료는 자기탐색과 치료에 필수적인 통합적 접근법으로서 심리치료의 다른 광범위한 노출법uncovering methods[8])과 호환되고 결합될 수 있다.

게슈탈트Gestalt 치료는 강력한 홀로트로픽 숨치료 회기를 통합하는 데 도움을 주고, 드러난 무의식적 소재에 대한 정교한 통찰을 제공할 수 있다. 이 방법은 베를린과 오스트리아에서 훈련받은 독일 정신과 의사이자 정신분석가인 프리츠 펄스Fritz Perls(1893~1970)가 남아프리카와 캘리포니아주 빅서Big Sur의 에살렌 연구소에서 개발했다. 게슈탈트 치료는 20세기 중반에 출현한 인본주의적 심리치료 학파로서 1960년대와 1970년도에 크게 유행했다. 이 독창적인 치료 및 자기탐색 방법이 형성되는 데에는 동양 종교, 실존주의적 현상학, 물리학, 게슈탈트 심리학, 정신분석, 연극, 체계system 및 장field 이론 등이 영향을 끼쳤다(Perls, 1973, 1976; Perls, Hefferline, & Goodman, 1951).

---

8) 억압된 무의식적 소재들을 의식화하는 모든 심리치료적 접근을 말한다.

게슈탈트 치료의 강조점은 프로이트의 내담자의 병력 탐색부터 현재의 내담자, 치료자 및 집단 간의 정신역동으로 급진적으로 변화했다는 것을 나타낸다. 어떠했고, 어떠했을지 모르고, 어떠했을 수 있고, 어떠했어야 하는 것보다 지금 이 순간 일어나고 있는 것, 즉 현재 이 순간에 행해지고 생각되고 느껴지는 것에 초점을 둔다. 게슈탈트 치료의 목적은 내담자가 증상을 극복하도록 도와줄 뿐 아니라 좀 더 완전히 살아 있고, 창조적이며, 정서적·신체적 방해물과 미해결된 문제들(불완전한 게슈탈트들)에서 자유로워질 수 있게 해 주는 것이다. 이는 삶의 질을 높여 주고 만족, 성취감, 자기성장, 자기수용 그리고 과거에 누적된 정서적 부담이라는 과도한 간섭 없이 현재에서 더 많은 경험을 하기 위한 능력을 향상시켜 준다.

모래놀이는 스위스의 융 분석가 도라 카프Dora Kalff가 아이들 작업에 사용해 보라는 융의 격려에 따라 개발한 독창적인 비언어적 심리치료 방법이다. 모래놀이의 기본 도구는 정해진 규격의 상자에 모래와 여러 문화 및 시대의 사람 피규어, 동물, 원형적인 존재, 미니어처 건물과 나무들, 재미있는 모양과 색깔의 조개나 돌 같은 다양한 자연 물체 등 작은 물건들을 모아 넣은 것이다. 이 물건들을 사용해서 내담자는 자기의 내적 상태를 반영하는 개별 작품을 창조한다. 이 기법의 바탕에는 본질적으로 인간 영혼에 치유를 향한 근본적인 욕구인 개성화 과정이 있다는 융의 가설이 깔려 있다. 도라 카프는 아이와 어른에 의해 창조된 심상들이 개별화라는 내적 정신 과정에 상응한다는 것을 알았다.

사이코드라마 또한 상황에 따라 유용하게 홀로트로픽 숨치료를 보완해 줄 수 있는 또 다른 경험적 방법이다. 이 기법은 루마니아 정신과 의사이며, 사회 과학자이자, 집단심리치료의 선구자 제이콥 레비 모레노Jacob Levy Moreno가 개발했다. 의대생 때부터 모레노는 프로이트 이론을 거부하고 집단 환경

내에서 역할놀이라는 방법을 실험하기 시작했다. 처음에는 자원한 행인과 함께 길거리 연극 형태로 시작했으며, 나중에는 전문적 환경에서 역할극 방법을 실험했다. 심리극에는 극장의 요소들이 강력하고, 대개 다양한 소품을 사용해 무대 위에서 행해진다. 집단 동료들에게 주인공 역할을 맡게 하고, 그들과 동일시하여 그들의 태도, 감정과 행동을 실연으로 보여 줌으로써 다양한 내적 심리 및 대인관계 갈등을 해결할 수 있다(Moreno, 1973, 1976).

또 다른 유용한 접근 방법은 프랑신 샤피로Francine Shapiro의 안구운동 민감소실 재처리요법Eye Movement Desensitization & Reprocessing: EMDR이다. 무의식적 소재의 출현이 대개 급속 안구운동Rapid Eye Movement: REM과 연관되어 있으며 역으로 급속하게 빠른 안구운동이 무의식적 소재의 출현을 촉진할 수 있다는 관찰에 근거한 방법이다. 이 방법으로 치료 작업을 하는 동안 내담자는 지시에 따라 기억이나 부정적 자기 이미지, 특정한 감정적·신체적 느낌과 관련된 생생한 시각적 심상 등 이전에 확인된 대상에 초점을 두고 집중한다. 그런 다음 20~30초 동안 시야를 가로지르는 치료자의 손가락의 움직임을 따라간다. 손가락을 움직이는 대신 톡톡 두드리기나 녹음된 음향 자극을 사용할 수도 있다. 치료자는 내담자에게 떠오르는 생각이나 감정이나 느낌에 주목하도록 한다. 이 과정을 각 회기에서 여러 차례 반복한다(Shapiro, 2001, 2002).

가족 세우기Family Constellation 또는 체계 세우기Systemic Constellation라는 방법으로 홀로트로픽 숨치료 회기를 보완하는 촉진자들도 있다. 논란이 많은 이 기법은 버트 헬링거Bert Hellinger라는 독일 천주교 신부가 아프리카 선교 시 관찰했던 줄루Zulu족 의식과 원주민의 집단 역동에 영감을 받아 개발한 것이다. 촉진자는 가족 역동과 관련된 문제가 있는 사람들에게 집단 참가자 중에서 본인과 가족 구성원을 대리해 줄 사람을 선택하도록 한다. 그들은 그 순간의 느낌에 따라 알맞은 위치와 거리에 대리인들을 배치한다. 그다음에는 앉아서 어떤 일들이 일어나는지 관찰한다.

대리인들은 사이코드라마와 달리 연기나 역할극을 하지 않는다. 목표는 독일 정신과 의사 알브레히트 마르Albrecht Mahr가 말한 앎의 장Knowing Field으로 진입하여 대리인들의 직관이 집단 역동과 위치 변화를 인도하도록 하는 것이다(Mahr, 1999). 이 방법에는 앎의 장으로 말미암아 대리인들이 실제 가족 구성원의 느낌을 지각하고 말로 표현하게 된다는 기본 가정이 깔려 있다.

자리 배치에 대해 불만족과 불편함이 표현되면 구성원 간에 체계적인 얽힘이 있다고 본다. 이것은 가족이 자살하거나, 살인, 때 이른 죽음, 출산 중 산모 사망, 학대, 전쟁, 자연재해 등 풀리지 않은 트라우마로 인해 그 가족이 고통을 겪을 때 드러난다. 대리인인 참가자 모두가 자신이 올바른 위치에 있다고 느끼고, 다른 대리인들이 동의하면 치유적 해결이 이루어진다.

버트 헬링거의 가족 세우기는 세계적으로 크게 유행했지만 헬링거 자신은 매우 논란이 많은 인물로서, 특히 독일에서 극심한 비판의 표적이 되었다. 비판자들은 그의 가부장적이고 독재적인 엄격한 태도, 별나고 모호한 판단, 극단적인 입증되지 않은 주장, 애매모호한 생각, 가해자 편들기, 히틀러를 포함하여 근친상간, 전쟁범죄자, 독재자를 용서한 점 등을 지적한다. 하지만 이런 태도와 행동은 헬링거의 성격을 나타내는 것이지 그 기법 자체에 내장된 부분은 아니다. 알브레히트 마르 등 헬링거의 추종자 대부분은 헬링거의 개인적 편견을 반영하는 극단과 왜곡 없이 가족 세우기를 실행하고 있으며, 이 방법이 매우 흥미롭고 가치가 있다고 한다.

목소리 대화Voice Dialogue는 미국 심리학자이자 작가인 홀 스톤Hal Stone과 시드라 스톤Sidra Stone이 개발한 치료 기법 및 성격이론이다(Stone & Stone, 1989). 융과 로베르토 아사지올리Roberto Asaagioli와 마찬가지로 이 창시자들은 우리 각자가 서로 다른 자아selves나 하위인격, 영혼의 에너지 패턴으로 구성되어 있다고 한다. 목소리 대화 기법을 사용하면 우리가 내면의 자아selves와 대화를 나누고, 그들이 어떻게 우리 안에서 움직이고 느끼는지, 가치 순위는 무엇인지, 우리를 어떻게 느끼게 만드는지, 우리에게 무엇을 원하는지 등을 발견할 수 있다. 우리가 자신의 여러 측면 안으로 의식을 가져가면 우리는 분리된 자신을 체험하고 한 특정 자기self와 동일시되는 것에서 벗어나 의식 자아Aware Ego의 상태에 이를 수 있다.

현재 홀로트로픽 숨치료는 자기탐색 전략 및 치유 방법일 뿐 아니라 영적 개방opening을 촉진하는 접근법이기 때문에, 불교와 도교 명상, 하타 요가 및 기타 요기 수련, 동적 명상, 태극권, 기공, 수피 춤과 찬트, 유대교 신비주의, 기독교의 기도, 미국 원주민의 영성 등 다양한 형태의 영적 수행과 완벽한 조화를 이룬다. 이것은 이상적인 조합으로서 시간이 지나면 정서 및 심신 치유뿐 아니라 영구적으로 긍정적인 인격 변용transformation을 가져올 수 있다.

홀 로 트 로 픽 숨 치 료

6

홀로트로픽 숨치료 촉진자들의 고난과 시련

수년 동안 우리는 세계의 여러 나라와 사회구조, 정치체계, 관습, 종교적 신념이 다른 문화권에서 홀로트로픽 워크숍을 실시했다. 사람들은 음악이 크고 시끄럽다, 음악 선곡이 특이하다, 참가자들의 의식 상태가 평범하지 않다, 너무 시끄럽게 감정을 표현한다, 신체적 표현이 이상하다, 브리더와 시터와 촉진자 간에 신체적 거리가 너무 가깝다는 등, 이 새로운 자기탐색 및 치료 방법의 다양한 측면에 대해 적대적이고 부정적인 반응을 보이기도 했다. 회기를 위한 물리적 세팅, 음악 장비의 질이나 신뢰성도 이상적이지 않은 경우가 많았다. 다음은 촉진자가 홀로트로픽 숨치료 중에 만날 수 있는 문제를 보여 주는 사건이다.

1. 부에노스아이레스에서 군사정권과 마주침

아르헨티나에서 우리 모험은 에살렌 연구소에서 진행된 5일간의 워크숍에서 비롯되었는데, 이것은 지난 30년간 홀로트로픽 숨치료를 시행하며 목격한 사례 중에서도 가장 놀랍고 곤혹스러운 치유 사례 중 하나와 관련이 있다. 이 워크숍에 참여한 젊은 여성 글래디스Gladys는 첫 번째 집단 미팅에서 자기가 극도의 불안을 동반하는 심한 만성 우울증을 4년간 앓고 있으며 그로부터 고통을 받고 있다고 했다. 숨치료를 통해 자기를 쇠약하게 하는 이 문제에 대한 통찰을 얻고 싶다고 했다.

두 번의 숨치료 회기에서 글래디스는 아동기와 유아기의 중요한 트라우마 기억을 재경험하고 자기의 생물학적 출생과 관련된 강렬한 연속적인 사건을 체험했다. 그녀는 이 회기에서 나타났던 무의식 소재가 우울증의 근원이라고 느꼈다. 두 번째 회기에서는 많은 양의 억압된 에너지가 활성화되고 해소되었다. 우울증은 정서적·신체적 에너지가 크게 막혀 있다는 것이 특징이기 때문에 이는 우울증 치료 작업에서 중요한 발전이었다. 하지만 종결 부분의 강렬한 보디워크bodywork에도 불구하고 만족스러운 해결과 고통 제거 및 완화relief를 체험하는 회기로는 끝내지 못했다.

두 번째 회기 다음 날 아침, 글래디스의 우울증은 평소보다 훨씬 두드러지게 나타났다. 형태도 이전과 달랐다. 평소에 그렇듯이 그녀는 생각이나 표현을 억제하고 숨기며, 주도권이 부족했고, 무관심보다는 흥분된 상태였다. 우리는 원래 아침 회기에 공개 포럼, 즉 참가자들이 본인의 체험이나 숨치료의 이론과 실행에 대해 자유롭게 질문하는 집단토론을 하려고 했었지만, 글래디스의 상태를 보고 우리는 지체 없이 프로그램을 바꾸어 그녀와 체험 작업을 갖기로 했다.

우리는 그녀에게 집단의 가운데에 누워서 심호흡을 하며 크리스티나가 들려주는 음악의 흐름에 따라 이 상황에서 떠오르는 어떤 경험이든 받아들이라고 했다. 약 50분간 글래디스는 격렬히 떨며, 숨이 막혀 기침을 하고, 시끄러운 소리를 내며, 보이지 않는 적들과 싸우는 듯이 보였다. 그녀는 이때 자기의 힘든 출생을 전보다 훨씬 깊이 재체험하고 있었다고 하였다.

회기 후반부에서 글래디스의 비명은 좀 더 언어의 형태를 갖추기 시작했다. 우리는 그녀에게 그 소리들이 이해되지 않더라도 비난하거나 판단하지 말고 나오는 그대로 소리를 내 보라고 격려했다. 점차로 그녀의 동작에 틀이 잡히고 말도 또렷해졌지만 우리가 모르는 언어였다. 어느 한 시점에서 글래디스는 일어나 앉아서 기도처럼 들리는 끊임없이 반복적인 찬트를 하기 시작했는데, 상당한 시간 동안 계속되었다.

이 사건은 집단에 깊은 영향을 주었다. 글래디스의 말을 이해하거나 내적으로 무엇을 체험하고 있는지 모르면서도 대부분의 참가자는 깊은 감동을 느끼고 울기 시작했다. 일부는 명상 자세를 취하고 기도하듯이 두 손을 모았다. 글래디스는 찬팅을 마치고는 조용해져서 다시 누웠다. 그녀는 한 시간 이상 전혀 움직임이 없이 환희와 무아지경 상태로 들어갔다. 나중에 그녀의 설명에 따르면, 그렇게 하고 싶은 억제할 수 없는 충동이 느껴졌다고 한다. 그녀는 무슨 일이 일어났는지 이해하지 못했고, 찬트에서 어떤 언어를 사용했는지 전혀 모르겠다고 했다.

워크숍에 참석한 부에노스아이레스Buenos Aires 출신의 아르헨티나 프로이트 정신분석학자인 카를로스Carlos는 글래디스가 완벽한 세파르디어Sephardic로 찬팅한 것을 알아차렸다. 라디노Ladino라고도 하는 이 언어는 유대-스페인 혼합어로서, 중세 스페인어와 히브리어의 조합이다. 유대인인 카를로스는 개인적인 취미로 세파르디어를 수년간 공부했었다. 글래디스는 유대인이 아니었고, 히브리어나 스페인어를 몰랐으며, 라디노를 들어 보긴커녕 존재하는지도 몰랐다. 카를로스는 글래디스가 반복적으로 하는 찬팅의 내용을 다음과 같이 번역해 주었고, 그것을 읽은 집단은 매우 강렬한 영향을 받았다. "나는 고통받고 있고 항상 고통받을 것이다. 나는 울고 있고 항상 울 것이다. 나는 기도하고 있고 항상 기도할 것이다."

글래디스는 이 체험의 대단원에서 세파르디어 기도를 찬팅하면서 우울증을 극복하고 심리적으로 매우 긍정적으로 상태가 안정되었다. 카를로스는 그가 목격한 이 사건에 깊은 감동을 받았다. 그의 프로이트 이론 체계는 자신의 심오한 출생 체험, 자기의 과학적 세계관의 일부가 아닌 매우 설득력 있고 의미 깊은 과거의 전생 기억, 집단 참가자들의 비슷한 경험에 의해 이미 심각하게 훼손되었다.

글래디스의 체험을 계기로 카를로스는 자아초월심리학으로 개념적인 개종을 하게 되었다. 그는 이 자기탐구 접근법을 계속하고 싶은 열망에 우리가 최대한 빨리 부에노스아이레스에 와서 홀로트로픽 워크숍을 해 달라고 부탁했다. 우리는 이미 그해 남은 기간 동안 유럽 장기 여행을 포함하여 스케줄이 꽉 차 있었다. 카를로스는 유럽에서 캘리포니아로 가는 길에 우회하여 아르헨티나에 들러 달라고 강력히 부탁하며, 항공권 추가비용을 지불하는 것뿐만 아니라 거절하기 힘든 액수의 사례금까지 제시했다.

우리는 프랑크푸르트로부터 장거리 비행을 하여 부에노스아이레스에 도착했다. 우리는 당시 아르헨티나가 군사정권 치하에 있음을 알고는 있었지만, 그 사악한 본성에 대해서는 몰랐고 훨씬 후에야 그것을 실감할 수 있었다. 우리가 도착한 때는 그 무렵 서거한 후안 도밍고 페론Juan Domingo Peron 대통령의 극좌-극우 지지자 간의 폭력적인 갈등 중에 1976년 3월 쿠데타로 권력을 잡은 아르헨티나 군사정부의 우익 독재가 시작된 시기였다. 군사정부는 수천 명의 반정부 및 좌익 인사와 그 가족들에 대한 납치, 고문, 살인을 후원하는 소위 더러운 전쟁Dirty War[1]을 행했다.

공항을 나와 가시 철조망으로 둘러싸인 지역을 지나는데 수많은 장갑차와 탱크가 보였다. 민간인보다 군인이 더 많은 지역도 있었다. 카를로스는 부에노스아이레스 대로의 바우-엔Bauen 호텔에 숙소를 준비하고 워크숍 장소도 같이 예약했다. 호텔에 들어가는데 기관단총을 든 젊은 군인 두 명이 입구를 지키고 있었다. 부에노스아이레스의 첫 인상에 겁을 먹은 우리는 카를로스에게 이런 상황에서 숨치료 워크숍을 해도 정말 괜찮으냐고 물었다. 그는 '심리과학 조사연구'라고 쓰여 있는 로비 게시판을 가리키며 문제없다고 안심시켰다. 그는 호텔 매니저와 직원들에게 우리가 중요한 과학적인 실험을 할 거라고 이야기해 두었다고 했다.

워크숍은 보통 회사들이 사용하는 큰 회의실에서 실시되었다. 카를로스의 요청으로 가구들을 치우고 매트리스를 깔았다. 워크숍의 특성을 잘 모르는 것이 분명한 참가자들이 정장을 입고 도착했다. 남자들은 양복과 넥타이를, 여자들은 스커트와 스타킹, 하이힐을 신었다. 우리는 그들에게 숨치료를 위해 구두를 벗고 착용한 액세서리를 풀도록 했다.

도입부 이완에 이어 숨치료를 시작하며 우리는 음악을 크게 틀어 놓았다. 얼마 지나지 않아 방이 참가자들의 비명소리로 가득 찼다. 그러자 호텔 입구를 지키고 있던 군인 두 명이 그 소리에 놀랐다. 아르헨티나의 긴장된 정치적 상황에서 비명소리는 반란의 조짐으로 의심되었기 때문이다. 그들은 계단을 빠르게 올라와 발로 차서 문을 열고, 숨치료를 실시하는 방으로 돌진해 들어와서 우리들에게 기관총을 겨누었다. 마주친 장면에 어안이 벙벙해진

---

1) 혁명군에 대한 정부군의 전쟁을 말한다.

그 군인들은 무기를 겨눈 채 무슨 일이 일어나고 있는 것인지 이해해 보려고 애썼다.

카를로스와 통역자가 아무 문제가 없는 상황이라며 그 군인들을 안심시키는 데 10분 이상이 걸렸다. 카를로스는 계속 군인들에게 로비의 안내문을 언급하며 유명한 미국 심리학자 두 명이 진행하는 중요한 과학적 실험이라고 설명했다. 군인들은 주저하면서 그 특이한 현장을 떠났고, 당분간 방해 없이 회기가 계속되었다.

그런 다음 한 시간쯤 후에 방문이 다시 활짝 열렸다. 이번에는 웨이터 복장의 두 청년이 비즈니스 회의 휴식시간에서처럼 커피와 간식이 놓인 쟁반을 들고 방으로 들어왔다. 그들은 눈앞의 광경을 보고 너무 놀라서 쟁반을 떨어뜨릴 뻔했다. 속옷과 속바지를 입은 사람들도 있었고, 대부분이 몸을 가까이 댄 채 매트리스에 누워 있었으니, 비즈니스 회의에 익숙한 장면은 아니었던 것이다.

두 번의 침입을 목격한 시터들은 처음에는 두려움과 우려를, 두 번째는 재미를 체험했지만, 당시 브리더들은 과정에 너무 몰두해 있어서 아무도 무슨 일이 일어나고 있는지 알아차리지 못했다고 하였다.

2. 도베르만 핀셔 대회와의 경쟁

1988년까지 우리는 많은 촉진자에게 자격증을 주었기 때문에 홀로트로픽 숨치료를 더 큰 집단에게 제공하는 것을 고려해 보게 되었다. 캘리포니아주 산타 로사Santa Rosa에서 우리가 실시한 **국제자아초월학회**는 대규모의 홀로트로픽 숨치료 회기가 어떤 것인지 탐색해 볼 이상적인 기회를 제공할 것 같았다. 학회에 참여할 많은 사람이 우리의 워크숍과 훈련을 통해 홀로트로픽 숨치료를 체험해 봤던 사람들이기 때문에, 우리는 프로그램의 일환으로 숙련된 브리더들을 위한 동창회 성격을 가진 사전 홀로트로픽 숨치료 모임을 열기로 했다. 워크숍에 많은 사람이 몰려올 것이었으므로 산타 로사 플라밍고 호텔에서 가장 넓은 대회의실을 예약했다.

학회 시작 2주일 전에 이틀간의 사전 워크숍을 준비하던 중, 두 가지 문제가 생겼다. 등록을 담당하는 자원봉사자가 상황을 제대로 알지 못하고 숨치료 경험이 없는 참가자 다수를 이 워크숍에 참가하도록 접수한 것이었다. 게다가 호텔의 예약 담당 직원은 우리의 예약 정보를 보지 못하고 대회의실을 도베르만 핀셔Doberman pinshers[2] 대회에 제공해 버렸다. 우리가 이러한 상황을 알고 등록을 정지시켰을 때는 이미 접수된 참가자들이 360명이나 되어서, 우리는 훨씬 작은 홀에 그들을 수용해야 하는 거의 불가능한 임무에 봉착하였다.

워크숍이 시작되기 전날 아침, 우리는 스피커로 쩌렁쩌렁 울리는 미국 국가 소리에 깊은 잠에서 깨어났다. 잠이 반쯤 깬 크리스티나가 창가로 가서 커튼 사이로 내다보고 킥킥거리며 웃기 시작하더니 스탠을 불렀다. 창문 밖으로 초현실적인 장면이 보였다. 턱시도 칼라와 나비 넥타이를 맨 도베르만 핀셔들이 수영장 주변에 길게 줄을 지어 행진하고 있었다. 조련사들은 팽팽한 빨간 가죽끈을 잡고 개들 옆에서 자랑스럽게 걷고 있었으며, 그 뒤를 조수들이 손잡이가 긴 쓰레받기와 모종삽을 들고 따랐는데, 그들은 깔끔하고 깨끗하게 애완견의 분변을 치우는 사람들이었다. 다음 며칠간, 워크숍을 오가

---

2) 호위견·경찰견으로 이용되어 온 개의 한 품종이다.

는 도중에, 우리는 조심조심 걸으며 '애완견 똥 치우는 사람들'이 미처 치우지 못한 장소를 지나가야 했다. 수영장 옆의 이 장면은 웃기면서도 우리가 직면한 힘든 상황을 상기시켜 주었는데, 즉 우리가 예약했던 대회의실을 이 도베르만 핀셔들에게 빼앗겼고 우리는 상대적으로 작은 레인보우 홀에서 360명의 참가자와 숨치료를 해야 한다는 사실이었다.

매트리스를 방에 정렬하고 나니 촉진자들이 돌아다니거나 참가자들이 화장실에 가기에도 빠듯한 공간만 남았다. 그런데 예상하지 못했던 일들로 인해 하루를 무사히 넘기고 불가능을 성공으로 바꿀 수 있었다. 참가자들 중에는 55명의 일본인 단체가 있었는데, 그들은 서로 신체 사이에 몇 인치의 좁은 공간만 남기고 호흡하는 데 익숙했다. 게다가 브리더들의 팔다리는 완벽하게 조정되어 서로 닿지 않은 채 허공 속을 춤추었다. 마치 집단 전체가 하나의 유기체인 듯, 거대한 새 떼나 물고기 떼에서나 봄직한 완벽하게 일치된 움직임을 보여 주었다. 이 두 가지 행운 덕분에 참사 내지 대실패가 될 수도 있었을 최초의 대규모 홀로트로픽 숨치료 체험은 엄청난 성공으로 마칠 수 있었다.

3. 홀로트로픽 촉진자의 문화적 도전

여러 나라의 개인과 집단의 초청으로 워크숍을 하면서 우리는 방문지의 역사, 문화, 관습과 관련된 특정한 문제와 맞닥뜨리기도 했다. 워크숍 시행이 불가능할 정도로 심각하지는 않더라도 특별한 노력이나 조정이 필요한 무척 놀라운 일들이 있었다.

1984년에 우리는 인도-미국 친선협의회Indian American Friendship Council의 초청자로서 강연과 워크숍을 위해 인도의 봄베이, 뉴델리, 캘커타, 마드라스를 방문했다. 참가자 중 상당수가 인도의 전문가, 정신의학자 및 심리학자들이었다. 놀랍게도 처음에 그들은 자아초월심리학과 새로운 패러다임에 대해 일반적인 서양학자들보다 훨씬 더 비판적인 태도와 저항을 보이는 것 같았다.

그들은 서양과학의 물질주의적 철학에 매우 깊이 영향을 받았고, 인간 영혼을 이해하는 데는 행동주의와 프로이트 분석이 우월하고 과학적으로 인증된 접근법이라 생각하고 있었다. 동시에 적어도 동료들과의 전문적인 토론에서는 인도의 전통을 미신과 마법적 사고방식을 가진 원시적·비과학적 산물이라면서, 자신들의 영적 전통을 무시하는 경향이 있었다. 하지만 자아초월적 관점이 현대 의식 연구의 과학적인 증거의 지지를 받는다고 알려 주자 크게 안심하는 것 같았다. 과학적이면서도 동시에 영적일 수 있다는 것을 주장하는 서양학자들이 있다는 사실은 그들에게는 계시였다. 그들이 인도의 영적 철학과 문화적 전통을 배척하고 거부하는 것으로 인해 내적 갈등에 시달려 왔음은 분명했다.

우리가 이 집단과 체험 작업을 하면서 마주친 유일한 문제는 숨치료가 시작되기 전에 나타났다. 인도 참가자들은 서양화된 것 같으면서도 숨치료 회기에서 이성과 파트너를 이루며 남녀가 번갈아 역할을 맡는 개념을 받아들이기 힘들어했다. 인도 수행처의 영적 모임에서는 명상실에 남녀가 따로 다른 구역에 앉는 것이 관습이다. 결국 약간의 저항 뒤에 많은 사람이 이 흔치 않은 상황에 적응할 수 있었다. 이전까지는 미국을 비롯한 어느 나라에서도 인도 출신 참가자와 이런 어려움을 겪은 적이 없었다.

봄베이 워크숍에서는 크리스티나의 일상생활에 문제가 된 사건이 있었다. 촉진자는 브리더가 몸의 긴장을 효과적으로 해소할 수 있도록 더 긴장하게 한 다음에 두 팔을 구부리라고 한다. 그다음 브리더 위에 두 다리를 벌리고 서서, 그의 손목을 잡아 몸을 공중으로 들어 올린 다음 브리더가 버틸 수 있을 때까지 그 자세를 유지한다(314쪽 참조). 이 동작을 하면 대개 막혔던 신체 에너지와 억눌린 감정이 크게 해소된다. 크리스티나가 남성 참가자에게 이 방법을 써야 할 상황이 되었는데, 인도 문화에서는 여성이 남성 위에 올라서는 것이 적절치 않았으므로, 브리더의 오른쪽에 두 발을 모아 선 채 어색하고 불편한 자세로 그 남성을 들어 올리다가 등을 다쳐서 이후 수년간 척추 문제로 고생했다.

인도에서 첫 숨치료를 할 때 또 다른 놀라운 일이 있었다. 크리스티나가 홀로트로픽 숨치료 회기를 끝마칠 때 가장 좋아하는 곡 중 하나는 인도의 헌신 찬가 〈오, 주 라마여, 라구의 강림이여Raghupati Raghava Raja Ram〉였다. 대부분의 워크숍 참가자가 이 곡이 매우 명상적이어서 마음을 달래 주고 편안하게 해 준다고 느꼈다. 크리스티나는 우리가 마침 인도에 있으니까 그 곡을 회기 후반부에 들려주면 매우 좋을 것 같다고 생각했다. 그런데 이전까지 평화롭고 조용했던 브리더들은 그 멜로디를 듣자마자 흥분하고 교란되어 방 전체가 큰 울음소리와 흐느끼는 소리로 가득 찼다.

이러한 강렬한 반응은 브리더에게만 국한되지 않았다. 많은 시터도 깊은 감동을 받아서 일부는 조용히, 일부는 큰 소리로 울고 있었다. 이 부드럽고 순수한 찬트가 이 집단에게는 앞서 연주된 강렬하게 환기시키는 음악보다 더 강력한 효과가 있었다. 30분 이상 지나자 참가자들은 조용해지고 감정의 분출이 끝난 것 같았다. 우리는 나중에 〈오, 주 라마여, 라구의 강림이여〉가 마하트마 간디가 가장 좋아하는 찬트였으며 그가 암살된 후 사흘 동안, 그리고 그의 장례식을 거행할 때에도 인도에서 끊임없이 연주되었다는 이야기를 듣고서야 비로소 어떻게 집단 전체에 이처럼 역설적으로 보일 수도 있는 반응을 불러일으켰는지 이해할 수 있었다. 많은 인도인이 애도 과정을 끝내지 못하고 여전히 그들의 전설적인 영적 지도자의 죽음에 대해 해소되지 않은 강력한 감정을 지니고 있었던 것이다.

일본에서의 첫 홀로트로픽 숨치료에서 우리는 예상치 못한 다른 종류의 상황에 마주쳤다. 도쿄에서 진행되는 첫 번째 워크숍에서 우리는 일본 참가자들이 표면화되어 떠오르는 체험에 대해 수용하고 놓아주며letting go 순복하는 surrender 것에 어려움을 겪을 것이라고 예상했다. 우리가 이전에 관광객으로 몇 번 방문했을 때의 인상은 일본인이 서양인보다 감정을 나타내지 않고 억제하는 것 같았기 때문이다. 하지만 우리 예상은 빗나갔다. 일본에서의 숨치료 회기는 매우 강력했으며 놓아주기에서 서양인들과 큰 차이를 보이지 않았다.

사실상 그들은 이례적으로 우리의 모든 제안을 기꺼이 따르기 위해 열심이었다. 일본 주최자는 홀로트로픽 숨치료의 저자인 우리가 '센세이sensei', 즉 존경받는 스승님의 의미 범주에 들어가기 때문이라고 했다. 이 칭호는 일본에서 독특한 기술이나 예술 형태를 마스터한 사람들에게 사용한다. 변호사나 의사와 같은 전문가, 영적 교사, 예술가, 그 외의 권위를 가진 인물들이 이렇게 불리며, 일본인의 심혼에는 그런 인물에게 존경심을 보이고 지시를 따르는 것이 깊이 뿌리내리고 있었다.

하지만 이 센세이라는 칭호의 마법조차도 극복하지 못한 생소한 상황이 있었으니, 그것은 파트너를 고르는 과정이었다. 참가자들에게 그들이 짝을 지어 작업해야 하므로 주변에서 파트너를 선택하라고 하자, 그들은 갑자기 당황해서 완전히 길을 잃은 듯이 보였다. 그들은 혼란스러운 듯이 주변을 둘러보고 서로를 바라보았다. 파트너를 선택하는 과정이 예상치 않은 난국이었음이 분명했다.

다행히 주최자가 와서 우리를 구해 주었다. 그는 "사람들이 마음이 상할까봐 파트너를 선택하지 못하는 거예요. 왜 저 사람 말고 이 사람을 선택했는지 정당화하기 불가능한 것입니다."라고 말했다. 그러고 나서 그는 모두가 완벽히 받아들일 수 있는 대안을 제시했다. 큰 징과 채를 가지고 와서는 "눈을 감고 서성거리다가 원을 그리며 도세요. 징 소리가 나면 멈추고 눈을 뜨세요. 누구든지 눈앞에 있는 사람이 파트너가 되는 겁니다."라고 말했다. 참가자들은 조금의 주저함도 없이 반응했고 몇 초 내에 선택 과정이 해결되었다. 앞서 개인적인 결정을 내리지 못했던 참가자들이 비개인적 과정이 들어간 해결책을 받아들이는 데는 문제가 없었다. 우리는 이 일을 통해 참가자들이 개인적인 선택권을 갖는 것을 중요시하고 파트너의 무작위 할당을 반대하는 서양 집단의 역동과 얼마나 다른지를 깨달았다.

아일랜드의 정신병원 직원들에게 시행한 워크숍에서는 강한 위계 구조 문제에 부딪혔다. 숨치료 회기에서 의사들은 간호사들과 파트너가 되기를 거부했고, 이론을 준비하는 동안에도 따로 앉기를 원했다. 다행히 이런 종류의 문제는 대개 홀로트로픽 워크숍의 초기 단계에서만 발생한다. 일단 체험 과정이 시작되면 장애물들은 신속히 사라진다.

4. 홀로트로픽 숨치료 회기의 기술적 수난

앞에서 논의한 것처럼 음악은 홀로트로픽 숨치료의 필수 요소이다. 어디를 가든 우리는 이 사실에 무척 신경 쓰면서 항상 충분한 볼륨의 고품질 스테레오 음악을 틀 수 있는 음악 장비를 갖추기 위해 최선을 다한다. 불행하게도, 숨치료를 위한 훌륭한 음악 장비가 어떤 것인가에 대한 워크숍 주관자의 생각은 다양하고 서로 다를 수 있다. 가장 초기의 숨치료 워크숍 중 하나는 핀란드 헬싱키에서 북쪽으로 몇 백 마일 떨어진 곳이었는데, 그곳과 가장 가까운 마을에서 멀리 떨어진 곳에 위치한 어느 센터에서 개최하였다. 그곳에 도착했을 때 우리는 이 시설의 수준 높은 환경, 특히 얼음처럼 차갑고 시원한 호수에 인접한 아름다운 사우나와 혈액순환을 촉진해 주는 신선한 자작나무의 향기가 놀랍고 반가웠다.

하지만 우리는 워크숍 주최자들이 숨치료 회기용 음악 장비를 보여 주었을 때 깜짝 놀랐다. 스피커가 내장된 30cm 길이의 카세트 플레이어였던 것이다. 워크숍이 막 시작될 때라서 더 좋은 대안을 찾을 길이 없었다. 우리는 그 상황에서 할 수 있는 최선의 일을 했다. 그 카세트 플레이어를 방 중앙에 놓고 20여 명의 참가자들에게 원을 만들어 방 중앙 쪽으로 머리를 두고 바닥에 누우라고 한 것이다. 숨치료 자체가 홀로트로픽 의식 상태를 유도할 수 있는 것이기 때문에, 대부분의 참가자는 숨치료 안에서 의미 있는 체험을 했다. 제대로 된 상황이었다면 더 나았겠지만 다행히 그것을 알만한 경험자가 없었기 때문에 참가자들은 상당한 감명을 받고 만족했다.

우리가 사양에 맞는 음악 장비를 갖추었다 해도 장비가 오작동하거나 전기가 나가는 등, 통제 불가능하고 예기치 못한 문제가 발생할 수도 있다. 그러므로 대체 전원을 얻기 위한 백업 음악 장비와 발전기를 항상 준비해 두는 것이 이상적이다. 하지만 이런 조건이 갖춰지는 경우는 거의 없다. 에살렌 연구소에서 거주할 때 우리는 전기가 나갈 때마다 대체 음악 장비와 든든한 발전기를 사용할 수 있었다. 빅서에서는 화재, 폭우, 폭풍, 산사태 등의 재해로 자주 정전이 되었기 때문에 발전기는 필수품이었다. 불행하게도 세계의 다른 지역에서 워크숍을 할 때는 대부분 상황이 달랐다. 다음은 뉴욕시에서 스탠

4. 홀로트로픽 숨치료 회기의 기술적 수난

이 타브 스팍스Tav Sparks와 공동으로 이끌었던, 무려 참가자가 130여 명에 달한 홀로트로픽 워크숍의 이야기이다.

회기가 30분쯤 진행되고 있던 중에 음악 장비가 과열되기 시작했다. 음악의 질이 갈수록 나빠지고 있는데 백업 장비가 없어서 워크숍의 진행이 위태로운 상황이었다. 커다란 선풍기로 열은 식혔지만, 사운드가 왜곡되어 원래 녹음한 것과 완전히 다른 소리가 흘러나왔다.

장비가 완전히 고장나지는 않아서 비록 불협화음이긴 해도 회기를 마칠 때까지 소리가 나오기는 하였다. 타브와 스탠은 마땅히 참가자들의 혹독한 불평을 예상했지만, 아무런 불평도 나오지 않았다. 참가자 대부분은 홀로트로픽 숨치료 경험이 없어서 그 소리들이 이 방법에 사용되는 특수 음향 기술이라고 믿었던 것 같다. 더욱 놀라운 일은 브리더 대부분이 다른 집단과 크게 다르지 않은 매우 강력한 체험을 했다는 것이다. 그렇다고 해서 질이 낮은 수준이나 상태의 음악 장비를 써도 홀로트로픽 숨치료 회기에는 차이가 없다고 보장해 준다는 의미는 아니다.

드물기는 하지만 음악 장비가 작동되지 않고 백업도 없는 경우에는 브리더들에게 침묵 속에서 호흡을 계속하도록 하는데, 이는 더 빠른 호흡 자체가 의식에 심오한 변화를 일으킬 수 있기 때문이다. 150명 이상이 참석한 뉴욕주 라인벡Rhinebeck 오메가 센터Omega Center의 1주간 수련회에서 정전과 동시에 백업 발전기가 작동되지 않자 크리스티나는 효과적인 해결책을 찾아냈다. 그녀는 방 한구석에 있는 금속휴지통을 집어 들고 규칙적인 리듬으로 두드리기 시작했다. 촉진자 두 사람과 몇 명의 시터가 가세하여 손뼉을 치고 발을 굴렀다. 두 사람이 드럼을, 다른 사람들은 차임과 종, 탬버린을 발견하고 그 악기들을 연주하며 합류했고, 이윽고 이 즉흥적 음악연주에 허밍과 가사 없는 찬트가 더해졌다. 곧 브리더와 소음발생자들 사이에 유기적인 피드백 시스템

이 개발되고 발전되어 두 집단이 서로의 에너지에 반응하고 있었다. 이것은 원주민 부족 의식을 닮은 광경이었다. 놀랍게도 이 과정 진행 중에 많은 참가자가 그 상황이 음악만큼 강하거나 또는 그 이상으로 훨씬 더 강력하다고 느꼈다.

음향 장비가 완벽하게 기능한다고 해도, 외부 상황으로 인해 참가자들의 청각 체험이 방해받을 수 있다. 우리는 항상 워크숍이 진행되는 호텔이나 기관에 우리의 음악소리가 매우 크고, 브리더들이 큰 소리를 낼 것이라고 미리 경고했음에도 소음이 너무 시끄럽다며 경영진이 끼어들어서 회기를 중단시키려고 하는 경우도 비일비재하다. 홀로트로픽 숨치료의 특성상 회기를 일찍 중간에 마치는 일은 불가능하고 협상할 수도 없었지만, 때때로 우리는 음악의 음량을 최적의 수준보다 훨씬 작게 줄여야 할 때도 있다.

1987년에 콜로라도 로키산맥의 브렉켄브리지Breckenridge 스키 리조트에서 최초의 집중 자격증 코스를 진행하는 동안 다른 종류의 청각적인 방해를 경험했다. 숨치료 회기 중에 날카로운 사이렌 소리가 방을 채웠는데 그 소리가 음악소리보다 지속적이고 훨씬 컸다. 복도로 달려 나갔더니 빌딩이 번개를 맞아서 호텔 직원들이 화재경보기가 울렸다고 알려 주었다. 호텔 꼭대기 층에 작은 화재가 나서 엘리베이터가 중지되어 있었고, 창문을 내다보니 소방대원들이 바깥문 쪽으로 달려가고 있었다. 이것은 깊은 정서적 과정에 몰입해 있던 훈련생들에게 절대 일어나면 안 되는 일이었다. 촉진자 몇 명과 우리 두 명은 의자에 올라서서 호텔 스피커에 베개를 대어 불쾌한 소리를 막아야 했었다.

소방검사관 두 명이 방으로 들이닥쳐 우리에게 즉시 건물 밖으로 대피하라고 했다. 많은 수(35명)의 브리더가 비일상적 의식 상태를 체험하는 중이었기 때문에 이것은 기술적으로도 어려웠을 뿐 아니라, 깊은 체험을 갑작스럽게 중단하면 정서적으로 심각한 결과를 가져올 수도 있기 때문에 위험할 수 있는 상황이었다. 우리는 검사관들에게 상황의 심각성을 설명하고, 퇴장을 고집하면 의료적·법적 책임을 온전히 져야 할 것이라고 말했다. 그들은 그 말을 듣고 마지못해 화재 규모가 아주 작으니 계속해도 좋다고 동의했다. 대부분의 브리더는 예전에 숨치료를 폭넓게 해 보았기 때문에, 모든 외부의 소리를 경험에 반영하고 병합하도록 힘쓰라는 기본 원리를 잘 알고 있었다. 다만 일부는 그렇게 하지 못해 사이렌 소리에 심각한 방해를 받았다. 다행히 참가자 모두 회기의 남은 시간을 사용하여 자신의 체험을 성공적으로 마치고 통합할 수 있었다.

5. 요강, 아기 돼지 울음소리 그리고 연기 나는 크리넥스

1980년대 초에 한 독일 집단이 홀로트로픽 워크숍을 요청했다. 워크숍은 그 주최 집단이 비엔나와 슬로바키아 국경 근처 오스트리아에 다양한 형태의 체험 작업을 수행하기 위해 구입한 농장에서 개최되었다. 주거용 건물, 마당, 큰 2층짜리 창고로 구성된 단지였다. 도착 후 우리는 곧 체험 작업을 위한 공간이 창고의 2층이고 수직 사다리로만 올라갈 수 있는 곳이라는 것을 확인했다. 농장 시설이라는 것에서 예상할 수 있듯이 먼지가 많이 쌓인 더러운 곳이었다.

그뿐 아니라 단지의 유일한 화장실은 주거용 건물 안에 있었기 때문에, 화장실에 가려면 숨치료 공간에서 사다리를 타고 내려가 마당을 가로질러 본관에 들어가야 했다. 비일상적 의식 상태에서는 너무 힘들고 위험한 일이었다.

홀로트로픽 숨치료가 그 농장에서 행해진 최초의 체험적 워크숍은 아니었을 텐데 과거에는 이 문제를 어떻게 해결했는지 궁금했다. 우리는 그 집단이 체험 공간의 구석에 놓인 큰 용기를 요강으로 사용했다는 것을 알게 되었다. 사용자들의 프라이버시는 커튼으로 가려 지켜 주었다.

집단원은 다양하고 강렬한 내적 작업을 함께하여 아주 긴밀히 연결되어 있었기 때문에 이 상황이 아무 문제가 되지 않는다며 우리를 안심시켰다. 대안이 없었기 때문에 우리는 이 상황을 받아들이고 워크숍을 진행했다. 농장은 동떨어진 농촌 지역에 있었고 할 일이 별로 없었다. 함께 여행을 온 13세의 우리 딸 사라Sarah는 회기에서 보조를 자원했다. 사라는 에살렌에서 작업하는 것을 본 적은 있지만 워크숍에 참여해 본 적은 없었다. 결국 그녀는 브리더들이 요강으로 가고 매트리스로 돌아오는 일을 도와주게 되었다.

당시 대부분의 독일 워크숍처럼 참가자들의 숨치료 회기는 매우 길고 강렬했다. 참가자 대부분은 제2차 세계대전 이후에 태어났지만, 독일 역사의 이 불행했던 시기에 대해 정서적인 부담을 안고 있는 것 같았다. 우리는 그들이 지불한 교육비가 한 푼도 아깝다고 느껴지지 않도록 열심히 작업했다. 상황은 좋지 못했지만, 회기들은 전체적으로 매우 생산적이었고 만족스럽게 통합되었다. 하지만 폐회 의식은 완전히 실패작이었다.

당시 우리는 홀로트로픽 워크숍을 마칠 때 작은 의례을 행하곤 했는데, 거기에는 우리가 에살렌에서 샤먼들을 방문했을 때 배운 불 정화 의식이 포함되어 있었다. 우리가 불을 피우면 참가자들은 숨치료에서 함께 작업한 파트너들과 짝을 지어 다가온다. 그리고 회기에서 남은 부정적인 에너지를 불의 요소가 태운다고 상상하면서 손바닥으로 불에서 나오는 따뜻한 공기를 얼굴과 몸 쪽으로 옮겼다. 또한 그들 각자는 회기가 진행되는 동안 사용되었던 한

줌 정도의 크리넥스(화장지)를 태웠다.

유감스럽게도 날씨가 매우 습해서 불이 잘 타지 않았다. 게다가 회기에서 크리넥스가 제공되지 않아서 참가자들은 울퉁불퉁하고 늘어나는 질긴 분홍색 화장지를 사용하고 있었다. 더 중요한 것은 이 분홍색 화장지는 불이 붙지 않고 검게 그을렸기 때문에 보기 흉한 검은 연기가 자욱하게 피어나왔다는 것이었다. 이처럼 머리 위에 무겁고 음울하고 악취가 나는 구름 같은 연기가 드리우고 있었으므로 축제 분위기를 느끼기는 매우 어려웠다.

게다가 밖에서는 고통스러운 고음의 돼지 울음소리가 들려왔다. 농장으로 오는 길에 새끼 돼지 경매라고 크게 쓰여 있던 비문을 본 것이 기억났다. 우리의 폐회 의식과 같은 시간에 경매가 열리고 있었고 불쌍한 동물들은 다가올 운명을 예상하고 비명을 질렀을 것이다. 끝을 내지 못할 것 같던 폐회 의식을 어렵게 마치고 농장을 떠나면서, 앞으로는 워크숍을 진행하기 전에 모든 상황을 반드시 미리 꼼꼼하게 점검하리라고 굳게 마음먹었다.

6. 호주에서의 최고의 시련

홀로트로픽 숨치료를 하면서 마주쳤던 가장 큰 도전 중 하나는 시드니 북쪽으로 4시간 거리의 호주 외곽에 위치한 센터에서 진행한 워크숍이었다. 처음 그 장소에 들어가 보니 회기를 진행할 방들이 쓰레기가 가득하고 상태가 엉망이어서 놀랐다. 그곳은 3층 침대들을 놓고 쓰던 오래된 보이스카우트 캠프였다. 주최자가 우리를 안내한 방은 어둡고 음침하며, 바닥에는 몇 군데 볏짚이 밖으로 삐져나와 있는 매트리스들이 있었다. 그녀는 "침대는 각자 정리하셔야 합니다."라고 말한 다음 "다들 수건은 가져오셨나요? 여기엔 수건이 없습니다. 오, 이불도 가져오셨기를 바라요."라고 덧붙였다. 멀리 캘리포니아에서 온 사람들에게 그런 기대를 한다는 것이 매우 이상하게 느껴졌다.

그다음에는 주방과 식기가 있는 곳으로 갔다. 주최자는 큰 감자 주머니, 쌀이 든 유리병, 선반 위의 빵 몇 덩어리, 야채 몇 종류가 담긴 바구니 두 개를 가리켰다. 그녀는 "음식 준비는 집단에서 하셔야 해요. 저는 워크숍에 참가할 거라서 요리할 시간이 없어요."라고 했다. 호주 외곽의 힘든 환경에 익숙한 참가자들마저도 놀라며 이 상황을 황당해했다. 하루 동안 요리는 엉망이었고, 크리스티나는 너무 화가 나서 결국 주방장을 맡아 집단이 먹을 푸짐한 야채수프 한 냄비와 샌드위치를 만들었다.

그러나 이 워크숍에서 가장 어려운 문제는 스파르타보다 더한 센터 상황이 아니라 주최자인 여주인의 행동이었다. 그녀는 자기의 특기와 열정인 아우라 빗질하기brushing of auras를 센터에서 연습하고 가르쳤는데, 이 기술을 집단 참가자들에게 보여 주려고 작정하고 있었다. 숨치료 회기가 시작되자마자 그녀는 파트너 브리더의 주위를 발꿈치를 들고 걸으면서, 공중에 파트너의 아우라 장auric field 속 불순물을 정화하기 위한 마법의 길을 만들기 시작했다.

우리는 시터들에게 과정에 개입하지 말고 브리더들이 스스로의 내적 치유의 지성을 사용하도록 하라고 분명하게 지시했었다. 그런데도 그녀는 이어서 실제로 파트너의 신체 여러 부위에 손을 대고 찌르기를 계속했다. 그녀는 만족할 때까지 그렇게 한 다음 파트너를 떠나 방을 이리저리 돌아다니면서 의도적으로 다른 브리더들을 관찰하고 때때로 그들의 아우라 장을 빗질해 준다고 끼어들었다. 그녀는 일일이 간섭하고 개입한 후 싱크대로 가서 컵에 물을 채우고 큰 소리로 가글을 한 뒤 싱크대에 뱉고는 두 팔을 뒤집고 펄럭이며 온몸을 흔들었다.

참가자들의 고통의 아우라 장에서 수거된 모든 부정적인 에너지를 방출하려는 이 정화 의식을 행하면서 그녀는 우리가 자신의 치유 기술을 보고 감상했는지 알아보려는 듯 우리 쪽을 쳐다보았다. 정말이지 그녀가 자신의 활동에 들이는 감정적인 투자를 생각하면 그만두라고 하기가 어려웠다. 주말이 끝나고 냉담하고 서먹한 이별을 한 뒤 센터를 떠나 시드니로 운전해 돌아오는 길에 이르러서야 우리는 크게 안도할 수 있었다.

7. 적대적 상황에서 홀로트로픽 숨치료 하기

1985년 프랑스 사회당 정치가 알랭 비비앙Alain Vivien은 피에르 모로이Pierre Mauroy 총리의 요청으로 사이비 종교Cult의 위험성에 대한 보고서를 썼는데, 이는 『프랑스의 사이비 종교: 도덕적 자유의 표현인가 조종의 요인인가Cults in France: Expression of Moral Freedom or Factors of Manipulation』라는 제목으로 출판되었다. 이 보고서 자체는 크게 주목을 받지 못했고 관련도 없었으나, 1990년도에 스위스의 태양 사원, 도쿄의 옴진리교, 캘리포니아 산타크루즈의 천국의 문 UFO 같은 사이비 종교단체 구성원의 집단자살이나 대량살인으로 전국적인 히스테리가 촉발되었다. 1995년, 프랑스 국회 컬트위원회는 프랑스 국가경찰 일반정보국이 사이비 종교 감시단체들과 연계해 수집한 단체의 목록이 포함된 보고서를 작성했다.

이 보고서에는 오늘날까지도 불분명한 이유로 사이비 종교가 된 단체들의 긴 목록이 포함되었는데, 우리가 주창한 홀로트로픽 숨치료와 SEN(영적 응급 네트워크Spiritual Emergency Network) 운동도 여기에 들어 있었다. 이 블랙리스트는 경고도 없이 갑작스럽게 발표되었다. 우리와 접촉한 사람이 아무도 없었고, 이 두 단체의 누구하고도 면담을 한 적이 없었으며, 이 블랙리스트에 대한 어떤 설명도 없었다. 프랑스는 오랜 민주주의 전통을 가진 나라였음에도 나치나 공산당을 연상케 하는 이런 식의 마녀사냥은 황당한 일이었다. 1995년 사이비 종교 보고서에 뒤따른 전국적 히스테리 때문에 우리의 훈련을 받은 홀로트로픽 숨치료 실무자들은 직업적 평판을 염려하게 되었고 SEN 프랑스 회장은 사퇴하기로 결정했다.

우리가 사이비 종교 목록이 출판되기 오래전부터 추진해 왔던 대규모 홀로트로픽 워크숍을 해 달라는 초청으로 프랑스에 도착한 것은 이런 분위기 속에서였다. 워크숍은 방음이 안 되는 파도 모양의 금속 시트 지붕이 덮인 커다란 격납고 같은 건물에서 열렸다. 하늘에 구름 한 점 없는 매우 더운 날이었다. 오전이 지나자 홀의 기온이 급격히 올라가 문을 다 열어야 했다. 특이하고 낯선 음악소리가 크게 울려 퍼지자 동네 주민들은 무슨 일인지 궁금해했고, 오래지 않아 누군가가 경찰을 불렀다.

다행히도 그때는 이미 어떤 주민이 음악소리가 크다고 불평해서 건물의 문을 모두 닫고 음량을 줄인 상황이었다. 신고 전화를 받고 경찰차 두 대가 도착했는데, 경찰들은 단지에 들어오지는 않고 밖에서 주변을 돌면서 자세히 듣고 관찰했다. 경찰이 개입할 만큼 의심스럽거나 위험한 상황은 아니라고 판단한 것이 분명하였다. 한편, 새로운 심각한 상황이 전개되었다. 음악소리가 숨치료 최적 수준보다 훨씬 작았고, 홀의 기온은 기하급수적으로 올라가고 있었다.

마침내 우리는 시원한 공기가 들어오도록 창문을 열었고, 음악소리를 더 작게 유지해야 했다. 촉진자 중 몇 사람이 교대로 밖에 나가 음악소리가 주민에게 피해를 줄 만한 수준인지 가늠하며 확인하고 있었다. 이는 경찰이 갑자기

돌아오는 것에 대비하기 위한 것이기도 했다. 문제는 음악의 크기뿐 아니라 열린 문이나 창문으로 경찰이 볼 수 있는 홀로트로픽 숨치료와 관련된 특이한 활동들이었다. 사이비 종교에 대한 히스테리를 생각하면 위험을 무릅쓰고 싶지 않았다.

하루 동안 우리는 참가자들의 체험에 가장 방해되지 않을 시스템을 개발했다. 홀의 온도가 적당한 수준으로 내려가면 문을 닫고 음악을 크게 틀며, 다시 온도와 습도가 문제시되면 문을 열고 음악을 작게 조절하였다. 우리는 조용한 명상적인 음악이 사용되는 오후 회기의 종결 시기에 이를 때까지 이렇게 하기를 반복했다.

이보다는 덜 극적이지만 수년 동안 우리는 창문을 닫아야 하는 상황이 많았다. 이미 예를 든 스위스에서 동네 농부들은 티베트나 아프리카, 발리 같은 나라의 의례 및 영적 음악의 일부를 듣고 우리가 악마의 작업을 하고 있다고 생각했다. 하지만 우리가 창문을 닫거나 소리를 줄여야 했던 것은 단순히 음악소리가 컸기 때문인 경우가 더 많았다.

1. 한 달간의 에살렌 세미나에서의 홀로트로픽 숨치료 체험을 묘사한 그림 4점(a~d)

a. 시베리아 샤머니즘에서 중요한 역할을 하는 강력한 영조(靈鳥, spirit bird)인 백조가 등장하는 심리 영적 죽음과 재탄생

b. 위대한 어머니 여신(태모신, 太母神), 모든 창조의 근원인 신성한 여성 에너지의 화신

c. 시바 나타라자(Shiva Nataraja), 우주 춤의 제왕

d. 눈부신 빅서(Big Sur) 해안에서 회기의 마지막 무렵에 체험한 바다와 석양의 하나 됨

2. 초월체험을 묘사하는 홀로트로픽 숨치료 회기에서의 그림들(a~g)

a. '지혜의 눈' 숨치료 회기 말의 체험. 화가(브리더)는 전체성이 회복되었다. "생명력(쿤달리니, Kundalini/기)은 '지혜의 눈' 위에 만족하여 평화롭게 쉬고 있다. 하늘과 땅, 남성성과 여성성이 균형을 이룬다."라고 말했다(안느 히빅, Anne Høivik).

b. 가장 육체적인 뿌리 차크라(muladhara)에서 가장 천상적인 정수리 차크라(sahasrara)로 올라가 우
주적 체험을 촉발시키는 뱀 에너지(쿤달리니)(잔 바나타, Jan Vanatta).

C. '우주의 심장(Heart)' 작은 개인의 심장이 큰 우주의 심장으로 돌아가는 길을 찾음(안느 히빅).

"Første visjon: Jeg så en hvit hest som red over himmelen.
Amazonas, På hesten satt "Mor. Ayahuasca" med meg
17. juli 2002. i armene sine. Vi red inn i evigheten."

d. '하늘을 날다' 중대한 돌파구를 뒤이은 체험아기가 빈 공간의 위대한 어머니에게 안겨 완전히 안전하고, 있는 그대로 사랑받으며 하늘을 날아 영원으로 들어가는 느낌(안느 히빅).

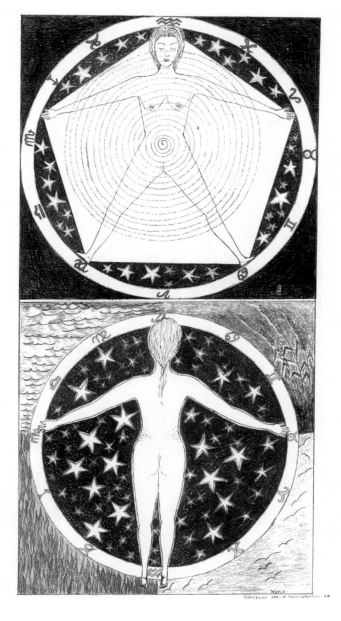

e. '우주 왕복 여행' 아래의 그림은 우주의 질서와 조화, 전체성, 완전성에 대한 화가의 놀람을 묘사한다. 위의 그림은 그녀가 이 우주의 경계를 떠나 돌아올 수밖에 없었던 극심한 추위와 떨림의 느낌들과 관련된다. 마지막에 오각형이 된 것이 착륙과 회기 통합에 도움이 되었다(카티아 솔라니, Katia Solani).

f. 여성 그리스도의 몸속에 있는 변용된 빛의 존재를 봄(안느 히빅).

g. '어머니 쿤달리니' 별 망토에 싸인 불타는 옷을 입은 여성의 등에 맨 포대기 속에 쉬고 있는 작은 아이와의 동일시. "나는 어머니이자 아이였다. 나는 이 위대한 어머니를 깊이 사랑했고, 내 어머니를 사랑했고, 모든 피조물을 사랑했고, 지각이 있는 모든 존재를 사랑했다."(카티아 솔라니)

3. 홀로트로픽 숨치료 회기의 주산기 모티프들(a~k)

a. 방해받지 않는 자궁 안의 삶(BPM I). 얽히고설킨 손가락과 발가락들은 성인과 다른 태아의 신체 이
   미지를 체험하는 것을 나타낸다.

b. BPM II에 지배된 회기에서 본 광경. 게걸스러운 여성성의 원형 이미지인 거대한 타란툴라(독거미)
   가 이 그림의 작가를 공격하고 목숨을 위협한다. 꽁꽁 싸맨 미라는 자궁 수축 때 체험하는 갇힘과
   조임을 반영한다.

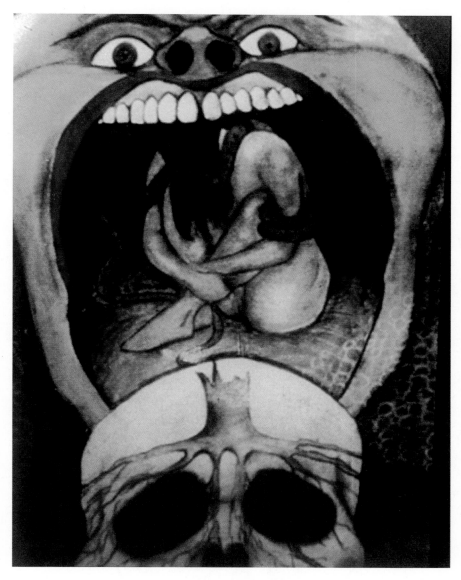

c. 기괴한 원형적 인물의 집어삼킴으로 체험된 심리영적 죽음과 재탄생 과정의 시작. 해골은 죽음의
임박을, 뿌리 모양의 사람과 뱀은 태반 순환체계를 나타낸다(펙 홈스, Peg Holms).

4. 어머니 공포 안으로 통과하는 여정. 출생을 재체험하는 숨치료 회기의 소묘
   3점(d~f)(잔 바나타, Jan Vannatta)

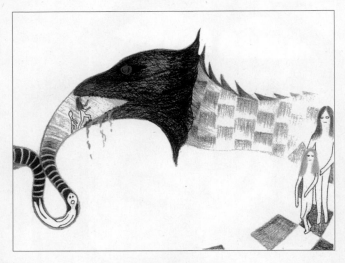

d. 처음에 탄생이라는 고난과 마주치는 상처입은 내면 아이가 더 지혜로운 성인 자아에 합류하여 함께 어머니 용의 입으로 들어간다.

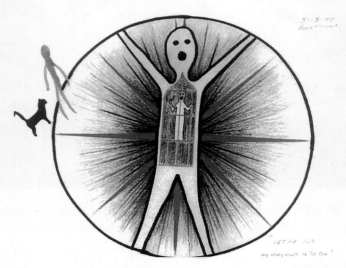

e. 안 좋은 자궁 속에 갇힘. 어머니 용의 검고 조이는 자궁 속에 잡혀 쥐어 짜이는 체험. 출구가 없고, 나가는 길은 죽는 것뿐이다(잔 바나타).

f. 내면아이와 성인 자아(self)가 산도를 통해 여행한다. 그들이 두려움에 완전히 대면하자 용의 머리
   가 안개처럼 사라지고 통로가 생긴다.

g. 어둠을 통과해 나옴. 출생과 출산이 결합된 체험. 이런 순서는 대개 새로운 자아(self)를 출산하는
  느낌과 큰 변용과 치유를 가져온다(진 퍼킨스, Jean Perkins).

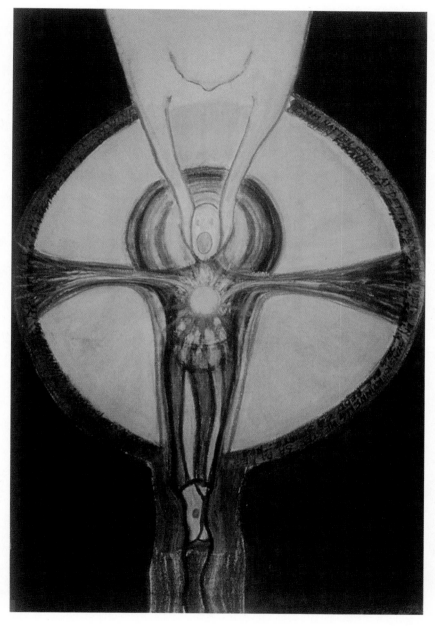

h. 출생 과정의 마지막 단계에서 십자가에 못 박히는 환상. 화가는 이 체험에서 얼마나 많은 차원의 실재가 함께 짜일 수 있는지, 그리고 그 모든 것 뒤에 하느님 또는 주신(Great Spirit)이 있다는 것을 분명히 보았다(안느 히빅).

i. 심리영적 죽음과 재탄생의 체험. 낡은 성격 구조가 해체되고 영적 영역과 연결된 (새로운) 자아(self
혹은 자기, Self)가 출현한다. 그림 밑에는 '자유'라고 적혀 있다. 사지 절단은 초급 샤먼의 최초 체험
들에 자주 나오는 모티프이다(아리나 모스, Jarina Moss).

j. 심리영적 죽음과 재탄생 안에서 [연금술 과정의 유명한 공작꼬리(caudad pavonine)와 같이] 공작 꼬리 가 변용과 변신의 상징으로 나타남(안느 히빅)

k. 죽음과 재탄생에 이어 여성성과 남성성의 신성한 합일인 성혼(聖婚, sacred union) 체험(안느 히빅).

5. 홀로트로픽 상태에 자주 나오는 모티프인 뱀을 그린 숨치료 회기의 그림들(a~d).

a. 쿤달리니의 활성화. 화가는 자기보다 더 큰 뱀 에너지가 자기로 하여금 여자아이(왼쪽)와 자궁 무덤 속의 태아(오른쪽)를 보고 보호하고 치유해 줄 수 있도록 엄청난 힘을 충전해 주는 것을 느꼈다(잔 바나타).

b. '권한 부여' 번개 에너지가 뱀 에너지로 전환되어 화가의 몸에 들어온다. 뱀이 그녀의 몸을 떠난 뒤 그녀는 늑대가 자기 발 아래 앉아 지켜보는 가운데 그것을 받아들이고 녹아들어가 하나가 된다(잔 바나타).

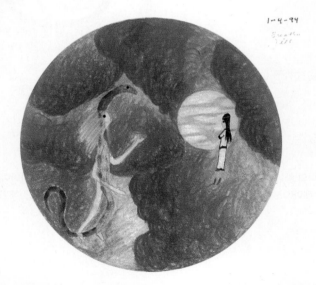

c. '뱀 에너지와 흰 물소 여자' 상승하는 뱀 에너지와 분노하고 소용돌이치는 색깔의 구름 형태의 혼돈 속에 흰 물소 여자가 나타난다. 여자는 화가에게 이 에너지를 받아들여 자신의 힘으로 변용시키는 법을 가르쳐서 그녀가 차원의 문을 지나 빛과 평화와 자기 이해의 장소로 갈 수 있도록 해주었다(잔 바나타).

d. '하늘과 땅의 합일' 검은 뱀(땅의 힘)과 황금색 뱀(하늘의 힘)이 정글의 푸른 잎 침대 위에서 짝을 짓는다. 이 체험에는 커다란 만족과 평화의 느낌이 따랐다(안느 히빅).

6. 강렬한 감정의 체험을 묘사하는 홀로트로픽 숨치료 회기의 그림 5점(a~e)

a. '감금된 공격성' 억눌린 분노가 해방과 표현을 찾으려고 애씀(알브레히트 마르, Albrecht Mahr)

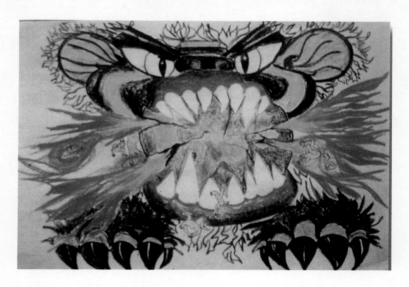

b. '격노' 원형적인 고양이과 포식 동물과 동일시되어 격렬한 분노를 분출함(알브레히트 마르)

c. '탐욕' 인생과 역사의 강력한 동력인 끝없는 탐욕의 화신(안느 히빅)

24

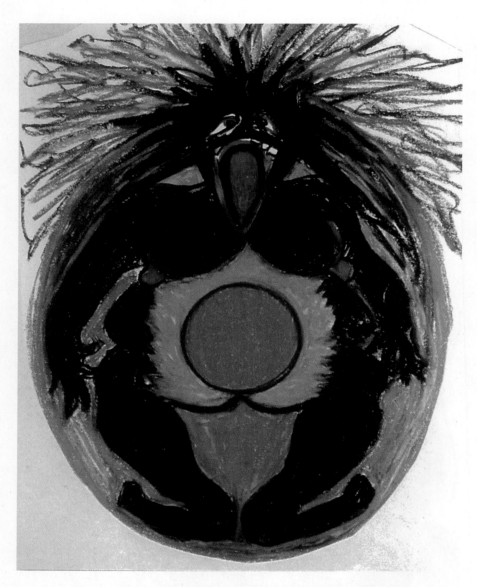

d. '원초적 비명' 재탄생을 체험하며 깊은 감정을 강력하게 해방(안느 히빅)

e. '용 어머니(Dragon Mother)' 격한 감정에 과민 반응하는 어머니를 보여 주는 화가의 어린 시절 트라우마. 용 어머니가 아기의 울음을 멈추려고 아기를 흔들고 겁을 준다. 그녀의 메시지는 "울면, 죽어."이다(잔 바나타).

7. 샤먼 모티프 체험을 묘사하는 홀로트로픽 숨치료 회기의 그림들(a~d)
(타이 하자드, Tai Hazard)

a. 은색과 하늘색의 옷을 입은 커다란 곰이 발톱으로 자기 가슴을 찢어 열고 샤먼에게 피를 준다.

b. 물범의 이빨에 샤먼의 심장이 뚫리고 그의 영혼은 늑대로, 달로, 태양으로, 또 다른 샤먼에게로 이동한다.

c. 어둠과 미지에 대한 공포를 극복하고 안내자를 따라 지하세계로 더욱더 깊이 들어감

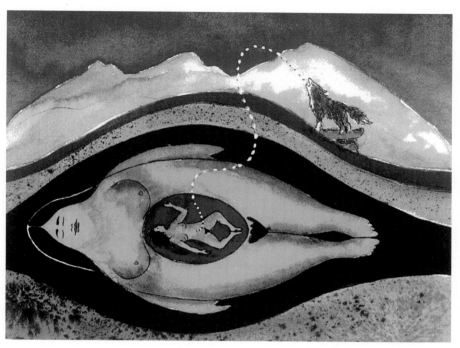

d. 지구의 자궁 속 깊은 곳에서 휴식하며 늑대의 찬팅과 함께하는 이야기를 들음

e. 심리영적 죽음과 재탄생 과정의 중요한 부분. 신참 샤먼의 초기 위기에서 나타나는 보편적인 원
   형적 모티프로서의 사지절단의 경험

8. '샤먼 입무入巫' 쿤달리니 각성의 맥락에서 샤먼의 하강 여정을 그린 홀로
   트로픽 숨치료 회기의 그림 4점(a~d)(잔 바나타)

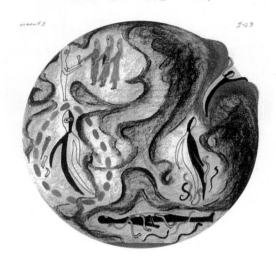

a. 할머니들이 화가의 눈 주위에 하얀 원들을 그리고, 아래 어둠 속으로의 여행을 위해 그녀에게 세
   가지 부적 깃털, 뼈, 발톱을 준다. 그녀가 내려갈 때, 할머니들은 그녀의 몸을 흑백으로 칠한다. 바
   닥에 다다르자 대부분의 뱀 에너지가 해방되고 그녀는 재탄생을 위해 어둠으로부터 다시 되돌아
   나가려고 고군분투한다.

b. 화가의 몸은 흑백이 되고 온몸에 복잡한 무늬가 나타난다. 그녀의 전 존재는 신성한 기하학적 구
   성으로 변용된다. 그녀는 어둠 속에 갇히고 할머니들과 뱀에 둘러싸인다.

c. 할머니들에 둘러싸여 뱀과 화가는 하나가 된다. 그들은 안정된 중심에 통합된 부적들을 둘러싼다.

d. 여행자는 완전히 통합되고 변용되어 그림의 중심에 앉아 있다. 그녀는 어둠, 세 가지 부적, 할머니들, 뱀, 마름모꼴 샤먼 실재에 둘러싸여 지지를 받는다. 복잡하지만 질서 있는 체험이다.

9. 홀로트로픽 숨치료 훈련 회기의 그림 2점(a~b)(펙 홈스)

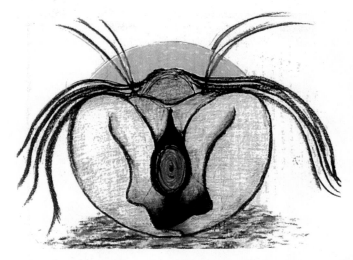

a. '지옥문을 통해 마야의 감옥으로' 출생과 출산의 이중 체험. 화가의 감정은 너무 깊어서 울고 격분하고 통곡하고 뒹굴어도 그것은 공포와 괴로움이라는 빙산의 일각일 뿐이다.

b. 화가는 알몸으로 강력한 할리 데이비슨(Harley-Davidson) 오토바이를 타고 의기양양하게 그것을 조종하며 통제하고 있었다. 자기의 여성 파워를 되찾아 두려움이나 죄책감 없이 사용했다.

10. 이 책에 묘사된 카티아 솔라니의 홀로트로픽 숨치료 회기의 그림 4점(a~d)

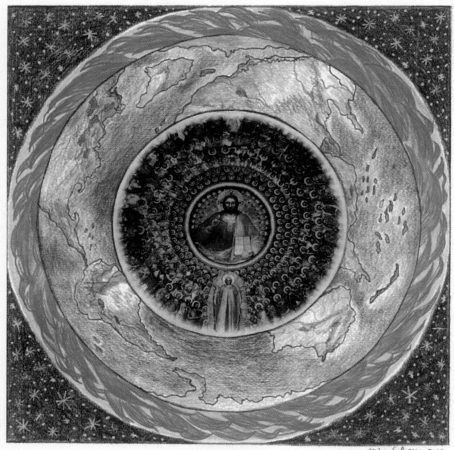

a. 성체 축일(Corpus Christi). 우주적 그리스도의 몸 안의 세포가 됨과 동시에 창조의 어떤 부분과도
체험적으로 하나가 되는 능력을 소유하는 체험을 그린 그림(카티아 솔라니).

b. 영양공급이 필요한 아이를 자기 배에 올려 태우고 가는 거북이와 동일화

c. 거북이 등껍질을 장식하는 아름다운 풍경

d. 회기 다음 날 밤 꿈에 나타난 동일한 풍경을 그림

11. 홀로트로픽 숨치료 훈련에서의 체험을 묘사한 마리안느 봅케(Marianne Wobcke)의 그림 3점(a~c)

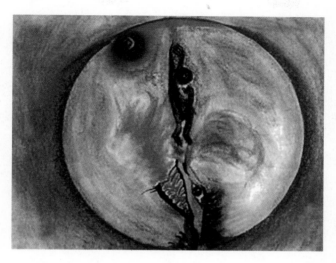

a. 태아인 마리안느가 자궁 경관을 통해 나오면서 불 뿜는 용에게 공격을 받아 다리에 화상을 입음. 이 체험은 어머니의 낙태 시도, 더 깊게는 경찰이 다리에 휘발유를 붓고 불을 붙인 원주민 증조모의 체험과 관련이 있었다.

b. '소외' 꿈꾸는 조상이 황량한 풍경 속에 해골로 서 있음. 이는 잃어버린 세대가 가족, 나라, 문화, 카니이니(Kanyini)에서 분리된 결과인 호주 원주민의 종말을 나타낸다. 카니이니는 원주민 생활의 토대인 돌봄과 책임을 통한 소속감의 원리를 말한다.

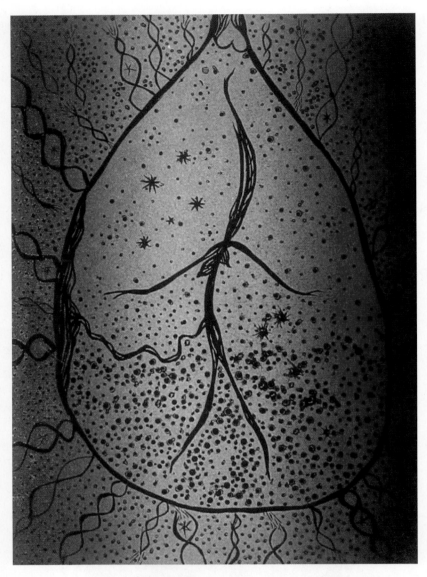

c. 마리안느와 원주민 조상과의 깊은 연관을 보여 주는 라이노컷(linocut)*. 별이 총총한 하늘을 배경으로 춤추는 미미 (Mimi) 영혼의 그림이다. 원주민 설화에 따르면 미미 영혼은 창세기(Alcherinbga)때 원주민들에게 사냥, 요리, 그림을 가르쳤다는 키 크고 마른 존재들이다.

....

* 19세기 중반에 발명된 판화 기법으로 목판화와 목각의 중간에 해당하는 부조 판화(세계미술용어사전).

12. 홀로트로픽 숨치료 회기의 복잡한 만다라 2점(a~b)(욘 압레트, John Ablett)

a. 옴 나마 쉬바야(Om Nama Shivaya)라는 제목의 만다라. 힘든 탄생으로 인한 피와 숨 막힘 가운데, 거대한 해골 모습의 죽음이 자아(ego)라는 가짜 왕을 발로 짓이기며 세상을 휘젓고 다닌다. 해골 뼈는 여러 층의 문화 및 조상의 역사로 연결되는 초월의 출입구이다.

b. 자궁 속 태아는 화가 나서 전 세계를 말살하겠다고 위협하는 개인적·세계적 규모의 파괴 과정을
   나타낸다. 태아는 먼저 고치에서 나오는 목마른 말벌, 그다음에는 으르렁거리며 포효하는 호랑
   이, 그리고 마침내 만개한 꽃이 되어 나선형의 산도를 따라 빛 속으로 들어간다.

7

홀로트로픽 숨치료의
치료적 잠재력

숙련된 촉진자들이 진행하는 홀로트로픽 숨치료의 유익한 효과는 광범위하다. 특히 다양한 정서장애, 심인성 천식, 편두통, 기질적器質的 기반을 갖지 않는 신체통증 같은 전통적인 심인성 질환에서 수년간 분명한 긍정적인 결과를 볼 수 있었다. 레이노병Raynaud's disease이나 만성 염증 등 순전히 의학적 문제로 보이는 질환에서도 상당한 호전을 보였다. 반복된 홀로트로픽 숨치료 회기의 긍정적인 효과에는 정서적·신체적 질환의 개선을 넘어 브리더의 인성, 세계관, 인생 전략 및 가치 위계에서의 뚜렷한 변화도 포함된다. 또한 우리는 이 접근법이 북미나 호주의 원주민 사회에서 문화적 상처를 치유하는 데 매우 효과적으로 사용될 수 있다는 일화적인 증거들을 가지고 있다.

1. 정서 및 정신신체 장애의 치유

우리는 직업 환경이 아닌 곳, 즉 에살렌 연구소의 1개월 일정 세미나나 그보다 더 짧은 워크숍, 여러 나라에서의 다양한 숨치료 워크숍, 촉진자 훈련을 통해 홀로트로픽 숨치료를 개발하고 시행해 왔다. 이 모든 곳에서 초점은 치료보다 자기탐색과 개인적 성장에 맞추어졌다. 우리는 볼티모어 소재 메릴랜드 정신의학 연구 센터Maryland Psychiatric Research Center에서 스탠이 심현제 연구 프로그램을 시행했을 때처럼 임상 집단에서 홀로트로픽 숨치료의 치료적 효과를 시험해 본 기회가 없었다. 그 프로젝트는 많은 기금을 받았고 사전·사후 심리검사와 6, 12, 18개월의 후속 작업이 체계적·전문적으로 통제되어 수행된 임상연구였다. 이러한 형식이야말로 향후의 홀로트로픽 숨치료 연구를 위한 이상적인 모델이었다.

비록 우리의 작업이 임상에 초점을 두지는 않았지만, 많은 워크숍과 훈련 참가자는 다양한 정서 및 정신신체적 장애로 고통받고 있었다. 그들에 대한 홀로트로픽 숨치료의 결과는 너무나 인상적이고 회기의 구체적 체험들과 의미 있게 연결되기 때문에 홀로트로픽 숨치료가 독자적인 치료 형태라는 것에는 의심의 여지가 없다. 수년에 걸쳐 홀로트로픽 숨치료의 효과에 대한 연구가 시행되었고 고무적인 결과들이 논문에 게재되었다. 홀로트로픽 숨치료의 다양한 측면과 치료 효과를 연구한 러시아 연구자들의 논문은 많은 전문가 회의에서 발표되었고 두 편의 특별한 전공논문으로 구성되었다(Bubeev & Kozlov, 2001a, 2001b). 다만 홀로트로픽 숨치료가 임상도구로서 정당성을 부여받으려면 분명히 훨씬 더 통제된 연구가 필요하다.

우리는 워크숍과 훈련 참가자들이 수개월에서 수년간 지속됐던 우울증을 돌파하고, 다양한 공황장애를 극복하며, 소모적이고 비합리적인 죄책감에서 벗어나 자신감과 자존감을 급격히 개선하는 경우를 많이 보아 왔다. 또한 편두통을 포함한 중증 정신신체적 통증psychosomatic pains이 사라지고 심인성 천식의 급격한 개선이 지속되거나 완전히 해소되는 경우를 많이 목격했다. 대부분의 훈련이나 워크숍 참가자들은 언어심리치료 몇 년보다 몇 번의 홀로트로픽 회기에서 더 큰 진전을 이루었다고 하였다.

홀로트로픽 숨치료나 그 외 홀로트로픽 의식 상태를 사용하여 작업하는 강력한 형태의 경험적 심리치료의 효과를 평가할 때에는 언어심리치료 형태와의 근본적인 차이점들을 강조하는 것이 중요하다. 언어심리치료는 몇 년 이상 걸리는 것이 보통이고, 놀라운 주요 돌파구를 찾기 어려워 하늘에서 별 따기와 같다. 증상의 변화는 오랜 시간에 걸쳐 일어나며, 그 변화가 치료의 구체적인 사건 때문인지 일반적인 치료 과정 때문인지도 증명하기가 어렵다. 그에 비해 심현제나 홀로트로픽 숨치료 회기에서는 몇 시간 내에도 특정 체험을 원인으로 한 강력한 변화가 발생할 수 있다.

홀로트로픽 숨치료에 사용되는 기본 원리와 전략은 돌발적인 심리영적 위기('영적 응급')를 겪는 사람들에게도 효과가 있다. 이 경우는 이미 올라와 있는 무의식적 소재로 작업하고 본인도 그 소재가 더 이상 수면으로 올라오지 않도록 분투하기 때문에 대개는 더 빠른 호흡이 필수적이지 않다. 이런 상황에서 우리가 할 일은 지지적인 환경을 마련해 주고, 회기 과정을 유효하게 이끌어 가고, 격려해 주며, 출현하는 소재들을 가지고 작업하는 것뿐이다. 즉, 영적 위기에 처한 사람들의 심리적 작업이 심리적 차단block을 만나 곤경에 빠질 때 더 빠른 호흡이 필요하다.

2. 신체적 질환에 대한 긍정적 효과

홀로트로픽 치료에서 목격되는 변화는 전통적인 정서 및 정신신체적 psychosomatic 질환에 국한되지는 않는다. 많은 경우 홀로트로픽 숨치료 회기를 거치면 의학편람에서 기질성 질환이라고 하는 신체적 질환이 유의미하게 개선되었다. 비염, 인두염咽頭炎, 기관지염, 방광염 등 만성 염증을 앓는 사람들에게서 숨치료 회기 중에 몸의 해당 부위가 생체 에너지적으로 심하게 막혀 있는 것을 발견했다. 숨치료와 보디워크의 조합으로 생체 에너지 차단들이 제거되자 염증이 크게 개선되거나 완전히 없어지기까지 했다.

이를 통해 만성 염증은 박테리아의 존재 때문이 아니라 조직이 박테리아에 대항해 스스로를 보호하지 못하기 때문에 발생한다는 것을 볼 수 있다. 염증을 일으키는 미생물은 대부분 악성이나 독성이 아니고 폐렴연쇄구균이나 대장균처럼 정상적으로 서식하는 종류이다. 장기가 생체 에너지적으로 막혀 있지 않으면 백혈구, 림프구, 항체가 풍부한 혈액과 함께 적절히 순환되어서 미생물이 문제를 일으킬 만큼 증식하지 못한다.

우리는 또한 영양장애로 인한 피부 노화와 함께 손발이 차가워지는 레이노 환자들의 말초순환이 완전히 복원되는 것을 본 적도 있다. 홀로트로픽 숨치료로 어깨와 측두하악골의 관절염(TMJ 증후군)이 현저히 개선되기도 했다. 이 모든 경우에서 중대한 치유요인은 해당 신체 부위의 생체 에너지 막힘이 해소되어 정맥이 열렸기 때문이라고 할 수 있다(혈관 확장).

여기서 관절염 형태의 구조적 손상은 수년간 해당 부위에서 생체 에너지의 차단이 지속되었을 때 발생한다는 것을 볼 수 있다. 근육이 만성적으로 수축되어 있으면 그 부위의 모세혈관이 압박되어 혈액순환이 잘 되지 않는다. 그러면 산소공급이 감소되고 영양부족이 되며, 결국 미네랄이 축적되어 독성

신진대사 생성물을 제대로 제거하지 못한다. 초기 단계에서 아직 문제가 활발한 경우라면 체험적 치료로 완전히 되돌릴 수 있다. 그러나 오랫동안 지속되면 결국 관절에 구조적 손상이 발생해 영구적이고 되돌릴 수 없는 질환이 되어 버린다.

홀로트로픽 숨치료에서 대동맥과 지맥에 대한 원인미상의 염증성 질환인 타카야수Takayasu 동맥염이 중증에서 현저히 개선된 것은 혈액순환에 관련된 가장 놀라운 사례였다. 타카야수 동맥염은 상체에 정맥 폐색이 점차적으로 진행되는 것인데, 꾸준히 진행되고 치료가 어려우며 치명적인 경우가 많은 질환이다. 이 병을 앓는 젊은 여성이 우리 훈련에 왔는데, 팔의 정맥에 맥박이 없었고 어깨 위로 팔을 들어 올리지도 못했다. 하지만 훈련을 마칠 때쯤에는 맥박이 회복되고 팔을 자유롭게 사용할 수 있었다. 그녀는 훈련 중에 일련의 매우 강렬한 주산기 및 전생 체험을 하면서 상체와 손과 팔의 거대한 생체 에너지 차단이 해소되었다. 또 홀로트로픽 숨치료 훈련 중에 골다공증을 앓는 여성의 뼈가 강화되는 것을 보았는데, 이 놀라운 일에 대해서는 설명할 방법이 없다.

앞에서 말한 것처럼 홀로트로픽 숨치료의 치료적 잠재력은 우리의 훈련을 받은 유자격자들이 이 방법을 각자 업무에 사용하며 임상연구를 통해 확인해 주고 있다. 러시아의 연구는 우리의 러시아 수련생들로부터 홀로트로픽 숨치료를 배운 임상가들, 특히 러시아 자아초월협회Russian Transpersonal Association 회장인 블라디미르 마이코프Vladimir Maykov에 의해 수행되었다. 홀로트로픽 숨치료의 다양한 측면을 탐색하는 논문의 목록은 이 책의 참고문헌 부분에 별도로 구성하였다.

또한 우리의 훈련이나 워크숍의 홀로트로픽 숨치료 회기를 통해 정서적·정신신체적psychosomatic·신체적 증상이 개선되거나 사라진 사람들이 수년 후에 비공식적인 후속 보고서를 보내 주는 경우도 많다. 이것은 홀로트로픽 회기에서 이루어진 호전 상태가 오래 지속되는 경우가 많다는 것을 보여 준다. 우리는 이 유망한 자기탐색 및 치료법의 효과가 앞으로 잘 설계된 임상 연구를 통해 더욱 확인되기를 바란다.

3. 성격, 세계관, 인생 전략, 가치 위계에 대한 영향

정서적·정신신체적·신체적 치유 외에도 수년 동안 많은 사람이 홀로트로픽 숨치료를 사용한 진지하고 체계적인 자기탐색을 통해 매우 크게 긍정적인 성격 변화를 보여 주었다. 그들의 일부는 다양한 감정적·신체적 트라우마를 재체험함으로써 대인관계가 교정되는 변화를 보여 주었다. 그러나 가장 급격한 변화는 주산기와 자아초월 체험과 관련된 것이라고 할 수 있다.

홀로트로픽 의식 상태를 사용한 체계적인 자기탐색 과정에서 조만간 우리는 가장 깊은 욕구가 물질적인 것이 아니라 영적인 성질의 것임을 깨닫게 된다. 일단 기본적인 생물학적 욕구(음식, 주거, 섹스, 안전)가 충족되고 나면 세속적인 목표의 추구 그 자체로는 우리에게 성취감이나 마음의 평화나 행복을 가져다주지 못한다. 자기발견의 과정이 전기적 수준에 집중되면 많은 사람은 자기 원가족 안과 삶에서 겪은 트라우마 체험으로 인해 특정 부분에서 진짜 인생을 살지 못했다는 통찰을 얻게 된다.

예를 들어, 부모의 권위자와 문제가 있으면 교사, 고용주, 경찰, 군대 상관, 정치나 과학 분야의 권위자와의 관계에서도 비슷한 어려움이 있을 수 있다. 마찬가지로, 성적 관계에서의 우리의 행동은 부모가 남성적이고 여성적인 역할의 모델로서 서로 어떻게 관련되어 있는지, 그리고 그들이 어떻게 우리와 형제자매와 감정적으로 관련되어 있는지를 반영한다. 학대, 거부, 과잉보호하는 부모, 자녀의 성적 경계를 침해하는 부모는 자녀의 성인 생활에 파괴적이고 치명적인 영향을 끼치며 자녀가 성적 관계에서 역기능적 패턴을 반복하게 되는 데 중요한 역할을 한다. 마찬가지로 형제자매 간의 대립, 질투, 관심을 위한 경쟁은 나중에 학교 친구, 동료, 다른 또래 집단원과의 관계에서 다시 나타나는 경향이 있다.

경험적 자기탐색의 과정이 출생 주산기 수준에 이르면 우리는 대개 우리 인생이 특정 영역에서만이 아니라 전체적으로 진짜가 아니었음을 발견할 수 있다. 놀랍게도 전체 인생 전략이 오인되고 오도되었으며, 그 때문에 참된 만족이 없었음을 발견하는 것이다. 우리의 많은 활동이 죽음에 대한 두려움, 그리고 생물학적 출생과 관련된 기본적이고 무의식적인 힘에 의해 유발되었던 것임을 깨닫는다. 우리는 인생 시작의 이 종말론적 사건에서 살아남기는 했지만 그것을 감정적으로 처리하고 통합하지 못했다. 우리는 여전히 무의식 깊은 곳에 감금되고 희생되며 위협받는 느낌을 갖고 있다. 출생이라는 엄청난 과정을 해부학적으로는 완수했지만 감정적으로는 하지 못했다. 마치 우리의 상당한 부분이 여전히 산도産道에 감금되어 그 손아귀에서 벗어나려고 몸부림치며 고군분투하는 것과 같다.

우리 의식의 영역이 태어날 때 경험했던 덫과 투쟁이라는 근원적 기억에 강력한 영향을 받을 때, 그것은 우리의 현재 상황에 대한 불쾌함과 불만을 유발한다. 마음에 들지 않는 신체적 외모, 불충분한 자원과 물질적 소유, 부족한 권력과 명성, 낮은 사회적 위치와 영향력 등 광범위한 주제가 그 불만의 대상이 될 수 있다. 산도에 갇혀 있는 태아처럼, 우리는 미래 어딘가에 있을 좀 더 만족스러운 상황으로 가려는 강한 욕구를 느낀다.

실제 현재 상황이 어떻든 우리는 만족스럽지 않다. 우리의 환상 속에서 현재보다 더 성취감을 주는 미래 상황의 심상을 계속 만들어 낸다. 이 목표들에 도달하기 전의 인생은 더 나은 인생을 위한 준비에 불과할 뿐, 아직 진짜가 아닌 것이다. 결국 우리는 워크숍과 훈련 참가자들이 쳇바퀴 위를 달리는 듯한 존재 형태나 러닝머신 인생 전략이라고 묘사한 인생 패턴에 이르게 된다. 이 용어에서는 목적지도 없이 불굴의 투지로 쳇바퀴를 달리는 쥐의 이미지가 떠오른다. 실존주의자들은 미래로의 자동화 프로젝트 전략이 인생의 기본 오류라고 한다. 원칙적으로, 이것은 기대되는 성취와 만족을 가져다줄 수 없기에 본질적으로 패배자 전략이다. 이러한 관점에서 볼 때 물질적 목표를 달성하느냐 못하느냐는 큰 차이가 없다. 조지프 캠벨Joseph Campbell의 말에 의하면, 사다리 꼭대기까지 올라가서야 잘못된 벽에 기대어 서 있는 것을 알게 된 것이다.

목표에 이르지 못했을 동안에는 시정이 아직 안 되었기 때문에 불만족이 계속되는 것이라고 생각한다. 하지만 열망하는 목표에 도달하는 데 성공해도 대부분 기본적인 인생의 느낌에는 큰 영향을 주지 않는다. 그 느낌들은 외부 세계에서 우리가 성취하는 것보다 무의식적인 정신 세계의 상황에 더 강한 영향을 받기 때문이다. 불만족이 지속되면 대개는 목표를 잘못 선택했거나 야심이 부족했다고 보고 목표를 더 크게 잡거나 다른 목표로 대체하게 된다.

어찌 되었든 인생 전략이 근본적으로 잘못되었기 때문에 원칙적으로 만족을 하지 못하고, 이 상태로는 결국 실패할 수밖에 없다는 올바른 진단을 내리지 못한다. 이러한 잘못된 패턴이 대규모로 적용되면 다양하고 거창한 목표를 무모하고 비이성적으로 추구하게 되어 이 세상에 심각하고 위험한 문제들과 인간의 고통을 초래하고 만다. 그것은 결코 중요성과 풍요로움에 있어 참된 만족을 가져다주지 못한다. 이러한 비합리적인 욕구를 크게 감소시킬 수 있는 유일한 전략은 출생의 트라우마를 의식적으로 재경험하고 통합하며 체계적인 내면 작업을 통해 영혼의 자아초월 수준과 체험적 연결성을 확립하는 것이다.

책임감 있게 집중해서 심도 깊은 자기탐색을 하게 되면 출생의 트라우마를 받아들이고 깊은 영적 연결성을 가질 수 있다. 이로써 우리는 도교의 영적 스승들이 무위, 즉 창조적 고요함이라고 부르는 방향으로 움직이게 되는데, 이는 야심 있게 결연한 노력을 수반하는 행동이 아니라 존재함으로써 행하는 것이다. 이것은 또한 자연에서 물이 흐르는 길을 닮았기 때문에 수로 방식Watercourse Way이라고도 불린다. 미리 정해진 고정된 목표에 집중하는 대신에 우리는 상황이 어떤 방향으로 움직이고 있으며 그 움직임에 어떻게 우리를 맞출까 감지하려고 힘쓴다. 이것은 무술과 서핑에서도 사용되는 전략이다.

목표나 결과보다는 과정에 초점을 맞추는 것이다. 이런 태도로 인생에 접근할 수 있다면 우리는 결국 더 적은 노력으로 더 많은 것을 성취할 수 있다. 게다가 우리의 활동은 개인적인 목표를 추구할 때처럼 자기중심적·배타적·경쟁적이지 않고 포용적이고 시너지를 이끌어 낼 수 있다. 그 결과는 우리 개인에게 만족을 줄 뿐 아니라 공동체 전체에 이바지할 수 있다.

우리는 이런 도교적 틀 안에서 활동하는 사람들이 놀라운 우연의 일치로 사업이나 프로젝트에서 지원이나 도움을 받는 우연과 동시성의 경향이 있음을 반복적으로 목격했다. 그들은 우연히 필요한 정보를 얻고, 때맞춰 적임자들이 나타나며, 갑자기 필요한 자금이 생긴다. 이런 상황이 뜻밖으로 운 좋게 발생하는 일이 너무나 만연하고 설득력 있기 때문에 우리도 그것을 믿고 우리 활동의 나침반, 즉 우리가 올바른 방향으로 가고 있다는 중요한 기준으로 사용할 수 있음을 배운다.

홀로트로픽 의식 상태에서의 체험으로 불만족의 근원과 불만족을 달래는 방법에 대해 훨씬 더 근본적인 통찰을 할 수 있다. 우리는 불만의 가장 깊은 근원, 우리의 존재 이상의 것이 되고 우리가 소유한 것 이상을 가지려는 투쟁의 가장 깊은 근원이 주산기 범위조차 넘어선 데 있음을 발견할 수 있다. 인생을 주도하는 이 채울 수 없는 갈망은 결국 본질적으로 자아초월적이다. 단테 알리기에리Dante Alighieri에 따르면 완벽함에 대한 갈망은 항상 모든 즐거움을 불완전하게 보이도록 만든다. 영혼의 갈증을 달래 줄 만큼의 큰 기쁨이나 즐거움이 없기 때문이다(Dante, 1990).

가장 일반적인 의미로 인간의 불행과 끝없는 탐욕의 가장 깊은 자아초월적 근원은 켄 윌버Ken Wilber가 설명하는 아트만 프로젝트Atman project로 서술할 수 있다(Wilber, 1980). 우리는 우주적 창조원리인 하나님, 브라만, 도道, 부처, 우주적 그리스도, 알라, 주신Great Spirit과 동일하며 상응하는 존재이다. 창조의 과정에서 우리는 이 깊은 근원과 우리의 참된 정체성으로부터 분리되고 소외되지만 우리가 정말로 누구인지에 대한 의식의 자각은 결코 완전히 사라지지 않는다. 의식 진화의 모든 단계에서 심혼psyche 안의 가장 깊은 동력은 우리 자신의 신성Divinity의 경험으로 돌아가려는 갈망이다.

그러나 우리가 분리된 육신으로 존재하기 때문에 이 과제의 성취는 무척 어렵고 힘들어졌다. 우리의 분리된 자기self의 소멸, 에고의 죽음이 요구되기 때문이다. 우리는 소멸이 두려워서 에고를 붙잡게 되기 때문에 각 연령대마다 특정한 아트만 프로젝트라는 대체물이나 대리물로 합의를 보고 만족해야 한다. 태아와 신생아에게 그것은 좋은 자궁이나 좋은 젖가슴을 체험하는 만족이고, 유아에게는 연령별 생물학적·의존적 욕구와 안전 욕구의 만족이다. 성인에게 가능한 대체 프로젝트로는 음식이나 섹스 외에도 돈, 명성, 권력, 외모, 지식, 특정 기술 등 범위가 어마어마하게 많다.

우리의 참된 정체성이 우주적 창조의 총체이며 창조원리 그 자체임을 깊이 자각하고 있기 때문에, 대체물인 아트만 프로젝트는 정도나 범위에 상관없이 항상 불만족스럽다. 페르시아의 신비주의자이자 시인인 루미Rumi는 다음과 같이 단언했다.

"사람들이 아버지, 어머니, 친구, 하늘, 땅, 궁전, 과학, 작품, 음식, 음료 등 여러 가지에 대해 갖는 모든 희망, 갈망, 사랑, 애정은 하느님을 향한 갈망으로서, 그 모든 것은 베일이라는 것을 성자는 알고 있다. 사람이 이 세상을 떠나 이 베일 없이 왕을 뵐 때, 그들은 모든 것이 베일이요 덮개였으며, 그들의 갈망의 대상은 실상 그 하나One Thing였음을 알게 될 것이다."(Hines, 1996) 홀로트로픽 의식 상태에서 자신의 신성을 체험하는 것만이 우리의 가장 깊은 욕구를 채워 줄 수 있다. 이때, 체계적인 영적 갈망은 인생의 우선 순위가 된다.

홀로트로픽 상태의 책임감 있는 체계적 자기탐색을 영적인 길로 선택한 사람들은 그 과정에서 성격에 지대한 변화를 체험한다. 무의식의 주산기 단계 수준의 내용이 의식 속에 출현해 통합되면 공격적 성향이 감소되며 내적 평화, 자기수용, 타인에 대한 관용이 커진다. 심리영적 죽음과 재탄생, 긍정적인 산후 또는 산전 기억과의 의식적 연결을 체험하면 비이성적인 욕구와 야심이 감소되는 경향이 있다. 이때, 초점과 강조점은 과거를 되새기고 미래에 환상을 갖는 것에서 현재를 더 풍성하게 경험하는 것으로 이동하게 된다. 따라서 인생을 즐기며 일상 활동, 창작, 음식, 섹스, 자연, 음악 같은 인생의 단순한 상황에서 만족을 끌어내는 능력과 열정이 향상된다.

이 과정에서 또 중요한 것은 주류 종교의 교리에 대한 믿음과 달리 깊은 개인적 체험에 근거한 진실되고 확실한, 우주적이고 신비한 본질의 영성이 드러난다는 것이다. 그것은 우주적이고 모든 것을 포함하며 비교파적이다. 자아초월 체험으로 영적 개방과 변화의 과정은 전반적으로 더 깊어져 자신을 타인, 인간 집단 전체, 동물, 식물, 심지어 자연의 비유기적 물질 및 과정들과 동일시identification하게 된다. 다른 나라, 문화, 역사적 시대에 발생하는 사건들, 심지어 신화적 영역과 집단무의식의 원형적 존재들에 의식적으로 접근하기도 한다. 우주적 합일과 자신의 신성을 체험하면 점점 모든 창조물과 더 동일시하고 경탄, 사랑, 자비, 내적 평화를 갖게 된다.

개인적 성장이나 치료를 위해 무의식 심혼의 심리학 탐색으로 시작했던 것이 자동적으로 인생의 의미에 대한 철학적 탐색과 영적 발견의 여행으로 바뀐다. 영혼의 자아초월 영역에 체험적으로 도달해 본 사람은 대부분 존재를 새롭게 감상하고 모든 생명을 경외하게 된다. 다양한 형태의 자아초월적 체험의 가장 놀라운 결과 중 하나는 깊은 인본주의적 성향과 보다 더 대의적인 봉사를 하고 싶다는 강한 욕구를 자발적으로 나타내고 발전하는 것이다. 이것은 우주의 모든 경계가 임의적이고 모든 창조가 보다 깊은 차원에서 통일된 우주망cosmic web이라는 것을 뼛속까지 깨닫기 때문이다.

또한 이러한 자아초월 체험을 통해 깊은 생태계적 민감성을 갖고, 자연을 파괴할 때 동시에 자신도 훼손된다는 깨달음을 얻는다. 성, 인종, 피부색, 언어, 정치적 신념, 종교적 신념의 차이가 자신에게 위협적인 것이 아니라 삶은 흥미롭고 풍요롭게 해 주는 것임을 알게 된다. 심혼의 탐험가들은 우주에서 지구를 본 우주비행사들처럼 특정 국가의 시민이나 특정 인종, 사회, 사상, 정치, 종교 집단의 구성원이기보다 지구 행성의 시민이라는 깊은 인식과 자각을 갖게 된다. 이러한 결과는 더 큰 사회정치적 의미가 있는데, 그들은 홀로트로픽 의식 상태를 통한 변용이 충분히 큰 규모로 일어날 수 있다면 인류의 생존 가능성을 증가시킬 것이라고 제안한다.

4. 문화적 상처의 치유와 역사적 갈등 해결을 위한 잠재력

지난 34년간 우리는 많은 다문화적 워크숍을 수행했다. 우리가 홀로트로픽 숨치료를 개발한 에살렌 연구소는 세계적인 명소로서 전 세계에서 사람을 끌어모으는 인간 잠재력 운동의 메카이다. 촉진자 훈련 모듈에는 다양한 나라에서 온 사람들이 참여하고 있다. 미국과 해외에서 열린 11회의 **국제자아초월학회**에 앞서 제공된 사전 워크숍은 참가한 국가와 개인이 많아 특별한 범주에 속한다.

앞서 부족에서 의식을 행할 때 참가자들 간에 깊은 유대(공동체 의식)가 생겨난다는 빅터 터너Victor Turner의 관찰을 언급했었다(112쪽). 우리 워크숍의 다국적 및 다문화적 특성 덕분에 우리는 이것이 여러 나라 사람으로 구성된 집단에도 동일하게 적용된다는 것을 확인할 수 있었다. 이 중에서 산타 로사와 프라하의 초대형 사전 워크숍에서는 각각 참가자가 300명이 넘었고 30명 이상의 숙련된 촉진자가 보조했다. 우리는 집단 회기에서 홀로트로픽 숨치료를 체험하고 다른 사람들의 홀로트로픽 회기를 목격하고 그 체험들을 집단에서 공유할 때 언어장벽과 문화적·정치적·종교적 차이가 급속히 소멸되는 것을 수없이 보았다. 이러한 경험에서 볼 때 분명 이런 종류의 워크숍은 상호 이해와 친선을 목표로 하는 국제적 모임에서 매우 유용하다.

뜻하지 않게 매우 특별한 환경에서 홀로트로픽 숨치료의 이러한 잠재력을 시험해 볼 기회가 있었다. 1980년대에 에살렌 연구소의 공동창립자인 마이클 머피Michael Murphy와 덜스 머피Dulce Murphy는 시민 대 시민, '민초民草 외교'라는 특별한 형태의 미-소 우정 프로젝트에 착수했다. 이 프로그램으로 에살렌에는 저명한 소련 정치가, 과학자, 문화계 인사들이 몰려들었다. 1987년에 마이클은 태평양이 내려다보이는 빅서 해안의 편백나무 절벽에 위치한 에살렌 빅하우스에서 초청 모임을 개최했다. 이 소규모 실무모임에는 저명한 소련 과학자 네 명과 존 맥John Mack, 캔데이스 퍼트Candace Pert, 딘 오니쉬Dean Ornish, 로버트 게일Robert Gale을 포함한 미국 최고의 학계 및 연구기관 대표가 참석했다.

머피 부부는 스탠에게 현대 의식 연구와 현재의 과학적 세계관에 대한 그 개념적 도전에 대해 강연을 부탁했다. 강연 도중 스탠은 홀로트로픽 숨치료에 대해 말했다. 참가자들은 모두 이 방법에 큰 흥미가 생겨 체험해 보고 싶어 했다. 그들은 다음 날 오후 프로그램으로 우리 두 사람의 숨치료 회기 일정을 잡았다. 홀로트로픽 숨치료는 에살렌에서 매우 인기가 있어서 이 특별 집단을 위해 보조자로 일해 줄 자원자들을 찾기는 쉬웠다. 그때까지 매우 지적이었던 이 국제적 모임은 강력한 체험적 요소가 들어오자 특성이 완전히 바뀌었다. 오후가 끝날 무렵, 소련인들은 미국인 보조자들과 친밀한 정서적·신체적 접촉을 하고 있었고 우리 모두가 참된 우정의 분위기를 느꼈다.

그 치료적 작업(프로세싱) 집단은 매우 강력하고 감동적이었다. 그 집단의 체험에는 어린 시절과 유아기로의 퇴행, 출생 체험, 자아초월적 그리고 영적 요소까지 포함되어 있었다. 한 소련인은 신과 합일union하는 심오한 체험을 했고 그 경험에 대해 기꺼이 자진하여 이야기하려고 하여 참가자들 모두가 놀랐다. "물론 나는 여전히 공산주의자입니다."라고 그는 단호히 말했다. "하지만 나는 사람들이 신을 부를 때 그것이 무슨 의미인지 이제 알겠습니다." 소련인 집단의 리더인 애런 벨킨Aaron Belkin 박사는 그 체험에 감동받은 나머지, 나중에 우리에게 모스크바에 와서 강연과 홀로트로픽 숨치료 워크숍을 해 달라고 소련 보건부에 공식 초청을 주선해 주었다.

또한 우리는 홀로트로픽 숨치료의 문화적 치유 잠재력이 대규모의 (미지의) 시험대에 놓여 있었다는 것을 알게 되었다. 1995년 우리는 고르바초프 Gorbachev 재단 회장인 짐 게리슨Jim Garrison의 초청으로 샌프란시스코 세계현황포럼State of the World Forum에 참석하게 되었다. 이 회의에서 다코타-치카사우Dakota-Chickasaw족 대표로 초청을 받은 필 레인 주니어Phil Lane Jr.가 우리에게 다가왔다. 필은 홀로트로픽 숨치료가 북미 원주민 부족 간 치유실험에 사용되고 있다고 말해 주었다. 이전에 그와 그의 친구는 우리에게 훈련을 받은 촉진자의 홀로트로픽 숨치료 워크숍에 참가해서 그 치유력에 깊은 인상을 받았다. 그들은 많은 미국 및 캐나다 원주민 기숙학교에서 발생한 잔인한 신체적 및 성적 학대를 포함해 그들의 파란만장한 역사 동안에 겪은 깊은 심리적 트라우마를 치유하기 위해 이 방법을 원주민 국가 사람들에게 소개하기로 결정하였다.

그 후 필은 자신과 친구가 한 번의 워크숍에서 얻은 경험만을 바탕으로, 적절한 훈련을 제대로 받지 않은 지도자들이 원주민들에게 홀로트로픽 숨치료를 시행하여 대단한 인기와 성공을 거두었다고 설명하였다. 필은 치유에 대한 이 새로운 접근법에 대하여 원로들의 자문을 구하기로 결정했다. 장로들은 홀로트로픽 숨치료를 이해하게 되자 필에게 진행하라는 허락과 지원을 해 주었다. 그들은 이 접근법의 철학과 실행이 부족의 우주관 및 문화적 전통과 일치한다는 결론을 내렸다고 한다. 우리는 필이 새로운 관점을 열어 준 것이 매우 기쁘지만, 앞으로는 이 작업이 제대로 훈련을 받은 촉진자들의 지도 아래 계속되기를 바란다.

우리는 던컨 캠벨Duncan Campbell과 연결되었을 때 이 집단들에 대한 피드백을 더 제공받았다. 던컨은 다양하고 광범위한 분야의 뉴패러다임 사고의 개척자들이 출연하는 콜로라도 볼더의 **생생한 대화**Living Dialogues 라디오 프로그램의 뛰어난 인터뷰 진행자이다. 그의 아내인 에드나 브릴론 다 라 스킬 가

Edna Brillon Da Laa Skil Gaa(비 꽃Rain Flower)는 북미 원주민들이 물려받은 유산과 깊이 연결되어 있고 필 레인의 집단에 참여했었다. 그녀는 이 회기들이 모든 참가자에게 엄청난 영향을 미쳤다고 확인해 주었다. 나중에 그녀와 던컨은 우리의 볼더Boulder 주말 워크숍에 참여했다. 에드나는 그녀의 놀라운 홀로트로픽 숨치료 회기에 대한 다음의 설명을 책에 넣도록 허락해 주었다.

모계母系와의 연결: 에드나의 이야기

나는 서른여섯 살이었던 1990년에 나 자신을 치유하기 위한 작업을 의도적으로 시작했다. 혼혈 북미 원주민으로 공감적인 아이였던 나는 다른 사람들의 고통에 둘러싸여 있었고 그 사실을 극히 잘 알고 있었다. 우리 가족과 친척 모두는 많은 고통과 한恨, 트라우마 속에 있었다. 부모님은 두 분 다 혼혈, 즉 당시 용어로 '튀기, 잡종half-breeds'이었다. 두 분 모두 매우 힘든 어린 시절을 보냈다. 어머니는 아버지가 없었고 아버지는 어머니가 없었는데, 그 외에도 많은 문제가 있었다. 나는 어릴 때부터 이해와 해답을 추구했다. 나는 부모님이 과거의 사건들에 대해 서로를 오해하고 있다는 것을 알고 있었던 것 같다.

나는 여섯 살 반에 부족의 영토를 떠나면서, 내가 우리 부족을 도와줄 만큼 나이가 들면 돌아오겠다고 다짐했다. 거부당하는 경우가 많았지만 나는 부족의 고통을 본능적으로 느끼고 절실히 의식하고 있었다. 어머니는 하이다-웨일즈Haida and Welsh, 아버지는 크리-프랑스Cree and French 혼혈이었다. 특히 그 당시의 모든 원주민처럼 그들의 트라우마도 깊었다. 나는 심리치료, 초교파적 영성, 집단상담, 사이코드라마, 샤머니즘, 점성술의 결합 등 우리의 치유 과정을 도와줄 방법을 찾기 시작했다.

그중에서 가장 강력한 방법 중 하나가 숨치료였다. 알 수 없는 이유로 항상 거부하다가 거기서 깊은 통찰과 돌파구를 얻었다. 숨치료는 필 레인과 밴쿠버의 호텔에서 모였던 대규모 집단으로 처음 경험해 보았다. 약 150명이 참가했는데, 모두가 짝을 지어서 한쪽이 호흡하는 동안 다른 쪽은 북을 치고 연기를 피웠다.

하이다Haida족 할머니인 에드나Edna(내 이름과 같음)는 다섯 살 때부터 열여덟 살 때까지 기숙학교에서 자랐다. 이 체험 당시 할머니는 알츠하이머 치매로 10년간 병원의 장기병동에 입원해 계셨다. 우리가 북소리에 맞추어 호흡을 시작하자, 원주민들은 신속히 변성의식 상태altered states에 들어갔다. 나는 내 변성 상태를 통제하고 싶어서 다른 사람들에 비해 호흡을 많이 사용했다.

나는 울기 시작했고, 우리 문화의 애도 과정에 곡哭을 해 주는 사람criers이 따로 있는 이유가 깊이 이해되었다. 가까운 사랑하는 사람이 너무 많이 울면 영혼이 길을 떠나 빛으로 가지 못하고 땅의 영역에 잡혀 있게 된다는 믿음 때문이다.

그리고 난 다음에 내가 아는 모든 죽은 친척이, 꼭 죽은 순서대로는 아니지만 한 사람씩 잇달아 내 앞으로 왔다. 너무 젊어서 암으로 돌아가신 존John 아저씨와 블랑쉬Blanche 아주머니, 열 자녀를 남기고 일찍 돌아가신 데이비드David 외삼촌, 스물두 살 때 죽은 아름다운 영혼을 가졌던 사촌 토미Tommy, 사촌 랜디Randy, 엘리자Eliza 할머니, 또 다른 어린 사촌은 누군지는 모르지만 나는 그녀의 영혼을 알아보기는 했다. 사랑하는 친척이 저세상으로 가고 나서 영혼이 찾아오는 꿈에서처럼 그들은 나에게 인사했고 우리는 서로를 사랑했다.

마지막으로 에드나 할머니가 오셨다. 다른 사람들은 모두 죽은 사람이었지만 할머니는 여전히 살아서 알츠하이머로 입원해 계신 분이라 혼란스러웠다. 그러다 나는 할머니가 이미 저승에 가셨다는 것을 깨달았다. 할머니의 몸은 병원에 있지만 영혼은 원하는 대로 저승에 계실 수 있는 것이다. 할머니는 누가 자기를 사랑하는지, 누가 사랑하지 않고 버릇없이 구는지도 알았다. 최근에 방문했을 때 할머니는 긴장증 상태catatonic state에서 "서로 사랑해라. 형제자매들을 사랑해라."라고 반복해서 말씀하셨다. 할머니는 그 안에 계시지 않았지만 우리에게 메시지를 주고 있었다. 우리 가족은 뿔뿔이 흩어져 있었고 형제자매, 부부간에 서로 말하지 않고 있었다. 할머니는 그것이 치유되기를 원하셨고 서로를 사랑하라는 말을 전하라고 하시는 것이었다.

나는 이제 알츠하이머 환자들이 저승으로 갈 수 있고, 실제로 자주 간다는 것을 의심하지 않는다. 그리고 우리 할머니처럼 돌아올 수도 있다. 기억이 나지 않았던 그 어린 사촌은 숨치료 회기 중 나와 접촉한 이후로도 계속 접촉했는데, 몇 년이 지나 또 다른 치유 회기에서야 겨우 이해하고 기억하게 되었다. 나는 네 살 반 때 동갑인 사촌 미노Minnow의 장례식에 갔었다. 나는 그녀를 아주 잘 알지는 못했다. 그녀는 해변에서 새 쉬폰 원피스를 입고 불 옆에 있다가 옷에 불이 붙어 타 죽었고 모두는 충격과 공포에 휩싸였다. 미노의 어머니가 장례식에서 너무 큰 소리로 통곡하여 매우 무서웠던 기억이 난다. 나는 거기에 위엄 있게 조용히 앉아 있던 우리 어머니를 보며 '내가 죽으면 엄마가 울까?'하고 생각했었다. 나는 어머니가 우는 모습을 한 번도 본 적이 없었지만, 항상 울고 있다는 것을 느낄 수 있었다.

그 생각과 함께 나는 고통 속에서 몸을 빠져나와 사촌 미노와 결합했다. 나는 그녀가 빛으로 넘어가도록 도와주었고 그다음 그녀가 나의 안내자가 되었다는 사실을 몇 년 후에야 깨달았다. 그 장례식 이후 나는 자주 내 몸을 떠나기 시작했고 내 동생도 그랬는데, 상황이 너무 힘들어지면 함께 가기도 했다. 우리는 이 일에 대해 누구에게도, 심지어 우리 서로에게조차 한 마디도 한 적이 없었지만, 우리는 그저 알고 있었고 이야기할 필요도 없었다.

40년 후에 나는 마침내 어머니가 큰 외삼촌의 장례식에서 우는 것을 보았다. 바로 작년에 나는 스탠 그로프와 콜로라도 볼더의 나로파Naropa 대학에서 홀로트로픽 숨치료 회기를 했었다. 그때 나는 우리는 같은 DNA인 우리 자신의 조상이라는 것을 이해하게 되었다. 나는 나의 딸 에린Erin을 임신했을 때의 내 감정이 어땠는지를 체험했다. 내 딸이 그렇게 강한 사람인 것도 당연하다.

얼마나 끔찍한 시간이었던가? 나는 또한 나를 임신하고 있었을 때의 어머니의 감정도 느꼈다. 계획대로 가진 아이였음에도 불구하고 나를 임신했을 때 어머니가 얼마나 상심했었는지를 나는 느꼈다. 아버지는 항상, 심지어 내가 태어난 직후에도 바람을 피웠다. 그런 다음에 나는 할머니가 어머니를 임신했을 때 느낀 감정도 온전히 느낄 수 있었다. 마치 내가 임산부이면서 동시에 뱃속의 아기인 것 같았다. 할머니 두 세대 이전만큼 트라우마가 심하지는 않지만 여전히 좋지는 않았다.

이것은 그냥 상상하는 것이 아니었다. 내 영혼이 시공간을 통과해 이동했고 고조모까지 거슬러 가는 내 조상들의 배 속에 있었다. 검은 피부의 고조모는 그녀를 일하는 기계처럼 다루는 비열한 프랑스인에게 끔찍한 학대를 받았다. 자기가 미워하는 남자의, 하이다-프랑스Haida-French 혈통의 자녀를 임신한 느낌은 최악이었다. 나는 그토록 힘든 고통과 충격, 트라우마로 가득한 인생을 살았던 그 네 세대의 원주민 여성들에게 얼마나 큰 연민을 느꼈는지 모른다.

나는 우리가 물려받은 가장 강렬한 고통을 겪은 사람이 고조모 재니Jeanie임을 알게 되었다. 그녀의 인생은 백인을 접촉하기 전과 후가 극심한 대조를 이루었다. 그녀는 카누를 타고 알래스카에서 캘리포니아까지 태평양 연안을 오르내리며, 대륙에서 가장 음식물이 풍부하고 문화적으로 풍성한 부족의 원주민들이 대대적으로 파괴되는 것을 보았다. 너무 많은 사람이 천연두로 죽었으며, 할머니의 오빠가 알래스카 바로 아래서부터 노를 저어 워싱턴 타코마Tacoma까지 왔을 때 여동생은 프랑스인에게 학대받고 있었고 우리 부족은 너무나 약해져 있었다.

4. 문화적 상처의 치유와 역사적 갈등 해결을 위한 잠재력

우리 부족은 우리가 자신의 조상으로 돌아온다는 것을 알고 있다. 내 여동생은 고조모였고 나는 증조모였다고 믿는다. 동일한 상처와 그 외의 상응하는 복잡한 일들로 알 수 있다. 나는 우리가 물려받은 듯한 할머니의 고통에 대한 더 깊은 이해와 치유를 위해 기도해 왔었는데, 숨치료는 우리 부족이 식민지가 되기 전에 알고 있었던 것이 그야말로 진실이었고 옳았다는 것을 말 그대로 내게 보여 줌으로써 치유와 이해를 시켜 주었다. 나는 『내가 괴팍한 이유 No Wonder I'm Crabby』라는 책을 쓰고 싶었는데, 그렇게 할까 보다.

왜 원주민들이 화를 내고 과음을 하면서 되는 대로 막 사는 것처럼 보이는지 궁금하다면 정말이지 수천 가지 이유가 있다. 댄 조지Dan George 족장이 말했듯이 우리는 지불하고, 지불하고, 지불했다. 백인이 우리 유산을 끝장냈고 우리에게는 수세대 동안 내려온 트라우마만 남았다. 스탠과 크리스티나가 그 어느 때보다도 이 시기에 정말로 필요한 작업을 우리와 함께해 준 것에 감사한다. 우리는 자신에 대한 깨달음을 얻었고, 우리 고유의 지혜와 숨치료 같은 방법을 주류 문화에 소개하는 것이 극히 중요하다는 인식을 갖게 되었다.

나는 우리 자신의 고유한 방식이 매우 세련되고 정교한 치유 시스템임을 다시 한번 믿게 되었다. 식민지화, 정부, 교회의 동화 정책 때문에 우리는 우리 문화와 자신의 가치에 대한 확신을 갖지 못했다. 숨치료를 통해 나는 단지 그것을 느끼고 연민 어린 이해만 가지면 단번에는 아니라도 놓아주기 시작할 수는 있음을 확인했다. 나는 다시 하이다의 땅으로 돌아가서 치유 작업을 도왔다. 실제로 나는 브리티시 컬럼비아, 오타와, 알래스카의 많은 원주민 보호구역에 가서 치유 작업을 도와주었고 더 이상 돕기 힘들 만큼 나이가 들면 돌아오겠다는 나의 6년된 약속을 지켰다.

2004년 6월 캘리포니아 팜 스프링스Palm Springs에서 열린 제16회 국제자아초월학회에서 호주의 조산사 마리안느 웝케Marianne Wobcke는 우리 홀로트로픽 숨치료 훈련 체험을 묘사한 논문을 발표했는데, 많은 면에서 에드나의 체험과 비슷했다. 회기에서 마리안느는 어머니와 증조모의 인생에서 있었던 트라우마적 사건들을 재경험했다. 그녀의 조상은 호주 원주민이고 그 비극적인 역사는 미국 원주민과 매우 유사했다. 마리안느는 이후 우리와 훈련을 마치고 호주에서 공인 홀로트로픽 숨치료자가 되었으며 자기 이야기를 책에 넣어도 좋다고 허락해 주었다.

잃어버린 세대에 대한 기억을 되찾음: 마리안느의 이야기

13번째 생일에 나는 부모님에게 내가 입양아라는 말을 들었다. 하지만 내가 이 사실을 학교에서 이야기했을 때 놀림과 창피를 당했기 때문에 다시는 언급하지 않았다. 이 문제는 내 삶과 관련이 없는 줄 알았는데, 10대와 20대 초반의 꿈, 악몽, 심현제(마술 버섯과 LSD) 체험 등에 항상 원주민이 나와서 당혹스러웠다.

내가 서른 살에 투움바 베이스Toowoomba Base 병원에서 조산사 훈련을 막 시작했을 때 내 입양 신분에 대해 다시 생각해 볼 이유가 생겼다. 1991년 4월 분만실 근무 첫날에 나는 지역 유지의 아들에게 강간당해 임신한 남동쪽 퀸즐랜드 마을 원주민 여성의 전통적 출산에 참여하게 되었다. 어떠한 혐의도 제시되지 않았고 인계 보고서에는 강간일 가능성이 없다는 내용이 담겨 있었으므로, 병원 측의 직원들은 특별한 돌봄을 제공해 줄 책임을 덜게 되었다.

나는 실습 조산사로서 이 여성을 돕고 싶은 열의에 차 있었지만 이런 경험에 필요한 문화적 교육이나 인식을 갖추지 못했다. 나는 내 권위와 가치를 증명하려고 환자의 공간을 계속 침범했다. 전통적 문화관습에 무지한 나는 끈질기게 그녀와 눈을 맞추면서, 산모나 태아에게 문제가 생길 수 있으니 끊임없는 수많은 진단 절차를 따라야 한다고 했다. 이 여성은 나에게 불신감을 풍기며 자신을 보호하기 위해 내게 등을 돌리고 뒤돌아서 웅크린 채 손으로 코와 얼굴을 천천히 가렸다. 나중에 다른 직원에게 들은 말로는 나한테서 지독한 비누와 향수 냄새가 나서 메스꺼웠다고 한다. 숙련된 직원들에게 도움과 지도를 받으려 했지만 그렇게 되지 않자 절망적이고 혼란스러워진 나는 결국 그 상황에 직관적으로 반응했다. 나는 한 걸음 물러나 실례되지 않게 거리를 띄우고 권위를 내려놓음으로써 그녀가 내 간섭 없이 조용히 출산하도록 해 주었다.

결국 아기를 버리고 간 이 원주민 여성의 출산 경험은 나의 인생을 바꿀 만한 엄청난 영향을 주었다. 가족지원기관이 사라진 산모를 찾아다니는 동안 아기는 영아실에 3주 동안 있었다. 나는 아기에게 깊이 감동을 받고 이상할 정도로 푹 빠져 있었다. 출산을 목격한 것이 내 모성본능을 촉발시켜서 그런가 보다 하고 합리화했지만, 나 자신의 감정적 반응의 강도에 충격을 받았다. 3주 뒤 어느 날 나는 우연히 그 영아실에서 근무 중이었는데, 원주민 여성 공동체의 원로/할머니 세 명이 그 여자 아기를 찾으러 병동에 도착했고 나는 아기를 그들에게 내어 주었다. 조상의 유산 속으로 들어가는 내 개인적 여정을 예고하는 강렬한 애도의 과정이 촉발되는 순간이었다.

나의 입양 신분에 대해 호기심을 갖게 된 것은 신참 조산사로서의 이 경험 때문이었다. 부모님은 그 말을 한 번도 다시 꺼낸 적이 없었기 때문에 부모님께 물어보기가 꺼려졌다. 대신 나는 가족지원기관에 내 신분에 대한 질문에 답해 달라는 편지를 보냈다. 내 입양 신분을 확인시켜 주는 간단한 내용을 메일로 받았는데 여전히 충격이었다. 출생증명서에는 내 어머니의 이름과 당시 나이와 그녀가 지은 내 이름이 기록되어 있었다. 『더 이상 비밀은 없어No More Secrets』라는 제목의 책도 있으나 여전히 비밀은 많았으며, 이후 10년간 내 과거의 수수께끼를 푸는 일을 포기하려고 한 적도 몇 번 있었다. 실망도 많았고,

헛다리를 짚은 적도 많았다.

내가 미국에서 스탠 그로프 박사와 크리스티나 그로프에게 훈련받은 치료자이자 공인 홀로트로픽 숨치료자인 메리 매든Mary Madden을 만났을 때 탐색에 새로운 추진력을 얻었다. 메리와 타브 스팍스는 내 홀로트로픽 숨치료 회기와 훈련의 중심에 있는 중요한 촉진자이며 가까운 친구가 되었다. 그들의 도움으로 나는 홀로트로픽 회기와 꿈과 일상생활에서 많은 어려운 체험을 하게 될 도전적인 자기탐색의 여행에 착수하였다.

나의 작업에서 어릴 때 반복된 성적 학대와 영어가 아닌 이탈리아 말을 하는 남자에게 성폭행당했던 기억들이 떠올랐다. 나는 이 체험들을 예전의 구체적 사건들과 연결시킬 수가 없어서 걱정되었다. 겸자분만을 했던 나의 트라우마적 출생과 관련된 것 같은 편두통이 시작되었다. 수많은 아기에게서 목격한 겸자분만으로 생긴 멍자국이 갑자기 내 이마와 몸에 나타나기도 했다. 나는 이런 경험들이 실제 일어났던 일을 의식에서 억압했던 것인지 기억해 내려고 필사적으로 애썼다.

자기탐색 중 이렇게 힘든 단계에서 나는 부모님, 가족, 친구들로부터 멀어졌다. 나는 혼란스러웠고 방향을 잃었다. 일시적으로 모든 방향성과 삶의 의지를 잃어버린 듯했다. 그동안 내가 이 위기를 견뎌 내게 해 준 홀로트로픽 숨치료 공동체와 가족, 그리고 메리 매든과 타브 스팍스의 한결같은 애정 어린 지원에 감사드린다. 그들의 지원이 없었다면 나는 분명 자살했을 것이다.

이 시점까지 원주민 공동체와는 거의 연결되어 있지 않았지만 나의 내적 체험은 원주민과 토착 주제에 관련된 것이 많았다. 이것들은 숨치료 회기에서 나타나기도 하고 꿈속이나 일상생활에서 갑자기 나타나기도 했다. 나는 원주민 장로와 할머니들이 나에게 와서 지식을 나눠 주고 조산사로서의 능력을 강력하게 향상시키는 실제 기술들을 보여 주는 것을 엄청나게 명확하고 강력하게 상상했다. 이것은 내가 블루케어Blue Care를 통해 퀸즈랜드 최초로 일부 주의 지원을 받는 독립적인 조산 프로그램을 공동 설립하도록 영감을 주었다.

하지만 당시 친모를 찾는 데는 행운이 따르지 않았다. 나는 일기장에 내 체험을 정성 들여 기록하고, 계속 떠오르는 장면들을 그렸다. 이렇게 하여 험난했던 나의 내적 과정을 문서화하고 묘사하는 54점의 파스텔 소묘 시리즈가 나왔다(그림 11.a, 11.b, 11.c를 참조). 내 첫 번째 돌파구는 1995년 구세군 실종자 서비스를 통해 시드니에 사는 외조모와 외숙부, 이어서 뉴질랜드에 사는 친모를 찾아냈을 때였다. 하지만 친척들이 나와 관련되는 것을 거부하자 충격을 받았다.

마침내 6개월 뒤, 내 친모가 마지못해 나에게 편지를 보냈다. 내용은 간단했지만 뜻밖에도 나의 체험을 확증해 주었다. 편지에는 이탈리아 남자에게 성폭행을 당해 나를 임신했다는 내용이 나와 있었다. 당시 내 친모는 퀸즐랜드 북쪽 끝 작은 마을 출신의 10대 소녀였다. 그녀는 강간을 당해 잔인한 트라우마를 입었을 뿐 아니라 가족들로부터 수치스러움과 비난을 받았다. 두 번의 낙태 시도 후에 그녀는 브리스베인Brisbane 미혼모 센터로 보내졌다. 충격적인 겸자 분만으로 내가 태어난 뒤 친모는 나를 보거나 만지지 못한 채 뉴질랜드로 가는 배에 태워졌다. 그녀는 과거를 잊고 새롭게 시작하려고 최선을 다했다. 편지에서 그녀는 나에게 행복을 빌며 앞으로 연락하지 말라고 했다. 해결된 느낌을 가져다주는 대신 홀로트로픽 숨치료 회기의 체험이 새로운 강도로 계속되었다. 어느 한 회기에서 나는 19세기 말의 원주민 여성이 되었다. 이 여성은 제복을 입고 말을 타고 있던 두 명의 남성에 의해 묶이고 강간당하고 맞았다. 이 체험의 초점은 두 아이를 강제로 빼앗긴 데 있는 것 같다. 그들은 그녀가 따라오지 못하게 하려고 그녀의 다리에 석유를 붓고 불을 붙여 심한 화상을 입혔다.

나는 맨정신을 유지하려고 그림그리기와 일기쓰기를 통해 이런 일화들을 계속 기록했다. 다시 원주민을 주제로 한 치료 회기가 있던 날 나는 메리 매튼의 제안으로 국제전화 교환소를 통해 뉴질랜드에 장거리 전화를 걸었다. 나는 필사적으로 내 친모와 말을 하고 싶었고 결국 연결이 되었다.

전화 통화에서 친모는 내 고조모가 원주민 여성이었음을 밝히면서 성적·정서적·신체적·영적 학대의 집안 내력을 생생하게 설명했다. 수세대에 걸쳐 여자아이가 강간으로 임신되었고 아이를 빼앗겼다. 나는 마침내 비밀이 열리고 있다는 희망과 영감을 느꼈다. 하지만 이 대화가 있은 후에 친모는 뒤로 물러나서 더 이상 나와의 접촉을 거부했다. 나는 필사적인 심정으로 원주민 기구 링크업Link Up에 접촉해 내가 원주민인지 확인할 수 있도록 도와달라고 했다. 그들은 내 친모의 허락 없이는 도움을 줄 수 없었기 때문에 확인은 불가능했다. 내 좌절감은 커져 갔다.

양부모님은 이 여정을 든든하게 지원해 주셨는데, 어느 날 양아버지가 우연히 찾은 전화번호로 이야기가 일사천리로 전개되었다. 공동체와 개인의 역사Community and Personal Histories라는 기관에 연락했더니 내 사례를 기꺼이 조사해 준 것이었다. 몇 개월 후 사회복지사가 만나자고 해서 갔더니 1895년부터 1918년까지의 두꺼운 자료들을 나에게 보여 주었다. 거기에는 퀸즐랜드 최북단의 나이 든 아일랜드 지주의 사생아인 내 증조모의 역사가 자세하게 기록되어 있었다. 그는 이 혼혈 딸이 가사도우미 일에서 돌아와 자기를 돌볼 수 있도록 「원주민보호법」의 면제를 구하고 있었다.

이 남성은 순혈 원주민 여성 누닌야Nuninja를 첩으로 삼아 두 명의 혼혈아를 낳았다고 한다. 또한 기마 경찰관 두 명을 보내 '원주민 여자gin와 그녀의 아이들'을 잡아 오라고 했고, 그들을 기관과 '깜둥이 촌'에 보냈다는 경찰 보고서도 있었다. 보고서에는 원주민 여자가 캠프파이어 사고와 부상으로 돌아오지 못했다고 확인해 주었다. 이로써 내 숨치료 회기의 체험들은 놀랄 만큼 확증되었다. 나는 '잃어버린 세대Stolen Generations' 상담가를 소개받았는데 이것은 풍부하고 타당하며 변용적인 체험이었다. 나는 '잃어버린 세대'에 영향을 받은 원주민 가계를 재결합시켜 주는 기구인 '링크업'과 다시 접촉했다. 나는 원주민 상담가 로버트 스터먼Robert Sturrman과 시드니로 날아가 사흘 동안 할머니와 로비 외삼촌과 재결합의 시간을 보냈다. 할머니 방으로 걸어 들어갈 때 체험한 그 감정은 말로는 절대 표현하지 못할 것이다. 자그마한 할머니는 나를 품에 안고 훌쩍이며 아들을 향해 "우리 애기가 마침내 집에 왔어!"라고 했다.

나는 수년 전 '구세군'이 외할머니와 접촉했을 때 뇌졸중을 막 겪은 시점이었다는 것을 알게 되었다. 큰 외삼촌은 어머니를 보호하려고 그들을 보내 버렸던 것이다. 할머니가 회복된 뒤 내가 연락하려고 했다는 말을 들었을 때, 그들은 어떤 기관이 연락했는지, 또 어떻게 다시 연락해야 할지 몰랐다. 이후 외삼촌은 심장마비로 돌아가셨고, 매우 영적인 사람인 외할머니는 내가 그녀에게 돌아올 길을 찾게 해 달라고 매일 기도했다. 나와 친모는 계속 연락이 되지 않았지만 로비 외삼촌과는 연락이 잘 되었다. 외삼촌은 우리가 만난 후 한 편지에서 다음과 같이 썼다. "나는 왜 네가 우리 삶을 그렇게 바꿔 놓았는지 생각해 보려고 했다. 그런데 네가 할머니 집에 왔을 때 네가 우리 가족을 완성시켰다는 사실이 확 떠올랐다. 마침내 원circle이 완결된 것 같았다. 우리는 너를 정말로 사랑한다." 외할머니는 우리가 만난 다음 해에 세상을 떠나셨다. 나는 마음속에서 외할머니가 나를 만나려고 기다리셨다는 것을 느낀다. 나는 내 떠들썩한 귀향 여행을 지지해 주신 분들께 영원히 감사할 것이다.

우리가 마리안느에게 홀로트로픽 숨치료 훈련의 체험으로 인생에 생긴 변화를 정리해 달라고 부탁했을 때 다음과 같은 편지를 받았다.

파괴적인 주산기 체험이라는 유산은 나의 삶에 대해 끊임없이 타락하고 강렬하게 부정적인 방향으로 각인되었다. 30년이 넘는 동안 나는 갈수록 무기력하게 되어 결국 내 건강과 개인 및 직업적 관계를 파괴하였고, 내 문화와 영성과 가족과 공동체에 대한 연결의 상실로 더 악화되었다. 하지만 놀라운 기술과 세심함이 동반된 산파와 같은 홀로트로픽 숨치료 체험들을 통해 나는 편두통이 완화되고, 거식증, 약물 중독, 자살성향의 우울증 그리고 동시에 학대적인 관계를 포함하는 만성중독 문제가 해결되었다.

홀로트로픽 숨치료 과정을 통해 체험한 유익은 인생을 완전히 바꿔 주었다. 영적·감정적·지적·생리적·사회적인 모든 수준에서 내 인생을 변화시켜 주고 있다고 생각한다. 나는 홀로트로픽 숨치료가 식민지배 독립 후 대량살상의 생존자들이 물려받은 유산을 변용시킬 잠재력을 구현하고 있기 때문에 원주민 공동체 내에서 이를 추진해야 한다는 열정적인 사명감을 느낀다. 나는 이 신성한 기법이 호주 원주민들이 의식적 자각의 진화를 지원하고 좋은 삶을 유지하기 위해 강력한 의식들을 행했던 수만 년의 세월을 포용하면서, 우리를 다시 우리의 역사에 연결시켜 주는 현대적 해결책을 제공해 준다고 믿는다. 홀로트로픽 숨치료, 그리고 이 과정을 헌신과 진실성을 가지고 산파 역할을 하며 도와주신 모든 분께 무한한 감사를 드린다.

이 중 일부분이라도 도움이 되시기를 바라며.

사랑을 담아 마리안느 드림

우리가 마리안느에게 이 감동적인 이야기를 우리 책에 포함시켜 달라고 부탁했을 때, 그녀는 그로프 자아초월훈련의 수석 직원인 타브 스팍스와 그녀의 치료자이자 공인 홀로트로픽 숨치료 실무자인 메리 매든, 이 두 비범한 인물이 그녀의 치유 과정에 중대한 역할을 해 준 것에 느끼는 깊은 감사를 꼭 언급해 달라고 했다. 그들의 전문적 지도와 사랑이 담긴 지원이 없었다면 그녀는 어려운 내면 여행의 도전과 감정적 고통에 직면해서 성공적인 귀결을 가져오지 못했을 것이라고 확신하고 있다. 마리안느는 그녀의 감동적인 이야기를 〈누닌야: 잃어버린 과거의 악몽Nuninja: Nightmares from a Stolen Past〉이라는 제목의 단편영화에 담았으며, 이는 현재 구매가 가능하다(mwobcke@bigpond.com).

  홀로트로픽 숨치료가 정서 및 정신신체psychosomatic 그리고 때때로 신체장
애에 이르기까지 넓은 범위에 강력한 치유 효과를 가져올 수 있다는 것을 고
려해 볼 때 이와 관련된 치료 기제의 본질에 관한 질문이 자연스럽게 떠오른
다. 홀로트로픽 상태에서 가능한 치유와 인격 변용의 폭넓은 기제의 매우 적
은 단편만이 전통적인 정신과 의사들에게 알려져 있다. 그중 다수는 지난 수
십 년에 걸친 현대의 의식 연구 및 다양한 체험치료 방법에 의해 발견되었
다. 홀로트로픽 체험을 피상적으로 보면 우리는 전통적인 치료 기제들을 목격
할 수 있는데, 예를 들어 억압된 기억의 출현, 전이 현상, 중요한 지적 및 정서
적 통찰 등으로서, 조절되고 매우 증강된 형태로서 그렇다. 앞서 이 책(63쪽)
에서 묘사한 심혼운영 체계the governing systems of the psyche(또는 COEX 체계)에서
의 역동적 변화의 결과로 중대한 변화가 발생할 수 있다. 생물학적 출산 트
라우마의 해소 및 심리영적 죽음과 재탄생은 정서 및 정신신체의 광범위한
장애에 대해 긍정적으로 영향을 끼칠 수 있다. 또한 다양한 자아초월 현상과

관련된 중요한 치료 기제들이 있는데, 예를 들면 전생 체험, 원형적 존재와의 조우, 우주적 합일 체험 등이 그것이다. 가장 일반적 의미에서 치유란 전체성wholeness을 향한 운동으로 이해될 수 있다.

1. 전통적인 치료 기제의 강화

매우 피상적 수준에서 볼 때 홀로트로픽 숨치료의 회기는 언어심리치료에서 알려진 모든 치료 기제를 활용한다. 하지만 이러한 기제들은 심혼의 무의식적 및 의식적 역동 사이의 관계를 극적으로 변화시키는, 브리더breather가 머무는 비일상적 의식 상태에 의해 크게 확장되고 깊어질 수 있다. 그러한 상태는 개인의 심리적 방어를 낮추고 과거 고통스러운 사건의 기억을 마주하는 것에 대한 저항을 줄여 준다.

홀로트로픽 의식 상태에서 아동기와 유아기의 오래된 기억들(억압된 기억을 포함)은 쉽게 활용할 수 있고 자연스럽게 의식 안으로 떠오른다. 여기에는 대인관계에서의 다양한 정서 및 정신신체 장애와 문제에 대한 새로운 이해를 가져오는 지적 및 정서적 통찰이 수반된다. 하지만 언어치료에서와는 달리 이러한 기억들은 상기될 수 있을 뿐만 아니라 전 연령 퇴행full age regression에서 재체험될 수도 있는데, 그와 관련된 최초의 모든 정서와 신체 감각을 포함한다. 이는 트라우마가 발생한 당시의 개인 발달 단계에 상응하는 신체 이미지 및 세계 인식에서의 변화를 포함한다.

놀랍게도 작업 과정processing에서 자연스럽게 떠오르는 트라우마 기억들은 심리적 고통을 일으켰던 사건들에 제한되지 않는다. 사람들은 홀로트로픽 숨치료 회기에서 공통적으로 고통스럽거나 기타 불유쾌한 질병들, 수술 개입, 부상과 같은 신체 외상의 기억들을 재생한다. 특히 익사할 뻔한 경험, 백일해, 디프테리아 또는 목졸림과 같이 호흡을 방해하는 것에 관련된 삽화의 기억이 자주 일어난다. 또한 신체적 트라우마가 희생자의 심혼에 중대한 영향을 미치는 심리외상psychotraumas이라는 것과 이를 재생하는 것이 다양한 정서 및 정신신체 장애에 심대한 치유 효과를 가질 수 있다는 사실은 주류 전문가들의 관심에서 벗어나 있는 것 같다.

인생 초기의 트라우마 삽화들을 재생하는 것이 치료적 효과를 갖는 원인이 되는 기제들을 이제 더 가까이에서 살펴보도록 하자. 심인성 증상은 괴로운 정서의 뿌리 깊은 저장소나 다양한 심리외상과 관련된 억눌린 신체 에너지에서 역동적 힘을 끌어오는 것으로 보인다. 이는 지그문트 프로이트 Sigmund Freud와 조지프 브로이어Joseph Breuer의 저서 『히스테리 연구Studies in Hysteria』에서 처음으로 기술되었다(Freud & Breuer, 1936). 이 저자들은 정신신경증psychoneuroses은 희생자들의 인생 초기에 있었던 트라우마 상황이 그 특성이나 외부 여건으로 인해 희생자에게 완전한 정서 및 신체 반작용을 허용하지 않은 것에 기인한다고 제안하였다. 이것은 그들이 '막힌 정동jammed effect'(abgeklemmter affekt, 이는 이어서 미래의 정신 신경증 문제의 근원이 되었다.)이라는 표현을 만들어 내었다.

치료는 환자들에게 홀로트로픽 의식 상태(프로이트와 브로이어의 경우 최면 또는 자기최면 트랜스trance)를 가져오는 데 있는데, 이는 환자들이 아동기로 퇴행하여 억압된 기억을 되살리며, 프로이트가 **정서적 방출**abreaction이라고 부르는 과정을 통해 막힌 정동과 충전된 에너지를 방출하도록 해 줄 것이다. 보다 일반화하고 덜 초점이 맞춰진 정서 방출(여기서 정서의 특정한 근원은 확인될 수 없다.)에 대해 사용되는 명칭은 **정화**catharsis인데, 이는 기원전 4세기에 아리스토텔레스가 처음 만든 용어이다. 프로이트는 나중에 정신 신경증의 병인에 대한 이러한 개념을 포기하였고, 그 원인을 실제 외상보다는 내담자의 초기 환상에 있다고 보았다. 그는 또한 최면, 연령 퇴행, 정화 작업을 자유연상 기법으로, 그리고 무의식의 의식화에 대한 자신의 역설을 전이 분석으로 대체하였다.

정화는 이러한 맥락에서 간략히 살펴볼 필요가 있는데, 그것이 갖는 치료적 잠재력은 홀로트로픽 숨치료에서의 관찰을 통해 재평가되어야 하기 때문이다. 프로이트의 영향 아래 전통적인 정신과 의사들과 심리치료자는 정화를 지속적인 치료적 변화를 일으킬 수 있는 기제로 (하나의 예외 말고는) 생각하지 않았다. 최면 또는 소디엄 펜타돌Sodium Pentathol이나 아미탈Amytal의 투여(마취분석narcoanalysis)를 활용하는 정화 기법은 광범위한 심리외상, 급성 외상성 신경증(특히 전쟁 상황에 노출되어 발생하는)과 같은 것에 의한 정서장애의 치료에 널리 활용되어 왔다.

정신의학의 공식 편람은 정서적 방출을 대개 전쟁 신경증(즉, 외상후 스트레스 장애PTSD) 치료의 최고 기법으로 권장하지만, 그 밖의 다른 정서장애의 치료에서는 효과적이지 않다고 주장한다. 놀랍게도 그들은 이 주목할 만한 사실에 대해 그 어떤 설명도 제공하지 않는다. 20세기 후반기에는 정서의 직접 표현과 보디워크를 통해 (주요한 접근으로서의) 대화를 대체하는 체험적 치료의 출현과 증가를 목도하였다. 새로운 접근을 시도하는 많은 치료자는 프로이트가 자신의 정서적 방출 기법을 대화치료로 대체한 것은 심리치료를 지난 반세기 동안 잘못된 방향으로 이끈 실수였다고 결론을 내렸다(Ross, 1989).

빌헬름 라이히Wilhelm Reich는 언어치료가 정서 및 정신신체 장애의 근원인 생체 에너지의 차단을 극복하는 데 부적절하다는 것을 매우 명확하고 전문적으로 보여 주었다. 치료가 성공하기 위해서 치료자는 그것들을 방출할 효과적인 방법들을 발견해야 한다. 이러한 목적을 위하여 라이히는 숨치료와 보디워크를 결합하는 방법을 선구적으로 개척하였다. 정서적 방출이 만족할 만한 결과를 가져오지 못한 이유는 대부분의 경우 그것이 피상적인 상태에 머물렀기 때문이다. 치료자는 익사 직전, 호흡을 방해하는 질병, 또는 생물학적 출산과 같이 생명을 위협하는 상황에 대한 기억에 정화가 도달할 때 나타날 수 있는 극단적인 형태를 다룰 준비가 되어 있지 않았다.

그러한 상황들을 재생하는 것은 매우 극적이고 다양한 위협적인 표상(통제의 일시적 상실, 질식 경험, 공황, 죽음의 공포, 게워 내기, 의식 상실)을 포함할 수 있다. 치료자는 정화가 훌륭한 종결에 이르고 치료가 성공할 수 있도록 하기 위하여 그와 같은 극단적인 정서와 행동들에 대해 작업하면서 편안함을 느껴야 한다. 이것은 정화가 전쟁, 자연재해, 또는 학대에 따른 중증 트라우마와 같이 생명을 위협하는 상황들에 노출된 결과로 인한 외상후 스트레스 장애를 치료하는 데 효과가 있었는지에 대해 설명해 주는 것 같다. 치료자는 자신의 내담자들이 일상적인 것들을 넘어서는 격렬한 환경에 노출되었다는 것을 알기에 정서 표현의 극단적인 형태를 다룰 준비를 하였다. 이러한 논리적 설명 없이 치료자가 극단적인 강렬한 징후들을 목격하는 것은 환자가 심리적으로 위험한 정신증적 영역에 들어가고 있다고 결론내리는 경향이 있어 그 과정을 중단하게 만든다.

홀로트로픽 치료자는 트라우마적인 전쟁 신경증이나 여타의 외상후 스트레스 장애 형태들을 치료하는 치료자들과 동일한 상황에 놓여 있지만 그 이유는 다르다. 그들의 심혼의 지도는 산후postnatal 생애 및 프로이트 학파의 개인무의식의 심리적 측면에 국한되지 않는다. 그것은 신체 외상의 기억, 주산기周産期, perinatal 및 산전기産前期, prenatal 사건, 아울러 집단collective 및 업業, karmic의 기억을 포함한다. 극단적 정서 및 신체적 표상의 또 다른 잠재적 근원은 원형 영역archetypal domain(핵심적 사례로 악마적 에너지에 대한 작업)이다.

따라서 그러한 심혼의 확장된 지도는 정화의 극단적인 형태에 대한 많은 논리적인 이유를 제공하고 치료자로 하여금 그것들에 대해 작업하는 것을 편안하게 느끼게 해 준다.

아동기 트라우마를 재생하는 것에 대해 자주 받는 질문은 다음과 같다. 무엇이 이 과정을 치료적으로 만드는가? 왜 그것은 재외상화를 의미하기보다 치유에 도움을 주는가? 홀로트로픽 상태의 독특한 성격은 브리더로 하여금 동시에 두 가지 다른 역할을 하도록 해 준다. 어떤 이가 트라우마 사건이 벌어졌던 당시의 아동기로 완전한 연령 퇴행을 경험하게 되면서 매우 신뢰할 수 있고 설득력 있는 방식으로 그와 관련된 아동 또는 유아에 대해 동일시하게 된다. 동시에 그(녀)는 성숙한 성인의 원기元氣와 추론 능력을 얻는다. 이러한 상황은 작은 아이의 초기의 정서와 감각들과 함께 본래 사건을 온전히 체험하도록 해 주고, 동시에 그것을 성인의 관점에서 처리하고 평가하게 해 준다. 아동기 동안 이해할 수 없고, 혼란스러우며, 견디기 힘들었던 경험이었지만 성인으로서는 분명 대처할 수 있다. 아울러 치료적 맥락과 브리더가 신뢰하는 사람들의 지원은 이러한 상황을 본래 트라우마가 일어났던 상황과 크게 다르게 만들어 준다.

이것은 의식적인 재생relieving이 어떤 덜 극단적인 트라우마에 대해 갖는 치유 영향력에 대한 적절한 설명이 될 수도 있다. 하지만 주요 트라우마, 특히 개인의 생존과 신체적 통합성을 위협하는 트라우마의 치유에는 또 다른 치료 기제가 관여하는 것으로 보인다. 이러한 종류의 상황에서 본래의 트라우마 사건이 유기체에 기록되었지만, 그것이 일어났던 당시에는 그 영향력을 충분히 경험하지 못했을 가능성이 높다. 가끔 거대한 심리적 쇼크로 인해의식을 잃고 기절할 수도 있다. 또한, 그 경험이 완전히는 아니지만 부분적으로 차단될 수도 있다. 따라서 그 사람은 의식을 잃지는 않지만 그 트라우마의 영향을 충분히 감지하지 못할 수 있다. 그 결과, 트라우마 사건은 심리적으로 충분히 '소화'되거나 통합되지 못한다. 그것은 해리되고 외적 요소로서 무의식에 남게 된다. 이것은 그 사람의 정서 및 정신신체 상태와 행동에 대한 불편한 영향을 받는 것을 막아 주지 못한다.

그와 같은 트라우마 기억이 의식에 떠오를 때 사람들은 본래 사건을 단지 재생하는 것이 아니라, 처음으로 그것을 충분하고 의식적으로 경험하게 된다. 이것은 그들로 하여금 완성, 종결, 통합에 이르도록 해 준다. 이 문제는 아일랜드 정신과 의사인 이보르 브라우니Ivor Browne와 그의 동료들에 의한 「예상 못한 경험: 억압 및 트라우마 신경증 이론에 대한 임상적 재평가Unexperienced Experience: A Clinical Reappraisal of the Theory of Repression and Traumatic Neurosis」(McGee et al., 1984)라는 흥미로운 논문에서 어느 정도 논의되었다. 트라우마 기억이 의식적으로 충분히 경험되고 처리되어 통합되면 개인의 일상생활에 대하여 부정적인 영향을 가하는 것이 멈춘다.

홀로트로픽 숨치료에서 크게 심화될 수 있는 또 다른 기제는 전이transference이다. 하지만 전통적인 정신분석과는 대조적으로, 전이는 유용한 치료 사건으로 고려되지 않고 깊은 자기탐색을 방해하는 뜻밖의 합병증complication으로 여긴다. 프로이트는 퇴행 및 정서적 방출 작업을 거부 및 포기하고 자유연상 기법을 사용하기 시작한 다음에는 관심을 전이 현상으로 옮겼다. 그는 정신분석 과정에서 환자들이 자신이 어릴 때 부모와의 관계에서 경험했던 다양한 정서적 반동reaction과 태도를 자신에게 투사한다는 것을 알아차렸다. 최종적으로 그들은 프로이트가 전이 신경증이라 부른 것을 발전시켰고, 여기서 그는 치료자로서 그들의 모든 정서적 에너지의 주요한 초점이 되었다. 그는 **전이 분석**(이러한 왜곡들을 명료화하는 과정)이 중요한 치료 기제라고 생각하였다.

홀로트로픽 숨치료(그리고 대체로 깊이 체험적인 치료)는 언어적인 접근과 달리 내담자를 아주 짧은 시간 내에 본래의 트라우마 상황으로, 따라서 정서 또는 정신신체장애의 근원으로 데려갈 잠재력을 지니고 있다. 전이의 발전은 내담자가 주의를 내면 깊이에서 중요한 해답을 찾는 진지한 추구에서 수평적 가상황假狀況, pseudo situation으로, 그리고 그들이 촉진자(또는 시터sitter)와의 관계에서 만들어 내는 인위적인 멜로드라마로 전환시킨다. 촉진자의 과제는 브리더의 주의를 내성적introspective 과정(이것만이 해결과 치유를 약속한다.)으로 다시 돌리는 것이다. 홀로트로픽 숨치료가 이러한 전략을 사용할 때, 전이가 유용한 치료 기제라기보다는 심리적 방어 및 저항의 표상이라는 것이 분명해진다. 전이는 현재에 덜 위협적이고 더욱 다룰 만한 가짜 문제를 만듦으로써 과거의 매우 고통스러운 문제를 피하고자 하는 시도이다.

치료자와의 관계를 친밀한 것으로 변화시키려는 추동(전이 역동의 공통적인 측면)은 브리더들이 초기 유아기로 연령 퇴행을 하는 동안 경험하는 모성의존 anaclitic 욕구와는 구분되어야 한다. 정서적 그리고 심지어 신체적 친밀성에 대한 이러한 깊은 갈망은 유아기의 심각한 유기와 정서 박탈의 역사를 반영한다. 그것은 진짜이자 합리적인 것이고, 심리적 저항의 결과가 아니다. 이러한 '박탈omission에 의한 트라우마'를 치유하는 최고의 방법은 퇴행한 브리더가 이러한 모성의존 욕구를 경험할 때 지지적인 신체 접촉을 활용하는 것이다. 이러한 접근의 책임 있고 사려 깊은 활용은 이 책의 앞부분에서 논의되었다(101쪽).

홀로트로픽 숨치료의 치료 잠재력은 전통적인 치료 기제의 강화 및 심화에 한정되지 않는다. 홀로트로픽 상태와 작업의 흥미로운 측면은 이러한 상태가 주류 정신의학에서 이제껏 발견하지 못하고 인정하지 않았던 치유와 인격 변용에 대한 매우 효과적인 기제들을 추가적으로 많이 제공한다는 것이다. 다음 절에서 우리는 이렇게 중요하고 새로운 치료적 조망을 기술하고 논의할 것이다.

2. 심혼운영 체계에서의 역동적인 변동

홀로트로픽 숨치료 회기에 따른 수많은 근본적 변화는 무의식의 배열unconscious contellations, 즉 응축경험 체계Systems of Condensed Experience(COEX 체계)의 역동적 상호작용이라는 측면에서 설명될 수 있다. 앞서 논의되었듯이(63쪽 참조), 이러한 체계들은 다중적인 층으로 구성된다. 보다 표층적인 층들은 산후 생애의 다양한 시기에 경험한 정서적으로 중요한 사건에 대한 기억을 갖고 있고, 보다 깊은 층들은 산전 생애의 생물학적 출산 과정 및 기간의 다양한 단계의 기록을 갖고 있다. COEX 체계의 가장 깊은 뿌리는 다양한 자아초월 기반, 즉 조상, 업보, 인종, 계통발생, 또는 원형에 가 닿는다.

홀로트로픽 의식 상태 동안, 활성화한 COEX 체계는 경험의 내용을 결정한다. 홀로트로픽 숨치료 회기 이후 갑작스레 개선되는 많은 사례는 부정적인 COEX 체계(트라우마 기억으로 구성되는)에서 긍정적 COEX 체계(즐거운 정서와 관련되는 기억들을 지닌)로의 변동으로 설명될 수 있다. 그와 같은 역동적 변동은 **긍정적 COEX 체계의 이차 조절**positive COEX transmodulation에 해당될 수 있다. 이것이 꼭 현존하는 증상의 기저에 있는 모든 무의식 자료를 작업해야 한다는 것을 의미하는 것은 아니다. 이것은 단지 하나의 운영 체계의 지배에서 또 다른 것으로 내면의 변동이 일어났다는 것을 의미할 뿐이다.

전형적인 긍정적 이차 조절에는 두 단계가 있다. 그것은 지배적인 부정적 COEX 체계의 정서적 충전의 강화에 의해 시작된다. 변화무쌍한 존속 기간 이후 정서는 절정 지점에 도달하고 긍정적 COEX 체계는 경험 영역을 지배한다. 하지만 강력한 긍정적 체계를 사용할 준비가 되면, 그것은 바로 시작할 때부터 그 회기를 운영할 수 있다. 이러한 경우 부정적 체계는 단지 배경으로 퇴각하게 된다. 한 체계에서 다른 체계로의 변동이 반드시 유익해야 할 필요는 없다. 그것은 긍정적 체계에서 부정적 체계로의 변동이 될 수 있다(부정적 COEX 이차 조절). 이런 경우 본래 잠복해 있던 증상들이 나타나 회기 이후에 지속될 수 있다.

특히 흥미로운 역동 변화는 **치환적 이차 조절**substitutive transmodulation인데, 이는 하나의 부정적 COEX 체계에서 또 다른 COEX 체계(이 또한 부정적인)로의 변동을 포함한다. 이는 정서 및 정신신체 증상의 현저한 변화를 가져왔다.

이따금 이러한 변용은 아주 극적이어서 전통적인 임상 관점으로는 브리더에게 다른 진단 범주를 부여하게 할 것이다. 결과적인 상태는 완전히 새롭게 보일 수 있지만, 주의 깊은 분석을 통해 변동이 일어나기 전에 그 모든 요소가 무의식의 심혼에 먼저 존재하고 있었음을 알 수 있다.

역동적 변동은 COEX 체계의 다양한 수준(전기傳記, 주산기, 자아초월)에서 일어날 수 있다. 이는 그 결과로서 생기는 변화의 성격과 깊이를 결정한다. 주산기 수준에 관련되고 BPM 중 하나에 관여하는 변동들은 COEX의 다양한 전기 층의 수준에서 일어나는 변동들보다 보다 근본적이고 심원한 변화를 가져오는 경향이 있다. 이 점에 대해 가능한 예외는 개인의 생존이나 신체적 통합성을 심각하게 위협하였던 상황에 대한 기억을 구성하는 COEX 체계이다.

그 회기의 마지막 시간 동안 지배적으로 경험하게 되는 COEX 체계가 그 회기의 성과에 결정적이다. 그 같은 체계는 회기 이후의 기간에 브리더들의 일상 경험에서 계속해서 체현된다. 그것은 그들 자신과 세상에 대한 인식, 그들의 정서 및 정신신체 건강, 가치 체계 그리고 태도에 영향을 끼친다. 따라서 홀로트로픽 숨치료 회기에서의 일반적인 전략은 부정적 체계들을 의식화하고, 그 정서적 충전을 감소시키며, 그 내용에 대해 훈습薰習하고 통합하고, 긍정적 COEX 체계들에 대한 체험적 접속을 촉진하는 것이다. 그 회기가 있던 날에 사용할 수 있는 자료를 완성하고 통합할 때까지 촉진자는 반드시 브리더와 함께 머물러야 한다.

3. 죽음-재탄생 과정의 치료 잠재력

전기傳記 수준에서 작동하는 치료 기제들은 정신의학계에 그 어떤 이론적 도전도 제기하지 않는데, 그것들은 물질적 기질基質, substrate(유아, 아동, 또는 발달 후기 단계의 개인의 뇌)로 알려진 기억에 관여한다. 주산기 수준과 연관된 치료 기제에 대해서도 마찬가지인데, 이는 출산이 심리외상이 된다고 고려하지 않고 출산 기억의 가능성을 부정하는 주류 정신의학자들의 공식 입장과 반대된다. 하지만 이는 엄청난 오해이며 쉽게 교정될 수 있다.

출산 기억의 가능성을 부정하는 흔한 이유는 갓난아기의 대뇌피질cerebral cortex이 충분히 성숙하지 않아서 이러한 사건을 경험하고 기록할 수 없다는 것이다. 보다 특정하자면 아직 대뇌피질 뉴런cortical neurons이 미엘린myelin이라 불리는 지방질의 보호막으로 아직 완전히 덮이지 않은 것이다. 놀랍게도 동일한 주장이 양육기간(출산 직후 뒤따르는 기간)에 관한 기억의 중요성을 부정하기 위해서는 사용되지 않는다. 구강기 그리고 심지어 '유대관계bonding'(출산 직후의 어머니와 아이 얼굴 표정 및 신체 접촉의 교환)에서의 경험의 심리학적 중요성은 정신과 의사, 산부인과 의사, 소아과 의사들에 의해 일반적으로 인식 및 인정되고 있다(Kennel & Klaus, 1998; Klaus, Kennell, & Klaus 1995).

미엘린 형성myelinization 주장은 타당하지 않으며 여러 종류의 과학적 증거와 충돌한다. 대뇌피질이 전혀 없는(단 하나의 미엘린도 형성되지 않은) 유기체들에게도 기억이 존재한다는 사실은 잘 알려져 있다. 2001년에 오스트리아 출신의 미국 신경과학자 에릭 캔델Erik Kandel은 바다 민달팽이 군소Aplysia(갓난아기에 비길 데 없이 훨씬 더 원시적인 유기체)의 기억 기제에 대한 연구로 노벨 생리학상을 받았다.

갓난아기가 태어남을 의식하지 못하고 이 사건에 대한 기억을 형성하지 못한다는 입장은 산전기産前期, prenatal 단계에 이미 태아가 극도의 민감성을 보인다는 광범위한 태아 연구와 정면으로 충돌한다(Tomatsi, 1991; Whitwell, 1999).

우리의 삶은 주요한 트라우마 경험(산도를 이동하는 잠재적으로 생명을 위협하는 통과로서, 전형적으로 긴 시간 또는 심지어 며칠 동안 지속되는)과 함께 시작한다. 연령 퇴행과 연관된 체험 작업은 그것이 생명 유지와 관련한 강렬한 불안, 격노와 혼합된 부적절감과 절망감hopelessness의 느낌, 질식, 몸의 여러 부분에서의 압박감 또는 고통과 같은 극단적인 신체적 불편감과 연관되어 있다. 산전기의 혼란 및 출산 과정에서 경험한 불편감의 기억들은 모든 종류의 불편한 정서와 감각의 주요한 저장소를 구성하고, 매우 다양한 정서 및 정신신체 증상과 증후군의 잠재적 근원이 된다. 따라서 출산 기억을 재생하고 통합하는 것으로 다양한 장애(폐소공포증, 자살 충동이 있는 우울증, 파괴 및 자해 경향에서부터 심인성 천식, 정신신체 통증, 편두통 등)를 상당히 경감시킬 수 있다. 그것은 또한 어머니와의 관계rapport를 개선할 수 있고, 다른 대인관계에도 긍정적인 영향을 미칠 수 있다.

전형적으로 출산 재생을 수반하는 어떤 신체 변화는 특별히 주목할 가치가 있는데, 이들은 브리더의 심리 및 신체 건강에 커다란 유익을 주기 때문이다. 그 첫 번째로 출산에서 생긴 그 어떤 호흡기 차단blockage도 해소하여 호흡을 크게 개선시킬 수 있다. 이것은 기분을 돋우고 '지각知覺의 문을 청소하며' 정서적 신체적 안녕감을 가져다주고 풍미를 증진하며 삶의 기쁨joie de vivre을 불러일으킨다. 기도氣道의 개방에 뒤따라오는 삶의 질의 변화는 종종 놀랄 만하다.

출산 재생과 관련한 또 다른 주요한 신체 변화는 근육 긴장의 해소인데, 이는 라이히가 성격 갑옷character amor이라고 불렀던 것이다. 이러한 긴장은 그 어떤 정서 및 신체 표현도 허용치 않았던 상황에서 스트레스를 받으면서 고통스럽게 산도를 통과했던 시간에 대한 반동으로 초래된 것이다. 브리더들이 강력하고 잘 해결된 주산기 체험을 하고 나서, 종종 그들의 삶에서 그 어느 때보다 훨씬 더 이완되었다고 보고한다. 긴장 이완 및 고통의 경감과 함께 보다 커다란 신체적 편안함, 에너지와 활기가 증가된 느낌, 원기회복의 느낌, 그리고 현재 순간을 즐기는 능력의 증가를 느끼게 된다.

4. 자아초월 수준의 치료 기제

산후기産後期, postnatal, 주산기 그리고 산전기의 기억들과 연합된 치료 기제들이 물질적 기질을 갖지만, 무의식의 자아초월 수준에서 작동하는 치료 기제와 관련해서 그 상황은 상당히 다르다. 자아초월 영역의 바로 그 존재는 물질주의 과학에 대한 만만찮은 도전을 대표한다. 소수의 자아초월 경험 동안 존재한다고 생각할 수 있는 유일한 물질적 기질들(조상, 인종, 계통발생)은 DNA를 지닌 난핵卵核과 정자精子이다. 자아초월 경험의 나머지 다수는 물질적 기질이 없는 기억의 존재(주류 과학에는 생소한 개념인)를 우리가 받아들이도록 재촉한다. 데이비드 봄의 숨겨진 질서라는 개념, 루퍼트 쉘드레이크Rupert Sheldrake의 형태발생장形態發生場이라는 아이디어, 그리고 어빈 라즐로Ervin Laszlo의 초상超常 현상 또는 아카식 장Akashic field에 대한 가설은 이러한 매혹적인 현상을 설명하고 통합하는 이론을 발달시키기 위한 단계들을 약속하고 있다(Bohm, 1980; Laszlo, 1993, 2004, 1981; Sheldrake).

주요한 이론적 도전이 관련되었음에도 불구하고 자아초월 경험은 거짓 없는 경험이고 그중 상당수는 놀랄 만한 치료 잠재력이 있다. 따라서 이따금씩 브리더들은 자신의 문제의 어떤 측면을 조상의 삶에서의 특정한 삽화에까지 추적하고 이러한 조상의 기억들을 재생 및 통합함으로써 문제를 해결할 수 있다. 몇몇 사례에서 처음에는 브리더의 심혼 내적 갈등으로 보였던 것들이 자신의 부모들의 조상 혈통 사이에서 내재화한 갈등으로 드러나기도 한다(예: 조상 중 한쪽이 가톨릭이고 다른 한쪽이 유대인일 때, 한쪽이 백인계 미국인이고 다른 한쪽이 아프리카계 미국인일 때, 한쪽이 독일인이고 다른 한쪽이 유대인일 때 등).

특히 확고한 치료적 변화는 브리더가 전생 기억으로서 경험하는 것들과 관련이 있다. 이는 다른 역사적 시기와 다른 국가들에 속하는 것으로 보이는 상당히 정서적으로 충전된 일련의 체험이다. 그러한 경험들은 전형적으로 기시감旣視感, déjà vu 및 **기험감**旣驗感, déjà vecu의 강력한 느낌(자신이 경험하고 있는 것이 자신에게 처음 일어나는 것이 아니라는, 그것을 전에 보거나 경험했다는 강력한 느낌)과 연관되어 있다. 전생 경험은 종종 브리더의 현재 삶의 다른 모호한 측면(정서 및 정신신체 증상들, 대인관계에서의 어려움, 열렬한 관심, 선호, 편견, 특이한 성격)에 대한 설명을 제공하는 것으로 보인다.

이러한 삽화들에 대한 충분한 의식적인 체험, 이와 연관된 정서 및 신체 에너지의 표현, 용서의 느낌에 도달하는 것은 놀라운 치료적 효과를 지닐 수 있다. 그것은 이전의 치료 장면에서 모든 시도에 저항했던 다양한 유형의 증상 및 장애의 해결을 가져올 수 있다. 이러한 체험이 있는 사람들은 다른 역사적 시기와 세계의 다양한 곳에서 일어났던 상황이 어떤 알려지지 않은 매체에 깊이 각인되어 있는 것으로 보이고, 일반적으로 그들의 현재 삶에서 겪는 어려움의 내력에서 중요한 역할을 해 왔다는 것을 발견하게 된다.

집단무의식이라는 원형 영역은 중요한 치료적 기회의 추가적인 근원이 된다. 따라서 다양한 원형 모티프archetypal motifs의 체험과 세계의 다양한 문화 속 신화적 존재와의 조우는 브리더의 정서 및 정신신체 건강에 종종 예상하지 못했던 유익한 영향을 끼칠 수 있다. 하지만 긍정적인 결과를 위해서는 그와 같은 경험의 초자연성과 연관하여 자아 팽창의 위험을 피하고 효과적인 통합을 이룩하는 것이 중요하다. 다양한 장애에 깔려 있는 원형 에너지가 어둡고 악마적인 존재의 형태를 지니고 있는 경우에는 특히 관심을 요한다. 이렇게 개인화한 에너지가 의식 속에 출현하고 이를 충분히 체험하는 것은 종종 구마의식exorcism[1]를 닮게 되고 심대한 치료적 영향을 미칠 수 있다(325쪽).

자아초월 영역은 추가적인 치유 기제를 풍부하게 제공하는데, 그중 일부는 수수께끼 같고, 당혹스러우면서 신화적이다. 예를 들어, 그것들은 다양한 동물, 심지어 식물과 체험적 동일시를 하는 것, 방언放言 또는 외국어를 말하는 것, 그리고 일본의 가부키, 발리의 원숭이 찬트ketjak, 이누이트 에스키모의 목구멍 음악throat music, 피그미족의 다성악多聲樂, 자바의 춤 등과 같은 외국 문화의 예술 형식을 닮은 방식으로 흥얼거리거나 움직이는 것과 관련이 있다. 예를 들어, 에살렌 연구소에서 진행했던 홀로트로픽 숨치료의 어느 회기에서 우리는 등세모근에 고통스러운 만성 긴장이 있던 어느 브리더가 어떤 게crab와 납득할 만한 동일시를 체험한 다음에 그 긴장이 해소되는 것을 보았다. 그녀는 자신의 고통스럽게 긴장된 등세모근이 게 딱지carapace가 되어서 확고한 결의와 정신력으로 마루 옆쪽으로 계속해서 움직이는 것을 지각하였다. 우리 둘은 그녀의 '게 딱지'에 대해 보디워크를 하고 있었기에, 그녀는 막혀 있던 모든 에너지가 근육에서 방출될 때까지 그 작업실을 대여섯 번 가로지르며 우리를 끌어당겼다. 다른 시기에 우리는 어느 참가자에게 몇 년 동안 지속되었던 우울증이, 그녀 자신도 모르던 언어인 세파르디어Sephardic(라디노어語)로 어떤 기도문을 반복해서 찬팅하고 나서 사라지는 것을 목격하였다(205쪽 참조).

....
1) 사람이나 사물로부터 악마를 내쫓는 의식

가장 강력한 치유 및 변용은 신비체험mystical experience(다른 사람들과의, 자연과의, 우주와의, 그리고 신과의 합일)과 연관된 것으로 보인다. 이러한 체험들은 완성에 도달하기 위하여 허용되어야 하고, 치유를 위하여 매일의 삶에 잘 통합되어야 한다. 얄궂게도 현대의 정신과 의사들은 이러한 것을 심각한 정신 질환(정신증)이 드러난 것으로 간주하고 온갖 수단을 동원하여 억누르고자 한다. 현대 정신의학에는 '영성체험' 또는 '신비체험'에 대한 범주가 없다.[2] 만일 신비체험이 정신병리로 분류되고 억압적인 의료 처치로 축소된다면 장기간에 걸쳐 개인의 삶에 문제를 일으킬 수 있다.

5. 전체성을 향한 움직임으로서의 치유

우리가 지금까지 살펴보았듯이 홀로트로픽 숨치료에서 작동하는 치료 기제들은 매우 광범위하다. 심혼이 활성화하고 증상들이 경험의 흐름으로 전환되고, 이때 개인이 아동기와 유아기, 생물학적 출산 그리고 산전기 생존에서 정서적으로 중요한 기억을 재생할 때 중대한 치료적 변화가 일어난다.

자아초월 수준에서의 치료 기제는 매우 다양한 유형의 경험(조상, 인종, 집단, 업보, 계통발생의 기억, 동물들과의 동일시, 신화적 존재들과의 조우, 원형 영역에의 방문 그리고 다른 사람들과의, 자연과의, 우주와의, 신과의 합일)과 관련된다.

---

2) 최근 DSM-5(2013)에는 '종교적 또는 영적 문제'[V62.89 (Z65.8)]라는 분류가 있다. "이 범주는 임상적 주의의 초점이 종교적 혹은 영적 문제일 때 사용될 수 있다. 예로는 신념의 상실이나 회의에 수반되는 괴로운 경험, 새로운 신념으로의 전환과 연관된 문제, 조직화된 교회나 종교기관과 필연적으로 관련되는 것은 아닌 영적 가치에 대한 회의 등이 있다." 권준수 외 공역. (2015). 정신질환의 진단 및 통계 편람(제5판). 서울: 학지사.

이는 흥미로운 질문을 제기한다. 이와 같은 다양한 경험(심혼의 다른 수준들에서 기원하는)과 연관된 치유 기제가 공통분모로 환산될 수 있을까? 그와 같이 다양한 현상을 설명해 내는 효과적인 기제가 특별히 전반적이고 보편적이어야만 하리라는 것은 분명하다. 그와 같은 전반적인 치유 기제를 발견하는 것은 의식에 대해, 심혼에 대해 그리고 인간 본성에 대해 근원적으로 새로운 이해를 요구할 뿐만 아니라 현재의 과학적 세계관의 저변에 흐르는 기본적인 형이상학적 가정들의 근원적인 개정 역시 요구한다.

현대의 의식 연구는 인류의 놀랄 만한 역설적 본성을 드러내 왔다. 기계적인 과학의 맥락에서 인간을 뉴턴적인 대상물로, 기관organs, 조직tissue, 세포로 구성된 물질적인 몸으로 생각하는 것만이 적절하고 논리적으로 보인다. 보다 구체적으로, 인간은 고도로 발달한 동물이자 복잡한 생물학적 생각 기계로 보일 수 있다. 하지만 의식 연구에서의 발견은 인간이 또한 시간, 공간, 직선적 인과성의 한계를 초월하는 무한한 의식의 장場으로서 기능할 수 있다는 동양의 영성 철학을 비롯한 다양한 신비 전통의 주장을 확인해 주고 있다. 이러한 역설적 정의는 물질과 빛의 본성에 대한 묘사와 관련된 그 유명한 파동-입자 역설(닐스 보어Niels Bohr의 **상보성 원리**principle of complementarity로 알려진)에서의 그 아원자 수준에서 멀찍한 평행선을 그리고 있다.

인간 본성의 이러한 두 가지 상보적 측면은 **하일로트로픽**hylotropic과 **홀로트로픽**holotropic에 해당되는 의식의 다른 두 가지 상태와 연결된다. 이 중에서 하일로트로픽 의식은 문자 그대로 '물질지향 의식'(그리스어의 hyle=물질/질료, 그리고 trepein=무언가를 향한 또는 향해 움직이는)을 의미한다. 우리 대부분이 일상의 삶에서 경험하는 것, 서양의 정신의학이 객관적인 현실을 올바르게 반영하는 유일한 것으로 간주하는 것이 바로 이러한 의식 상태이다.

하일로트로픽 의식 유형에서 우리는 독특한 뉴턴적 특성을 지닌 분리된 물

체들의 세상에서 작동하는 단단한 물질적 몸으로서 스스로를 경험한다. 공간은 3차원이고 시간은 직선적이며 모든 것이 인과의 연쇄에 지배되는 것으로 보인다. 이러한 유형에서의 경험은 수많은 기본 가정을 다음과 같이 체계적으로 지지한다. 물질은 단단하다, 우리의 감각은 범위가 제한되어 있다, 과거의 사건들은 상실되어 회복될 수 없다, 미래의 사건들을 체험하는 것은 불가능하다, 우리는 동일한 시간에 하나 이상의 장소에 있을 수 없고 역사적 시점상 하나 이상의 시기에 동시적으로 있을 수 없다, 물체는 연속적인 미터자로 위치 지을 수 있는 고정된 크기를 지닌다, 전체는 부분보다 크다 등이 여기에 포함된다.

앞서 언급하였듯이 홀로트로픽 의식은 문자 그대로 전체성을 향해 움직이는 의식이다. 협소하고 제약된 하일로트로픽 유형과는 대조적으로 홀로트로픽 의식은 감각 기관의 중개 없이 물질 세계 전체 그리고 또 우리의 신체감각이 닿지 못하는 숨겨진 실재의 차원에 접속한다. 이러한 의식 유형에서의 경험은 경직된 제약과 한계를 지닌 뉴턴적인 물질 세계에 대하여 흥미로운 많은 대안을 제공한다.

그러한 경험은 하일로트로픽 유형을 특징짓는 것들과는 정반대로 다른 일련의 가정을 체계적으로 지지한다. '우주는 본질적으로 하나의 가상현실virtual reality을 표상한다' '물질의 고체성 및 불연속성은 경험에 대한 특정한 편성에 의해 형성된 하나의 환상이다' '직선적 시간과 3차원 공간은 절대적이지 않고 궁극적으로는 임의적이다' '동일한 공간이 수많은 물체에 의해 동시적으로 점유될 수 있다' '과거 및 미래는 언제나 사용할 수 있고 체험적으로 현재 순간으로 가져올 수 있다' '우리는 하나 이상의 임시적 틀 속에 동시적으로 존재할 수 있다' '부분으로 존재한다는 것은 전체로 존재하는 것과 양립할 수 있다' '무언가는 존재하면서 동시에 존재하지 않을 수 있다' '색色, form과 공空,

emptiness은 교환될 수 있다' 등이 여기에 포함된다.

예를 들어, 우리는 에살렌에서 홀로트로픽 숨치료 회기를 진행하면서(몸은 캘리포니아주 빅서에 있으면서) 또한 우리가 유아기와 아동기를 보낸 집에서, 태어나기 위해 분투하는 산도産導에서, 우리가 산전기 삶을 사는 자궁에서, 또는 프랑스 혁명기의 파리에 있는 설득력 있는 경험을 할 수 있다. 자신을 태아로 경험하면서 동시에 하나의 단세포로, 대양으로, 또는 우주 전체로 경험할 수 있다. 홀로트로픽 의식 유형에서 세포로, 태아로, 대양으로, 우주 전체로 존재하는 것은 동시에 발생하거나 힘들이지 않고 다른 하나로 변용할 수 있는, 쉽게 교환 가능한 경험이다.

인간의 심혼에서 이러한 두 가지 유형은 역동적인 상호작용 속에 있는 것 같다. 우리는 하일로트로픽 유형에 있는 동안 우리의 깊숙한 곳에서는 홀로트로픽 경험을 향한, 초월을 향한 욕구를 가지며(Weil, 1972), 홀로트로픽 영역에서의 경험들은 어떤 강력한 경향이 의식에 나타나는 것을 보여 준다. 현재의 의학적 규준에서 '건강한' 보통 사람에게는 충분히 발달한 심리적 방어 체계가 있어서 홀로트로픽 경험이 의식 속에 출현할 수 없도록 한다. 강력한 방어는 뒤섞인 축복인데, 홀로트로픽 자료의 출현은 전형적으로 유기체가 자신을 치유하고 자신의 기능을 단순화하려는 노력을 나타내기 때문이다. 강력한 방어 체계는 일상 현실에서 방해받지 않고 기능하도록 해 주지만, 또한 다양한 트라우마 기억이 처리를 위해 떠오르는 것을 방해한다.

어떤 사람들의 방어 체계는 매우 침투적이어서 홀로트로픽 경험들이 그들의 의식의 장 속에 지속적으로 나타나서 일상의 삶을 방해하는 것을 허용한다. 칼 융이 집단무의식에서 오는 자료로 압도되었던 광범위한 영적 위기 spiritual crisis는 여기서 훌륭한 사례로 활용될 수 있다(Jung, 1961, 2009). 이러한 개인은 안정화에 대한 필사적인 욕구가 있지만, 어떤 이들은 물질적인 현실에 아주 철저하게 굳어져 있어서 홀로트로픽 의식 상태에 진입하는 데 커다란 어려움을 겪는다. 강력한 체험 기법을 사용하는 다양한 영성 수행 센터와 워크숍에 참가해도 그렇다.

심인성 기원psychogenic origin의 정서 및 정신신체 증상들은 체험의 장場을 위해 다투는 하일로트로픽 및 홀로트로픽 유형 사이의 혼합물amalgams 또는 혼성물hybrids로 여겨질 수 있다. 그 증상들은 어떤 외부 또는 내부의 작용들이 방어 체계를 약화시키거나 무의식 자료에 대한 강력한 충전(정신적 집중cathexis)을 증가시킬 때 나타난다. 이렇듯 유감스럽게도 이도저도 아닌 상황에서 방어 체계는 무의식 내의 자료를 지켜 낼 만큼 강력하지 못하지만, 그 자료가 완전히 드러나서 의식에서 처리 및 통합하는 것을 막을 만큼은 강력하다.

증상 저변의 역동에 대한 이러한 이해는 그래서 새로운 치료 전략을 제안한다. 우리는 내담자들을 위하여 그들이 이 작업에서 주의 깊게 음미할 수도 있고, 지지적인 환경을 창출할 수도 있으며, 홀로트로픽 의식 상태에 어떻게 진입할 수 있는지 가르쳐 주는 영역을 묘사한 심혼의 확장된 지도의 윤곽을 그려 본다. 그렇게 되면 처리할 준비가 된 무의식의 자료는 자동적으로 의식 속에 출현한다. 증상들과 관련 있는 정서 및 신체 에너지를 충분히 체험하고 표현함으로써 그러한 증상들은 일련의 체험의 흐름(전기傳記, 주산기 그리고 자아초월)으로 변용되며 개인의 의식적인 삶을 방해하는 작용을 멈추게 된다.

치료와 자기탐색의 홀로트로픽 전략의 중요한 특성은 그것이 빠르거나 늦거나 철학적·영적 탐색 여행으로 전환된다는 것이다. 우리의 체험은 주산기 수준에 도달하자마자 신령스러워지면서 영성이 심혼에 대한 그리고 어떤 보편적 기획에 대한 진실하고, 지극히 중요하며, 진정한 양상이라는 압도적인 증거를 제공한다. 자아초월 수준에서 우리는 스스로를 다른 사람들로, 동물로, 식물로 그리고 심지어는 다양한 원형적 존재로 경험할 수 있다. 우리가 몸/에고가 아니라는 것, 그리고 우리가 고정된 정체성을 갖고 있지 않다는 것이 명백해진다. 우리의 진정한 정체성이 우주적이고 그것이 매일의 자기自己에서부터 우주적인 창조 원리 그 자체에 이른다는 것을 발견하게 된다.

증상에 대한 약리학적 억압에 집중하는 치료와 달리, 이렇게 노출하는 전략은 자기발견, 자기실현, 영적 개방으로 이어진다. 요컨대 그것은 전체성을 향한, 우리의 진정한 본성을 알아 가는 하나의 여정이다. 치유healing라는 단어가 옛 영어와 앵글로색슨의 'haelan'(온전하게, 정상적으로, 건강하게 만든다는 것을 의미하는)과 관계가 있는 것은 아마도 우연이 아닐 것이다. 치유는 온전하게 만드는 것, 뭔가 조각나고 손상된 것을 온전한 상태로 되돌려 놓는 것을 의미한다.

홀 로 트 로 픽 숨 치 료

홀로트로픽 숨치료가 심혼에 대해 갖는 강력한 효과가 있다는 점에서 볼 때, 이 과정에 관여된 생리학적 및 생화학적 기제를 고려해 보는 것은 흥미롭다. 홀로트로픽 숨치료의 생리학과 관련된 또 다른 주제는 빠른 호흡에 수반되는 반동反動, reactions들로, 의학 편람에 기술된 '과호흡 증후군hyperventilation symdrome' 과 '수족경련carpopedal spasm'이라는 개념이 있다. 호흡기 생리학에 대한 이러한 맹신은 가속화한 호흡을 활용하는 홀로트로픽 숨치료 회기와 다른 기법들에서 관찰한 결과에 의해 반증되었다. 홀로트로픽 상태를 활용하는 자기탐색은 또한 정신신체장애의 성격과 정신역동(학계에서 많이 충돌하는 이론이 있는 주제)에 몇 가지 새로운 통찰을 가져다주었다.

1. 생화학적 및 생리학적 변화

대다수의 사람은 단순하게 우리가 숨을 보다 빠르게 쉴 때 몸과 뇌에 더 많은 산소를 공급한다고 추측한다. 즉, 이것이 홀로트로픽 숨치료 회기에서 체험의 원인이라고 그들은 믿는다. 하지만 인간의 몸에서 작동하는 얽히고설킨 항상성 기제 때문에 실제 상황은 훨씬 더 복잡하다. 보다 빠른 호흡은 더 많은 공기와 산소를 폐에 가져오지만, 또한 이산화탄소(CO_2)를 제거한다. 이산화탄소는 산성酸性이기 때문에 혈액에서 그 함유량이 감소하면 혈액의 알칼리성(더 특정하자면 pH라 불리는 알칼리성/산성 지수)이 증가한다. 혈액 색소 헤모글로빈은 산성 환경에서 더 많은 산소를 잡아 두고 알칼리성 환경에서 더 적은 산소를 잡아 둔다. 이것은 신체적으로 힘든 작업을 하는 동안 효과적인 산소 공급을 보장하는 보상적인 항상성 기제인데, 이는 전형적으로 산성의 신진대사물의 증가된 산출과 연관되어 있다. 따라서 빠른 호흡을 쉬는 동안 알칼리 혈중血症은 조직에 대한 산소 전달을 감소시킨다. 이는 이어서 반대 방향에서 작동하는 항상성 기제를 촉발한다. 신장은 이러한 변화를 보상하기 위하여 더 많은 알칼리가 있는 소변을 방출한다.

그 상황은 뇌를 포함한 몸의 어떤 영역은 보다 빠른 호흡에 대해 혈관 수축(이는 자연스럽게 산소 공급 감소의 원인이 된다.)으로 반응할 수 있다는 사실에 의해 더욱 복잡해진다. 홀로트로픽 숨치료 회기에서 보다 빠른 호흡에 대한 이러한 기관의 반응은 필수적으로 고정된 것이 아니라는 사실이 관찰된다. 이러한 혈관 수축이 어디서 얼마나 격렬하게 일어나는지는 개인의 과거 트라우마 상황에서 이러한 기관이 관여한 것을 반영한다. 개인이 이러한 사건들의 기억을 재생하고 훈습할 때 혈관 수축이 사라지는 경향이 있다. 그러한 생리적 변화는 또한 관련된 호흡의 유형에 달려 있다. 심호흡은 폐에 있는 가스를 더욱 완전히 교환하도록 하는 반면에, 얕은 호흡은 가스의 상당한 부분을 '사강死腔, dead space'[1]에 남겨 두게 되어 더 적은 산소가 폐 모세관에 도달하고 더 적은 이산화탄소가 폐에서 배출된다.

우리가 살펴보았듯이 보다 빠른 호흡에 의해 활성화한 생리학적 기제는 상당히 복잡하고, 개인 사례에서의 전반적인 생화학적 상황을 특정한 실험실 종합검사 없이 평가하기는 쉽지 않다. 하지만 앞서 기술한 모든 생리학적 기제를 고려해 본다면, 홀로트로픽 숨치료를 경험하는 사람들의 상황은 높은 산에 있을 때와 아주 많이 닮았다. 고산지대에서는 산소가 더욱 적기 때문에 보상적인 보다 빠른 호흡에 의해 이산화탄소 수준이 감소한다. 대뇌피질(진화적 관점에서 볼 때 뇌의 가장 젊은 부분)은 대개 뇌의 보다 오래된 부분보다 다양한 작용(알코올과 무산소증과 같은)에 더욱 민감하다. 따라서 이러한 상황은 피질 기능의 억제 그리고 뇌의 태곳적 부분(구뇌)의 격렬한 활동을 불러일으키면서 무의식 과정을 더욱 활성화한다.

아주 높은 고도에 사는 사람들은 어떤 문화에서든지 영성이 진보한 것으로 알려져 있다. 사례들을 꼽자면 히말라야의 요기, 티베트의 불교도, 페루의 잉카족이 있다. 따라서 그들의 진보한 영성을, 그들이 보다 적은 산소를 함유한 대기 속에서 홀로트로픽 경험에 더 쉽게 접속할 수 있다는 사실로 돌리고자 하는 유혹이 있다. 하지만 우리는 인간 몸에서 작동하는 복잡한 항상성 기제를 다시 고려해야 한다. 고산지대에 단시간 노출되었을 때는 홀로트로픽 숨치료와 비교할 수도 있겠지만, 고산지대에 장시간 머무르는 경우 생리적 적응(적혈구 생산의 증가와 같은)을 촉발한다. 따라서 홀로트로픽 숨치료 동안의 격렬한 상황은 고산지대에서 장시간 머무는 것과 직접 비교하기는 어렵다.

....
1) 콧구멍에서 폐포(肺胞)까지의 호흡기계(系) 중 혈액이 가스 대사를 하지 않는 부분이다(네이버 교학사 사전).

어떤 경우든 홀로트로픽 숨치료가 일으키는 아주 다양한 유형의 현상(동물들에 대한 진정한 체험적 동일시, 원형 비전, 또는 전생 기억과 같은)에 대한 뇌의 생리적 변화에 대한 기술은 판이하다. 이러한 상황은 LSD와 여타 심현제心顯劑, psychedelics의 생리적 효과를 설명하는 문제와 유사하다. 이러한 방법 둘 다 자아초월 경험(여기서 초감각적 통로들을 통해 우주에 대한 정확한 새로운 정보에 대한 접속이 일어난다.)을 이끌어 낼 수 있다는 사실은, 이 경험에 대한 기반matrices이 뇌에 담겨져 있지 않다는 것이다.

올더스 헉슬리Aldous Huxley는 메스칼린과 LSD-25[2]로 심현제 상태를 경험한 다음에 우리의 뇌는 그러한 경험의 근원이 될 수 없다는 결론에 이르렀다. 그는 뇌가 무한하게 방대한 우주의 입력을 가로막는 감압 밸브 같은 기능을 한다고 제안하였다. '물질적 기질 없는 기억'(von Foerster, 1965), 쉘드레이크의 '형태발생장'(Sheldrake, 1981), 라즐로의 '초상超常 현상 또는 아카식 장 Akashic field'(Laszlo, 1993, 2004)과 같은 개념은 헉슬리Huxley의 아이디어에 대한 중요한 지지가 되고 그것을 점증적으로 타당하게 만들어 준다.

....

2) LSD를 비롯한 다양한 심현제 또는 환각제들은 중독성이 매우 강하고 중대한 문제를 일으킬 가능성이 있기에 국내에서 불법화되어 있다.

하버드대학교와 미국 재향군인국 등에서 트라우마와 중독에 대해 오랫동안 가르치고 또 치유 작업을 해 온 리자 나야비츠(Lisa M. Najavits)는 자신의 저서 『최고의 나를 찾는 심리전략 35: 트라우마와 중독을 넘어 치유와 성장으로(Recovery from Trauma, Addiction, or Both: Strategies for Finding Your Best Self, 신인수 역, 2019)』에서 현재 미국에 자동차나 총기사고로 인한 사망률보다 마약 중독으로 인한 사망률이 더 높다고 말하고 있다. 독자들은 이 점을 유념해야 할 것으로 보인다.

아울러 미국의 저명한 종교학자인 휴스턴 스미스(Huston Smith, 2009)는 이 책에서 심현제라 일컫는 종류의 약물을 가리켜 '신이 부여하는(God enabling)' 의미를 지닌 '신유제(神誘劑, entheogen)'[Wiktionary에서는 '신비적인 또는 영적인 체험을 촉진하고자 사용되는 정신활성화 물질'로 풀이(2019. 9. 3. 검색)]라 부르면서도, 다음과 같이 주의를 환기시키고 있다. "신유제는 가볍게 다루어서는 안 된다. 한 번은 나이아가라 폭포에서 걸려 온 전화에 밤중에 깨어났다. 그 사람은 LSD를 섭취하고선 공황에 빠져서 폭포 속으로 뛰어내릴 것을 생각하고 있었다. 하지만 올바른 태도와 적정한 환경에서 취해진다면, 정신활성화 약물들은 종교적 체험을 일으킬 수도 있다. 그러나 그 술병에 더 확실한 경고 라벨을 붙이고자 한다. 그 약물들이 종교적 삶을 일으킬 수 있는지는 훨씬 더 불분명하다." 출처: Smith, H. (2009). Tales of Wonder: Adventures Chasing the Divine, an autobiography. New York: Harper Collins.

2. 홀로트로픽 숨치료와 '과호흡 증후군'

앞서 살펴보았듯이, 홀로트로픽 의식 상태를 이끌어 내기 위한 치료적 접근과 영성 수행은 정신신체장애를 치료하는 효과적인 방법들을 기술한다. 하지만 그것들은 또한 호흡 수의 증가에 대한 인간 몸의 반응과 관련하여 새로운 중요한 통찰을 제공한다. 치료적 접근과 영성수행들은 보다 빠른 호흡과 관련해서 호흡기 생리에 대한 전통적인 의학 편람에 깊이 스며든 오해를 교정하기 위한 인상적이고 실증적인 증거를 축적해 왔다.

더욱 자세히 설명해 본다면, 이 접근은 빠른 호흡에 필수적으로 따라오는 생리적 반동이 '과호흡 증후군'이라는 이름으로 의료인들 사이에서 세대에서 세대로 주장되며 내려오는 끈질긴 맹신을 부정해 왔다. 이 증후군은 생리적 반응의 전형적 패턴으로 기술되고 있는데, 손과 발의 근筋강직성 경련(수족경련), 수족냉증 그리고 발한發汗에 영향을 준다. 이것은 객관적으로 탐지될 수 있는 어떤 신경근neuromuscular의 변화를 수반한다. 여기에는 크보스텍 반사Chvostek's reflex(얼굴의 과흥분성), 트루소 반사Trousseau's reflex(지혈기로 상박 동백을 압박한 다음에 나타나는 하박 및 손 경련)가 속한다. 전형적인 정서적 반동은 주장에 따르면 불안과 동요에 영향을 미친다.

과호흡과 다양한 의료 상태 사이의 관계

래버트 프라이드Rabert Fried는 과호흡과 다양한 의료 상태 사이의 관계에 대한 가장 헌신적인 연구자 중 한 명으로, 『과호흡 증후군』(Fried, 1982)이라는 책을 저술하였다. 그에 따르면 의사들은 호흡에 대해 훨씬 더 많은 주의를 기울여야 한다. 스트레스를 받고 심리적 고통을 겪는 사람들은 과호흡을 한다. 과호흡은 의학적 질환이 있는 사람들의 50~70%에게서 발견될 수 있다.

그리고 90%의 사례에서 고혈압의 발달에 선행하여 호흡 지장이 일어난다. 불완전한 호흡은 많은 문제에 대한 공통적인 병인病因 경로에서 관찰된다. 학계에서는 과호흡이 불안과 밀접한 관련이 있다는 것이 잘 알려져 있지만, 과호흡이 불안을 일으키는지, 또는 그 반대인지에 대해 합의된 것은 없다. 즉, 그것은 분명 '닭이 먼저냐 달걀이 먼저냐'의 문제이다.

쉽게 불안해지는 사람들은 스트레스에 노출되었을 때 과호흡을 하게 되고, 공황으로 고통받는 사람들에게는 종종 호흡기 알칼리 혈증이 있다. 골드버그G. J. Goldberg에 따르면, "과호흡은 불안 반동의 한 측면으로 정신신체 증상들을 일으킨다."(Goldberg, 1958)라고 한다. 과호흡은 모든 불안장애와 아마도 전반적인 정서장애에서 중요한 역할을 한다. 20세기 전반기에는 종종 히스테리 환자에게서 무의식적인 과호흡이 목격되었다. 크리스티R. V. Christie는 히스테리와 불안 신경증을 '호흡기 신경증'이라 불렀다(Christie, 1935). 무의식적인 과호흡 삽화는 일반 대중에게서는 약 10~15%, 정신과 환자, 특히 히스테리로 고통을 겪는 이들에게서는 훨씬 더 많은 빈도로 발생한다. 무의식적인 과호흡 삽화에 대한 통상의 접근은 정맥 내 칼슘을 투여하여 혈중 이온화 칼슘을 증가시키는 것, 환자에게 리브리엄Librium[3]이나 발륨Valium[4]을 주사해서 진정시키는 것, 그들의 얼굴에 종이 봉지를 덮어서 그들 체계system에 이산화탄소를 유지하고 알칼리 혈증을 감소시키는 것이다.

이러한 관찰들은 캐넌W. B. Cannon의 저서 『몸의 지혜The Wisdom of the Body』에 표현된 최초 착상을 반증한다. 캐넌은 생명에 매우 중요한 호흡은 그 자신을 돌볼 수 있는 항상성 기제들에 의해 강력하게 보호를 받는다고 생각했다

---

3) 진정제의 일종, 상표명(한컴 사전)
4) 신경안정제(diazepam) 제제의 상표명(한컴 사전)

(Cannon, 1932). 그 분명한 자동성에도 불구하고, 호흡이 그것을 방해할 수 있는 많은 병리생리학적 및 정신병리학적 과정의 영향에서 배제되지 않는다는 것은 명백하다. 결과적으로 호흡 패턴의 비정상성은 생리적 · 심리적 문제를 일으킬 수 있다.

과호흡 증후군에 대한 의학 문헌은 명확성이 결여되어 있고 혼돈과 논쟁으로 가득하다. 프라이드는 빠른 호흡의 효과에 대한 체계적 연구를 실행하였는데, 호흡기 생리학 편람에 기술된 정형화한 반동은 과호흡하는 사람들에게 발생할 수 있는 대단히 폭넓은 현상에 대한 임상 보고서들과 극명하게 대조된다. 이는 사람과 삽화에 따라 크게 변화한다(Fried, 1982). 보다 빠른 호흡에 대한 가능한 반동 범위는 매우 커서 과호흡 환자들은 '두꺼운 서류철 증후군'으로 불려 왔는데(Lum, 1987), 이는 그들이 별 성과도 없이 의사를 방문하는 횟수만 많기 때문이다. 전통적으로 과호흡은 증상을 일으키는 원인이 되는 요인이라기보다는 어떤 다른 장애의 증상으로 보인다. 임상가들은 대개 과호흡과 같이 단순한 무언가가 그와 같이 강렬하고 다채로운 변화를 일으킬 수 있다고 생각하지 않는다. 그들은 다른 원인을 찾는 경향이 있다.

150명의 과호흡 환자를 연구했던 휴이S. R. Huey와 세크레스트L. Sechrest에 따르면, 과호흡은 다른 건강한 개인 내에서 폭넓은 유형의 의료적 상태를 성공적으로 흉내 낼 수 있기에 이러한 사람들이 잘못된 진단을 받고 긴 목록의 틀린 처방을 받아들이게 되었다(Huey & Sechrest, 1981). 여기에는 심혈관계통, 호흡기관, 위장계통, 근골격계, 신경계, 내분비계, 면역계 그리고 피부질환이 포함된다. 이러한 사람 중 일부는 정신과 진단 또한 받았다. 이는 의학적 이해를 홀로트로픽 숨치료에서의 관찰에 근접시켜 주지만, '과호흡 증후군'이 증상 억압을 요구하는 병리적 반동이기보다는 커다란 치료적 기회를 나타낸다는 인식에서 여전히 동떨어져 있다.

정신과 환자들의 과호흡 그리고 홀로트로픽 숨치료에서의 관찰

앞서 언급했듯이 무의식적 과호흡 삽화는 종종 신경증 환자들에게서, 특히 히스테리 환자에게서 발생한다. 프로이트는 대여섯 개의 사례연구에서 질식에 대한 극단적인 느낌들을 기술하였고, 공황 발작에서 일어나는 호흡기 고통에 주목하였다. 그것이 프로이트가 한동안 질식과 연관된 출산 트라우마가 미래의 모든 불안의 근원이자 원형일 수 있다는 생각을 품은 이유이다(Freud, 1953). 클라인Klein, 지트린Zitrin, 그리고 베르너Woerner는 공황 발작을 수반하는 질식의 느낌들을 '거짓 질식 경보'라고 불렀다(Klein, Zitrin, & Woerner, 1978). 이러한 공황은 모든 호흡기 알칼리 혈증도 막아 내는 이산화탄소 5%가 든 산소를 호흡하는 것으로도 해소될 수 없다.

정신과 환자들에게서 빠른 호흡에 의한 증상은 더욱 강렬하고, 다채로우며, 변화가 많다고 알려져 왔다. 중앙 신경계에 이상이 있는 환자들은 훨씬 더 다양한 증상을 보여 주고, 통증으로 고통받는 사람들은 과호흡에 대한 역치가 낮다. 정신과 환자들에게서 과호흡은 감각, 정서, 정신신체 증상의 놀랄 만한 유형으로 기술된 증상을 일으키는 경향이 있다. 프라이드에 따르면 이러한 긴 목록에는 현기증, 기절, 염려, 우울, 불안, 공황, 공포증, 가슴 통증, 근육 경련, 다양한 신체 감각, 두통, 진전震顫, tremors, 경련, 몽롱, 욕지기, 구토, '목이 메인 느낌' 그리고 기타 다양한 증상이 있다(Fried, 1982). 이러한 증상은 전통적인 의학 규준으로는 설명할 수 없고 여러 기질적 질환을 모방할 수 있다. 프라이드는 또한 통제 집단의 평균 호흡 수는 정신과 환자(분당 17회) 및 졸도 환자(분당 17회)보다 낮았다(분당 12회).

과호흡은 레이노병, 편두통, 협심증, 공황 증상 증후군과 같은 많은 증상 및 장애를 악화시키는 경향이 있다. 그래서 프라이드는 장애에 대한 내담자들에게 하나의 '치료법'으로서 호흡을 늦추는 연습을 가르치는 접근을 제안하였다. 이는 과호흡을 지속하는 것이 정서 및 정신신체 문제들을 일시적으로 강조하고 밖으로 드러내며 치유 과정processing을 위해 의식 위로 가져옴으로써 문제를 해결할 수 있다는 관찰에 기초한 홀로트로픽 숨치료의 실천과 정확히 반대된다.

홀로트로픽 숨치료 실행자들은 빠른 호흡의 심리 및 신체 효과를 연구할 독특한 기회를 갖는데, 그들 내담자의 과정에서 이러한 것들이 나타날 때 정기적으로 그 진행 과정을 관찰할 수 있기 때문이다. 홀로트로픽 숨치료 워크숍과 훈련에서 소수의 참가자만이 호흡기 생리학이 전형적이고 수반되는 감각으로 기술하는 반응을 경험한다(수족경련, 수족냉증 등). 이 작업에서의 관찰은 보다 빠른 호흡이 특별히 풍부한 스펙트럼의 정서 및 정신신체 증상들을 산출한다는 것을 보여 준다. 그것들은 따라서 과호흡 증후군에 대한 극히 단순한 이해에 대한 프라이드의 비평을 지지한다.

전통적인 의학 관점에서 보다 빠른 호흡에 의해 촉발된 놀라운 유형의 증상을 본 프라이드는, "호흡과 같이 단순한 생리적 기능이 어떻게 그와 같은 폭넓은 스펙트럼의 증상들을 산출하는가는 여전히 불가사의하다."라고 하였다. 홀로트로픽 숨치료의 실행은 과호흡 증후군의 역동에 대한 깊은 통찰을 제공하고, 이러한 '불가사의'에 대한 단순한 해법을 제공한다. 그것은 보다 빠른 호흡에 대한 풍부한 반응이 단순히 생리적 규준으로 이해될 수 없음을 보여 주는데, 그것은 바로 개인의 전반적인 심리생물학적 및 영적 내력을 반영하는 복잡한 정신신체 현상이기 때문이다.

빠른 호흡에 의해 생긴 증상들은 몸의 전체 영역에서 가능한 모든 조합에서 나타날 수 있다. 이러한 반동에 대한 체계적 연구는 그 증상들이 전에 있었던 정신신체 증상의 격화 또는 다양한 잠재 증상의 외면화를 나타낸다는 것을 보여 준다. 가속화한 호흡의 지속은 이러한 증상들을 무의식 속의 근원, 즉 외상적·전기적 사건, 생물학적 출산, 산전기 트라우마 그리고 다양한 자아초월 주제까지도(예: 계통발생 기억, 전생 경험 그리고 원형적 주제) 추적할 수 있게 해 준다.

이는 홀로트로픽 숨치료에서 이따금씩 관찰될 수 있는 일부 극심한 신체적 증상들(졸도 같은 행위, 청색증[5], 천식 발작, 또는 다양한 형태의 극적인 피부 발현들과 같은)에 대해서도 진실이다. 이러한 현상은 특별한 사건(익사할 뻔한 경험, 심각한 사고, 수술, 아동기 디프테리아, 백일해, 생물학적 출산, 산전기 위기, 또는 전생 경험들과 같은)과 연관되어 있는 내력상 확고한 각인의 외면화를 나타낸다. 그것들이 불안해 보일 수도 있겠지만, 우리가 신체적으로 건강한 사람들(그와 같은 재생에 관련되는 정서 및 신체 스트레스를 견뎌낼 수 있는)과 함께 작업한다면 위험하지 않다. 깊은 체험 작업에 대한 금기禁忌를 존중하고 심각한 문제, 특히 다양한 심혈관 장애가 있는 사람들은 걸러 내는 것은 당연히 중요하다.

홀로트로픽 숨치료에서 놀라우리만큼 일관되게 관찰되는 것은 과호흡에 의한 증상이 처음에는 강렬하게 증가하지만 숨을 지속하면 해소되다 영구히 사라진다는 것이다. 이러한 사실은 정신신체 증상들이 과호흡에 대해 수반되는 생리화학적 반응이라는 가정과 직접적으로 충돌한다. 이러한 증상들이 연관된 무의식 자료가 완전히 출현한 다음에 영구히 소멸하는 것은 그것이 본질적으로 정신신체적인 것이지 단순히 생리적 표출이 아님을 보여 준다. 우리는 우리의 작업에서 많은 사람이 강렬한 숨을 쉬는 긴 시간 동안 그 어떤 긴장도 발달시키지 않는 것을 확인하였다. 이러한 유형의 반응은 수많은 홀로트로픽 숨치료 회기와 함께 증가하며 종국에는 예외가 아닌 하나의 규칙

---

5) 오염된 물속에 포함된 질산염(NO_3)이 혈액 속의 헤모글로빈과 결합해 산소 공급을 어렵게 해서 나타나는 질병이다(물 백과사전).

이 된다.

　보다 빠른 호흡의 결과로서 다양한 신체 부위에 일어나는 혈관 수축조차도 과호흡에서 반드시 일어나는 효과는 아니다. 홀로트로픽 숨치료에서 관찰되는 것은 어떤 특정 부위에서의 생체 에너지 차단blockage이 전형적으로 혈관 수축을 일으킨다는 것이다. 이러한 차단의 기원은 산후기 내력, 출산 트라우마, 산전기 위기, 또는 다양한 형태의 괴로운 자아초월 경험에서 오는 심리적 또는 신체적 트라우마일 수 있다. 보다 빠른 호흡은 무의식 자료를 표면으로 가져와서 이러한 차단을 일시적으로 격화시킨 다음에 방출하는 경향이 있다. 이다음에는 전형적으로 그 괴로운 영역에서의 순환의 개방이 뒤따라온다.

　극단적인 예는 레이노병인데, 이는 피부의 냉한 느낌이나 영양 변화(산소 및 영양 결핍에 기인한 피부 손상)와 연관한 손에서의 심각한 말초순환장애이다. 우리는 이러한 질환으로 고통받는 많은 사람과 작업할 기회가 있었으며, 홀로트로픽 숨치료를 통해서 이 장애를 치유할 수 있었다. 그들은 홀로트로픽 초기 회기에서 모두 손과 팔뚝에서 극단적이고 고통스러운 근筋강직성 경련을 보였다. 과호흡을 계속하면서 이러한 경련이 갑자기 해소되었고, 손을 통해 따뜻한 에너지의 강력한 흐름과 커다란 장갑처럼 손을 감싸는 역장力場force fields을 경험하는 것으로 대체되었다. 이러한 경험을 한 다음에 말초 순환은 영구히 개방되었다.

　이미 언급했듯이 동일한 기제가 많은 만성 감염에서도 중요한 역할을 할 수 있다. 거기에는 축농증, 인두염, 편도선염, 기관지염, 방광염 같은 것들이 있는데, 전통적으로 순수하게 의료적 문제로 간주되던 것들이다. 생체 에너지 차단을 계속해서 해소하면 순환이 완전히 열리고 이러한 '만성 감염'이 깨끗해지는 경향이 있다. 또한 동일한 기제가 소화기 또는 십이지장 궤양과 궤양성 대장염의 내력에서 중요한 역할을 하는 것을 생각해 볼 수 있다. 순환이 좋지 않은 위 또는 장의 점액성 세포막의 생명력은 그것들이 이러한 장애(헬리코박터 파일로리균)에 수반되는 박테리아와 염화수소산 및 소화효소에 대항해서 그들 자신을 보호할 수 없는 지경까지 위태로워질 수 있다.

이러한 관찰은 대부분 질환이 정서 또는 신체 에너지가 차단되어 그 결과 붕괴되는 것과 관련 있는 데 반하여, 건강한 기능은 에너지와 전체성wholeness의 자유로운 흐름과 연관되어 있다는 것을 보여 준다. 이는 홀로트로픽(문자 그대로 '전체성을 향하여 움직이는' 또는 '전체성을 목표로 하는'을 의미한다.)이라는 용어의 한 측면과 관련된다. 이러한 발견들은 중국의학과 동종요법의 기본 원리들과 일치한다. 그것들은 또한 에너지 의학energy medicine이라는 현대적 개념과도 관련된다. 이러한 지향의 전형들은 의학이 보완되거나 어떤 경우 자신의 기관병리 전략을 몸의 생체 에너지 역동을 이해하고 활용하는 것에 기초하는 접근으로 대체한다면, 훨씬 더 효과적인 의학이 될 것이라고 주장한다.

'과호흡 증후군': 사실 또는 거짓?

요약하자면 홀로트로픽 숨치료에서의 경험과 관찰은 과호흡 증후군에 대한 전통적인 개념이 이제는 진부하여 개정되어야 한다는 것을 증명해 준다. 빠른 호흡으로 인해 발달하는 근육 긴장은 손발을 연관시킬 필요가 없지만, 몸 어디에서나 일어날 수 있다. 그 근원은 브리더의 내력에 있는 트라우마 사건들에 의하여 형성된 정서 및 신체의 갇힌 에너지이다. 계속해서 호흡을 하면 전형적으로 격화, 절정 그리고 해소로 이어진다. 그것들은 또한 정서 및 신체 방출에 의해 쉽사리 제거될 수 있다. 회기를 반복하면 이러한 긴장들의 발생을 제거하는 경향이 있다. 어떤 사람들은 대여섯 시간 동안 어떤 긴장의 표식도 없이 보다 빠르게 숨을 쉴 수 있다. 그들은 실제로 진행되면서 점점 더 이완되고 무아경이 된다.

보다 빠른 호흡은 해소되지 않은 심리 및 신체 트라우마와 연관된 오랜 정서 및 신체 긴장의 출현을 촉진하는 생화학적 상황을 몸에서 창출하는 것으로 보인다. 빠른 호흡을 하는 동안 증상들이 떠올라 드러난다는 사실은 전통적으로 이해되듯 병리적 현상이 아니다. 이러한 상황은 실제로 치유를 위한 독특한 기회를 나타낸다. 이러한 상황들 아래서 떠오르는 것은 치유 과정을 위해 가장 준비가 되어 있는 강렬한 정서로 충전된 무의식 자료이다. 과호흡 증상에 대한 이러한 이해는 과호흡에 대한 반응의 개인 내부 및 개인 사이의 매우 큰 변동성을 설명해 준다. 그것은 심현제 회기의 체험 내용의 엄청난 풍부함과 변동성과 관련한 상황과 유사해 보인다.

홀로트로픽 숨치료에서의 관찰을 조명해 보면, 정신과 환자와 일반 대중에게서 발생하는 과호흡의 자연스런 삽화들은 그 자신을 치유하기 위한 유기체의 시도이기에 억압되기보다는 지지되어야 한다. 올바른 이해와 숙련된 안내를 통하여 과호흡 동안의 증상의 출현은 정서 및 정신신체 문제의 치유, 긍정적인 인격 변용 그리고 의식의 진화가 될 수 있다. 이와 반대로 그러한 증상들을 억압하는 현재의 치료적 작업들은 심혼과 몸에 관계되는 중요한 자연스런 치유를 방해하는 것으로 보일 수 있다.

3. 정신신체장애의 정신역동

홀로트로픽 숨치료에서의 관찰은 또한 정신신체 증상의 기원에 대한 흥미로운 조명을 비추는데, 이는 의학 및 정신과학 학계에서 상당한 논쟁을 불러일으켜 온 주제이다. 정신 신경증, 우울증, 정신증과 같은 많은 정서장애는 독특한 신체적 표출manifestations(두통, 숨 곤란, 욕지기, 입맛 상실, 변비 또는 설사, 심계항진心悸亢進, 다한증多汗症, 진전震顫, 틱, 근육통, 혈관운동장애, 피부병, 월경불순, 생리통, 성교통증, 불감증, 발기부전)이 있다. 성적 표출은 또한 고유의 주요한 문제를 드러내는데, 그것은 신경증적 반동의 일시적 부산물이라기보다는 심각하고 오래 지속된다.

어떤 정신 신경증에서는 신체 증상들이 매우 특정되고 특징적이며, 이 장애의 현저한 특색을 나타낸다. 이는 전환 히스테리에 대한 사실인데, 광범위한 신체 표출(히스테리성 마비, 지각 마비anesthesia, 발성불능, 기립불능, 일시적 시력상실, 구토, 등을 격렬히 휘고 근육 경련을 동반하는 히스테리성 공격, 상상 임신, 심지어 성흔聖痕[6])까지)을 가질 수 있는 정신 신경증이다. 여기에는 전통적인 정신분석가들이 전성기기 신경증pregenital neuroses이라 부르는 범주의 장애가 있다. 그것은 다양한 틱, 더듬거림, 심인성 천식을 포함한다. 강박성 성격 구조에 의해 특징되는 것들이지만, 증상 형성에 관계된 기본적인 방어기제는 히스테리 사례에서와 같이 심리적 갈등의 신체적 표출로의 전환이다.

두드러진 신체적 표출을 동반하는 범주의 장애 또한 존재하는데, 여기서 심리적 구성 요소는 매우 명백하고 중요해서 의료 모델에서도 그것들을 가리켜 **정신신체질환**psychosomatic disease(심신증心身症)이라고 부른다. 정신신체 psychosomatic라는 용어는 이러한 질환의 기원에 심리적 요인의 중요성 인식을 반영하고 있고, 수년 간 무시할 수 없는 인기를 얻어 왔다. 그것은 심인성 기원을 갖는 광범위한 의학적 장애에 사용되고 있는데, 편두통, 심인성 천식, 소화성 궤양, 대장염, 고혈압의 특정 형태, 건선, 다양한 습진 그리고 일부 관절염이 포함된다.

....

6) 예수가 십자가에서 경험했던 상흔(傷痕)을 다른 이들이 경험하는 것을 말한다. 중세의 아시시의 성 프란치스코 등이 경험했던 것들이 성흔의 사례에 속한다.

정신신체의학의 창시자로 여겨지는 정신분석가 프란츠 알렉산더Franz Alexander
는 1935년에 정신신체장애의 기제를 설명하는 이론 모델(현시점까지 이 분야
에서의 상당한 임상 작업과 연구의 기초가 되는)을 제안하였다(Alexander, 1950).

그의 주요한 기여는 정신신체 증상이 심리적 갈등 및 트라우마의 생리적 부
산물에서 초래된다는 인식이었다. 급성 불안, 비탄 또는 격노 동안 정서적 각
성은 강렬한 생리적 반동을 일으키는데, 이는 정신신체 증상과 질병을 유
발할 수 있다. 하지만 알렉산더에 의하면 이것은 건강한 사람이 아닌 오직
기질적으로 쉽게 걸리는 사람들에게만 생긴다는 것이다. 이러한 질병소질
predisposition은 정신신체질환의 기원에 중대하지만 가변적인 요소이다. 이러
한 질병소질의 성질에 대해서는 정신분석가들 사이에 상당한 논쟁이 있다.

알렉산더는 전환 반동conversion reactions과 정신신체장애를 구분하였는데,
이전까지 정신신체장애는 신경증적 반동들과 유사한 것으로 간주되었다. 이
러한 장애의 근저를 이루는 정서의 근원은 심리적 외상, 신경증적 갈등, 병리
적 대인관계까지 올라갈 수 있지만 이 증상에는 상징적인 중요성이 없고 불
안에 대한 방어로서 기여하지 않는데, 이러한 것이 정신 신경증 증상의 특
성이다. 사실상 그것은 과도한 정동 각성에 대하여 개인을 보호하고자 하는
심리적 방어기제의 실패이다.

1952년에 미국정신의학회는 표준 전문어에서 **정신신체**라는 단어 사용의 모호
성을 인식하고서 '심리생리적인 자율신경계 및 내장(본능) 장애psychophysiological
autonomic and visceral disorder'라는 명칭을 만들었다. 이러한 장애의 증상들은 정
서의 정상적인 생리적 표현의 만성적인 심화에 기인한다. 그와 같이 오래 지
속되는 생리 및 내장(본능) 상태는 다양한 기관의 구조적 변화로 이어진다.
정신신체 의료 분야에서는 그 기관의 선택을 결정하는 정신신체장애의 질병
소인 및 특정한 취약성의 성질을 고려하는 동의가 근본적으로 결여되어 있다

는 특징을 보인다. 그 모델들은 특이성 모델, 비특이성 모델, 개인별 반응 특이성 모델의 세 가지 범주에 속한다.

정신신체장애에 대한 특이성 모델

이 범주에 속하는 이론적 모델은 다양한 정신신체 증상과 질병이 특정한 심리외상 사건과 정서 상태로 거슬러 올라갈 수 있다고 주장한다. 알렉산더와 여타 정신분석가는 그들의 해석에서 공통된 분석 개념을 사용하였는데, 무의식 역동, 리비도와 에고의 다양한 발달 단계에서의 고착, 퇴행, 심리적 방어기제, 대상관계에서의 문제 등과 같은 것이었다. 이러한 관점에 따르면 다양한 외상 사건은 불안을 일으키고 정서적으로 강력하게 충전된charged 영역까지 심리적 퇴행을 하게 만든다. 예를 들면, 소화성 궤양이 있는 환자들은 리비도 발달에서 구강기에 고착된 모습을 보여 주며, 의존에 대하여 심각하게 미해결된 무의식적 갈등을 갖고 있다. 그래서 퇴행은 위액의 과다분비로 이어진다.

이러한 범주는 또한 특정한 정신신체장애에 걸리기 쉬운 사람들의 '성격 프로필'을 규정짓고자 하는 다양한 시도를 포함한다. 이러한 사람들에 대한 개인 성격 연구는 플랜더스 던바Flanders Dunbar에 의해 시작된 연구 경향이다(Dunbar, 1954). 예를 들어, 이 연구는 성격유형 A와 B를 구분하였다. 성격유형 A는 작업 일정과 속도에 열중하여 밀어붙이는 임원이나 높은 성과를 지향하는 일 중독자에 해당하는데, 이들은 참을성이 없고 자신의 지위에 대해 불안해하며 매우 경쟁적이고 적대적인 동시에 공격적이며 긴장을 풀지 못한다. 이와 대조적으로 성격유형 B는 인내심이 있고 이완되어 태평하면서 대개 더 창조적이고 상상력이 풍부하며 철학적이다(Friedman & Rosenman, 1974). 성격유형 A는 심장질환을 일으킬 위험이 높다는 것이 밝혀져 왔다.

스튜어트 볼프Stewart Wolff와 해럴드 볼프Harold Wolff는 심리-생리의 상관관계를 연구하는 기법들을 개발하였는데, 예를 들면 정서적 집착과 변비, 정서적 포기와 설사 사이의 관계를 연구하였다(Wolff & Wolff, 1947). 유사한 개념들이 심리치료 학계에서 매우 유행해 왔는데, 이는 심리적 문제와 갈등이 상징적 신체언어로 표현될 수 있다는 것을 의미한다. 너무 많은 책임을 지고 있는 사람들의 목과 어깨 근육에 통증, 무언가를 '삼키'거나 '먹'을 수 없는 사람들의 위장 문제, 자신의 자녀들을 숨 막히게 하는 엄마에 의한 호흡 곤란, '견디기 힘든 깊은 슬픔'에서 오는 가슴의 압박하는 느낌 등이 여기에 속한다.

이 '특이성 모델'에 대해 반론이 제기되어 왔다. 다양한 정신신체장애가 있는 환자들은 '정상'에서부터 정신이상까지 광범위한 정신역동 문제와 정신과 진단이 있을 수 있다. 환자의 심리적 문제들은 정신신체 증상의 성질로는 예측할 수 없고 그 반대도 마찬가지이다. 동일한 '특정 병인病因 변수들'이 광범위한 정신신체장애에 대하여 가정되었는데, 예를 들면 궤양성 대장염, 회장염回腸炎, 류머티즘성 관절염, 심인성 천식 그리고 일부 피부질환에 대하여 병리적 의존 욕구와 중요한 관계의 상실을 가정하였다. 아울러 일부 정신신체장애는 동물들에게서 모델화될 수 있는데, 특정되지 않은 스트레스에 의한 위산 과다분비 같은 것이다. 당연히 여기서는 무엇보다도 무의식의 환상, 상징적 과정, 대인관계에서의 갈등의 역할에 대해서 추정할 수 없다.

정신신체장애에 대한 비특이성 모델

이 범주에 속하는 모델은 정신신체장애의 기원에 있는 특정한 정신병리 요인에 대한 생각을 거부한다. 이들은 고통(디스트레스)을 일으킬 수 있는 그 어떤 자극도 만성적 불안의 확산된 정서 상태를 유발할 수 있고, 정신신체장애의 발달로 이어질 수 있다고 주장한다. 장애의 성질은 심리적 촉발요인에서 예측될 수 없다. 마알G. F. Mahl에 따르면 생리적 부수물concomitants은 스트레스 요인에 관계없이 동일할 수 있는데, 그것이 전쟁 중의 폭탄 투하나 대단히 경쟁적인 시험 또는 성적 파트너와의 대인관계 갈등이든 동일할 수 있다(Mahl, 1949).

한스 셀리에Hans Selye은 만성적인 스트레스에 대한 보편적 표출manifestations이 존재한다는 것을 보여 주었는데, 위장 및 심혈관의 활성화와 부신스테로이드 호르몬의 증가가 그러하다(Selye, 1950). 하지만 정신신체장애의 발병은 대개 강렬한 정서적 각성에서 개인을 보호하는 심리적 방어가 정신역동적으로 결정되어 붕괴하는 것과 종종 관련된다. 기관의 민감성은 구성적 요인과 초기 경험의 결합일 수 있다. 이 모델은 비록 너무 일반적이긴 하지만 임상 및 연구 데이터와 일치한다.

정신신체장애에 대한 개인별 반응 특이성 모델

이 범주에 속하는 모델은 개인이 발달시키는 정신신체장애의 유형이 자극의 성질보다는 그 개인의 특정한 반응 패턴에 의존한다고 제안한다. 다양한 개인은 정서적 각성(이는 폭넓은 종류의 자극에 의해 유발될 수 있고 특정 정신신체장애로 이어질 수 있다.)에 대하여 상당히 특징적이고 일관된 패턴들을 보여 준다. 그중에서도 '위장 반응체질' '심장 반응체질' '고혈압 반응체질'이 있다. 정신신체장애가 있는 성인의 정서 반응은 특정 영역이 활성화하는 경향을 보이는데, 유아의 산만하고 미성숙한 반응과 대조된다. 특징적인 반응 패턴은 아동기 초기에 발달하고 시간이 흘러도 상당히 일관된다. 이 이론은 학계에서 인기가 높다.

이 분야의 현재 상황

이제는 어느 단 하나의 모델만으로 모든 정신신체장애를 만족스럽게 설명하지 못한다는 것이 일반적으로 받아들여지면서 다중 원인론으로 의견이 기울고 있다. 심리적 요인은 중대한 역할을 하지만 배타적인 원인이 되는 결정 요소는 아니다. 아울러 우리는 체질, 유전, 기관 병리, 영양 상태, 환경 그리고 사회적·문화적 결정 요소를 고려해야만 한다. 일찍이 분리·구분된 과정들로 보였던 심리 및 신체 현상은 이제 호혜성 상호작용reciprocal interaction에 관여하는 단일한 정동 현상의 다양한 측면을 표상하는 것으로 간주된다. 아울러 정서 및 본능적 기능을 통제하는 뇌 구조는 일치하거나 밀접하게 관련되어 있다. 공포, 분노, 섹슈얼리티, 내장 및 내분비샘腺의 작용은 모두 변연계 및 시상하부 구조에 의하여 조절된다. 또한 유기체의 피질 및 피질 하 수준들과 연결되어 있다. 이러한 상호관계의 엄밀한 성질은 여전히 확증되지 못한 상태이다.

홀로트로픽 숨치료 및 여타 체험적 치료가 주는 통찰

대부분의 심층심리학 학파에서 제공하는 정신신체 증상 및 질환에 대한 설명은 대체로 설득력이 없다. 그들은 아동기에 목격한 사건이나 이후의 삶에서 겪은 외상 경험의 기억에 인과 역할을 부여한다. 그들은 심인성 천식을 어머니를 향한 외침이나 어머니의 구속적인 '숨 막히게 하는 영향력'의 결과로 해석하고, 히스테리성 마비를 무언가 금지된 것을 행하는 것에 대한 갈등이 반영된 것으로 설명한다. 이와 유사하게, 말더듬은 언어적 공격성을 억압하고 음탕한 말을 하고 싶은 충동과의 분투로 인한 것으로 간주되고, 짐을 짊어진 느낌은 심각한 어깨 통증으로 이어질 수 있으며, 무언가를 '먹는' 것의 어려움은 위장장애를 일으킬 수 있으며, 심각한 피부질환은 성적 유혹에 대한 보호로서 기여할 수 있다.

정신신체장애의 성질 및 심인心因과 관련한 보다 설득력 있는 통찰은 정신분석 분야의 재기 있고 논쟁적인 개척자인 라이히의 작업에서 기원한다. 그는 정신분석에서 논의되는 외상성 심리적 사건들은 정서, 특히 정신신체 증상의 발달을 설명하기에는 부족하다는 것을 보여 주었다. 라이히에 따르면 그와 같은 증상의 근원이 되는 주요 요인은 근육과 내장에서의 생체 에너지 차단이라는 것이다(성격 갑옷character armor)(Reich, 1949).

라이히는 이러한 차단을 억압적인 도덕주의 사회가 우리의 성적 욕구의 충분한 만족을 허용하지 않는다는 사실에 기인한 리비도의 막힘에 귀인하였다. 차단된 성적 에너지는 그래서 신경증, 정신신체장애, 도착倒錯과 같은 비정상적 표현을 찾는다. 크게 보면, 그것은 파괴적인 사회정치적 운동으로 이어진다. 라이히는 언어적 소통에 한정된 심리치료는 그것 자체로는 유기체에 있는 에너지 상황을 바꿀 수 없다는 것을 깨달았다. 그는 치료에 혁명적인 접근들을 소개하였는데, 갇혀 있는 에너지의 방출을 위한 호흡 기법과 보디워크 같은 것들이다. 하지만 그에 따르면 완전한 정서 및 성 해방은 인간 사회의 혁명을 요구하였다. 라이히는 공산주의자Communist가 되었고 이후에 『파시즘의 대중심리』(Reich, 1970)라는 저서를 출판하고 나서 정신분석학회와 공산당 양쪽 모두에서 제명당하였다.

홀로트로픽 의식 상태를 수반하는 작업[홀로트로픽 숨치료, 원초 치료Primal Therapy, 재탄생Ribirthing, 또는 심현제(사이키델릭) 치료psychedelic therapy와 같은]은 다양한 정신신체장애(그리고 또한 대개의 정서장애)의 근저에 있는 엄청난 양의 차단되고 막혀 있는 정서 및 신체 에너지(생체 에너지)를 드러낸다. 이러한 관찰은 라이히 학파의 이론이 옳다는 것을 증명해 주지만, 전반적 관점에서만 그렇고 특정해서는 그렇지 못하다. 라이히는 갇혀 있는 에너지가 억압된 리비도라고 생각했지만, 새로운 관찰에 의하면 이러한 에너지의 상당 부분이 주산기에 기원하는 것으로 밝혀졌다. 그것은 산도를 통과하는 동안 발생해서 유기체에 저장된 지나친 뉴런 충동neuronal impulses의 결과이다. 아울러 이러한 에너지의 상당 부분은 자아초월적 기원이 있는 것 같고, 집단무의식의 원형 및 역사 영역, 조상, 업보, 계통발생의 기억에까지 거슬러 올라갈 수 있다.

정신신체 표출의 이해에 대한 체험적 심리치료의 중요한 기여는 동화 및 통합되지 않은 신체 외상이 그 기원에서 수행하는 중대한 역할을 발견한 것이다. 정신역동 학파들은 정신신체 증상을 심리적 갈등과 트라우마의 신체화로 간주하는 경향이 있고, 신체 기원의 심리외상이 그 기원에서 수행하는 중대한 역할을 이해하는 데 실패하고 있다. 홀로트로픽 의식 상태를 활용하는 체험적 작업은 정신신체 증상의 가장 중요한 근원은 신체적 상해insults와 관련된 사건이라는 것에 대해 전혀 의문을 남겨 두지 않는다.

예를 들면, 심인성 천식에 대한 홀로트로픽 작업은 불가피하게 질식 경험(익사할 뻔한 경험, 부모나 형제에 의해 목이 졸림, 기이한 물체에 숨이 막힘, 폐렴, 출산, 또는 매달리거나 교수형을 당한 전생 경험 등)과 관련된 상황에 대한 동화되지 못한 기억으로 이어질 것이다. 이와 유사하게 정신신체 고통의 근저에 있는 자료는 고통스러운 돌발 사고, 수술, 질병, 출산 과정에서 경험한 고통 그리고 전생의 부상 또는 죽음과 관련된 신체적 고통에 대한 기억으로 이루어져 있다.

신체적 상해의 강력한 심리외상 충격은 론 허버드Ron Hubbard의 체계인 다이어네틱스Dianetics에서 인식되었는데, 이는 사이언톨로지 교회Church of Scientology의 이데올로기적 기초를 대표한다(Hubbard, 1950). 심리치료의 전통적인 언어 형식에서는 트라우마의 정서적 중대성의 평가가 각 학파의 이론적 개념을 반영하지만, 다이어네틱스에서 그것의 관련성은 감사勘査, auditing라 불리는 과정에서 객관적으로 측정된다. 심리 탐색 및 치료는 E미터E-meter(거짓말 탐지기와 비슷한 방식으로 내담자의 피부 저항을 측정하는 검류기檢流器)의 사용에 의해 안내된다.

사이언톨로지의 이론 체계는 산후기 삶의 신체 외상만이 아니라 출산 및 산전기의 생존 동안 그리고 전생의 신체적 외상화까지 포함한다. 신체적 외상화를 기억흔적engrams이라 칭하고 이것을 정서 문제의 주요한 근원으로 간주하였다. 대개의 심리적 외상은 그의 용어로 종속물secondaries로 불리는데, 어떤 의미로 보면 그것들은 자신의 정서적 힘을 기억흔적과의 연합에서 빌려온다. 허버드는 불행히도 사납고 거대한 공상으로 일탈하였는데, 권력과 돈, 통제를 추구하려고 사이언톨로지 지식을 남용하였고, 자신의 조직을 경솔하게 운영하여 허버드의 중요한 이론적 기여에 대한 평판을 나쁘게 만들었다.

이제 우리는 정신신체장애와 관련된 의식 연구에서 관찰한 내용을 요약할 수 있고, 이러한 발견을 활용하여 그 성질과 기원에 대한 불일치와 논쟁의 일부를 명쾌하게 만들 수 있다. 우리의 경험에 따르면, 이러한 장애의 근저에 있는 정신역동 구조는 COEX 체계(응축경험 체계), 기억 및 여타 무의식 자료의 다차원적 배열 형태를 갖고 있다(63쪽). COEX 체계의 가장 표층에 있는 층은 산후기 전기의 삽화와 연관되는데, 이 경우 신체 및 심리 외상 모두에 대한 기억이 해당된다. 이 체계의 보다 깊은 층은 생물학적 출산, 바로 그 성질에 의해 신체 및 심리적인 사건과 관련한 기억에 의해 형성된다. 출산의 병원성病原性, pathogenic 충격에 대한 인식은 그래서 정신의학의 심리학적 및 생물학적 이론 간의 충돌을 해소해 준다. COEX 체계의 가장 깊은 층은 그래서 전생 경험, 원형 주제 또는 계통발생 요소와 같은 자아초월적 성격의 기반이다.

산후기의 심리적 외상화는 리비도와 에고의 발달 단계, 몸의 특정한 부분,

그리고 대인관계에서의 문제와 특정한 연계를 갖고 있다. 그것들은 또한 다양한 심리적 방어기제 및 상징적 정교화symbolic elaboration와 연결되어 있다.

산후기의 신체 외상화, 특히 출산은 다양한 특정 기관을 괴롭히는데, 그것들은 또한 지독하고 분화되지 않은 스트레스의 극단적인 형태를 표상한다. 이는 확실히 정신신체장애에 대한 특정한 그리고 특정되지 않은 촉발요인과 아울러, 알렉산더에 의해 강조된 정신신체장애 및 신경증 전환 반동 사이의 차이점과 관련한 논쟁에 의미 있어 보인다.

그것은 왜 특정한 스트레스와 특정되지 않은 스트레스가 모두 정신신체 증상을 일으킬 수 있는지 그리고 다양한 종류의 특정되지 않은 스트레스가 특정 개인에게 동일한 증상을 일으킬 수 있다는 사실을 설명해 준다. 출산은 주요한 심리생리적 외상이고 애정 대상의 주요한 첫 상실(어머니로부터의 분리, 그리고 극단적 의존 상황이 뒤따르는)과 관계된다. 이러한 정신신체장애의 기원과의 연루는 따라서 중요한 관계 및 극단적 의존 욕구의 기원이 다양한 종류의 정신신체장애에서 중대한 역할을 하는 요인이라는 사실을 설명해 줄 수 있다.

정신신체장애의 심층과 신체 외상이 그러한 기원에서 수행하는 막대한 역할을 보여 주는 홀로트로픽 숨치료에서의 관찰은 언어 수단에 한정된 심리치료가 긍정적인 결과를 성취할 가능성이 매우 적다는 것을 분명히 해 준다. 우리가 심인성 천식, 근육 경련, 편두통으로 고통받는 사람들과 작업을 한다면 언어만으로는 그다지 효과적이지 못하다. 이러한 증상은 근저에 있는 기억의 재생 그리고 그 증상과 관련된 정서 및 신체 에너지의 방출을 포함하는 심층적인 체험 작업을 요구한다. 정신신체질환의 깊은 뿌리는 심혼의 주산기 및 자아초월 영역에까지 이르기 때문에, 이러한 장애에 대한 효과적인 치료는 이러한 무의식 수준에서 강렬한 체험을 하기 위하여 비병리적이고 타당한 설명을 제공하는 개념적 틀을 요구하고 있다. 주산기 및 자아초월 수준을 포함하는 이 확장된 심혼의 지도는 이러한 목적에 기여한다.

이러한 체험이 본래의 근원을 지닌다는 이해 없이는 치료자와 내담자 모두 체험 영역에 들어가 무의식의 심층 수준의 자료를 의식에 출현시키는 것이 두렵고 마음이 내키지 않을 것이다. 최면과 마취분석을 활용하는 회기에서의 정서적 방출은 전쟁 신경증(외상후 스트레스 장애)의 치료에서는 유용하지만 정신 신경증에서는 그렇지 못하다는 것을 앞서 언급한 적이 있다. 자신의 내담자가 격렬한 상황에 노출되었던 것을 아는 치료자는 정신증 영역에 들어가고 있다는 두려움 없이 이러한 내담자의 정서 및 신체 반동의 극단적 강렬함을 견뎌 낼 수 있고 또 기꺼이 견뎌 낼 것이다.

우리는 1976년에 처음으로 에살렌 연구소에서 현재 형식의 홀로트로픽 숨치료를 활용하기 시작하였다. 10년 이상 동안 우리는 에살렌과 세계 각지(북미, 멕시코, 남미, 호주, 인도, 일본 그리고 유럽 각국)에서 진행한 워크숍에서 자기탐색의 이 새로운 방법을 제공하는 유일한 두 사람이었다. 가끔 우리 작업에 진지한 관심을 갖게 되어서 도제徒弟가 되기를 희망하는 사람들의 보조를 받았다. 그들 중 대여섯은 에살렌 거주자였고 다른 이들은 에살렌에서의 한 달 단위의 우리 워크숍에 참여하여 중요한 숨치료 경험을 한 개인이었다.

1. 홀로트로픽 숨치료 촉진자 훈련

1987년에 홀로트로픽 숨치료에 관심을 가진 사람들이 늘어나 일련의 사람들이 우리에게 촉진자를 위한 프로그램을 요청하기에 이르렀다. 우리는 그들의 요청에 반응하면서 우리의 워크숍에서 상당히 동기화되었던 70명의 이전 참가자(이들은 여러 해 동안 상당한 양의 작업을 우리와 함께하였다.)를 위한 1회성 촉진자 훈련을 실시하기로 결정하였다. 3년 훈련 프로그램이 뒤를 이었는데, 여기서 참가자들은 1년에 두 번씩 2주 일정 회기로 만났다. 이러한 형태의 두 집단은 북미의 웨스트 코스트에서 만났고, 세 번째 집단은 유럽에 자리한 스위스, 독일, 오스트리아에서 온 독일어권 참가자 집단이었다.

다음 단계에서는 6일 일정의 일곱 개의 단위 또는 '모듈'로 구성된 훈련 프로그램을 개발하였다. 이러한 모듈 중 네 개는 필수였으며(비일상적 의식 상태의 치유 잠재력, 정서 및 정신신체 장애의 구조, 영적 응급 상황 그리고 홀로트로픽 숨치료의 실행) 나머지 세 모듈은 선택적이었다. 여기서 참가자들은 자신이 흥미를 가지는 주제를 홀로트로픽 숨치료와 다양한 다른 영역(위파사나 불교, 샤머니즘, 알코올 중독 및 다른 종류의 중독, 무아경 찬팅, 환상 예술, 우주론 및 존재론, 죽음과 죽어 감 등)에서 선택할 수 있었다. 피훈련자들은 이러한 일곱 모듈에 참여한 다음에 2주간의 인증 프로그램에 참여하여 자신의 훈련을 완수하였다.

이 훈련은 이러한 형태로 미세한 조정만 거치면서 현재에 이르렀다. 1971년 이래로 캐리Cary와 타브 스팍스Tav Sparks가 운영하였다.[1] 훈련의 상당 부분은 고위급 촉진자에 의해 세계 각지에서 실행되고 있다. 피훈련자는 각 모듈을 어느 나라에서 받을지 그리고 간격을 어떻게 할지 선택할 수 있다. 우리는 피훈련자가 강렬한 내적 작업을 많이 하고 적절한 처리와 통합에 필요한 충분한 시간을 배정할 것을 권장한다. 훈련에 대한 기본적인 정보는 인터넷에서 찾을 수 있다(stanislavgrof.com). 현재 세계 각지에서 천 명 이상의 사람이 훈

---

1) 현재 그로프는 국제 Grof Legacy® Training(www.groff-legacy-training.com)에서 훈련 프로그램을 시작했다.

련을 마쳤고 수백 명이 훈련 중에 있다.

촉진자를 위한 우리의 훈련은 홀로트로픽 숨치료의 조망을 근원적으로 바꾸었다. 그것은 우리가 숨치료 워크숍을 훨씬 더 큰 규모로 실행하는 것을 가능하게 해 주었다. 우리는 초기 워크숍에서 참가자들의 체험의 강렬함이 집단의 크기와 함께 증가한다는 것을 발견하였다. 또한 진행 집단에서 한 회기에 나눔을 끝내기 위해서는 참가자의 수를 약 14~18명 정도로 제한해야 한다는 것을 알게 되었다. 우리가 예비 도제만을 포함하여 작업을 하고 있을 때, 36명의 참가자와 함께 워크숍(각 참가자들이 숨치료 1회기를 하는 주말 워크숍 또는 각 참가자가 2회기를 할 수 있는 5일 워크숍)을 진행할 수 있었다.

참가자의 수가 이 한계를 넘으면 그 집단의 모두와 개인적인 나눔을 이끌 수 없었다. 숨치료 회기는 모든 참가자와 함께 같은 시간에 (시터와 브리더가 교대로) 실행할 수 있었는데, 과정 회기를 위하여 집단은 더 작은 단위로 나뉘어야 했다. 이 지점을 넘어서면 참가자 수에 대한 제한은 숨치료 공간의 크기, 진행 중인 집단을 위한 토론실의 사용 가능성 그리고 브리더들을 지원하고 나눔 회기를 진행할 수 있는 숙련된 촉진자의 수였다. 이러한 형태를 활용하면서, 우리가 진행한 대여섯 번의 대규모 집단은 참가자가 300명이 넘었다.

2. 홀로트로픽 숨치료와 학계

준전문가 집단과 일반인 사이에서 홀로트로픽 숨치료의 인기가 증가하는데 비하여, 학계 및 주류 기관에서 일하는 임상가들 사이에서는 관심의 깊이가 그만한 수준에 이르지 않고 있다. 우리가 알기로는 오직 오스트리아, 브라질, 러시아에서만 홀로트로픽 숨치료가 공식적인 치료 양식으로 수용되어 있다. 그 이유는 쉽게 이해할 만하다. 새로운 형식의 자기탐색 및 치료의 실제와 이론 모두 현재의 치료 실제와 개념 틀에서 뚜렷이 이탈했기 때문이다. 홀로트로픽 숨치료 및 홀로트로픽 의식 상태의 작업은 대체적으로 일부 기본적 전제와 형이상학적 가정들에 대한 근원적인 변화를 요구하지만, 세상과 인간 심혼을 바라보는 전통적인 방식에 전념하는 전문가들은 그러한 변화를 만들어 갈 준비가 되어 있지 않다.

상당수의 주류 임상가에게 그들이 정신병리로 진단하고 치료하는 강렬한 정서 상태와 부수적인 신체적 증상들이 억압하거나 싹을 자르기보다는 지지해야 하는 자기치유 과정임을 수용하는 것은 쉽지 않다. 많은 전통적 심리치료자에게서 대화치료에서 체험치료로, 특히 홀로트로픽 의식 상태를 이끌어 내는 더욱 효과적인 체험치료로 이동하는 것이 어렵다는 것을 발견하였다. 보디워크와 지지적인 신체 접촉의 활용(이들은 홀로트로픽 숨치료의 지극히 유용하고 중요한 구성 요소들이다.)은 추가적인 도전 사항이 된다.

홀로트로픽 숨치료가 심리치료자들에게 보여 주는 가장 중요한 도전은 아마도 치료 개입과 치료자 역할의 본질을 재정의하는 것이다. 이것은 근본적으로 능동적 행위자라는 치료자 개념에서 이탈된다. 능동적 행위자로서의 치료자는 내담자의 문제를 지적으로 이해하려고 노력하고 거기서 적절한 개입(다른 무엇보다도 해석, 전이 분석, 침묵의 활용)을 도출해 낸다. 반면, 홀로트로픽 숨치료에서의 지도 원칙은 브리더 내면의 치유적 지능healing intelligence이고, 촉진자의 역할은 자연스럽게 펼쳐지는 과정을 지원하는 것이다. 심혼의 자기치유 잠재력을 신뢰하고 그 어떤 종류의 판단도 삼가는 능력은 홀로트로픽 의식 상태로 성공적이고 생산적인 작업을 해내기 위한 가장 중요한 필요 조건 중 하나이다.

홀로트로픽 숨치료가 치료 실행에 도입한 변화로서 동일하게 도전적인 것은 그것의 기본적인 이론적 및 형이상학적 전제 몇 가지이다. 그 첫 번째는 의식과 인간 심혼의 본질에 대한 근본적으로 다른 이해이다. 홀로트로픽 조망에서 의식과 심혼은 인간 두뇌 속의 신경생리학적 과정의 산물이자, 다른 무생물 및 비활성 물질의 부수현상이라기보다 우주(세계영혼-anima mundi)의 주요한 특성으로 간주된다. 현대 의식 연구의 다양한 수단을 통해 얻은 관찰은 의식이 인간 두뇌에서 독립적으로 작동할 수 있다는 납득할 만한 증거를 가져다주었다. 그러한 관찰은 뇌는 의식을 중재하지만 그것을 생성generate시키지는 못한다는 결론으로 이어진다(Cárdenas, Lynn, & Krippner, 2000; Grof, 2000, 2006b; Goswami, 1995; Rang & Valarino, 1998; Ring & Cooper, 1999).

홀로트로픽 상태에서의 생산적인 작업을 위하여 필요한 두 번째 주요한 이론적 개정은 현재 주류 정신의학자, 심리학자, 심리치료자(이들은 산후기, 전기傳記 및 프로이트 학파의 개인무의식에 제한되어 있다.)에 의해 활용되는 심혼 모델에 두 가지 큰 영역을 추가하는 것이다. 새로운 두 영역인 주산기와 자아초월은 인간 심혼의 이미지를 동양의 위대한 영성 철학과 다양한 원주민 문화에서 발견되는 개념과 깊이 닮아 있음을 보여 주는 것까지 확장한다. 이는 서양 학문 공동체의 구성원에게는 겸손한 깨달음이 될 터인데, 그들은 자신의 세계관과 인간 심혼에 대한 이해가 산업화 이전 사회의 그것보다 훨씬 더 우월하다고 배워 왔기 때문이다.

홀로트로픽 상태에 대한 연구에서의 관찰은 또한 정서 및 정신신체 장애(이들은 자연에서의 유기체가 아니다.)의 기원과 성질에 대한 우리의 이해를 근본적으로 바꾼다. 그 관찰은 이러한 질환들이 유아와 아동기에서 기원한 것이 아니라 심혼의 훨씬 더 깊은 수준(주산기, 산전기, 조상, 인종, 집단, 계통발생, 업보 그리고 원형적 체험 기반)까지 이른다는 것을 드러낸다. 증상의 발달은 내담자의 심혼이 이러한 다양한 심혼의 수준에 있는 트라우마 각인traumatic imprints에서 그 자신을 해방시키고자 하는 노력이자 시도로 이해될 수 있다.

이러한 조망은 현재 심각한 정신질환의 표출로 간주되는 몇몇 상태에도 적용될 수 있다. 확장된 심혼의 지도는 의식의 비일상적 상태의 무의식적인 삽화들[이들은 현재 정신증으로, 심리영적 위기psychospiritual crises(영적 응급 상황 spiritual emergencies)로 진단받고 치료받는다.]의 중요한 하위 범주를 볼 수 있게 해 주는데, 이들은 훌륭한 치유적 · 변용적 · 심지어 진화적 잠재력을 품고 있다. 홀로트로픽 숨치료 촉진자 훈련은 수많은 개인 회기, 홀로트로픽 의식 상태에 있는 자신의 동료들을 지원하는 광범위한 경험 그리고 자아초월 이론에 대한 강의를 포함하고 있기에, 인증된 촉진자들은 영적 응급 상황을 겪는 개인들을 지원할 수 있도록 잘 준비되어 있다.

치유와 변용을 위한 기회로서의 증상 개념은 또한 전통적으로 훈련받은 전문가들에게 주요한 조정adjustment을 요구하는데, 그들의 일상적인routine 치료 노력의 상당 부분이 증상의 억압에 초점을 맞추고 있기 때문이다. 현재의 임상 실행에서 증상의 경감은 임상적 개선으로, 증상의 심화는 임상 상태의 악화로 간주된다. 증상 처치treatment는 근저의 문제를 다루지 않음에도 간혹 치료therapy로 잘못 간주된다. 신체의학에는 병인적 요인을 목표로 하는 원인 치료causal therapy와 내담자를 위해 상태를 견딜 만하게 만드는 증상 치료 sympthomatic therapy 사이에 분명한 구분이 있다.

3. 홀로트로픽 조망의 유익

앞서 언급한 홀로트로픽 의식 상태의 연구에 의해 정신의학과 심리학에 소개되는 실행 및 이론에서의 변화는 근본적이고 도전적이다. 하지만 그것들을 수용하고 적용할 수 있는 사람들(그들 자신의 자기탐색과 치유든 아니면 다른 이들과의 작업에서든)은 이렇듯 광범위한 개념적 재정향conceptual reorientation에서 커다란 유익을 얻을 것이다. 그들은 정서 및 정신신체 장애(공포증, 우울증, 자살성향, 성적 역기능 및 일탈, 심인성 천식, 여타 많은 장애)의 성질과 역동에 대해 그 주산기 및 자아초월적 뿌리를 인지하게 되면서 보다 깊이 이해할 수 있다. 그들은 또한 이러한 깊은 무의식의 수준까지 사용할 수 있는 치료 기제들을 관여시킴으로써 보다 훌륭하고 빠른 치료 결과를 얻을 수 있다(Grof, 1985, 2000).

새롭게 확장된 심혼의 지도는 건강과 질병에서 인간 심혼과 관련된 근본적인 문제에 대한 매우 다른 관점들이 혼란스럽게 널려져 있는 심리치료 학계를 명료하게 해 준다. 그것은 지그문트 프로이트, 멜라니 클라인, 오토 랑크, 빌헬름 라이히, 산도르 페렌지Sandor Ferenczi, 칼 융의 관점과 자아심리학의 대표자들을 포함하여 종합하고 통합하며 그들 각자에게 의식의 포괄적인 모델 안에서 어떤 위치를 제공해 준다(Grof, 1985). 이러한 조망에서 볼 때, 이러한 학파의 각 창시자는 의식의 특정한 수준에 초점을 맞추고서 다른 것들을 경시하거나 또는 그들 자신의 특유한 관점으로 그것들을 축소시켜서 잘못 나타내었다.[2]

홀로트로픽 숨치료에는 중요한 실천적·경제적 이점이 있다. 그것은 언어치료에는 불가능한 심혼 수준에서 정서 및 정신신체 문제의 근원에 가 닿을 수 있어 무의식 자료에 접속하는 것을 크게 가속화한다는 것이다. 그것은 또한 다양한 정신신체장애(익사할 뻔한 경험이나 생물학적 출산과 연관된 것들과 같이)

----

2) 이러한 측면들에 대해서는 켄 윌버(Ken Wilber) 또한 자신의 초기작인 『의식의 스펙트럼(The Spectrum of Consciousness)』(1977)에서 지적한 바 있다.

의 근저에 있는 신체 외상의 처치(대화에 의해서는 성취될 수 없는)를 허용해 준다. 또 다른 이점은 훈련된 촉진자와 내담자 사이의 알맞은 비율이다. 홀로트로픽 숨치료는 일반적으로 집단으로 실행되는데, 여기서 8~10명의 참가자마다 훈련된 촉진자 한 명이 필요하고, 훈련되지 않은 시터가 중요한 지원을 제공할 수 있다. 아울러 우리의 경험은 시터 역할을 경험하는 많은 사람이 이 작업에 대해 상당히 큰 관심을 보이면서 촉진자 훈련에 등록하고 싶어 한다는 것이다. 따라서 이 숨치료는 자연스럽거나 유도를 통해서 홀로트로픽 상태를 경험하는 사람들을 위한 지원 체계를 급격하게 증가시킬 수 있다.

홀로트로픽 상태에 대한 연구에서 부상한 새로운 심리학의 또 다른 중요한 측면은 서양의 과학 관련 사회에서 발견되는 영성 및 종교에 대한 왜곡된 관점의 교정이다. 현대의 의식 연구는 영성이 인간 심혼과 보편적 질서의 중요한 차원이라는 것을 증명해 왔다. 샤머니즘, 원주민 문화의 신화와 의례ritual의 삶, 신비주의 그리고 세계의 위대한 종교와 같은 현상에 대한 진정한 이해는 주산기 및 자아초월의 차원을 추가하여 심혼의 지도를 확장하지 않는 한 불가능하다. 이는 우리가 자신이나 타인의 영성 경험을 이해하길 바란다면 필수적이며, 사람들이 자신의 내면 여정에서의 도전에 분투할 때 지적인 지원을 제공한다. 단지 영성의 존재가 서양과학의 기본적인 형이상학적 가정과 모순된다는 이유나, 또는 조직화한 종교에서 종종 일탈적이고 왜곡된 표현으로 발견된다는 이유로 그 어떤 종류와 형태의 영성이든 무시하고 병리화하는 것은 심각한 잘못이다.[3]

----

3) 『만들어진 신: 신은 과연 인간을 창조했는가?(The God Delusion)』(2006), 『왜 종교는 과학이 되려 하는가: 창조론이 과학이 될 수 없는 16가지 이유(Intelligent Thought)』(2006) 등의 리처드 도킨스, 『자비를 팔다: 우상파괴자 히친스의 마더 테레사 비판(The Missionary Position: Mother Teresa in Theory and Practice)』(1995), 『신은 위대하지 않다(God is Not Great)』(2007) 등의 크리스토퍼 히친스와 같은 이들이 기성 종교(표층종교)에 가하는 비판은 상당히 타당하나 영성 또는 심층종교에 대해서는 이들의 이해가 부족하다고 할 수 있겠다.

홀로트로픽의 조망은 또한 예술의 심리학 및 정신병리학에 새로운 통찰을 던져 주는데, 이들은 프로이트, 마리 보나파르트Marie Bonaparte, 오토 랑크 등에 의한 예전의 노력보다 훨씬 더 깊어서 감추어진 것을 더 많이 드러낸다(Grof, 2010). 수많은 위대한 예술 작품(소설, 그림, 영화 그리고 뮤지컬 작품)이 주는 강렬한 정서적 충격은 그 자원이 단지 작가들의 전기만이 아니라 그 심혼의 주산기 및 자아초월 영역에 있음을 인정하지 않는다면 설명할 수 없다. 창조성의 최고 형식에서 예술가는 자아초월 영역에서 직접 기원하는 영감의 채널이 된다(Harman, 1984).

4. 홀로트로픽 의식 상태와 현재의 지구적 위기

홀로트로픽 숨치료와 홀로트로픽 의식 상태를 책임 있게 사용하기 위한 여타 형식을 활용하는 체계적 자기탐색의 한 측면은 특별한 주목을 받을 만하다. 이러한 실천은 정서 및 정신신체 장애를 경감시키고 참여한 사람들의 삶을 더 편안하고 충족시켜 주는 것 이상을 수행한다. 전기, 주산기, 자아초월 자료의 처리 결과로 발생하는 세계관, 가치의 위계 그리고 삶의 전략에서 변화는 강렬한 내면 작업을 하는 사람들의 개인적 유익을 넘어서는 중요한 함축성이 있다. 이러한 변용은 공격성의 대폭 축소와 인종, 젠더, 문화, 이데올로기의 관용과 자비, 환경 민감성 그리고 지구시민이라는 감각의 발달과 관계된다.

우리는 현재 지구적인 위기가 지구상에 존재하는 모든 종種과 생명의 생존을 위협하는 것을 경험하고 있다. 마지막 분석 결과, 이 다양한 위기의 공통분모는 인류 의식진화의 수준에 있음을 알 수 있다. 그것을 보다 높은 수준으로 끌어올릴 수 있다면, 우리가 만족을 모르는 탐욕과 폭력의 성향을 길들일 수 있다면, 지금 세계에서 벌어지는 많은 문제를 경감하거나 해결할 수 있을 것이다. 앞서 언급한 변용을 겪은 사람들에게서 반복적으로 관찰되는 변화가 충분히 커다란 규모로 일어난다면 생존을 위한 기회도 크게 늘어날 것이다. 우리는 홀로트로픽 의식 상태의 잠재력과 관련된 이 책의 내용과 홀로트로픽 숨치료가, 특히 이러한 여정을 선택한 사람들과 앞으로 이 여정을 선택하려는 사람들에게 유용한 안내를 제공하기를 희망한다.

부록

부록1

홀로트로픽 숨치료 회기에서의 특별한 상황과 개입법

홀로트로픽 숨치료에서 활용되는 보디워크의 일반적인 전략을 이해하고 적용하는 것은 쉽지만, 잠시 주의를 요하는 특정 상황이 있다. 앞으로 다양한 상황과 개입 방식을 기술하겠지만, 그것들은 모두 하나의 공통분모(증상의 저변에 있는 정서 및 신체적 에너지를 심화시키고 그것들을 의식적으로 경험하면서 온전히 표현하도록 하는 것)를 지니고 있다는 것을 명심해야 한다. 이것은 상당히 특화된 정보여서 일부 일반 독자에게도 흥미가 있을 수 있겠지만, 전문가 훈련을 마치고 이를 작업에서 사용하도록 허락받은 인증된 홀로트로픽 숨치료 촉진자에게는 실제로 필요한 것이다. 우리는 추가로 타브 스팍스의 소책자 『할 것과 하지 말 것: 홀로트로픽 숨치료 촉진자 지침서Doing Not Doing: A Facilitator's Guide to Holotropic Breathwork』를 읽을 것을 강력하게 추천하는데, 이 소책자는 홀로트로픽 작업의 기본 전략을 제시하고 있으며 명쾌하고 유머러스한 문체로 쓰여서 읽기 쉽다(Sparks, 1989).

1. 질식 및 가슴 압박 경험

홀로트로픽 회기에서 아주 흔히 일어나는 일은 질식과 관련해서 목에서 조여드는 느낌을 경험하는 것이다. 그것은 호흡의 방해(익사할 뻔한 경험, 목매달기 시도, 디프테리아, 백일해, 난산과 같은)와 관련된 상황의 기억에 그 근원이 있다. 후두와 인접한 신경 및 동맥의 취약함 때문에 목을 조여서 이러한 느낌을 심화시키는 것은 불가능하다. 이러한 상황을 해결하는 아주 효과적인 방법은 브리더에게 돌돌 만 수건을 건네고 매다는 힘을 이용하여 그 수건을 있는 힘껏 비틀게 하는 것이다. 그 수건이 브리더의 상체를 가로질러 당겨지고, 그 반대 끝을 보조하는 사람(대개 시터 그리고 촉진자 또는 보조자 중 한 명)이 잡아 준다면 이 실습의 힘이 증가할 것이다. 브리더의 몸에서 충분한 거리를 두고서 잡아당겨진 수건을 붙잡는 것이 필요한데, 그렇게 함으로써 그의 목에 압력을 가하지 않게 된다.

이렇게 진행되는 동안 우리는 브리더에게 이러한 상황이 불러일으키는 그어떤 감정이나 신체 반응을 표현하라고 요청한다. 질식을 경험하는 사람은 전형적으로 오직 희생자의 역할과 동일시하면서 그 매다는 힘을 자기 인격의 내재적 부분으로 보기보다는 외부적인 것으로 지각한다. 이것은 원래 상황의 사례였지만, 숨치료 회기에서 그 기억이 떠오르는 시간에는 사실이 아니다. 이 시점까지 전체 상황은 내면화되었고 질식choking과 목졸림strangling의 경험은 브리더 자신의 인격의 다른 두 측면이다. 브리더는 묘사된 방식으로 수건을 사용하며 매다는 자와 매달리는 자 모두와 동일시를 하면서 이 사실을 인정하고 소유하게 된다.

동일한 원리가 브리더가 심한 가슴 압박과 갈비뼈 전체에 조여드는 느낌을 경험할 때 활용될 수 있다. 이러한 상황에서 압박하는 힘은 자궁 수축에 대해 내면화하고 내사된 압력이다. 그것을 알아차리고 인정하지 않게 되면 브리더는 '압박하는 자'이자 수축하는 힘의 희생자이다. 이러한 종류의 수축을 해결하는 가장 좋은 방법은 촉진자와 브리더가 매트 위에 서로 나란히 기대는 자세를 취하는 것이다. 그들은 이어서 상당한 힘을 사용하면서 서로를 꺼안고 쥔다. 이렇게 진행하는 동안 브리더는 이러한 상황에서 유발된 정서들을 완전히 표현하도록 격려받는다. 두 사람의 몸 사이에 베개나 쿠션을 놓는 것은 지나친 친밀감이나 침투감을 경험할 수도 있는 신체 근접성의 정도를 감소시켜 준다.

2. 근육 긴장 및 경련 경험

브리더의 손과 팔의 차단된 에너지(근筋강직성 경련)를 방출하는 매우 효과적인 방법은 '멕시코 팔씨름'으로 알려진 상황을 연출하는 것이다. 등을 바닥에 대고 누운 브리더에게 팔뚝을 바닥에 놓여 있는 팔꿈치에 수직으로 위치하도록 하고 신중하게 그 팔의 근육에 긴장을 증가시키도록 요청한다. 그러고 나서 촉진자는 자신의 몸을 브리더의 몸과 나란히 놓고 브리더의 손을 잡는다. 이어서 서로의 팔뚝을 바닥을 향해 밀도록 하며 힘 테스트가 이루어진다. 하지만 여기서 목적은 이기는 것이 아니라 장시간 동안 일정한 긴장을 유지하는 것이고, 그러면서 브리더는 이 상황이 유발하는 모든 정서와 신체적 느낌을 표현한다.

이따금씩 그 긴장이 몸의 그 어떤 특정 부분에도 위치하지 않고 전반적으로 느껴진다. 이러한 경우에 에너지 차단은 몸 전체와 관련이 있다. 이러한 상태는 강한 근육 긴장에서부터 고통스러운 근강직성 경련까지 다양한 강도에 이른다. 여기서 우리가 보다 빠른 호흡에 따른 단순한 생리적 반동(과호흡 증후군)이 아니라 복합적인 정신신체 반응을 다루고 있다는 것을 강조하는 것이 중요하다. 이러한 긴장의 근원은 극단적인 트라우마 상황에 관한 처리되지 않은 기억이나, 또는 더 흔히는 그와 같은 기억들이 겹을 이루는 배열(하나의 COEX 체계)이다. 이러한 트라우마 상황이 표현되지 못하고 남아 있는 커다란 양의 정서 및 신체 에너지를 발생시킨다.

몇몇 경우에는 외상화가 매우 심해서 의식이 상처를 입고 있는 몸에서 분리되어 나온다. 이때 브리더 자신이 '몸과 연결되어 있지 않다'고 보고하며 그 무엇도 느끼지 못한다. 몸에서 의식이 이렇게 해리되는 것은 죽음학 문헌에서 묘사되는 근사近死(임사臨死) 상황에서의 유체이탈 경험OBE의 원인이 되는 것과 동일한 기제인 것으로 보인다. 분리되어 나오는 것은 의식으로 하여금 고통의 경험을 피하도록 해 준다. 홀로트로픽 숨치료에서 이와 같은 몸과 의식의 분리는 '제자리로 돌아오는coming back' 과정에서 어려움을 겪는 것 그리고 회기의 연장과 관련되는 경향이 있다.

여기서 묘사하는 두 가지 상황, 즉 온전히 의식으로 경험된 몸의 근강직성 경련 그리고 몸에서 의식을 분리되도록 이끄는 근강직성 경련에서 우리가 보게 될 것은 무의식에서 올라오는 트라우마 기억과 관련된 강렬한 에너지 충전과 그것을 억제하고 떠오르는 것을 막으려는 심리적 방어 사이의 역동적 균형이다. 이러한 상황에서 조력자의 과제는 이러한 역동적 균형을 동요시키고 무의식 자료의 출현을 촉진하는 것이다.

이것을 성취하는 가장 효과적인 방법은 브리더에게 바닥에 등을 대고 누워서 두 팔의 팔꿈치를 구부리고 팔과 몸의 나머지 부분에서 긴장을 강화하도록 요청하는 것이다. 이때 브리더는 몸 전체를 강철 또는 화강암이라고 상상한다. 두 조력자는 양옆에서 브리더의 손목을 잡고서 몸의 상체를 바닥에서 60cm 정도 들어 올린다. 브리더를 위한 지침은 이러한 자세로 이 상태에 대한 자연스러운 반동을 최대한 오랫동안 어떤 판단이나 검열 없이 완전히 표현하도록 하는 것이다.

이 실습은 심리적 방어를 약화시키는 경향이 있고 체험 과정을 활기 있게 만든다. 브리더에게서 무기력이나 침체를 보는 대신 강렬한 반동, 즉 운동 활동, 정서의 유출, 커다란 외침, 기침 그리고 기타 표출을 볼 수 있다. 몸의 경직성과 감정적 결여가 강렬한 정서 및 신체 에너지 그리고 그러한 것들이 표면으로 올라오는 것을 막고자 하는 강렬한 심리적 방어 사이의 역동적 균형의 결과였음은 분명하다. 이 실습이 그러한 에너지 교착交錯을 깨뜨리고 회기가 완결되도록 촉진한다.

앞서 언급했듯이 몸에서의 의식의 해리는 브리더의 과거에 있었던 매우 고통스러운 트라우마 사건에 대한 반동이다. 그 저변의 무의식 자료(이는 이러한 상황에서 수면으로 올라온다.)는 전형적으로 극심한 신체 고통, 즉 심각한 정서적·신체적·성적 학대, 난산 그리고 생명을 위협하는 다양한 상황과 관련된 기억을 포함한다. 트라우마 기억이 의식에 떠오르고 관련된 정서가 완전히 표현되었을 때, 브리더는 전형적으로 이완의 상태에 도달하고 자신의 몸에 연결된 것을 느낀다. 우리는 종종 이러한 상황 아래에서 이런 말을 듣는다. "내 인생 처음 진정으로 내가 내 몸 속에서 살고 있는 것을 느낍니다."

3. 성기 부위, 성, 나체에서의 차단 관련 문제

차단된blocked 에너지의 위치가 성기나 항문 부위 또는 그에 인접한 부분일 때, 그 에너지의 방출과 관련되는 특정한 문제가 생겨난다. 명백한 이유로 이러한 부위의 긴장을 직접적인 수작업 압박으로는 심화시킬 수는 없다. 다행히도 매우 효과적인 대안이 있다. 우리는 브리더에게 다리를 구부려 긴장시키고 두 무릎을 꽉 붙이고 있도록 요청한다. 그러는 동안 촉진자와 시터는 그 두 다리를 뜯어 벌린다. 엉덩이에서 굴절에 대해 다른 각도로 실험하면서 브리더는 차단 영역에 있는 긴장을 강화할 수 있는 자세를 발견할 수 있다. 그러고 나서 브리더는 이러한 상황이 유발하는 모든 정서를 완전히 표현하게 된다. 이따금 반대 배열이 더 효과적인 것으로 증명될 수 있다. 여기서 브리더는 다리를 외전外轉시키려고 시도하고, 그러한 가운데 촉진자와 시터는 무릎을 함께 밀어붙인다.

이러한 형태의 보디워크는 트라우마 기억(특히 성적 학대와 관계된 기억)을 의식으로 가져오면서 매우 강렬한 정서를 불러일으킬 수 있다. 우리는 언제나 브리더들에게 이 실습의 힘을 경고하고 우리가 작업하기 전에 허락을 구한다. 우리는 또한 우리가 그들과 작업하는 모든 시간에 그 상황에 대한 모든 통제권이 그들에게 있고, 그들이 원할 때는 언제든지 "그만해 주세요."라고 이야기함으로써 이러한 절차를 중단하거나 완전히 끝낼 수 있음을 그들에게 상기시킨다. 우리가 여성들과 이 작업을 할 때, 특히 그들이 홀로트로픽 숨치료 경험이 많지 않을 때는 이 과정에서 오직 여성들만이 그들을 조력하도록 하는 것이 바람직하다. 성기 부위와 여성의 가슴을 터치하는 것은 허용되지 않으며, 브리더가 명시적으로 그것을 요구하더라도 마찬가지다. 간접적인 대안을 찾는 것은 언제나 가능하다.

에살렌 연구소에서 실시한 우리의 한 워크숍에서 어떤 젊은 여인이 우리에게 와서 조언을 구하였다. "저의 브리더가 저에게 자신의 고환을 꽉 쥐어 달라고 했어요. 선생님들은 이런 종류의 일을 하시나요?" 숙련된 촉진자는 이와 같은 일이 생길 때 상황에 개입해서 그 상황을 장악해야 하고, 적절한 비성적非性的 대안을 제공해야 한다. 촉진자들은 브리더와 시터가 우리의 권고를 어기고 있는 것을 발견하면 유사한 접근을 사용한다. 홀로트로픽 숨치료 회기에서는 상호 동의 여부와 관계없이 성적 접촉을 허용하지 않는다. 지지적인 신체 접촉은 브리더의 모성의존 욕구를 만족시키는 데 목적이 있으며, 성인의 섹슈얼리티 요소를 관여시키지 않는 것이 절대적으로 필요하다.

이따금씩 브리더가 지지적인 의존 상황을 명백히 성적인 것으로 바꾸고자 하는 시도를 할 수 있다. 이는 브리더가 남성이고 촉진자가 여성일 때 더욱 자주 일어난다. 대부분 이것은 깊은 연령 퇴행이 브리더를 자신이 어떤 여성 인물에게 고통스럽고 두려운 의존을 경험했던 초기 아동기 상황으로 데려갈 때 일어나는 것으로 보인다. 그리고 나서 의존 상황을 성인의 성적 상황으로 바꾸는 것은 심리적 방어와 회피로 기능한다. 성인의 남녀 상호작용에서는 전통적으로 남성이 지배적이기 때문이다.

이러한 상황이 발생하면 촉진자의 과제는 브리더가 그의 주의를 내면으로 집중하고, 스스로 그 트라우마가 생겼던 시기로 퇴행하여 온전히 원래의 감정을 체험하도록 격려하는 것이다. 촉진자는 치료 상황에 속하지 않는 성인의 성적 요소들을 가져오려는 시도가 역효과를 내고 브리더가 매우 깊은 수준에서 교정적이고 치유적인 체험을 할 중요한 기회를 낭비하게 될 것임을 명확하게 해 주어야 한다. 이것은 이러한 상황의 가능성에 대해 회기 전에 논의되었다면 훨씬 더 쉬워진다. 그리고 나서 촉진자는 브리더가 홀로트로픽 의식 상태에 있는 도중에 이러한 주제를 끌어들이려고 시도하기보다는 단순히 이 대화를 언급할 수 있다.

성적 행위를 홀로트로픽 숨치료와 섞는 것은 보통의 윤리적·사회적 측면에서 부적절할 뿐만 아니라, 브리더에게는 정서적으로 교묘하고 잠재적으로 위험하다. 브리더의 상당수는 깊은 연령 퇴행 속에 있고 이 상황에 대한 지각 및 그에 대한 반응은 성인의 그것이 아닌데(유아 또는 아동의 그것), 이는 퇴행의 깊이에 달려 있다. 이러한 상황 아래에서 성적 상호작용은 굉장히 침입적이고, 혼란스러우며 트라우마로 경험될 수 있다. 성적 경계를 깔끔하게 유지하는 것은 홀로트로픽 숨치료가 투명하고 공개적인 집단 분위기보다 1대1로 문이 닫힌 곳에서 이루어질 때 더욱 중요해진다.

성적 행위가 자기발정적自己發情的, autoerotic이어서 다른 사람들을 관여시키지 않을 때 상황은 약간 달라진다. 자신의 개인 내력의 다양한 시기로의 퇴행을 경험하는 브리더가 성적 느낌이나 고통스러운 감각에 반응하면서 자신의 사적인 부위를 만지는 것은 드물지 않다. 드물게 이것은 명시적인 자위의 형태를 취할 수 있다. 우리의 방침은 간섭하지 않고 그 개인을 시트sheet로 따로 가려 주는 것이다. 개인이 깊은 퇴행 속에 있을 때 그 과정에 개입하여 중단시키는 것은 상당히 교란적일 수 있다. 이러한 상황에서 그것은 또한 엄격한 부모가 개인의 자위행위를 발견하고 혹독한 벌을 내렸던 아동기 상황을 반복할 수 있기 때문이다.

우리가 숨치료에서 다루어야 할 또 다른 사항은 나체nudity이다. 회기 중 옷을 벗는 동기는 다양하다. 주산기 요소가 있는 회기에서, 브리더가 옷을 완전히 입은 채로 출산 및 죽음과 관련된 주제들을 다루는 것은 부적절하다고 느끼는 것을 반영할 수 있다. 아동기에 심한 성적 억압을 경험한 개인들에게서 옷을 벗고 나체가 됨으로써 반항과 해방의 몸짓을 나타낼 수 있다. 우리는 이러한 경우를 전직 수녀, 신부 그리고 신학교에서 여러 해를 보낸 사람들에게서 목격하였다. 또한 옷을 모두 제거하는 것은 산업 사회 속 우리의 몸이 자연의 특성에서의 소외되는 것을 극복하는 표현일 수 있다. 드문 경우로 숨치료 회기는 잠재된 것을 표현하기 위한 맥락을 제공할 수 있고, 심지어 노출증적 경향을 나타낼 수도 있다.

이러한 상황과 관련하여 가장 중요한 고려사항은 홀로트로픽 숨치료의 홍

보와 이미지에 주는 영향이다. 우리가 이 방법을 개발한 에살렌 연구소에서 참가자들이 회기 중에 자신의 옷을 벗는다 해도 그것이 그렇게 큰 문제가 되는 것은 아니었다. 에살렌은 엄청나게 뜨거운 온천으로 알려져 있었고 나체 목욕을 접목하고 있었다. 일반적으로 숨치료를 하고 나서 대부분(모두는 아니고)의 집단 참가자가 목욕을 하러 갔다. 또한 에살렌 수영장에서는 목욕 가운을 입는 것은 선택 사항이었다. 유사하게 화이트 설퍼 스프링스, 로켓 랜치, 또는 홀리호크 농장의 경우에서처럼 우리가 전용 시설을 가졌을 때, 나체는 숨치료 촉진자들의 훈련에서는 큰 관심거리가 아니었다. 깊은 정서적 과정을 나누면서 참가자들은 서로를 잘 알았고 서로 편안해했다. 뜨거운 욕조나 수영장에서 목욕 가운의 사용은 언제나 선택사항으로 고려되었지만 참가자들은 대개 나체를 선호했다.

대규모의 입문 워크숍에서는 상황이 다른데, 이는 종종 호텔에서 열리며 에살렌 거주자나 우리의 피훈련자들보다는 덜 개방적인 참가자가 많이 포함된다. 이러한 상황에서 집단의 일부 또는 호텔 관리자가 나체와 마주했을 때 심란해하거나 비위가 상할 수 있다. 아울러 우리의 경험에 따르면, 숨치료 중에 누군가가 옷을 벗었을 때 이러한 사건에 대한 생생한 묘사는 사람들이 워크숍에 대해 자신의 친구들에게 말하는 이야기와 그것에 대해 쓰인 기사에서 두드러지게 나타날 것이다. 당연히 이것은 학계와 일반 대중이 홀로트로픽 숨치료에 대해 갖는 이미지에 부정적인 영향을 끼친다.

1991년에 프랑스의 인증된 촉진자들이 자신들이 **아쿠아니마**Aquanima라고 부르는 다양한 홀로트로픽 숨치료의 프로그램을 개발했을 때 홀로트로픽 숨치료의 이미지는 도전적인 시험을 받게 되었다. 숨치료 회기 동안 브리더들은 수영장에서 등을 대고 떠다니고 파트너들이 지원하였다. 수영장의 깊이는 1.5미터 정도(모든 위치가 동일한 깊이)였고, 수영장 물은 미지근해서 체온에 가까웠다. 강력한 정서적 반동을 촉발하는 나체 및 물 환경의 잠재력은 1960년대에 할리우드 심리학자인 폴 빈드림Paul Bindrim에 의해 탐색되고 기술되었는데, 그는 나체 마라톤 집단과 자신이 아쿠아-에너제틱aqua-energetics이라 부르는 과정의 창시자였다. 급진적인 형태의 이 심리치료는 물속에서 체험 집단 작업을 하면서 나체와 수면 박탈 그리고 단식을 결합하였다.

아쿠아니마의 창시자 중 하나인 베르나데트 블린-레리Bernadette Blin-Lery는 브리지트 샤바스Brigitte Chavas와 공저한 자신의 책에서 물 요소를 홀로트로픽 숨치료 과정에 들여올 것을 강력하게 주장하였다(Blin-Lery & Chavas, 2009).

물은 우리 지구의 70% 그리고 우리 몸의 75%를 형성한다. 생명은 태고의 바다에서 시작하였고 우리는 자신의 존재를 어머니의 자궁 속 수생水生의 환경에서 시작한다. 물은 생명에게 절대적으로 불가결하다. 그 어떤 유기체도 물 없이는 존재할 수 없기 때문이다. 물은 엄청난 정화의 특성이 있는 요소인데 신체 및 생리 측면에서, 강력한 영적 상징 측면에서 그러하다.

물속에서의 작업은 퇴행을 태곳적 수준까지 촉진하는데, 계통발생 수준(원시 바다의 생명의 기원까지)과 개체발생(산전기의 양막羊膜[1]의 존재)까지 해당된다. 수영장 물이 체온까지 가열된 사실은 외부 세계와의 접촉면을 제거하고 경계의 해체와 함께함의 느낌에 도움이 된다. 워크숍 참가자들의 보고에 따르면, 물속에서의 홀로트로픽 숨치료 회기는 종종 초기의 유아의 경험, 산전기 삶의 삽화 그리고 다양한 수중 생명 형태와의 동일시를 특징적으로 보여주는 것으로 보인다. 그들 중 일부는 물을 성스러운 공간으로 경험하거나 '사랑의 바다'로 지칭하였다. 물은 또한 진정시키는 효과를 가진 것 같았고 경험을 잘 통합시키는 것을 촉진하는 것 같았다. 창시자들에 따르면 아쿠아니

....
1) 태아를 싸고 있는 반투명의 얇은 막

마는 공수병恐水病(물에 대한 병리적 공포로서 수영을 배울 수 없음)으로 고통받는 사람들을 치료하는 데 특히 효과적인 방법이다.

블린-레리와 샤바스는 또한 그들의 책에서 아쿠아니마 회기에서 선택적 나체의 이점을 다루었다. 그들은 나체가 비합리적인 사회적 금기에서 참가자들을 해방시키고, 그들의 발달 단계에 필요했지만 오래되어서 유용성을 상실한 불필요한 심리적 방어기제를 광범위하게 제거한다고 강조하였다. 우리 모두 세상에 벌거벗은 채로 왔기에 나체는 초기 유아기와 주산기 및 산전기까지의 퇴행을 촉진한다. 다른 이들에게 있는 그대로 보이고 받아들여지는 것과 다른 이들의 벗은 몸을 보는 것(양쪽 젠더, 다양한 나이 그리고 신체적인 유형을 그들의 모든 불완전성과 함께)은 참가자의 자기수용을 크게 향상시킬 수 있다. 성적 접촉의 엄격한 금지는 실제로 이러한 상황을 놀라울 정도로 안전하게 만들어 준다.

아쿠아니마는 20~24명의 참가자들로 구성된 집단에서 4~5명의 촉진자와 함께 실시되었다. 참가자들은 '마른dry' 홀로트로픽 숨치료[2]에서의 2인 1조보다는 3인 1조로 작업하고, 브리더는 두 명의 동료에게서 지원을 받았다. 그것은 몇 가지 흥미로운 요소를 과정에 소개하는데, 이는 오이디푸스 주제의 출현을 촉진하고 그 점과 관련하여 트라우마 경험이 있는 사람들에게 교정적인 체험을 제공하는 것이다. 이러한 배치는 삼각관계(형제간 경쟁과 질투 문제)와 관련된 몇 가지 다른 주제를 촉진할 수 있다. 이것은 '마른' 홀로트로픽 숨치료에서 이중의 보조double-sitting[3]가 필요한 홀수 참가자 집단에 이따금씩 일어나는 상황과 동일하다.

---

2) 즉, 수영장 물이 없이 하는 일반적인 홀로트로픽 숨치료를 가리킨다.
3) 한 명의 시터가 두 명의 브리더를 돌봐야 하는 상황을 말한다.

앞서 언급된 모든 요소가 아쿠아니마를 매우 흥미로운 심리치료 실험으로 만든다. 불행히도, 언론과 비평가들은 이러한 형태의 작업에 대해 좀처럼 성숙하고 객관적이지 못하였고 나아가 선정적이고 비도덕적인 태도를 취해 버리고 말았다. 따라서 프랑스 홀로트로픽 숨치료 촉진자들의 이러한 흥미로운 혁신의 어두운 측면은 홀로트로픽 숨치료의 대중적 이미지에 역효과를 낳았다. 이러한 형식의 작업을 다루는 신문과 잡지의 기사들은 숨치료의 효과성과 변용적인 힘보다는 나체에 더 초점을 맞추는 경향이 있었다.

4. 과활동적이고, 괴상하고, 공격적인 행동

촉진자와 시터에게 가장 힘든 도전 중 하나는 지나치게 활동적이어서 다른 브리더의 공간을 침범할 위험이 있는 브리더들을 담아내는contain 것이다. 이러한 상황에서 회기가 시작한다면 조력자들의 과제는 과활동적인overactive 브리더들이 다른 동료의 과정을 방해하지 않도록, 그들 자신과 타인을 해치지 않도록 예방하는 것이다. 이 작업을 베개, 여분의 매트 그리고 자신의 몸을 활용해서 할 수 있다. 지나치게 원기왕성하거나 흥분한 브리더를 담는 특히 효과적인 방법은 그들을 커다란 담요 위에 올려놓고서 각 모서리를 꼭 붙잡고 들어 올려 요람을 만드는 것이다.

이 기법은 열광적인 행위의 극단적 형태까지도 통제하게 해 준다. 괴상한 행동의 가장 거친 표현은 호흡 곤란과 관계된 상황의 재생에 가장 자주 연관된다. 여기에는 익사할 뻔한 경험, 이질적 물체의 흡입, 아동기 디프테리아 그리고 난산이 포함된다. 그들은 공포에 휩싸이면서 식별력을 잃고, 공기를 마시기 위해 필사적으로 분투하며, 주변을 무질서하게 걷어차고 때린다. 이 것은 그들이 워크숍 또는 치료 상황에 있다는 자각의 상실과 연관되어 있을 수 있다. 그래서 이러한 상황하에서 그들은 실제로 자신의 조력자를 자신의 생명을 위협하는 적으로 지각할 수도 있다.

공격적인 사람들과 작업하는 기본 규칙은 브리더의 분노 목표와 동일시되지 않는 것이고, 그들의 광포한 감정을 표현하도록 도와주는 친구로서 지각되도록 하는 것이다. 때로는 이러한 작업의 과정에서 브리더가 우리를 적으로 오인할 수 있다. 따라서 이러한 일이 벌어지는 것을 방지하기 위해서는 다음과 같은 질문을 함으로써 우리의 역할이 조력자임을 재확인하는 것이 필요할 수도 있다. "지금 어떠신가요?" "이것이 도움이 되고 있나요?" "어느 정도 안심이 되나요?" 조력자 역할이 브리더에게 명쾌하지 않다면 훈련된 내면 작업은 위험한 싸움으로 변할 수 있다.

브리더들이 매트나 베개로 통제하기 힘든 광란의 행위를 표출하지만 완전히 제정신이고 협력적이라면, 우리는 또 다른 아주 효과적인 대안을 시도할 수 있다. 우리는 그들에게 얼굴을 매트에 대고 엎드리게 하고 나서 우리의 손으로 또는 몸무게를 사용하여 내리눌러서 그들의 요추 부위를 안정 및 고정시킨다. 우리는 그들이 몸의 다른 부위에 대한 통제를 완전히 중단하고서 자연스럽게 떠오르는 그 어떤 신체적 움직임과 정서들도 완전히 표현하도록 격려한다. 브리더가 협력하고자 한다면, 우리는 시터와 촉진자가 공격적인 사람들(현재의 조력자들보다 훨씬 더 힘이 강한 사람을 포함해서)과 작업할 수 있는 또 다른 유용한 전략을 사용할 수 있다. 이러한 형태의 작업에서 브리더는 팔다리를 벌린 자세로 눕고 조력자 둘이서 이 사람의 상박上膊[4]을 가로질러 눕고서 그의

....
4) 팔꿈치에서 어깨까지의 사이. 상완(上腕). 위팔

어깨를 고정시키는 방식으로 나란히 자세를 취한다. 이 브리더는 이어서 모든 통제를 중단하고 자연스럽게 떠오르는 모든 감정 및 신체 표출을 자유롭게 표현하도록 격려받는다. 브리더는 이제 그 누구도 해치지 않거나 그 무엇도 파괴하지 않고 그 분노를 완전히 폭발시킬 수 있다. 이러한 방식으로 브리더는 조력자들을 압도하는 비상한 힘을 유도해 내야 할 것이다. 우리의 경험으로는 딱히 강건하지 않은 여성들도 이렇게 담아내는 접근을 사용하여 힘이 센 남자들과 작업할 수 있었다.

이따금 공격적인 충동이 브리더 자신을 향하여 자기파괴적 행동으로 이어질 수 있다. 예를 들면, 자기 몸의 여러 부분을 주먹으로 치기, 머리를 바닥이나 벽에 부딪히기, 자신의 목을 노출하여 위험한 모퉁이에 그리고 위험하게 회전하는 것에 대고 누르기, 자신의 목을 옥죄기, 또는 자신의 눈을 손가락으로 찌르기 등이 있다. 특히 이것은 그들 개인의 내력의 흐름 속에서 분노를 표현하는 게 수용되거나 허용되지 않는다는 것을 명시적 또는 암묵적으로 훈육받아 와서 분노를 내면화해 온 사람들에게 일어나는 것으로 보인다. 언제든 브리더들이 자해로 부상을 입을 수 있는 방식으로 행동할 때는 촉진자가 개입해서 그들을 보호해야 한다.

자기파괴적인 행동들은 대개 의식하지 못한 무의식적 게슈탈트[5]의 일부인 감각들을 브리더가 외면화하고 두드러지게 하려는 노력을 반영한다. 그 위험한 특성에도 불구하고 그것들은 본질적으로 자기치유 충동의 표현이다.

이러한 상황에서 촉진자의 전략은 이러한 역동에 대한 이해를 반영하는 것이다. 그것은 브리더들이 구하고 있는 자극을 제공하고 안전하고 효과적인 방식으로 근저의 감각을 증대시키도록 돕는 것으로 구성된다. 예를 들어, 브

---

5) 전체, 형태.

리더가 상처를 입히려고 시도하는 몸의 부위 또는 머리의 일부에 압박을 가하거나, 눈에 가까운 안와眼窩의 뼈에 안전한 압박 지점을 찾거나, 잠재적으로 위험한 자세에 노출시키지 않으면서 목의 특정 부위에 압박을 가한다. 이러한 개입의 위치와 특성은 자기파괴적인 행위들을 모방하면서도 그것의 유해성 없는 대안이 된다.

5. 악마적 에너지와 작업하기

홀로트로픽 숨치료에서 촉진자의 궁극적 도전은 명확하게 악마적인 demonic 성질을 지닌 에너지의 표출을 경험하는 브리더의 과정을 지원하는 것이다. 그것은 대개 혹독한 정서 및 신체 학대의 기억 또는 대단한 난산과 같이 죽음의 영역까지 데려갔던 트라우마의 기억을 재생하는 것과 연관되어 있다. 브리더의 정서 및 신체 표현이 강렬해지면서 갑자기 심대한 질적 변화를 겪게 된다. 이런 것이 일어날 수 있는 첫 징후는 브리더의 표정 및 목소리가 변하는 것으로, 그것들은 이상해지고 무시무시해서 기분이 나빠진다. 그들의 목소리는 깊으면서 성마르고, 눈은 형언할 수 없이 사악한 표정을 띠며, '악evil의 가면'이 그들의 얼굴을 가두고, 경련성 수축은 그들의 손을 마수처럼 보이게 하며, 몸 전체가 긴장한다.

주관적으로 브리더는 자신의 내면에서 불길하고 사악하게 느껴지는 이질적인 어두운 에너지를 경험한다. 그것은 또한 자신만의 분명한 성격을 지니는 것으로 여겨지거나 시각적으로 보일 수도 있다. 이러한 상황에서 브리더들은 대개 자신이 이러한 존재를 품고 있음을 인정하기 어렵다는 것을 알아차리게 되는데, 그들 자신이 조력자들에 의해 악으로 간주될 것을 두려워하기 때문이다. 우리는 시터와 경험이 적은 촉진자들이 강한 도덕적 심판, 그들 자신의 형이상학적 두려움, 또는 그 둘 모두 때문에 악마적 에너지를 표출하는 브리더에게서 철수하는 경향을 반복적으로 목격하였다.

우리가 악마적 에너지를 다루고 있다는 것이 이해가 되면 우리가 그것에 대한 작업을 편안하게 느낀다는 것, 그런 작업에 대해 충분한 경험이 있다는 것을 브리더에게 다시 확인 및 안심시켜 준다. 이러한 상황에서 일반적인 전략은 브리더가 그러한 이질적 에너지를 얼굴 찡그림, 소리, 몸의 움직임으로 완전히 표현하도록 격려하는 것이다. 우리는 그것을 다음과 같이 권유한다. "우리에게 그게 어떤 모습인지 보여 주세요! 우리에게 그게 어떻게 소리 내는지 보여 주세요! 그것을 모두, 정말로 충분히 모두 당신의 몸 전체로 표현해 보세요!"

이러한 작업을 통해 방출된 정서 및 신체 에너지는 놀라운 강렬함에 이를 수 있다. 브리더는 자신의 평소 근력을 훨씬 넘어서는 신체적 힘을 일으킬 수 있다. 이 진기한 현상은 또한 전기충격(요법)의 적용 이후에, 또는 자연스럽게 발생하는 뇌전증 전신발작 동안 관찰될 수 있다. 하지만 악마적 에너지는 뇌전증 전신발작에서처럼 전형적이거나 기계적이지 않으며, 재주가 많고 영리하며 목표지향적인 방식으로 행동한다. 그것의 행동은 사악하고 공격적이다. 아울러 브리더의 조력자를 목표로 삼거나 브리더 자신에게 적대적이다.

이러한 상황을 효과적으로 통제할 유일한 방법은 앞서 언급한 팔다리를 벌리는 배열을 활용하는 것이다. 이러한 전략을 사용하는 것은 '빙의된possessed' 브리더의 손과 손톱이 종종 조력자의 등을 할퀴고, 꼬집고, 또 다른 방식으로 피부를 다치게 하기 때문에 복잡해질 수 있다. 이러한 일이 일어나는 것을 방지하기 위하여 더 많은 사람이 필요할 수도 있다. 이와 같은 상황에 대비하기 위하여 숨치료 회기에서 우리가 '바닥 덮기cover the floor'라고 부르는 것을 도와줄 사람들을 대기시킬 수 있다. 이런 측면에서 훈련 중인 도제들은 매우 귀중하다.

이렇게 악한evil 에너지의 행동은 음험하고 사악하며 또한 교활하다. 분노 폭발 이후에 그것은 종종 조용해지고 아무 일도 일어나지 않는 것처럼 보일 수 있다. 조력자들이 경계태세를 늦추고 브리더에 대한 압박을 해제하면, 그의 손이 갑자기 조력자의 눈을 향해 급습하고는 한다. 우리는 이것이 이 에너지의 성질이라는 것을 인식하고 그에 따라 접근해야 한다. 브리더로 하여금 그 에너지가 장악하는 것을 허용하도록 격려하면, 그것은 자율적이 되어서 우리가 작업하고 있는 사람에게서 협력이나 도움을 기대할 수 없다. 실제로 이따금 우리와 좋은 관계를 유지했던 사람들도 이렇게 경고를 한다. "좋아요, 전 통제를 포기하겠어요. 하지만 당신 자신의 힘만으로 해야 될 거예요. 조심하세요, 그건 비열하거든요!"

악마적 에너지와 작업하는 것이 어려울 수 있지만 충분히 해 볼 가치가 있다. 우리는 실행 과정에서 악한 존재에게서 해방됨으로써 주관적으로 경험하는, 외관상 구마의식과 비슷한 몇몇 삽화에서 가장 심원한 치유와 변용의 결과가 나타나는 것을 수년 동안 목격해 왔다. 이러한 현상은 홀로트로픽 숨치료 촉진자들의 훈련 동안 특히 주의를 기울일 가치가 있다. 그들은 숨치료 회기의 과정에서 일어나는 그 어떤 다른 표출에서와 마찬가지로, 악마적 에너지를 평온함, 평정심과 함께 도덕적 심판 없이 직면할 수 있도록 충분한 이론적 이해 그리고 충분한 실행 경험을 가져야 한다.

6. 지나친 자기통제 및 놓아주지 못함

자기통제의 포기surrendering 및 놓아주기letting go라는 생각은 많은 이에게 상당히 도전적일 수 있다. 통제를 포기하는 것의 두려움의 정도는 전형적으로 떠오르려고 시도하고 있는 무의식 자료의 성질 그리고 그것과 연관되어 있는 정서 및 신체 에너지의 강렬함을 반영한다. 무의식의 힘과 심리적 방어 체계 사이의 긴장이 강렬하다면, 개인은 통제의 상실이 단지 숨치료 회기에서의 일시적 삽화가 아니고 매일의 삶으로 연장되는 영구적인 조건이 될 것을 두려워할 수 있다.

통제 상실loss of control의 두려움은 전형적으로 무의식 에너지가 장악한다면 무슨 일이 일어날지에 대한 환상과 연관이 있다. 많은 사람이 무슨 일이 계속해서 일어날지에 대하여 예기하는 특정한 두려움을 갖고 있다. 일부는 공격적인 에너지의 폭발과 '미친 듯이 날뛰는running amok(타인에 대한 무차별적인 폭력적 공격)' 결과를 초래하는 상상을 한다. 대안적인 환상은 파괴적이기보다는 자기파괴적인 성질로서 생명을 위협하는 폭력 충동과 관계된다. 다른 것들에는 무차별적인 성적 행동화(스스로 노출하기, 문란해지는 것, 또는 상궤를 벗어난 섹스 형태의 탐닉과 같은 것들)에 대한 두려움이 있다. 이러한 공격적이면서 성적인 충동의 근원은 종종 세 번째 주산기 모형(BPM III)이다.

놓아주기의 두려움이 홀로트로픽 숨치료에서의 주제가 될 때, 첫 단계는 브리더를 설득하여 그것과 연관된 환상을 무효화하도록 하는 것이다. 실제적으로, 일시적인 통제 상실이 이끄는 곳은 (그것이 보호받는 환경에서 전문가의 도움을 받아 벌어진다는 것을 생각하면서) 브리더가 기대하고 두려워하는 것의 정확히 반대에 있다. 놓아주기에 대한 두려움을 일으켰던 무의식 자료와 연관된 에너지들은 풀려나서 그 체계를 떠날 것이기 때문에, 브리더는 이제 진정으로 통제할 수 있을 것이다. 그가 무의식의 요소가 떠오르는 것을 방지할 수 있어서가 아니라 이런 것들이 심혼 속에서 역동적인 힘으로 존재하기를 멈추었기 때문이다.

브리더가 이러한 과정의 본질을 이해하고 기꺼이 놓아준다면, 그것은 외적인 담아 주기를 제공하는 것을 도와준다. 에너지들이 외적인 통제 아래 있다는 생각은 브리더에게 포기의 과정을 덜 무섭게 해 준다. 굉장한 에너지들에 의해 장악된 브리더를 담아 주는 효과적인 기법(팔다리를 벌린 배열, 담요 요람의 사용, 그리고 몸의 중간 부분을 안정화하기)은 앞서 기술하였다(323쪽). 이러한 상황 아래에서 통제를 포기하고 무조건적으로 놓아주는 것은 놀랄 만한 치유와 변용으로 이끌 수 있는 매우 해방적인 체험이 될 수 있다.

7. 욕지기 및 구토 경향과 작업하기

혐오스럽거나 구역질나는 상황 또는 마취(아이 출산 시의 사용을 포함)와 연관된 의료 개입 기억의 재생은 강렬한 욕지기nausea라는 느낌을 초래할 수 있다. 이러한 문제를 작업하는 최고의 방법은 브리더들에게 그들이 팬터마임의 배우이고 그들의 임무는 그들이 어떻게 느끼는지를 말하지 않고 표현하기(그저 얼굴 찡그림, 움직임, 개그 그리고 소리로)라고 상상하도록 요청하는 것이다. 연기와 과장으로 시작하는 이 과정은 매우 빠르게 심원해지고 진정성 있으며 종종 구토를 통해 깨끗이 비우는 것으로 이끈다. 촉진자들은 그릇 또는 비닐봉지로 브리더의 구토를 도우면서 욕지기가 없어질 때까지 그가 계속하도록 격려한다. 이러한 형태의 게워 내기는 종종 심한 수준의 막연한 불안의 느낌들을 단시간에 깊은 안심과 이완으로 변화시킬 수 있다.

8. 회기에서 기립 및 춤추기

준비의 일부로서 우리는 워크숍 및 훈련 과정의 브리더들에게 회기 내내 누워 있는 자세로 머물도록 요청한다. 수직적 자세를 유지하면서 중심을 잡는 것은 브리더의 주의를 내면의 과정에서 다른 데로 돌리게 하는 경향이 있는데, 특히 매트, 베개, 담요가 가득하고 브리더 사이의 공간이 거의 없는 환경에서 그러하다. 일반적으로 기립, 특히 깡충 뛰기와 춤추기는 또한 다른 브리더들에게 위험이 될 수 있다는 이유로 권장되지 않는다. 또한 누워 있는 자세는 무릎을 꿇거나 서는 것이 아직 가능하지 않았던 초기 유아기로의 퇴행을 촉진한다.

다만, 눕는 자세를 떠나서 기립 또는 춤추기가 매우 적절하고 과정의 의미 있는 특정한 일부 상황이 있다. 그것은 새로 발견된 몸의 자유, 춤출 수 있는 능력의 발견, 오랫동안 지속했던 우울증을 깨고 나온 삶의 찬미, 또는 스스로 자립해서 설 수 있는 독립과 능력을 확인하는 표현일 수 있다. 이러한 상황에서 조력자는 브리더가 넘어져서 다른 브리더의 공간을 침범하지 않도록 그의 주변에 서서 환경을 안전하게 유지해야 한다.

9. 생물학적 출산 기억의 재생

브리더가 그들의 생물학적 출산의 기억을 재생하고 있을 때 외부 개입 및 지원이 많이 필요할 수 있다. 적절한 또는 필요한 행동의 범위는 매우 넓고 시시각각의 상황, 경험, 직관에 의해 안내된다. 태어나려고 분투하는 많은 사람은 바닥에서 힘을 써 가면서 앞으로 나아가려는 경향이 있는데, 베개를 사용해서 멈추거나 그들에게 주어진 공간 내에서 그들이 원을 그리며 움직이는 방식에 숙련되도록 조치해야 한다.

때때로 브리더들은 저항에 대항하여 자신의 머리를 밀어붙여야 하거나, 자기 몸의 다양한 부분에 보디워크를 받아서 정서의 표현, 목소리 내기, 또는 기침을 촉진해야 한다. 많은 에너지가 다리와 하반신에 막혀 있다면, 두 명의 조력자가 브리더의 몸에 자신들의 몸을 나란히 하여 요람을 만들고, 서로 마주 보면서 그들의 팔로 브리더의 목 아래와 구부린 다리의 무릎 아래에서 맞잡는다면 매우 유용할 수 있다. 그 브리더는 이어서 이러한 제한에 대항하여 밀어붙이면서 이러한 상황이 불러일으키는 그 어떤 느낌이든 모두 표현하도록 권장된다.

출산을 재생하는 브리더가 머리를 젖히면서 뒤로 구부린다면, 이것은 그 과정이 마지막 단계에 이르고 있음을 가리킨다. 그것은 태아의 두개골의 기부基部, base가 어머니의 치골에 기대면서 회음會陰[6] 밑에 태아의 얼굴이 위치하는 상황을 반영한다. 이것은 전형적으로 생물학적 자료의 다양한 형태를 조우하는 것을 의미하기에, 우리는 종종 브리더가 얼굴을 찡그리고, 무언가를 뱉고, 자신의 얼굴에서 어떤 상상의 물질을 닦아 내는 시도를 보게 된다. 여기서 한쪽 손바닥으로 브리더의 얼굴 위로 이마에서 뺨까지 천천히 미끄러지게 하고 다른 손으로 브리더의 두개골 기부에 압력을 가해 주는 것은 매우 도움이 될 수도 있다. 이는 출산 과정의 완성을 훨씬 촉진할 수 있다.

....
6) 사람의 음부와 항문과의 사이

홀 로 트 로 픽 숨 치 료

　우리의 강의와 워크숍에서 사람들은 종종 토론 시간 동안 홀로트로픽 숨치료를 특징짓는 것이 무엇인지, 그리고 호흡과 함께 작업하는 여타의 접근과는 어떻게 구분되는지 묻는다. 다양한 호흡 기법은 샤머니즘, 원주민 의식, 다양한 종교 및 영성 집단의 수행의 맥락에서 보면 아주 오랜 옛날부터 사용되어 왔다. 그것들은 또한 20세기의 흐름 속에 개발된 많은 치료법에서 중요한 부분을 형성하였다. 그러한 치료를 일부 언급하자면, 요하네스 슐츠Johannes Schultz의 자율훈련법autogenic training, 다양한 신 라이히 접근법(알렉산더 로웬Alexander Lowen의 바이오에너제틱스bioenergetics, 존 피에라코스John Pierrakos의 핵심 에너지 치료core energy therapy, 그리고 찰스 켈리Charles Kelley의 근원 치료radixtherapy), 레오나르드 오르Leonard Orr의 재탄생rebirthing, 그리고 게이Gay와 캐슬린 헨드릭스Kathleen Hendricks의 광휘 숨치료radiance breathwork가 있다.

　이러한 여타 호흡 수련처럼, 홀로트로픽 숨치료는 숨을 사용해서 정신신체적인 자기탐색과 치유의 과정을 이끌어 내지만, 각각의 초점과 강조점이 다르다. 앞서 언급한 접근의 수련자들과 달리 우리는 회기 중에 사용되어야 하는 호흡 방식에 대해 특정한 안내를 하지 않는다(빠른 호흡과 호흡의 멈춤을 교대로 사용한다, 폐의 끝에서부터 숨을 쉰다, 얕고 부드러운 '도마뱀 숨'을 한다, 깊은 요가 숨을 사용한다, 오른쪽과 왼쪽의 콧구멍으로 교대로 들이쉬고 내쉰다 등). 한동안 빠르게 연결되는 숨을 쉰 다음에 우리는 그들의 숨이 그들 내면의 치유적인 지성의 안내받는 것을 허용하고 숨으로 작업하는 그들 자신의 독특한 스타일을 개발하도록 격려한다.

홀로트로픽 숨치료는 다양한 영성 체계와 체험적 심리치료의 현대 형태에 의해 사용되는 접근들과 구분되는 여타 특징이 몇 가지 있다. 첫 번째는 주의 깊게 선정된 강력한 환기적인 음악의 사용인데, 다양한 영성 전통, 원주민 문화 그리고 고전 및 현대 작곡가들에게서 가져온 것들이다. 이는 홀로트로픽 숨치료의 본질적인 부분이고 촉진자들은 많은 시간과 노력을 기울여서 가장 효과적이고 적절한 음악 작품들을 찾아내어 회기의 다양한 단계에서 활용한다. 우리가 숨치료를 실행하는 두 번째 독특한 방식은 브리더와 시터의 역할을 교대로 하는 참가자들로 짝을 이루어 작업하는 것이다. 우리는 또한 독특한 방식의 에너지 방출 보디워크를 개발하였는데, 이는 다른 숨치료 기법들에서는 쓰이지 않는다. 진행 집단의 실행 방식과 만다라의 활용은 홀로트로픽 숨치료의 또 다른 특성이다.

하지만 홀로트로픽 숨치료를 여타의 호흡 기법과 그 무엇보다도 구분해 주는 것은 홀로트로픽 의식 상태에 대한 수십 년 동안의 연구에 기초를 두고서, 자아초월심리학과 과학의 새로운 패러다임에 닻을 내리고 있는 포괄적인 이론적 틀이다(Grof, 1985, 2000). 다른 모든 점에서 매우 논쟁적인 영역에 상당한 정도의 지적 엄격성을 기울이려는 시도들은 홀로트로픽 숨치료를 학문적인 훈련을 받은 개방적인 전문가들이 받아들일 수 있도록 만들어 주었다. 이는 레오나르드 오르Leonard Orr의 재탄생과 홀로트로픽 숨치료를 구분해 준다. 특히 이 두 방법 간의 유사점과 차이점에 대한 문의는 토론에서 제기되는 가장 빈번한 질문에 속한다.

재탄생의 실행은 의문의 여지없이 자기탐색과 치료의 매우 강력하고 효과적인 형태이다. 하지만 레오나르드 오르의 이론적 추론들은 보다 단순하며, 그의 치료 전문용어가 전문가 집단에서 포용될 가능성은 거의 없다. 이는 그의 유명한 '삶의 다섯 가지 중요한 것Five Biggies in Life'으로 묘사될 수 있는데 여기서 그는 ① 출산 트라우마, ② 특정한 부정적 생각 구조들, ③ 부모의 불인정disapproval 증후군, ④ 무의식적 죽음 충동, ⑤ 다른 삶에서 받은 영향과 같이 설명한다. 숨치료 회기 참가자들은 확실히 이러한 다섯 가지 주제 모두와 조우하게 되지만, 가슴 아프게도 이 목록은 불완전하고 포괄적인 개념 틀로서 거의 고려될 수 없다. 재탄생은 그것이 가진 강력하고 효과적인 치유 도구로 인해 많은 전문가를 매혹시켜 왔다. 하지만 이것은 레오나르드 오르의 정신의학으로의 탈선 때문이기보다는 그 탈선에도 불구하고 일어난 것이다.

결론적으로 다양한 호흡 기법이 공통적으로 지닌 것은 그들 사이의 차이점보다 더욱 중요하다. 태고 이래로 숨은 생명에 필수적인 몸의 기능일 뿐만 아니라 물리적 세상(공기)을 인간의 몸, 심혼 그리고 영과 연결해 주는 것으로 보인다. 인간의 의식儀式과 영적인 삶에서의 중요한 도구로서 그것이 지닌 대단한 잠재력은 다양한 치유 수행과 아울러 수많은 나라, 문화, 역사적 시기에 반복적으로 시험되어 온 것이다.

홀 로 트 로 픽 숨 치 료

부록3

스타니슬라프
그로프
박사의 전기

스타니슬라프 그로프 박사(의학 · 철학 박사)는 60년 이상의 비일상적 의식 상태 연구 경험을 가진 정신과 의사로, 자아초월심리학의 창시자이며 이 분야의 최고 이론가 중 한 명이다. 그는 체코슬로바키아의 프라하에서 태어났고, 그곳에서 찰스 대학교 의과대학에서 석사학위를, 체코슬로바키아 과학아카데미에서 박사학위(의학 · 철학 박사)를 받았다. 그는 또한 버몬트주 벌링턴에 있는 버몬트 대학교, 캘리포니아주 팔로 알토에 있는 자아초월심리학 연구소, 태국 방콕에 있는 세계 불교 대학교로부터 명예박사학위를 받았다. 2018년에는 캘리포니아주 샌프란시스코에 있는 통합연구기관California Institute of Integral Studies: CIIS에서 심현제 치료 및 치유예술 명예박사학위를 받았다.

그로프 박사가 초기에 실시한 심현제 물질의 임상적 이용 연구는 프라하의 정신과학연구소에서 이루어졌는데, 그곳에서 그는 LSD와 다른 심현제 물질의 발견적 · 치료적 잠재력을 체계적으로 탐구한 프로그램의 주임 연구원이 되었다. 1967년에는 미국 코네티컷주 뉴헤이븐의 정신건강의학연구재단으로부터 연구비를 받았고, 메릴랜드주 볼티모어의 존스홉킨스 대학교와 스프링 그로브 병원 연구소에 임상 및 선임연구원으로 초빙되었다.

그로프 박사는 1969년 존스홉킨스 대학교 정신건강의학과 조교수가 되어 메릴랜드 캐턴스빌에 있는 메릴랜드 정신과학연구소에서 정신과학연구실장으로 연구를 계속했으며, 1973년에는 지금은 고인인 부인 크리스티나 그로프Christina Grof와 함께 캘리포니아 빅서의 에살렌 연구소에 상주 학자로 초빙되었다. 그들이 여기서 개발한 홀로트로픽 숨치료는 현재 세계적으로 사용되고 있는 체험적 심리치료의 혁신적인 형태이다.

그로프 박사는 국제자아초월협회(ITA)의 창립자로 수십 년 동안 회장으로 재직했다. 1993년에는 캘리포니아 아실로마에서 열린 제25주년 기념 학술대회를 계기로 자아초월심리학 협회(ATP)로부터 자아초월심리학 분야에 대한 주요 공헌과 발전에 대한 공로로 명예상을 받았다. 2007년에는 체코슬로바키아 프라하에서 바츨라프와 다그마르 하벨 재단The Václav and Dagmar Havel Foundation으로부터 권위 있는 VISION 97 평생 공로상을 받았다. 2010년에는 이 분야에 중추적인 공헌을 한 데 대해 APPAH(산전기 및 주산기 심리학과 건강을 위한 협회Association for Pre- and Perinatal Psychology and Health)로부터 토마스 R. 버니Thomas R. Verny 상도 받았다. 그는 또한 메트로 골드윈 메이어사의 공상과학 영화 〈브레인스톰〉과 20세기 폭스사의 공상과학 영화 〈밀레니엄〉에서 특수효과 자문으로 초빙되었다.

그로프 박사의 출판물 중에는 전문 저널에 160편 이상의 논문과 『LSD: 신성으로 가는 관문』 『뇌를 넘어』 『LSD 심리치료』 『코스믹 게임』[1] 『미래의 심리학』 『궁극의 여정』 『불가능한 일이 일어날 때』[2] 『죽음에 관한 책』[3] 『우리의

....
1) 『코스믹 게임』 혹은 『초월의식 2』, 김우종 역, 정신세계사.
2) 『환각과 우연을 넘어서』 혹은 『초월의식』, 유기천 역, 정신세계사.
3) 『죽음이란』, 장석만 역, 평단.

가장 깊은 상처를 치유하는 것』『현대 의식 연구와 예술에 대한 이해』『죽음을 넘어』『자신을 향한 맹렬한 탐구』『영적 응급』 그리고 『홀로트로픽 숨치료』[4] (마지막 네 권은 크리스티나 그로프와의 공저이다.) 등의 책이 있다.

이 책들은 영어, 독일어, 프랑스어, 이탈리아어, 스페인어, 포르투갈어, 네덜란드어, 스웨덴어, 덴마크어, 러시아어, 우크라이나어, 슬로베니아어, 루마니아어, 체코어, 폴란드어, 불가리아어, 헝가리어, 라트비아어, 그리스어, 한국어, 일본어, 중국어로 총 22개 언어로 출간되었다.

2016년 4월부터 브리지트 그로프와 행복한 결혼 생활을 하고 있다. 그들은 독일과 캘리포니아에서 함께 살고 있으며 전 세계적으로 세미나와 홀로트로픽 숨치료 워크숍을 진행하고 함께 의식의 내면과 외부 세계를 여행한다.

2019년 8월, 그의 생애의 백과사전인 『심혼탐구자의 길』이 출간되었고 그의 삶과 일에 대한 다큐멘터리 영화 〈심혼탐구자의 길-스탠 그로프와 의식의 여정〉을 개봉했다.

2020년 5월 그는 아내 브리지트 그로프와 함께 국제 그로프® 레거시 훈련 (www.grof-legacy-training.com)이라는 홀로트로픽 의식 상태를 대상으로 작업하는 새로운 수련을 시작했다.[5]

그의 웹사이트는 www.stanislavgrof.com이다.

현재 국내 워크숍과 훈련에 관한 정보는 groupcouns@gmail.com 또는 www.holotropic.kr과 www.트숨.kr에 문의할 수 있다.

---

4) 『홀로트로픽 숨치료』 김명권 외 공역, 학지사.
5) 그로프는 더 이상 Grof Transpersonal Training(GTT) 기관과는 관련이 없다.

홀 로 트 로 픽 숨 치 료

『심혼탐구자의 길』은 인간의 심혼과 영적 탐구에 대해 저술된 가장 중요한 책 중 하나이다. 이 새로운 이해는 알버트 호프만이 '인간 심혼의 현미경과 망원경'이라고 부른 LSD와 다른 심현제 물질을 발견한 덕분에 가능해졌다. 이 종합적인 작품은 심리학, 심리치료, 홀로트로픽 숨치료, 심혼의 지도, 출생, 섹스, 죽음, 자아초월적 체험, 심리영적 죽음과 재탄생, 윤회, 업보, 신비적 상태, 원형, 영적 위기, 예술, 예술가 그리고 더 높은 창의성의 세계를 꿰뚫는 역작이다. 비록 80대 후반에 쓰여졌지만 심혼탐구자는 아마도 그로프의 가장 큰 공헌일 것이다. 압도적인 폭과 깊이의 지식은 놀랍고, 글의 어조는 쉽고 접근하기 쉬우며, 흥미진진한 개인적인 이야기와 재미있는 일화, 그리고 멋진 사례 연구로 글이 빛난다. 그로프는 심층심리치료의 역사, 그것을 보다 효과적으로 만들기 위해 필요한 중요한 개정, 왜 내면의 탐구가 그토록 필수적인 활동인지를 검토한다. 심현제의 도움을 받는 심리치료의 아버지 중 한 사람이자 가장 경험이 많은 치료자로서, 노벨 의학상을 받을 자격이 충분한 그는 자기탐구와 치유에 있어서 새롭고 광범위한 패러다임을 성공적으로 드러냈다. 이 책에 실린 광대하고 유용한 지식은 모든 진지한 탐구자에게 분명 귀중하고 소중한 자료가 될 것이다.

『영적 응급: 개인적 변용이 위기가 될 때

(Spiritual Emergency: When Personal Transformation Becomes a Crisis)』

스타니슬라프 그로프, 크리스티나 그로프 편

스타니슬라프와 크리스티나 그로프의 혁명적 명제를 지지하는 저명한 영적 교사와 의식 연구자들의 논문 모음집이다. 현재 심각한 정신질환의 발현으로 진단되고 증상을 억제하는 정신약물로 처치되는 비일상적인 의식 상태에 관한 많은 수의 자발적 에피소드는 실제로는 심리영적 변용 과정에서의 어려운 단계이다. 제대로 이해하고 지지한다면 이들은 긍정적인 치료적, 변용적, 발견적 그리고 심지어 혁명적 잠재력을 가질 수 있다.

이 책의 다른 기여자로는 로베르토 아사지올리, 람 다스, 잭 콘필드, 존 페리, R.D. 랭, 리산넬라 등이 있다.

『맹렬한 자아 탐색: 변용적 위기를 통한 개인적 성장의 길잡이

(The Stormy Search for the Self: A Guide to Personal Growth through

Transformational Crisis)』

크리스티나 그로프와 스타니슬라프 그로프 공저

이 혁명적이고 기존의 패러다임을 깨는 책에서 그로프 부부는 현재 정신증 혹은 이와 유사한 다른 형태나 정신질환으로 진단되는 많은 조건이 실제로 '영적 출현'이거나 긍정적인 성격 변화와 영적 열림의 어려운 단계라고 주장한다. 이러한 심리영적 위기는 일상적으로 정신과적 질환으로 분류되고 증상을 억제하는 약물치료와 입원에 의해 무분별하게 처치된다. 그러나 이들을 올바르게 이해하고 지지한다면 이러한 심오한 변용적 상태는 정서적·정신신체적 치유와 의미 있는 심리적·영적 성장을 초래할 수 있다. 라틴어 'emergere'에서 온 '영적 응급' = '발현하기 위해'는 스타니슬라프와 크리스티나 그로프가 만든 용어로, 이 과정의 애매한 성격을 반영하는 말에 관한 놀이이다. 그것은 위기의 요소뿐만 아니라 발현할 수 있는 기회와 보다 높은 수준의 심리적 기능과 영적 인식으로 상승할 수 있는 기회를 제시한다.

『미래의 심리학: 현대 의식 연구로부터 나온 교훈들

(Psychology of the Future: Lessons from Modern Consciousness Research)』

스타니슬라프 그로프 저

이것은 그로프가 수십 년 동안 의식 연구를 하면서 발견한 것들에 관한 가장 포괄적인 책이다. 그것은 독자들에게 정신의학과 심리학 분야에 대한 그의 독창적이고 풍부한 기여, 특히 의식의 중심 개념인 홀로트로픽 상태(그리스의 홀로스=whole trepo/trepein=움직이는 것)와 응축경험 체계(COEX 시스템) 및 주산기 기본 모형Basic Perinatal Matrices: BPM를 소개한다. 이 책의 많은 장에서는 같은 주제에 대한 그로프의 책 내용을 요약해서 제시한다.

『코스믹 게임[1]: 인간 의식의 미개척 영역에 관한 탐구
(The Cosmic Game: Explorations of the Frontiers of Human Consciousnes)』

스타니슬라프 그로프 저

코스믹 게임은 인간의 본성과 현실의 본질에 관한 그로프의 연구에서 나온 가장 넓은 철학적·형이상학적·영적 통찰에 관해 논한다. 그것은 태곳적부터 인간이 그들의 존재의 본질에 대해 물어본 가장 근본적인 질문들을 다룬다. 의식의 비일상적인 상태에 대한 연구로부터 얻은 통찰은 시간, 공간, 선형적 인과, 그리고 모든 종류의 극성 등을 초월하는 우주 창조 원리의 놀라운 유희로 존재를 묘사하고 있으며, 가장 먼 곳에 있는 각 개인의 심혼은 신성과 동일하다고 시사한다. 신성과 함께하는 인간의 이러한 정체성은 모든 위대한 영적 전통의 핵심에 놓인 궁극적인 신비이다.

『인간 생존과 의식의 진화
(Human Survival and Consciousness Evolution)』

스타니슬라프 그로프 편

정신과 의사, 심리학자, 철학자, 영적 교사 및 미국 우주 비행사가 작성한 독특한 기사 모음으로 현재 글로벌 위기의 본질과 자아초월적 관점에서의 완화 가능성을 다룬다. 이 위기의 많은 증상은 인간 종족의 의식 진화 단계라는 하나의 공통분모를 가지고 있는 것 같다. 호모 사피엔스의 이 위기와 생

---

1) 김우종 역, 정신세계사. (현재는 『초월의식 2』로 개정됨)

존 그리고 이 행성의 삶에 관한 해결은 인류의 대규모 내적 변화 없이는 불가능할 수도 있다.

『의식 혁명[2]: 대서양 횡단 대화

(The Consciousness Revolution: A Transatlantic Dialogue)』

어빈 라즐로Ervin Laszlo, 스타니슬라프 그로프, 피터 러셀Peter Russell 공저

의식 혁명은 세계 평화의 기회, 사회의 변화방식 그리고 우리가 스스로 할 수 있는 변화에 관한 서양 사상의 첨단에 있는 세 선구자의 성찰을 반영하고 있다. 그들은 이 과정에서 예술, 과학, 교육, 목표와 가치, 세계관, 종교, 영성의 역할을 고려한다. 우리가 직면하고 있는 세계적 위기의 모든 주요 증상의 근원이 되는 핵심 문제는 우리 종족의 의식 상태로 보인다. 그것의 해결은 인류의 심오한 내적 변용 이상을 요구할 것이다.

이 책에서는 개인 차원에서 그러한 근본적인 내적 변화를 가능하게 하는 방법을 논의한다. 이 변화가 충분히 큰 규모로 실현될 수 있는지 그리고 그것을 달성하기에 충분한 시간이 있는지 여부는 여전히 열린 질문이다.

켄 윌버Ken Wilber는 이 책에 대해 다음과 같이 언급한다. "의식 혁명은 우리 시대의 가장 훌륭한 세 명의 지성 사이의 특별한 토론이며, 이것은 의견교환이 활기차고, 포용에 동정심이 많고, 우리의 양심과 의식을 일깨워 달라는 명료한 요청에 있어서 훌륭하다."

....

2) 『의식혁명-문명 전환을 위한 우주적 성찰과 내면의 도약』 어빈 라즐로, 스타니슬라프 그로프, 피터 러셀 공저, 이택광 역, 경희대학교 출판문화원, 2016.

『현대 의식 연구와 예술의 이해

(Modern Consciousness Research and the Understanding of Art)』

스타니슬라프 그로프 저

스타니슬라프 그로프는 20~21세기 의식 연구의 선구자 중 한 사람으로, 보다 성숙하고 계몽된 종을 향한 우리 인류 진화에서 예술의 중요성을 이해하는 데 앞장서 왔다. 그의 저서에서, 그는 확대된 인간 심혼에 관한 지도제작이 어떻게 프로이트적 접근법보다 예술과 예술가의 심리에 대한 훨씬 더 깊은 통찰력을 제공하는지를 보여 준다. 그는 스위스의 천재 H. R. 기거Hans Ruedi Giger의 예술에서 비할 데 없는 능력으로 이것을 증명한다.

academia.edu에서 인용구를 포함한 상세한 서평을 볼 수 있다.

『H. R. 기거와 20세기 시대정신

(HR GIGER and the Zeitgeist of the Twentieth Century)』

스타니슬라프 그로프 저

스타니슬라프 그로프가 스위스 환상적 현실주의자 H. R. 기거(영화 〈에일리언〉의 세트와 생물 디자인 부문 아카데미상 수상자)에 대해 2개 국어(영어/독일어)로 저술된 책은 기거의 수십 년 동안의 의식 연구를 바탕으로 기거의 삶과 업적을 심현제, 홀로트로픽 숨치료 및 '영적 응급'에 입각하여 분석한 것이다.

이 책은 무엇보다도 인간 심혼에 있어서 주산기 및 자아초월 영역의 존재와 엄청난 중요성을 보여 준다.

–옥토퍼스지Octopus Magazine에 실린 서평

『우리의 가장 깊은 상처 치유: 홀로트로픽 패러다임 시프트

(Healing Our Deepest Wounds: The Holotropic Paradigm Shift)』

스타니슬라프 그로프 저

스타니슬라프 그로프 박사가 쓴 이 책은 전례 없는 통합이며, 그의 평생의 연구와 우리가 그토록 절실히 필요로 하는 개인과 집단적 치유에 그 작업을 적용하는 데 초점을 맞추고 있다. 그의 논문들의 대표적인 선정은 그로프 박사가 프라하의 바츨라프와 다그마르 하벨 재단the Vaclav and Dagmar Havel Foundation으로부터 권위 있는 VISION 97 상을 받은 기념식을 계기로 이루어졌다.

킨들 에디션:『우리의 가장 깊은 상처 치유: 홀로트로픽 패러다임의 변화』

『홀로트로픽 숨치료[3]: 자기탐구와 치료에 대한 새로운 접근법

(Holotropic Breathwork: A New Approach to Self-Exploration and Therapy)』

스타니슬라프 그로프, 크리스티나 그로프 공저

스타니슬라프와 크리스티나 그로프가 쓴 이 책은 자기탐구와 치료의 이 강력한 혁신적 방법의 이론과 실천에 대한 가장 포괄적인 설명을 제공한다.

"스타니슬라프 그로프는 의식의 과학적 이해에 있어서 가장 중요한 선구자 중의 한 사람이다. 그와 그의 아내 크리스티나는 홀로트로픽 숨치료 작업을 통해 지적 이해와 경험적 이해에 모두 기여했다. 자기탐구와 치료에 대한 이 새로운 접근법에 대한 그들의 책은 반드시 읽어야 할 책이다."

–디팍 초프라Deepak Chopra.

....
3) 이 책

『신체의 재창조, 영혼의 부활, 새로운 당신을 만드는 방법』의 저자

킨틀 에디션:『홀로트로픽 숨치료: 자기탐구와 치료에 대한 새로운 접근법』

(자아초월 및 인본주의 심리학의 SUNY 시리즈)

『고대의 지혜와 현대과학[4])

(Ancient Wisdom and Modern Science)』

스타니슬라프 그로프 편

이 책은 1982년 인도 봄베이에서 열린 국제자아초월협회(ITA) 총회에서 많은 발표자의 논문을 엮은 책으로 스와미 묵타난다Muktananda, 마더 테레사, 베데 그리피스Bede Griffiths 신부, 잭 콘필드, 아지트 무커지Ajit mookerjee, 프리쵭 카프라, 루퍼트 쉘드레이크, 칼 프리브람Karl Pribram, 조지프 칠튼 퍼스Joseph Chilton Pearce, 준 싱어June Singer, 세실 E. 버니Cecil E. Burney, 알리스Alyce M. 그리고 엘머 E. 그린 Elmer E. Green과 클라우디오 나란조Claudio Naranjo 등의 발표를 담았다.

....
4) 『고대의 지혜와 현대과학의 융합』. 정인석 역, 나노미디어.

『죽음을 넘어: 의식의 문
(Beyond Death: The Gates of Consciousness)』

크리스티나 그로프, 스타니슬라프 그로프 공저

이것은 템스 앤 허드슨 출판사가 출간한 예술과 상상력 시리즈의 고품질 페이퍼백이다. 죽음과 영혼의 사후 여정과 재탄생을 주제로 한 고대와 현대미술의 158개 이미지와 다양한 색채 이미지를 담고 있다. 본문은 그로프 부부가 심현제 물질과 다양한 비약물 수단으로 유도된 비일상적 의식 상태에 대한 연구에 비추어 이러한 이미지의 의미를 부여한다.

『뇌를 넘어: 심리치료에서의 탄생, 죽음, 그리고 초월
(Beyond the Brain: Birth, Death, and Transcendence in Psychotherapy)』

스타니슬라프 그로프 저

심현제 물질과 다양한 비약물적 수단으로 유도된 비일상적 의식 상태에 관한 수십 년의 연구를 바탕에 두고 기존의 패러다임을 깨는 이 책은 현대 정신의학과 심리학에 대한 많은 기본적인 가정에 의문을 제기하며 이러한 학문적 사고의 급진적인 수정을 요구한다.

『죽은자에 관한 책: 삶과 죽음을 위한 매뉴얼

(Books of the Dead: Manuals for Living and Dying)』

스타니슬라프 그로프 저

죽어 감의 기술과 영혼의 사후 여정에 대해서는 많은 문화권에서 묘사되어 왔으며, 지금도 묘사되고 있다. '죽기 전에 죽는 것', 즉 죽음을 실천하는 것은 단지 죽음의 순간에 두려움을 극복하고 도움을 주기 위해서가 아니라, 삶의 질을 변화시키기 위해 역사를 통해 추구되었다. 그로프는 이 책에서 소위 『죽은 자에 관한 책』 중 가장 인상적이고 중요한 몇 권을 꼽는다. 고대 이집트의 장례 서적, 티베트의 바르도 퇴돌, 쌍둥이 영웅과 날개 돋친 뱀 Plumed Serpent의 죽음과 부활에 대한 마야와 아스텍의 신화, 즉 케찰코아틀 Quetzalcoatl, 유럽으로부터 영혼의 여정에 대한 기독교적 환상과 죽음의 무도 舞蹈, danses macabres[5], 티베트의 수행을 회상시키는 인간의 타락상이 나타난다. 『죽은 자에 관한 책』은 우리 각자가 언젠가는 횡단하게 될 영역의 지도와 보편적으로 관련이 있다.

---

5) 인생무상을 상징한다.

『LSD: 신성으로 가는 관문: 인간의 무의식에 관한 획기적인 심현제 연구

(LSD: Doorway to the Numinous: The Ground-breaking Psychedelic

Research into Realms of the Human Unconscious)』

스타니슬라프 그로프 저

1975년에 처음 출판되었다. 이 책은 뉴턴 물리학에서 20세기 '개념적 격변'에 버금가는 '현재의 과학 세계관의 급진적 수정'을 야기하는 심현제 연구를 예견하고 있다. 그로프는 여전히 그 견해를 고수하고 있는 것 같다.

킨들 에디션:『LSD:신성으로 가는 관문: 인간의 무의식에 관한 획기적인 심현제 연구』

『LSD 심리치료: 심현제 의학의 치유잠재력

(LSD Psychotherapy: The Healing Potential of Psychedelic Medicine)』

스타니슬라프 그로프 저, 알버트 호프만 서론

이 풍부하게 삽화가 추가된 새 판은 LSD 심리치료의 이론과 실천에 관한 가장 포괄적인 논문을 나타낸다. 그것은 심현제를 효과적으로 이용하려면 인간 심혼의 지도제작의 광대한 확대, 정서적·정신신체적 장애의 깊은 뿌리에 관한 이해, 심혼의 자기치유 잠재력의 인식 등 주류 정신의학과 심리학의 일부 기본적 가정의 급진적인 수정 그리고 사물의 보편적 계획의 필수적인 차원으로서의 영성의 수용이 필요하다는 설득력 있는 증거를 보여 준다.

"내가 LSD의 아버지라면 스타니슬라프 그로프는 대부이다. 내 문제아이의 발전을 위해 그만큼 기여한 사람은 없다." 알버트 호프만, LSD-25의 최초 발견자.

『자기발견의 모험(The Adventure of Self-Discovery)』

스타니슬라프 그로프 저

자기탐구와 심리치료에 대한 새로운 혁명적 접근을 제공하는 책이다. 수십 년 동안의 의식 연구로부터 도출된 그로프의 이론을 통한 체험적 여정으로서, 자기 자신과 환자의 많은 비일상적 의식 상태에서의 체험을 잘 보여 준다.

『홀로트로픽 마음(The Holotropic Mind)』

스타니슬라프 그로프, 할 지나 베넷Hal Zina Bennett 공저

그로프 박사가 수십 년간의 연구에서 심현제, 다양한 비약물적 방법 그리고 자연적으로 발생하는 의식의 비일상적 상태에 대한 관찰과 체험을 종합적으로 요약한 것이다. 명확하고 이해하기 쉬운 문체로 쓰여졌다.

킨들 에디션:『홀로트로픽 마음: 인간 의식의 세 가지 수준과 그들이 우리의 삶을 어떻게 형성하는가에 관한 연구』

『궁극의 여정: 의식 연구와 죽음의 신비
(The Ultimate Journey: Consciousness Research and the Mystery of Death)』

스타니슬라프 그로프 저

이 책에서 그로프 박사는 죽음과 죽어 감에 관한 반세기 동안의 의식 연구로부터 얻은 그의 관찰과 체험을 요약한다. 그는 샤머니즘, 통과의례, 죽음과

재탄생의 고대의 신비, 세계의 위대한 종교 그리고 모든 시대의 신비한 전통에 관한 혁명적인 새로운 통찰력을 제공한다. 책의 약 3분의 1은 그로프 박사가 메릴랜드 정신과학연구센터에서 동료들과 함께 진행한 말기암 환자들의 심현제 치료 연구의 선구적인 논의에 전념하고 있다.

이 책의 부록에는 로라 헉슬리Laura Huxley의 책 『영원한 순간』에서 LSD-25의 섭취로 인해 평안해진 남편 헉슬리Huxley의 죽음을 묘사하는 구절이 수록되어 있다.

『불가능한 일이 일어날 때: 비일상적 현실에서의 모험

(When the Impossible Happens: Adventures in Non-ordinary Reality)』[6]

스타니슬라프 그로프 저

그로프 박사가 50년 넘게 고전 정신의학과 심리학에서는 알려지지 않은 미지의 바다에 대해 조사해 온 매혹적인 자전적 이야기이다. 물질주의 과학의 세계관이 옳다면 불가능할 그의 경험과 통찰을 거쳐 엄선한 내용을 담고 있다. 그것은 독자들에게 우리 존재의 바로 그 구조에 대해 의문을 갖게 할 것이다. 렌 버틀러Renn Butler의 리뷰를 읽으라.

킨들 에디션: 『불가능한 일이 일어날 때』

....

6) 『환각과 우연을 넘어서』(혹은 『초월의식』), 유기천 역, 정신세계사.

『진정한 왕: 영적 동화(True King: A Spiritual Fairy Tale)』

브리지트 그로프Brigitte Grof 저 | 스타니슬라프 그로프 역

진정한 왕은 내면의 길에 있는 사람들을 위한 영적인 동화이자 사랑 이야기이다. 문제와 씨름하며 영웅의 여정에 휘말리는 왕의 모험을 묘사하고 있는데, 이 여정으로 마침내 사랑을 찾고 지혜롭고 계몽된 사람으로 변모한다. 이책은 분명하고 이해하기 쉬운 문체로 쓰여 있어, 아직 깊은 심리영적 의미를이해하기 어려워하는 어린이도 흥미롭게 읽을 수 있다. 작가 자신의 몽환적인 삽화가 곁들여진 이야기는 독자들을 마음과 영혼의 내면으로 인도한다.

브리지트 그로프Brigitte Grof는 심리학자, 면허 있는 심리치료자, 30년 이상의 홀로트로픽 숨치료와 비일상적 의식 상태의 체험을 가진 예술가이다. 그녀의 작품은 그녀 자신의 심현제 및 홀로트로픽 체험과 토착 문화의 샤머니즘 예술에서 영감을 받았다. 현재 그녀는 독일 비즈바덴에서 개인 치료에 종사하고 있으며 홀로트로픽 숨치료 워크숍과 수련회를 진행한다. 2016년 4월부터 그녀의 책을 번역한 스타니슬라프 그로프와 행복한 결혼생활을 하고 있다. 그들은 독일과 캘리포니아에서 함께 살고 있으며, 내적 · 외적 세계를 함께 여행하고 있다.

웹사이트: holotropes-atmen.de.

『릴리빗의 꿈(Lillibit's Dream)』

멜로디 설리번Melody Sullivan 저 | 스타니슬라프 그로프 그림

이 작은 책은 나비로의 변신을 통해 죽음과 재탄생을 경험하며 꿈을 이루는 작은 애벌레 영웅의 여정을 묘사하고 있다. 그녀의 이야기는 인생의 도전

과 개인적 변용을 비유한 것이다.

릴리빗의 꿈은 큰 꿈과 심오한 변화의 진심 어린 여행으로, 어린이와 어른 모두에게 어필할 것이 분명하다. 쉽고 매혹적인 언어와 매력적이고 활기찬 삽화를 통해, 작가 멜로디 설리번과 삽화가 스타니슬라프 그로프가 독자들에게 삶의 전환과 개인 변용의 기적에 대한 아름다운 비유를 들려준다.

삽화가 스타니슬라프 그로프는 큰 꿈과 심오한 변화를 통해 가슴 아픈 여행을 그린 어린이 그림책 『릴리빗의 꿈』을 읽는다. 매력적인 언어와 활기찬 삽화는 수용, 인내, 믿음의 선물을 묘사한다.

『위태로운 착륙: 하와이에서의 사랑, 죽음, 용서
(The Eggshell Landing: Love, Death, and Forgiveness in Hawaii)』

크리스티나 그로프 저

크리스티나 그로프는 2014년 6월 15일에 너무 빨리 우리 곁을 떠났다. 하지만 우리는 그녀가 죽기 직전에 완성하여 출판한 이 회고록을 가지고 있다. 『위태로운 착륙』은 우리를 하와이의 따뜻한 바람과 꽃으로 인도한다. 그곳에서 크리스티나는 그녀의 어머니와 의붓아버지에 밑에서 자랐다. 그녀의 어린 시절에는 많은 기쁨이 있었지만, 어두운 비밀과 지속적인 고통도 있었다. 지금 그녀를 학대했던 의붓아버지는 흑색종으로 죽어 가고 있다. 죽어 가는 의붓아버지에 대한 크리스티나의 체험은 당신을 놀라게 할 것이고, 아마도 용서에 대한 당신의 태도를 바꿀 것이다.

『전체성Wholeness에 대한 갈증: 애착, 중독, 영적 경로

(The Thirst for Wholeness: Attachment, Addiction, and the Spiritual Path)』

크리스티나 그로프 저

스위스 정신과 의사 칼 구스타프 융은 중독자의 욕구를 '전체성Wholeness에 대한 갈증'이라고 표현하며 알코올 중독 치료에서 영적 경험의 중요성을 강조했고, 이것을 유명한 공식인 '영성에 대항하는 술Spiritus contra Spiritum'이라고 표현했다. 자아초월심리학 운동의 선구자인 크리스티나 그로프는 그 갈망의 핵심인 영적 정체성에 대한 갈망과 진정한 자아를 알고자 하는 갈망에서 문제를 탐구하기 위해 자신의 영적 여정과 중독 체험에 대해 기술했다

크리스티나 그로프는 에살렌에서 한 달 동안 열린 세미나 및 두 개의 자아초월 컨퍼런스(Esalen, OR, Atlanta, GHA)에서 신비로운 추구, 애착, 중독이라는 제목으로 영감을 제공했다. 이것은 웰브 스텝 프로그램Welve Step Programs의 실질적인 효능과 이론을 영성을 정당화하는 자아초월심리학과 결합한 종합적인 치료 프로그램을 만들려는 시도였다.

<자기발견의 모험(The Adventure of Self Discovery)>

스타니슬라프 그로프, 엘긴Elgin 프로덕션 제작

이 다큐멘터리는 스탠의 50년 동안의 놀라운 의식 연구 경력을 추적한다. 심현제에 대한 초기 연구에서부터 자아초월 운동의 탄생과 홀로트로픽 숨치료에 이르기까지 스탠의 놀라운 여정에 대해 알아본다. 하이라이트는 그로프의 첫 번째 심현제 체험과 그것이 그의 삶과 경력에 미치는 영향, 상주 학자로

서 에살렌 연구소에서 보낸 나날, 비일상적인 상태에 대한 통찰력과 치유와 변용의 잠재력 등이다. 스탠, 그의 아내이자 동료인 크리스티나 그로프, UCI 연구원 의학박사 찰스 그로브Charles Grob와의 인터뷰와 친구, 동료, 저명한 교사들과 선구자들과 함께 평생 동안 찍은 기록 사진들이 포함되어 있다.

『인간의 무의식 영역: LSD 연구의 관측치

(Realms of the Human Unconscious: Observations from LSD Research)』

스타니슬라프 그로프 편

인간의 무의식에 대한 확대된 지도제작 분석에 바탕을 둔 급진적인 새로운 심리학의 토대를 마련하는 선구적이고 혁명적인 책이다. 심현제 약물에 대한 평생의 연구로 유명한 그로프 박사는 환자와 연구 주제에서 LSD에 의해 촉발된 놀라울 만큼 다양한 체험으로부터 포괄적이고 도움이 되는 틀을 구축한다. 뇌에 대한 현재의 연구와 의식의 확장 방법은 1979년에 처음 출판된 이 중요한 책에게 근본적이면서도 신비로운 인간의 잠재력을 던져 주는 새로운 중요성을 부여하고 있다. 그로프의 인간 심혼 이론은 개인적인 것을 초월하고 우리의 내면적 자아에 대한 더 큰 이해를 위한 길을 열어 준다.

킨들 에디션:『LSD: 신성으로 가는 출입구: 인간의 무의식에 관한 획기적인 심현제 연구』

<죽음과 재탄생의 차원>

스타니슬라프 그로프, 휴 린 케이시Hugh Lynn Cayce, 레이너 C. 존슨Raynor C. Johnson

연구와 깨달음 협회의 부활절 학술회의(1976)의 강연.

<코스믹 게임(The Cosmic Game)>

'허용된 생각Thinking Allowed' 비디오 컬렉션

스타니슬라프 그로프 박사는 심현제나 특정 호흡 운동을 통해 변화된 '홀로트로픽' 상태에 있는 사람들의 체험을 사실상 고전적인 신비적 경험과는 구별할 수 없다고 주장한다. 그는 그러한 의식의 상태에서 함양된 세계관은 인간 심혼의 깊이와 현실 그 자체에 대해 많은 것을 말해 준다고 주장한다.

<홀로트로픽 숨치료: 크리스티나와 의학박사 스타니슬라프 그로프의 대화

(Holotropic Breathwork: A conversation with Christina and Stanislav Grof, MD)>

영상

치유와 영적 실천을 위해 비일상적 상태를 사용하는 것의 기법과 효과에 대해 그로프 부부와 함께 안락의자에서 토론한다. 상영 시간은 약 45분.

<비일상적인 의식 상태의 치유 가능성
(Healing Potential of Non-Ordinary States of Consciousness)>

영상

이 DVD는 스타니슬라프 그로프 박사의 수십 년간의 연구를 통한 심현제, 다양한 비약물적 방법, 자연 발생의 비일상적 상태로부터의 관측치와 체험에 관한 안락의자에서의 대화를 담고 있다.

<자기발견의 모험(The Adventure of Self-Discovery)>

'허용된 생각Thinking Allowed' 비디오 컬렉션

대담자: 제프리 미쉬러브Jeffrey Mishlove

개인의 행동과 인성의 기원은 무엇인가? 스타니슬라프 그로프는 개인이 출생 트라우마의 측면에 고정되는 응축경험 체계COEX system를 가지고 있다고 제안한다. 이 프로그램의 제1부에서, 그는 출생 과정의 네 가지 다른 기본 단계를 설명하고, 그것들이 인생의 후반기에 발달한 태도와 어떻게 관련되는지 보여 준다. 제2부에서는 심현제 약물을 사용한 초기 연구의 결과물로서 치료에 대한 그의 '홀로트로픽' 접근법의 개발에 대해 논한다.

참고 문헌

Alexander, F. (1950). *Psychosomatic* Medicine. New York: W. W. Norton.

Aristotle. (2006). *Poetics.* Translated by Joe Sachs. Newbury Port, MA: Focus Philosophical Library, Pullins Press.

Bindrim, P. (1968). A Report on a Nude Marathon. *Psychotherapy: Research and Practice, 5*(3), 180-188, Fall.

Bindrim, P. (1969). Nudity as a Quick Grab for Intimacy in Group Therapy. *Psychology Today, 3*(1), 24–28, June.

Blanck, G., & Blanck, R. (1974). *Ego Psychology I: Theory and Practice.* New York: Columbia University Press.

Blanck G., & Blanck, R. (1979). *Ego Psychology II.* New York: Columbia University Press.

Blin-Lery, B., & Chavas, B. (2009). *Guérir l'ego, révéler l'être: le défi des thérapies transpersonnelles.* Paris: Edition Trédaniel.

Bohm, D. (1980). *Wholeness and the Implicate Order.* London: Routledge and Kegan Paul.

Browne, I. (1990). Psychological Trauma, or Unexperienced Experience. *Re-Vision Journal, 12*(4), 21–34.

Bubeev, Y. A., & Kozlov. (2001a). Experimental Psychophysiological and Neurophysiological Study of Intensive Breathing. In *Holotropic Breathwork: Theory, Practice, Researches, Clinical Applications*(V. Maykov & V. Kozlov, Eds.).

Moscow: Publications of the Institute of Transpersonal Psychology.

Bubeev, Y. A., & Kozlov. (2001b). Experimental Studies of the Influence of Intensive Breathing on an Individual and Group. In *Holotropic Breathwork: Theory, Practice, Researches, Clinical Applications* (V. Maykov & V. Kozlov, Eds.). Moscow: Publications of the Institute of Transpersonal Psychology.

Cannon, W. B. (1932). *The Wisdom of the Body*. New York: Norton.

Capra, F. (1975). *The Tao of Physics*. Berkeley, CA: Shambhala Publications.

Cárdenas, E., Lynn, S. J., & Krippner, S. (Eds.). (2000). *Varieties of Anomalous Experience: Examining the Scientific Evidence*. Washington, DC: American Psychological Association.

Cassoux, M., & Cubley, S. (1995). *Life, Paint, and Passion: Reclaiming the Magic of Spontaneous Expression*. New York: Putnam.

Christie, R. V. (1935). Some Types of Respiration in Neuroses. *Quarterly Journal of Medicine*, *16*, 427–432.

Cohen, S. (1965). LSD and the Anguish of Dying. *Harper's Magazine*, 231, 69.

Corbin, H. (2000). Mundus Imaginalis, Or the Imaginary and the Imaginal. *In Working with Images*, Edited by B. Sells. Woodstock, CT: Spring Publications, 2000. 71–89.

Dante, A. (1990). *Il Convivio*. Translated by R. H. Lansing. New York: Garland.

Dunbar, H. F. (1954). *Emotions and Bodily Changes*. New York: Columbia University Press.

Evans-Wentz, W. E. (1957). *The Tibetan Book of the Dead*. London: Oxford University Press.

Fenichel, O. (1945). *Psychoanalytic Theory of Neurosis*. New York: W. W. Norton.

Foerster, H. von. (1965). Memory without a Record. *In The Anatomy of Memory*. Edited by D. P. Kimble. Palo Alto, CA: Science and Behavior Books.

Franz, M.-L. von. (1997). *Alchemical Active Imagination*. New York: C. G. Jung

Foundation Books.

Freud, S. (1953). *The Interpretation of Dreams*. London: The Hogarth Press and the Institute of Psycho-Analysis, Vol. IV.

Freud, S. (1955a). *Totem and Taboo*. London: The Hogarth Press and the Institute of Psycho-Analysis, Vol. XIII.

Freud, S. (1955b). *Group Psychology and the Analysis of the Ego*. London: The Hogarth Press and the Institute of Psycho-Analysis, Vol. XVIII.

Freud, S. (1957a). *Dostoevsky and Parricide*. London: The Hogarth Press and the Institute of Psycho-Analysis, Vol. XI.

Freud, S. (1957b). *Leonardo da Vinci and a Memory of His Childhood*. London: The Hogarth Press and the Institute of Psycho-Analysis, Vol. XI.

Freud, S. (1960a). *The Psychopathology of Everyday Life*. London: The Hogarth Press and the Institute of Psycho-Analysis, Vol. VI.

Freud, S. (1960b). *Jokes and Their Relation to the Unconscious*. London: The Hogarth Press and the Institute of Psycho-Analysis, Vol. VIII.

Freud, S. (1962). *Three Essays on the Theory of Sexuality*. New York: Basic Books.

Freud, S. (1964a). *Future of an Illusion*. London: The Hogarth Press and the Institute of Psycho-Analysis, Vol. XXI.

Freud, S. (1964b). *Civilization and Its Discontents*. London: The Hogarth Press and the Institute of Psychoanalysis, Vol. XXI.

Freud, S., & Breuer, J. (1936). *Studies in Hysteria*. New York: Nervous and Mental Diseases.

Fried, R. (1982). *The Hyperventilation Syndrome: Research and Clinical Treatment*. Baltimore: Johns Hopkins University Press.

Friedman, M., & Rosenman, R. H. (1974). *Type A Behavior and Your Heart*. New York: Knopf.

Frost, S. B. (2001). *Soul Collage*. Santa Cruz, CA: Hanford Mead Publishers.

Goldberg, G. J. (1958). Psychiatric Aspects of Hyperventilation. *South African Medical Journal*, 32, 447–449.

Goldman, D. (1952). The Effect of Rhythmic Auditory Stimulation on the Human Electroencephalogram. *EEG and Clinical Neurophysiology*, 4, 370.

Goswami, A. (1995). *The Self-Aware Universe: How Consciousness Creates the Material World*. Los Angeles: J. P. Tarcher.

Grof, C., & Grof, S. (1990). *The Stormy Search for the Self: A Guide to Personal Growth Through Transformational Crises*. Los Angeles, CA: J. P. Tarcher.

Grof, S. (1975). *Realms of the Human Unconscious: Observations from LSD Research*. New York: Viking Press. Republished in 2009 as LSD: Doorway to the Numinous: The Ground-Breaking Psychedelic Research into Realms of the Human Unconscious. Rochester, VT: Park Street Press.

Grof, S. (1980). *LSD Psychotherapy*. Pomona, CA: Hunter House. Republished in 2001 by Multidisciplinary Association for Psychedelic Studies (MAPS) Publications in Sarasota, Florida.

Grof, S. (1985). *Beyond the Brain: Birth, Death, and Transcendence in Psychotherapy*. Albany: State University of New York Press.

Grof, S. (1987). *The Adventure of Self-Discovery*. Albany: State University of New York Press.

Grof, S. (with Hal Zina Bennett). (1992). *The Holotropic Mind: The Three Levels of Consciousness and How They Shape Our Lives*. San Francisco, CA: Harper Collins.

Grof, S. (1998). *The Cosmic Game: Explorations of the Frontiers of Human Consciousness*. Albany: State University of New York Press.

Grof, S. (2000). *Psychology of the Future: Lessons from Modern Consciousness Research*. Albany: State University of New York Press.

Grof, S. (2006a). *When the Impossible Happens: Adventures in Non-Ordinary Realities*.

Louisville, CO: Sounds True.

Grof, S. (2006b). *The Ultimate Journey: Consciousness and the Mystery of Death.* Sarasota, FL: MAPS Publications.

Grof, S. (2006c). *LSD Psychotherapy.* Ben Lomond, CA: MAPS Publications.

Grof, S. (2010). *The Visionary World of H. R. Giger.* New York: Scapegoat Publishing.

Grof, S., & Grof, C. (1989). *Spiritual Emergency: When Personal Transformation Becomes a Crisis.* Los Angeles, CA: J. P. Tarcher.

Harman, W. (1984). *Higher Creativity: Liberating the Unconscious for Breakthrough Insights.* Los Angeles, CA: J. P. Tarcher.

Harner, M. (1980). *The Way of the Shaman: A Guide to Power and Healing.* New York: Harper and Row.

Hellinger, B. (2003). *Farewell: Family Constellations with Descendants of Victims and Perpetrators.* Heidelberg: Carl-Auer-Systeme Verlag.

Hines, B. (1996). *God's Whisper, Creation's Thunder: Ultimate Reality in the New Physics.* Brattleboro, VT: Threshold Publications.

Hubbard, L. R. (1950). Dianetics: *The Modern Science of Mental Health.* East Grinstead, Sussex, England: Hubbard College of Scientology.

Huey, S. R., & Sechrest, L. (1981). *Hyperventilation Syndrome and Psycho-pathology.* Center for Research on the Utilization of Scientific Knowledge, Institute for Social Research, University of Michigan (manuscript).

Huxley, A. (1959). *The Doors of Perception and Heaven and Hell.* Harmondsworth, Middlesex, Great Britain: Penguin Books.

Huxley, A. (1945). *Perennial Philosophy.* New York and London: Harper and Brothers.

Jilek, W. J. (1974). *Salish Indian Mental Health and Culture Change: Psychohygienic and Therapeutic Aspects of the Guardian Spirit Ceremonial.* Toronto and Montreal: Holt, Rinehart, and Winston of Canada.

Jilek, W. J. (1982). Altered States of Consciousness in North American Indian

Ceremonials. *Ethos*, *10*, 326–343.

Jung, C. G. (1959a). *The Archetypes of the Collective Unconscious*. Collective Works, Vol. 9.1. Bollingen Series 20. Princeton: Princeton University Press.

Jung, C. G. (1959b). *Mandala Symbolism*. Translated by R. F. C. Hull. Bollingen Series. Princeton: Princeton University Press.

Jung, C. G. (1961). *Memories, Dreams, Reflections*. New York: Pantheon.

Jung, C. G. (2009). *The Red Book*. New York: W. W. Norton and Company.

Kalff, D. (2003). *Sandplay: A Psychotherapeutic Approach to the Psyche*. Cloverdale, CA: Temenos Press.

Kamiya, J. (1969). Operant Control of the EEG Alpha Rhythm and Some of Its Effects on Consciousness. In *Altered States of Consciousness*. Edited by C. T. Tart. New York: Wiley. 489–501.

Kast, E. C., & Collins, V. J. (1966). LSD and the Dying Patient. *Chicago Medical School Quarterly*, 26, 80.

Katz, R. (1976). *Boiling Energy: Community Healing Among the Kalahari Kung*. Cambridge, MA: Harvard University Press.

Kellogg, J. (1977a). The Use of the Mandala in Psychological Evaluation and Treatment. *American Journal of Art Therapy*, *16*, 123.

Kellogg, J. (1977b). The Meaning of Color and Shape in Mandalas. *American Journal of Art Therapy, 16*, 123–126.

Kellogg, J. (1978). *Mandala: The Path of Beauty*. Baltimore, MD: Mandala Assessment and Research Institute.

Kennell, J. H., & Klaus, M. (1998). Parental Bonding: Recent Observations That Alter Perinatal Care. *Pediatrics in Review, 19*(4), 2.

Klaus, M., Kennell, J. H., & Klaus, P. H. (1995). *Bonding: Building the Foundations of Secure Attachment and Independence*. Reading, MA: Addison Wesley.

Klaus, M. H. (1976). *The Impact of Early Separation: The Impact of Early Separation* or Loss on Family Development. St. Louis, MI: Mosby Publications.

Klein, D. F., Zitrin, C. M., & Woerner, M. (1978). Antidepressants, Anxiety, Panic, and Phobia. In *Psychopharmacology: A Generation of Progress*. Edited by M. A. Lipton, A. DiMascio, and K. F. Killiam. New York: Raven Press.

Laszlo, E. (1993). *The Creative Cosmos*. Edinburgh: Floris Books.

Laszlo, E. (2004). *Science and the Akashic Field: An Integral Theory of Everything*. Rochester, VT: Inner Traditions.

Lee, R., & DeVore, I. (1999). *Kalahari Hunter-Gatherers: Studies of the !Kung San and Their Neighbors*. Cambridge, MA: Harvard University Press.

Lum, L. C. (1987). Hyperventilation Syndrome in Medicine and Psychiatry: A Review. *Journal of the Royal Society of Medicine, 80*(4), 229–231.

Mahl, G. F. (1949). The Effect of Chronic Fear on Gastric Secretion. *Psychosomatic Medicine, 11*, 30.

Mahr, A. (1999). *Das wissende Feld: Familienaufstellung als geistig energetisches Heilen* (The Knowing Field: Family Constellation as Spiritual and Energetic Healing). Munich: Koesel Verlag.

Martin, J. (1965). LSD Analysis. Lecture and film presented at the Second nternational Conference on the Use of LSD in Psychotherapy held on May 8–12, 1965, at South Oaks Hospital, Amityville, New York. Paper published in The Use of LSD in Psychotherapy and Alcoholism. Edited by H. A. Abramson. Indianapolis, IN: Bobbs-Merrill. 223–238.

Maslow, A. (1962). *Toward a Psychology of Being*. Princeton: Van Nostrand.

Maslow, A. (1964). *Religions, Values, and Peak Experiences*. Columbus: Ohio State University Press.

Maslow, A. (1969). A Theory of Metamotivation: The Biological Rooting of the Value-Life. *In Readings in Humanistic Psychology*. Ed. A. J. Sutich and M. A. Vich. New York: The Free Press. 41–103.

Maxfield, M. C. (1990). Effects of Rhythmic Drumming on EEG and Subjective Experience. Unpublished Doctoral Dissertation. Institute of Transpersonal Psychology, Menlo Park, CA.

Maxfield, M. C. (1994). The Journey of the Drum. *Re-Vision Journal, 16*, 148, 156.

McCririck, P. (1966). The Importance of Fusion in Therapy and Maturation. Unpublished mimeographed manuscript.

McGee, D., Browne, I., Kenny, V., McGennis, A., & Pilot, J. (1984). Unexperienced Experience: A Clinical Reappraisal of the Theory of Repression and Traumatic Neurosis. *Irish Journal of Psychotherapy, 3*, 7.

Moreno, J. L. (1973). *Gruppenpsychotherapie und Psychodrama* (Group Psychotherapy and Psychodrama). Stuttgart: Thieme Verlag.

Moreno, J. L. (1976). Psychodrama and Group Psychotherapy. *Annals of the New York Academy of Sciences, 49*(6), 902–903.

Neher, A. (1961). Auditory Driving Observed with Scalp Electrodes in Normal Subjects. *Electroencephalography and Clinical Neurophysiology, 13*, 449–451.

Neher, A. (1962). A Physiological Explanation of Unusual Behavior Involving Drums. *Human Biology, 14*, 151–160.

Orr, L., & Ray, S. (1977). *Rebirthing in the New Age*. Millbrae, CA: Celestial Arts.

Perls, F. (1973). *Gestalt Approach and Witness to Therapy*. Palo Alto, CA: Science and Behavior Books.

Perls, F. (1976). *Gestalt Therapy Verbatim*. New York: Bantam Books.

Perls, F., Hefferline, R. F., & Goodman, P. (1951). *Gestalt Therapy: Excitement and Growth in the Human Personality*. New York: Julian Press.

Pribram, K. (1971). *Languages of the Brain*. Englewood Cliffs, NJ: Prentice Hall.

Ramacharaka (William Walker Atkinson). (1903). *The Science of Breath*. London: L. N. Fowler and Company, Ltd.

Reich, W. (1949). *Character Analysis*. New York: Noonday Press.

Reich, W. (1961). *The Function of the Orgasm: Sex-Economic Problems of Biological Energy*. New York: Farrar, Strauss, and Giroux.

Reich, W. (1970). *The Mass Psychology of Fascism*. New York: Simon and Schuster.

Rider, M. (1985). Entrainment Mechanisms Are Involved in Pain Reduction, Muscle Relaxation, and Music-Mediated Imagery. *Journal of Music Therapy, 22*, 183–192.

Ring, K., & Cooper, S. (1999). *Mindsight: Near-Death and Out-of-Body Experiences in the Blind*. Palo Alto, CA: William James Center for Consciousness Studies.

Ring, K., & Valarino, E. E. (1998). *Lessons from the Light: What We Can Learn from the Near-Death Experience*. New York: Plenum Press.

Ross, C. A. (1989). *Multiple Personality Disorder: Diagnosis, Clinical Features, and Treatment*. New York: John Wiley & Sons.

Sabom, M. (1982). *Recollections of Death*: A Medical Investigation. New York: Harper and Row Publications.

Sabom, M. (1998). *Light and Death: One Doctor's Fascinating Accounts of Near-Death Experiences*. Grand Rapids, MI: Zondervan Church Source.

Selye, H. (1950). *The Physiology and Pathology of Exposure to Stress*. Montreal: Acta.

Shapiro, F. (2001). *Eye Movement Desensitization and Reprocessing: Basic Principles, Protocols, and Procedures*. New York: Guilford Press.

Shapiro, F. (2002). *EMDR as an Integrative Psychotherapy Approach: Experts of Diverse Orientations Explore the Paradigm Prism*. Washington, DC: American Psychological Association Books.

Sheldrake, R. (1981). *A New Science of Life: The Hypothesis of Formative Causation*. Los Angeles, CA: J. P. Tarcher.

Sheldrake, R. (1988). *The Presence of the Past: Morphic Resonance and the Habits of Nature*. New York: Times Books.

Sparks, T. (1989). *Doing Not Doing: A Facilitator's Guide to Holotropic Breathwork*.

Mill Valley, CA: Holotropic Books and Music.

Stoll, W. A. (1947). LSD, ein Phantastikum aus der Mutterkorngruppe (LSD, a Fantasticum from the Group of Ergot Alkaloids). *Schweizer Archiv für Neurologie und Psychiatrie, 60*, 279.

Stone, H., & Stone, S. (1989). *Embracing Our Selves: The Voice Dialogue Manual.* Mill Valley, CA: Nataraj Publishing.

Sutich, A. (1976). The Emergence of the Transpersonal Orientation: A Personal Account. *Journal of Transpersonal Psychology, 8*, 5–19.

Taylor, K. (1991). *The Holotropic Breathwork Workshop: A Manual for Trained Facilitators.* Santa Cruz, CA: Hanford Mead Publishers.

Taylor, K. (1994). *The Breathwork Experience: Exploration and Healing in Non-Ordinary States of Consciousness.* Santa Cruz, CA: Hanford Mead Publishers.

Taylor, K. (1995). Ethics of Caring: *Honoring the Web of Life in Our Professional Healing Relationships.* Santa Cruz, CA: Hanford Mead Publishers.

Taylor, K. (2003). *Exploring Holotropic Breathwork: Selected Articles from a Decade of the Inner Door.* Santa Cruz, CA: Hanford Mead Publishers.

Teilhard de Chardin, P. (1964). *The Future of Man.* New York: Harper and Row.

Teilhard de Chardin, P. (1975). *The Human Phenomenon.* New York: Harper and Row.

Tomatis, A. A. (1991). *The Conscious Ear: My Life of Transformation through Listening.* Barrytown, NY: Station Hill Press.

Turner, V. W. (1969). *The Ritual Process: Structure and Anti-Structure.* Chicago: Aldine.

Turner, V. W. (1974). *Dramas, Fields, and Metaphors: Symbolic Action in Human Society.* Ithaca, NY: Cornell University Press.

Vithoulkas, G. (1980). *The Science of Homeopathy.* New York: Grove Press.

Weil, A. (1972). *The Natural Mind.* Boston: Houghton Mifflin.

Whitwell, G. E. (1999). The Importance of Prenatal Sound and Music. *Journal of*

Prenatal and Perinatal Psychology and Health, 13(3–4), 255–262.

Wilber, K. (1980). *The Atman Project: A Transpersonal View of Human Development.* Wheaton, IL: Theosophical Publishing House.

Wilber, K. (1982). *A Sociable God.* New York: McGraw-Hill.

Wolff, S., & Wolff, H. (1947). *Human Gastric Function. London: Oxford University Press.*

Zaritsky, M. G. (1998). Complex Method of Treating Alcoholic Patients: Using Medichronal Microwave Resonance Therapy and Holotropic Breathwork. *Lik Sprava, 7*, 126–132.

Studies of Holotropic Breathwork

Ashauer, B., & Yensen, R. (1988). Healing Potential of Non-Ordinary States: Observations from Holotropic Breathwork. Presented at the Ninth International Transpersonal Conference in Santa Rosa, CA, entitled "The Transpersonal Vision: Past, Present and Future," October 9–14.

Binarová, D. (2003). The Effect of Holotropic Breathwork on Personality. *Česká a slovenská psychiatrie, 99*, 410–414.

Binns, S. (1997). Grof 's Perinatal Matrix Theory: Initial Empirical Verification. Honors Year Dissertation. Department of Psychology, Australian Catholic University. Victoria, Australia.

Brewerton, T., Eyerman, J., Capetta, P., & Mithoefer, M. C. (2008). Long-Term Abstinence Following Breathwork as Adjunctive Treatment of Substance Dependence. Presented at the Tenth Annual Meeting of the International Society of Addiction Medicine in Cape Town, South Africa.

Brouillette, G. (1997). Reported Effects of Holotropic Breathwork: An Integrative Technique for Healing and Personal Change. Doctoral dissertation. Proquest Dissertations and Theses 1997. Section 0669, Part 0622, 375 pages; United

States—California: Institute of Transpersonal Psychology. Publication Number: AAT DP14336.

Byford, C. L. (1991). Holotropic Breathwork: A Potential Therapeutic Intervention for Post-Traumatic Stress Disorder in Female Incest Victims. M.T.P. dissertation. Proquest Dissertations and Theses. Section 0669, Part 0621, 119 pages; United States—California: Institute of Transpersonal Psychology. Publication Number: AAT EP15296.

Cervelli, R. (2008). Holotropic Breathwork, Mandala Artwork, and Archetypal Symbolism: The Potential for Self-Actualization. Doctoral dissertation. Institute of Transpersonal Psychology Palo Alto, California, January 21.

Crowley, N. (2005). Holotropic Breathwork: Healing Through a Non-Ordinary State of Consciousness. Paper based on a talk delivered by Dr. Crowley on May 9, 2005, at a special interest group meeting of the Royal College of Psychiatrists, United Kingdom.

Edwards, L. (1999). Use of Hypnosis and Non-Ordinary States of Consciousness in Facilitating Significant Psychotherapeutic Change. *The Australian Journal of Clinical Hypnotherapy and Hypnosis.* September issue.

Everett, G. (2001). The Healing Potential of Non-Ordinary States of Consciousness. Doctoral dissertation, 251 pages. Australia—Norfolk Island. School of Psychology, College of Social Science, Greenwich University.

Grof, P., & Fox, A. (2010). The Use of Holotropic Breathwork in the Integrated Treatment of Mood Disorders. *Canadian Journal of Psychotherapy and Counseling*(in press).

Hanratty, P. M. (2002). Predicting the Outcome of Holotropic Breathwork Using the High-Risk Model of Threat Perception. Doctoral dissertation. Proquest Dissertations and Theses 2002. Section 0795, Part 0622, 171 pages; United States—California: Saybrook Graduate School and Research Center.

Publication Number: AAT 3034572.

Henebry, J. T. (1991). Sound Wisdom and the Transformational Experience: Explorations of Music, Consciousness, and the Potential for Healing. Doctoral dissertation. Proquest Dissertations and Theses. Section 1033, Part 0622, 329 pages; United States—Ohio: The Union Institute. Publication Number: AAT 9125061.

Holmes, S. W. (1993). An Examination of the Comparative Effectiveness of Experientially and Verbally Oriented Psychotherapy in the Amelioration of Client-Identified Presenting Problems. Doctoral dissertation. Proquest Dissertations and Theses. Section 0079, Part 0622, 257 pages; United States—Georgia: Georgia State University. Publication Number: AAT 9409408.

Holmes, S. W., Morris, R., Clance, P. R., & Thompson Putney, R. (1996). Holotropic Breathwork: An Experiential Approach to Psychotherapy. *Psychotherapy: Theory, Research, Practice, Training, 33*(1), 114–120. Spring.

Jackson, P. A. (1996). Stanislav Grof's Holotropic Therapy System. This fifty-page-paper is based on presentations Peter Jackson made at the Nelson Conference of the New Zealand Association of Psychotherapists in March 1996 and at the First World Congress of the World Council for Psychotherapy in Vienna, Austria, July 1996.

Jefferys, B. (2003). Holotropic Work in Addictions Treatment. In *Exploring Holotropic Breathwork*. Edited by K. Taylor. Santa Cruz, CA: Hanford Mead Publishers.

La Flamme, D. M. (1994). Holotropic Breathwork and Altered States of Consciousness. Proquest Dissertations and Theses. Doctoral dissertation. Section 0392, Part 0622, 264 pages; United States—California: California Institute of Integral Studies. Publication Number: AAT 9410355.

Lahood, G. (2007). From 'Bad' Ritual to 'Good' Ritual: Transmutations of Childbearing Trauma in Holotropic Ritual. *Journal of Prenatal and Perinatal*

Psychology and Health, 22, 81–112.

Lapham, J. A. (2000). Holotropic Learning: The Language of Holotropic Light. Unpacking the Experience. Doctoral dissertation. Proquest Dissertations and Theses. Section 1033, Part 0451, 171 pages; United States—Ohio: The Union Institute. Publication Number: AAT 9992717.

Lyons, C. (2003). Somatic Memory in Non-Ordinary States of Consciousness. Master's thesis. 86 pages. United Kingdom–Merseyside. School of Psychology, Liverpool John Moores University.

Marquez, N. A. (1999). Healing Through the Remembrance of the Pre- and Perinatal: Phenomenological Investigation. Doctoral dissertation. Proquest Dissertations and Theses. Section 0669, Part 0622, 250 pages; United States—California: Institute of Transpersonal Psychology. Publication Number: AAT 9934567.

Metcalf, B. A. (1995). Examining the Effects of Holotropic Breathwork in the Recovery from Alcoholism and Drug Dependence. *In Exploring Holotropic Breathwork*. Edited by K. Taylor. Santa Cruz, CA: Hanford Mead Publishers.

Murray, M. (2001). Deepening Presence: How Experiences of No-Self Shape the Self, an Organic Inquiry. Doctoral dissertation. Proquest Dissertations and Theses. Section 0392, Part 0620, 256 pages; United States—California: California Institute of Integral Studies. Publication Number: AAT 3016609.

Myerson, J. G. (1991). Rising in the Golden Dawn: An Introduction to Acupuncture Breath Therapy. Doctoral dissertation. Proquest Dissertations and Theses. Section 1033, Part 0621, 76 pages; United States—Ohio: The Union Institute. Publication Number: AAT 9216532.

Nelms, C. A. (1995). Supporting People During Spiritual Emergency: A Manual and Resource Guide for Non-Clinicians. M.T.P. dissertation. Proquest Dissertations and Theses. Section 0669, Part 0622, 95 pages; United States— California: Institute of Transpersonal Psychology. Publication Number: AAT

EP15327.

Pressman, T. E. (1993). The Psychological and Spiritual Effects of Stanislav Grof 's Holotropic Breathwork Technique: An Exploratory Study. Doctoral dissertation. Proquest Dissertations and Theses. Section 0795, Part 0622, 152 pages; United States—California: Saybrook Graduate School and Research Center. Publication Number: AAT 9335165.

Rhinewine, J. P., & Williams, O. J. (2007). Holotropic Breathwork: The Potential Role of a Prolonged, Voluntary Hyperventilation Procedure as an Adjunct to Psychotherapy. *The Journal of Alternative and Complementary Medicine, 13*(7), 771–776. September 1.

Robedee, C. (2008). From States to Stages: Exploring the Potential Evolutionary Efficacy of Holotropic Breathwork. Submitted in partial fulfillment of the requirements for the degree of Master of Arts in Conscious Evolution at the Graduate Institute in Millford, CT, July.

Selig, M. (2006). Facilitating Breathwork at a Psychosomatic Clinic in Kassel, Germany. *In The Inner Door, 17*, 6–7.

Spivak, L. I., Kropotov, Y. D., Spivak, D. L., & Sevostyanov, A. V. (1994). Evoked Potentials in Holotropic Breathing. *Human Physiology, 20*(1), 17–19. (An English translation of the Russian original.)

Terekhin, P. I. (1966). The Role of Hypocapnia in Inducing Altered States of Consciousness. *Human Physiology, 22*(6), 730–735, 1996. (An English translation of the Russian original.)

Zaritsky, M. G. (1998). Complex Method of Treating Patients Sick with Alcoholism Utilizing Medichronal Microwave Resonance Therapy and Holotropic Breathwork. *Lik Sprava, 7*, 126–132.

인명

내용

저자 소개

Stanislav Grof

60년 이상의 비일상적 의식 상태 연구 경험을 가진 정신과 의사로, 자아초월심리학의 창시자이며 이 분야의 최고 이론가 중 한 명이다. 그는 체코슬로바키아 시기의 프라하에서 태어나 찰스 대학교 의과대학에서 석사학위를, 체코슬로바키아 과학 아카데미에서 박사학위(의학·철학 박사)를 받았다. 그는 또한 미국 버몬트주 벌링턴에 있는 버몬트 대학교, 캘리포니아주 팔로 알토에 있는 자아초월심리학 연구소, 태국 방콕에 있는 세계 불교 대학교로부터 명예박사학위를 받았다. 2018년에는 캘리포니아주 샌프란시스코에 있는 통합연구기관(California Institute of Integral Studies: CIIS)에서 심현제 치료 및 치유예술 명예 박사학위를 받았다.

Christina Grof

그녀는 남편 스타니슬라프 그로프와 함께 평생 홀로트로픽 숨치료 개발에 힘써 왔으며 몇 권의 책을 그와 함께 저술하였다. 한때 영적 위기를 겪으며 알코올 중독에 시달리기도 했으나 1980년부터는 영적 응급 네트워크(Spiritual Emergency Network: SEN)를 설립하여 영적 개방에서 비롯된 위기를 겪는 사람들을 지원하였으며, 2014년에 작고하였다.

역자 소개

김명권(Myoungkwon, Kim)

상담심리학 박사(부산대학교 교육학과)
전) 서울불교대학원대학교 자아초월상담학 교수 및 총장
    한국집단상담학회 회장
현) 한국트슘센터 공동대표
    한국초월영성상담학회 고문(한국상담학회 산하)
자격 트랜스퍼스널 숨치료 Gold(2016~2018, 국제 의식탐구 및 심리치료 연구소, 독
    일), EUROTAS(유럽자아초월협회) Professional, 상담심리사 1급, 임상심리사
    1급, 전문상담사 1급

역서 『자아초월심리학 핸드북』(2020, 학지사), 『켄 윌버의 통합명상』(2020, 김영
    사), 『켄 윌버의 통합영성(2018, 학지사)』, 『켄 윌버의 모든 것의 이론』(2015,
    학지사), 『깨달음의 심리학』(2008, 학지사), 『7가지 행복 명상법』(2007, 김영
    사) 등 공역
Email: groupcouns@gmail.com
homepage: www.트슘.kr

신인수(Insoo, Shin)

자아초월상담학 박사 수료(서울불교대학원대학교)
현) 참나통합심리연구소 소장
    한국심리학회, 한국상담심리학회 정회원
    한국게슈탈트상담심리학회 정회원
    한국인지행동치료학회 정회원
자격 IFS therapist & PA, 동기면담(MI) 훈련가, 트랜스퍼스널 숨치료 Green
    (2016~2018, 국제 의식탐구 및 심리치료 연구소, 독일)

역서 『자아초월심리학 핸드북』(2020, 학지사), 『아동과 함께하는 내면가족체계치
    료』(2020, 하나의학사), 『내면가족체계(IFS) 치료모델』(2020, 학지사), 『최고의
    나를 찾는 심리전략 35』(2019, 씨아이알) 등 공역
Email: integralhnc@hanmail.net

이난복(Nanbok, Lee)

음악치료학 박사(숙명여자대학교)
현) 이난복음악치료연구소 소장
　　숙명여대음악치료대학원 겸임교수
　　한국음악치료학회/전국음악치료자협회/국제예술심리치료협회 이사
자격 BCMT, KCMT, FAMI(세계 BMGIM: Primary Trainer), 트랜스퍼스널 숨치료
　　국제수련과정 중(2018~2021)
역서 『21인의 음악치료사가 들려주는 임상 이야기』(2020, 학지사), 『음악치료핸드
　　북』(2016, 시그마프레스), 『성악심리치료의 이론과 실제』(2012, 시그마프레
　　스), 『정신역동 음악치료』(2008, 학지사) 등 공역
　Email: nanboklee@gmail.com

황성옥(Sungok, Hwang)

자아초월상담학 석사(서울불교대학원대학교)
섹스 테라피 박사과정(Daybreak University)
현) 한국트숨센터 공동대표
자격 트랜스퍼스널 숨치료 Gold(2016~2018, 국제 의식탐구 및 심리치료 연구소,
　　독일), EUROTAS(유럽자아초월협회) Professional, 상담심리사 1급, 중독상담
　　전문가(한국중독전문가협회 수련감독), 국제공인 이마고 부부치료자, 트랜스
　　퍼스널 숨치료 국제수련과정(2018~2021) 조직자
Email: groupcouns@gmail.com
homepage: www.트숨.kr

홀로트로픽 숨치료

트숨, 의식탐구와 혁신적 심리치료

Holotropic Breathwork

A New Approach to Self-Exploration and Thrapy

2021년 6월 10일 1판 1쇄 인쇄
2021년 6월 20일 1판 1쇄 발행

지은이 • Stanislave Grof · Christina Grof
옮긴이 • 김명권 · 신인수 · 이난복 · 황성옥
펴낸이 • 김진환
펴낸곳 • (주) **학 지사**

04031 서울특별시 마포구 양화로 15길 20 마인드월드빌딩
대표전화 • 02)330-5114   팩스 • 02)324-2345
등록번호 • 제313-2006-000265호

홈페이지 • http://www.hakjisa.co.kr
페이스북 • https://www.facebook.com/hakjisa

ISBN 978-89-997-2422-0 93180

정가 25,000원

출판 · 교육 · 미디어기업 학지사

간호보건의학출판 **학지사메디컬** www.hakjisamd.co.kr
심리검사연구소 **인싸이트** www.inpsyt.co.kr
학술논문서비스 **뉴논문** www.newnonmun.com
교육연수원 **카운피아** www.counpia.com